questions on the conditions of his lodging, his
nourishments, etc. He did not even tell us
in how many + which countries he had

家长版傅雷家书

傅敏 编

江苏文艺出版社
JIANGSU LITERATURE AND ART
PUBLISHING HOUSE

出版说明

《傅雷家书》自一九八一年刊行至今已三十余载。三十年间，市面上的名人家书刊行不绝，长销不衰的只有两种：《曾国藩家书》和《傅雷家书》。《傅雷家书》系傅雷夫妇与长子傅聪间精神接触和思想交流的实录，由傅雷次子、傅聪胞弟傅敏选编。

书信中思想的与精神的互动，营造了傅氏兄弟成长的家庭背景。傅雷曾自信地告知傅聪："你别忘了：你从小到现在的家庭背景，不但在中国独一无二，便是在世界上也很少很少。"傅敏先生了解自己的父母和兄长，熟悉自己的家庭氛围，也是除傅聪外唯一遍览全部家书的当事人。因而，他所选编的《傅雷家书》更能体现自己的家庭背景，还原其真实，非他人能替代。

《傅雷家书》能够畅销至今，得力于傅敏先生的不断修订，更得力于历届青年学子的阅读推广。这不仅是"一部最好的艺术学徒修养读物"，也是"一部充满着父爱的苦心孤诣、呕心沥血的教子篇"——学子们，父母们，请你们一起翻开这本书。

本版家书中的外文译注和英、法文信由金圣华先生中译。

三原色图书编辑部

二〇一二年三月

母亲俯视父亲给孩子打英文信(一九六二年)

傅聪在波兰(一九五四年)

父母与傅聪在书房(一九五六年)

傅聪凝视着一九五九年二月八日于欧洲首次登台演出之海报

目录

家长版代序 傅雷致挚友成家榴函

成家榴(一九一四—二〇〇〇),为傅雷夫妇挚友,成家和之妹。寓居香港,从事教育工作。又,傅雷字怒安,故署名“安”。——编者注

榴:

读八月二十五日信,觉得我和你的教育主张颇有差别。

第一,我认为教育当以人格为主,知识其次。孩子品德高尚,为人正直;学问欠缺一些没有关系。

第二,民族观念是立身处世的根本,只有真正的民族主义者才是真有骨气的人,而不是狭隘的国家主义者或沙文主义者,也不会变做盲目崇外主义者。只有真正懂得,而且能欣赏、热爱本国传统的道德、人生观、文化、艺术的特点,才能真正吸收外来文化的精华,而弃其糟粕。

第三,求学的目的应该是“化”,而不是死吞知识,变成字典或书架。我最讨厌有些专家,除了他本身学科以外,一窍不通,更谈不到阔大的胸襟,高远的理想。也有科学家在实际生活中毫不科学;也有文学家艺术家骨子里俗不可耐。这都是读书不化,知识是知识,我是我,两不相关之故。

第四,在具体的学习方面,我一向不大重视学校的分数,分数同真正的成绩往往不一致。学校的高材生,年年名列前茅,在社会上混了一二年

而默默无闻的人,不知有多少!反之,真正杰出之士倒在求学时期平平常常,并不出色。为什么?因为得高分的多半是死读书的机械头脑,而有独立思考的人常常不肯,也不屑随波逐流,在一般的标准上与人争长短。

总之,求知主要是认识客观世界与主观世界。客观世界包括上下古今的历史和千百年人类累积下来的经验,以及物质的空间;主观世界是指自我的精神领域和内心活动。这两种认识的基础都在于养成一个客观冷静的头脑、严密的逻辑、敏锐的感觉和正确的判断。再从大处远处看,青年时代仅仅是人生的一个阶段,智、愚、贤、不肖的程度还有待以后的发展。年轻时绝顶聪明的,不一定将来就成大器,所谓"小时了了,大未必佳"。年轻时不大出色的,也不一定一辈子没出息,所谓"大器晚成"的例子多的是。所以便是孩子念完了中学大学,做了几年事,不论成绩如何,也不能以成败去衡量,一时的利害得失如何能断定一生呢?你读过卓别林的自传没有?以他十九岁前的情形(包括他的家世、教育、才具)来说,谁敢预言他是二十世纪最了不起的艺术家之一呢?因为来信提到咪咪[①]的考试成绩,不知不觉引起我许多感想,也是我几十年来经常思索的结果,写出来给老友做一个参考。

安

一九六五年九月八日灯下

---

① 系成家榴之女。

初版代序 读家书，想傅雷

《傅雷家书》的出版，是一桩值得欣慰的好事。它告诉我们：一颗纯洁、正直、真诚、高尚的灵魂，尽管有时会遭受到意想不到的磨难、污辱、迫害，陷入到似乎不齿于人群的绝境，而最后真实的光不能永远掩灭，还是要为大家所认识，使它的光焰照彻人间，得到它应该得到的尊敬和爱。

读着这部新书，我想起傅雷父子的一些往事。

一九七九年四月下旬，我从北京专程去沪，参加由上海市文联主办为傅雷和他夫人朱梅馥同志平反昭雪的骨灰安葬仪式。当我到达几小时之后，他们的儿子，去国二十余年的傅聪，也从遥远的海外，只身归来，到达生身的父母之乡。五十年代中他去国的时候，还带着满脸天真的稚气，是一个刚过二十岁锦绣年华的小青年，现在却已经到老成持重，身心成熟的壮岁了。握手相见，心头无限激动，一下子想起音容宛在，而此生永远不能再见的亡友傅雷和他的夫人，想起傅聪傅敏兄弟童年调皮淘气玩乐的形象。在我眼前的这位长身玉立、气度昂藏的壮汉，使我好像见到了傅雷；而他的雍容静肃、端庄厚憨的姿影，又像见到了他的母亲梅馥。特别使我高兴的，我没有从他的身上看到常常能看到的，从海外来的那种世纪末的长发蓄须、艳装怪服的颓唐的所谓艺术家的俗不可耐的形象；他的态度非常沉着，服装整齐、朴素，好像二十多年海外岁月，和往来周游大半个地球的行旅生涯，并没有使他在身上受到多少感染。从形象的朴实，见到他精神世界的健壮。时移世迁，过去的岁月是一去而不可复返了，人生的正道，是在于不断地前进，而现实的一切，也确实在大踏步地向前迈进。我们回想过去，也正是要为今天和未来的前进，增添一分力量。

想念他万里归来，已再也见不到生命中最亲爱的父母，迎接他的不是双亲惊喜欢乐的笑容，而是萧然的两撮寒灰。在亲友们热烈的包围中，他心头的热浪奔腾，是可以想象的。直到在龙华革命公墓，举行了隆重的仪式之后，匆匆数日，恰巧同乘一班航机转道去京，途中，我才和他有相对叙旧的机会。他简单地谈了二十多年来在海外个人哀乐的经历，和今天重回祖国心头无限的激荡。他问我："那样的灾祸，以后是不是还会再来呢？"我不敢对他作任何保证，但我认为我们应该有勇气和信心，相信经过了这一场惨烈的教训，人们一定会有力量阻止它的重来。谈到他的父母，大家都不胜伤感，但逝者已矣，只有他们的精神、遗爱和一生劳作所留下来的业绩，则将是永远不朽的。傅雷不仅仅是一位优秀的文学翻译家，他的成就不只是留下了大量世界文学名著的译本，我知道他还写过不少文艺和社会的评论著作，以及优美的散文作品，数量可能不多，但在思想、理论、艺术上都是卓有特色，生前从未收集成册，今后不应任其散失，要设法收集、整理、编订起来，印行出版，也是一份献给人民的宝贵的财富。谈话中便谈到了他多少年来，给傅聪所写的万里而且往往是万言的家书。傅聪告诉我，那些信现在都好好地保存在海外的寓居里。

我想起那书信，因为在一九五七年的春末，我得到假期去南方旅行，路经上海，依然同解放前一样，被留宿在傅雷的家里，联床夜话，他给我谈到正在海外学习的儿子傅聪，并找出他寄来的家信给我看，同时也把自己已经写好，还未发出的一封长篇复书，叫我一读。在此不久之前，傅雷刚被邀去过北京，参加了中共中央宣传工作会议。他是第一次听到毛主席亲口所作的讲话，领会到党在当前形势下宣传工作上的全面的政策精神。显然这使他受到很大的激动，他全心倾注在会议的日程中，做了详尽的长篇记录，写下了自己的心得。他这次给傅聪的那封长信，就是传达了这一次会议的精神。傅雷一向不大习惯参加集体活动和政治生活，但近年来目睹党的社会主义建设成就的实际，切身体会到党全心全力为人民服务的基本精神，显然已在他思想上引起了重大的变化。

他指着傅聪报告自己艺术活动的来信对我说："你看，这孩子在艺术修养上确实已经成熟起来了，对这一点我是比较放心的。我担心的是他身居异国，对祖国实况有所隔阂，埋头艺术生活，最容易脱离实际，脱离政治，不要在政治上产生任何失误，受到任何挫折才好。"

我所见的只是这两封信，但他给我的印象是非常深刻的，这不仅我当时为傅雷爱子教子的精神所感动，特别是在此后不久，全国掀起了狂风大浪的"反右派运动"，竟把这位在政治上正在力求上进，在他平素热爱祖国的基础上，对党对社会主义的感情正在日益浓厚的傅雷，大笔一挥，错误地划成了"反党反社会主义的右派分子"。接着不久，消息传来，在波兰留学的傅聪，又突然自由出走，去了英国。由于对他父子的为人略有所知，这两件事可把我闹得昏头转向，不知人间何世了。

但应该感谢当时的某位领导同志，在傅雷划成"右派"之后，仍能得到一些关顾，允许他和身在海外并同样身蒙恶名的儿子，保持经常的通讯关系。悠悠岁月，茫茫大海，这些长时期，在遥遥数万里的两地之间，把父子的心紧紧地联系在一起的，就是现在这部经过整理、编选、辑集起来的《傅雷家书》。

感谢三联书店的范用同志，当他知道傅雷有这样一批宝贵的遗书之后，便一口承诺，负起出版的任务，并一再加以催促，使它经过傅氏兄弟二人慎重编选之后，终于公开问世了。（我相信他们由于多方面慎重的考虑，这选编是非常严格的，它没有收入琐碎的家人生活琐事和当时的一些政治谈论，我上面提到的那封信，就没有收入在内。）

这是一部最好的艺术学徒修养读物，这也是一部充满着父爱的苦心孤诣、呕心沥血的教子篇。傅雷艺术造诣极为深厚，对无论古今中外的文学、绘画、音乐的各个领域，都有极渊博的知识。他青年时代在法国学习的专科是艺术理论，回国以来曾从事过美术考古和美术教学的工作，但时间都非常短促，总是与流俗的气氛格格不能相入，无法与人共事，每次都在半途中绝裾而去，不能展其所长，于是最后给自己选择了闭门译述的事业。在他的文学翻译工作中，大家虽都能处处见到他的才智与学养的光彩，但他曾经有志于美学及艺术史论的著述，却终于遗憾地不能实现。在他给傅聪的家书中，我们可以看出他在音乐方面的学养与深入的探索。他自己没有从事过音乐实践，但他对于一位音乐家在艺术生活中所遭到的心灵的历程，是体会得多么细致，多么深刻。儿子在数万里之外，正准备一场重要的演奏，爸爸却好似对即将赴考的身边的孩子一般，殷切地注视着他的每一次心脏的律动，设身处地预想他在要走去的道路上会遇到的各种可能的情景，并替他设计应该如何对待。因此，在这儿所透露的，不仅仅是傅雷的对艺术的高深的造诣，而是一颗更崇高的父亲的心，和一位有所成就的艺术家，在走向成材的道路中，所受过的陶冶与教养，在他才智技艺中所积累的成因。

对于傅雷给孩子的施教，我是有许多记忆可以搜索的。当一九四〇年代初我在上海初识傅雷并很快成为他家常客的时候，他的两个孩子都还幼小，大孩子傅聪刚及学龄。在四周被日本侵略军包围的上海孤岛，连大气中都弥漫着一种罪恶的毒氛。他不让儿子去上外间的小学，甚至也反对孩子去街头游玩。他把孩子关在家里，而且很早发现在幼小的身心中，有培养成为音乐工作者的素质。便首先在家中由父母亲自担当起教育的责任，并在最基础的文化教育中，环绕着音乐教育这个中心。正如他在对己对人、对工作、对生活的各方面都要求认真、严肃、一丝不苟的精神一样，他对待幼小的孩子也是十分严格的。我很少看到他同孩子嬉戏逗乐，也不见他对孩子的调皮淘气行为表示过欣赏。他亲自编制教材，给孩子制定日课，一一以身作则，亲自督促，严格执行。孩子在父亲的面前，总是小心翼翼，不敢有所任性，只有当父亲出门的时候，才敢大声笑闹，恣情玩乐。他规定孩子应该怎样说话，怎样行动，做什么，吃什么，不能有所逾越。比方每天同桌进餐，他就注意孩子坐得是否端正，手肘靠在桌边的姿势，是否妨碍了同席的人，饭菜咀嚼，是否发出丧失礼貌的咀嚼声。甚至因傅聪不爱吃青菜，专拣肉食，又不听父亲的警告，就罚他只吃白饭，不许吃菜。孩子学习语文，父亲却只准他使用铅笔、蘸水钢笔和毛笔，不许用当时在小学生中已经流行的自来水金笔。我不知道傅雷有这样的禁例，有一次带了傅聪到豫园去玩，给他买了一支较好的儿童金笔，不料一回家被父亲发现没收,说小孩子怎么能用那样的好笔,害得孩子伤心地哭了一场。我事后才知道这场风波,心里觉得非常抱歉,对傅雷那样管束孩子的方法,却是很不以为然的。

同时傅聪也正是一个有特异气质的孩子,他对爱好的事物常常会把全神都贯注进去,忘却周围的一切。有一次他独自偷偷出门,在马路边,观望熙熙攘攘的市景,快乐得忘了神,走着走着,竟和路边的电线杆子撞了一头,额角上鼓起了一个包,闹了一场小小的笑话。他按照父亲的规定,每天上午下午,几小时几小时的练习弹琴,有时弹得十分困倦,手指酸痛,也不敢松弛一下,只好勉勉强强地弹下去。但有时却弹出了神,心头不知到来了什么灵感,忽然离开琴谱,奏出自己的调子来。在楼上工作的父亲,从琴声中觉察异样,从楼梯上轻轻下来。傅聪见父亲来了,吓得什么似的,连忙又回到琴谱上去。但这一次傅雷并不是来制止的,他叫孩子重复弹奏原来的自度曲,听了一遍,又听一遍,并亲自用空白五线谱,把曲调记录下来。说这是一曲很好的创作,还特地给起了一个题目,叫做《春天》。这件事我记得很清楚,一直到那回傅聪首次回国时,还问过他多少年来除了演奏之外,是不是还自己作曲。

傅聪少年时代在国内就闹过一次流浪历险记。一九四九年上海解放后,傅雷全家从昆明迁回上海,把傅聪单独留在昆明继续学习。但傅聪非常想家,一心回沪继续学习音乐,竟然对父亲所委托的朋友不告而别,没有旅费,临行前由一些同学友人主动帮他开了一个演奏会,募了一些钱。这件事使上海家中和昆明两地闹了一场虚惊。傅雷后来告诉我说:“你看,在家靠父母,出外靠朋友,把帽子脱下翻过来,大家帮帮忙,这孩子就是这样回上海来了。”

有的人对幼童的教育,主张任其自然而因势利导,像傅雷那样的严格施教,我总觉得是有些“残酷”。但是大器之成,有待雕琢,在傅聪的长大成材的道路上,我看到作为父亲的傅雷所灌注的心血。在身边的幼稚时代是这样,在身处两地,形同隔世的情势下,也还是这样。在这些书信中,我们不是看到傅雷为儿子呕心沥血所留下的斑斑血痕吗?

人的自爱其子,也是一种自然的规律。人的生命总是有局限的,而人的事业却永远无尽，通过亲生的儿女，延续自己的生命，也延续与发展一个人为社会、为祖国、为人类所能尽的力量。因此培育儿女也正是对社会、对祖国、对人类世界所应该尽的一项神圣的义务与责任。我们看傅雷怎样培育他的孩子，也正和傅雷的对待其他一切一般，可看出傅雷是怎样以高度负责的精神与心力，在对社会、祖国与人类世界尽自己的责任的。傅聪在异国飘流的生活中，从父亲的这些书信中吸取了多么丰富的精神养料，使他在海外孤儿似的处境里，好像父母仍在他的身边，时时给他指导、鼓励与鞭策，使他有勇气与力量，去战胜各式各样的魔障与阻力，踏上自己正当成长的道路。通过这些书信，不仅仅使傅聪与亲人之间，建立了牢固的纽带，也通过这一条纽带，使傅聪与远离的祖国牢牢地建立了心的结合。不管国内家庭所受到的残酷遭遇，不管他自己所蒙受的恶名，他始终没有背弃他的祖国，他不受祖国敌对者多方的威胁利诱，没有说过或做过有损祖国尊严的言行。甚至在他的艺术巡礼中，也始终一贯，对与祖国采取敌对态度的国家的邀请，一律拒绝接受。直到一九七九年初次回国，到了香港，还有人替他担心可能产生麻烦，劝他暂时不要回来，但他相信祖国，也相信祖国会原谅他青年时代的行动，而给他以信任。这种信赖祖国、热爱祖国的精神，与傅雷在数万里外给他殷切的爱国主义的教育，是不能分开的。

再看看这些书信的背景，傅雷是在怎样的政治处境中写出来的，更不能不使人不去想那一次令人痛心的政治运动，二十多年来给数以万计的祖国优秀儿女所造成的惨运，是多么的惊人，而今天终于普遍得到改正、昭雪，又是一个多么得人心的政治措施。有许多人在那场灾祸中被伤残了，但有许多人却由此受到特殊的、像钢铁受到烈火一样的锻炼，而更加显露出他刚毅锐利的英精。在我最熟悉的战友与好友中，有许多人是这样的，在党外的傅雷也是这样，虽然我今天已再也见不到他们了，但在他们的后代中，以及更广大的在十年浩劫中受过锻炼的坚强奋发的青年中，我看见了他们。

我叙述这些回忆和感想，谨郑重地向广大读者推荐这部好书。

楼适夷

一九八一年七月五日北京东郊

傅雷致长子傅聪函

一九五四年一月十八日晚/十九日晚

聪:车一开动,大家都变了泪人儿,呆呆的直立在月台上,等到冗长的列车全部出了站方始回身。[1] 出站时沈伯伯[2]再三劝慰我。但回家的三轮车上,个个人都止不住流泪。敏一直抽抽噎噎。昨天一夜我们都没睡好,时时刻刻惊醒。今天睡午觉,刚刚蒙眬阖眼,又是心惊肉跳的醒了。昨夜月台上的滋味,多少年来没尝到了,胸口抽痛,胃里难过,只有从前失恋的时候有过这经验。今儿一天好像大病之后,一点劲都没有。妈妈随时随地都想哭——眼睛已经肿得不像样了,干得发痛了,还是忍不住要哭。只说了句"一天到晚堆着笑脸",她又呜咽不成声了。真的,孩子,你这一次真是"一天到晚堆着笑脸",教人怎么舍得!老想到五三年正月的事[3],我良心上的责备简直消释不了。孩子,我虐待了你,我永远对不起你,我永远补赎不了这种罪过!这些念头整整一天没离开过我的头脑,只是不敢向妈妈说。人生做错了一件事,良心就永久不得安宁!真的,巴尔扎克说得好:有些罪过只能补赎,不能洗刷!

十八日晚

昨夜一上床,又把你的童年温了一遍。可怜的孩子,怎么你的童年会跟我的那么相似呢?我也知道你从小受的挫折对于你今日的成就并非没有帮助;但我做爸爸的总是犯了很多很重大的错误。自问一生对朋友对社会没有做什么对不起的事,就是在家里,对你和你妈妈作了有亏良心的

---

① 一九五四年傅聪应波兰政府邀请,参加《第五届萧邦国际钢琴比赛》并留学波兰。一九五四年一月十七日全家在上海火车站送傅聪去北京准备出国。

② 即沈知白,中国音乐学家,时任上海音乐学院作曲系主任。傅雷挚友,傅聪青少年时期的乐理老师,"文革"中迫害致死。

③ 一九五三年正月,就贝多芬小提琴奏鸣曲哪一首最重要的问题,傅聪与父亲争论激烈。傅聪根据自己的音乐感受,不同意父亲认为第九首《"克勒策"奏鸣曲》最为重要的观点,认为《第十小提琴奏鸣曲》最重要。双方争执不下。父亲认为傅聪太狂妄,"才看过多少书!"而当时国外音乐界一般都认同第九首最为重要。所以父亲坚持己见,这样双方发生严重冲突。在父亲勃然大怒的情况下,倔强的傅聪毅然离家出走,住在父亲好友毛楚恩家一月余。后因傅雷姑夫去世,觉得人生在世何其短促,父子何必如此认真,感慨万千,遂让傅聪弟弟傅敏陪同母亲接傅聪回家,双方才和解。

事[1],这些都是近一年中常常想到的,不过这几天特别在脑海中盘旋不去,像噩梦一般。可怜过了四十五岁,父性才真正觉醒!

今天一天精神仍未恢复。人生的关是过不完的,等到过得差不多的时候,又要离开世界了。分析这两天来精神的波动,大半是因为:我从来没爱你像现在这样爱得深切,而正在这爱的最深切的关头,偏偏来了离别!这一关对我,对你妈妈都是从未有过的考验。别忘了妈妈之于你不仅仅是一般的母爱,而尤其因为她为了你花的心血最多,为你受的委屈——当然是我的过失——最多而且最深最痛苦。园丁以血泪灌溉出来的花果迟早得送到人间去让别人享受,可是在离别的关头怎么免得了割舍不得的情绪呢?

跟着你痛苦的童年一起过去的,是我不懂做爸爸的艺术的壮年。幸亏你得天独厚,任凭如何打击都摧毁不了你,因而减少了我一部分罪过。可是结果是一回事,当年的事实又是一回事:尽管我埋葬了自己的过去,却始终埋葬不了自己的错误。孩子,孩子,孩子,我要怎样的拥抱你才能表示我的悔与热爱呢!

爸爸　十九晚

一九五四年一月三十日晚

亲爱的孩子:你走后第二天,就想写信,怕你嫌烦,也就罢了。可是没一天不想着你,每天清早六七点就醒,翻来覆去睡不着,也说不出为什么。好像克利斯朵夫[2]的母亲独自守在家里,想起孩子童年一幕幕的形象一样;我和你妈妈老是想着你二三岁到六七岁间的小故事——这一类的话我们不知有多少可以和你说,可是不敢说,你这个年纪是一切向前的,不愿意回顾的;我们啰里啰嗦的抖出你尿布时代与一把鼻涕一把眼泪时代的往事,会引起你的憎厌。孩子,这些我都很懂得,妈妈也懂得。只是你的一切终身会印在我们脑海中,随时随地会浮起来,像一幅幅的小品图画,使我们又快乐又惆怅。

---

① 父亲教子极严,有时几乎不近人情,母亲也因此往往在精神上受折磨。

② 系法国作家罗曼·罗兰长篇小说《约翰·克利斯朵夫》中的主人翁。

真的，你这次在家一个半月[1]，是我们一生最愉快的时期；这幸福不知应当向谁感谢，即使我没宗教信仰，至此也不由得要谢谢上帝了！我高兴的是我又多了一个朋友；儿子变了朋友，世界上有什么事可以和这种幸福相比的！尽管将来你我之间离多别少，但我精神上至少是温暖的，不孤独的。我相信我一定会做到不太落伍，不太冬烘，不至于惹你厌烦。也希望你不要以为我在高峰的顶尖上所想的，所见到的，比你们的不真实。年纪大的人终是往更远的前途看，许多事你们一时觉得我看得不对，日子久了，现实却给你证明我并没大错。

孩子，我从你身上得到的教训，恐怕不比你从我得到的少。尤其是近三年来，你不知使我对人生多增了几许深刻的体验，我从与你相处的过程中学到了忍耐，学到了说话的技巧，学到了把感情升华！

你走后第二天，妈妈哭了，眼睛肿了两天：这叫做悲喜交集的眼泪。我们可以不用怕羞的这样告诉你，也可以不担心你憎厌而这样告诉你。人毕竟是感情的动物。偶然流露也不是可耻的事。何况母亲的眼泪永远是圣洁的，慈爱的！

……

这几日恩德[2]特别来得多，大概她领会到我们的心情，想来安慰安慰我们。青年人的影子，的确能使我们想到你，见了她似乎可聊以解渴。

本想等你信到时再添上几句，既然等不到，只得先发。祝你新年快乐。

你的爸爸　一月三十日晚

你知道我们很想知道你的饮食起居，住的屋子，寒暖，床铺等等零星事，当然也很想知道乐理学习如何安排，还有俄文。来信潦草不妨，只求详细些！

---

① 傅聪于一九五三年八月初赴罗马尼亚参加“第四届世界青年联欢节”的钢琴比赛后，随中国艺术代表团赴波兰和东德访问演出，于十月底返京，十二月初回上海，在家待了一个半月，又离家赴京学习，准备赴波留学。

② 即牛恩德，傅聪青年时期的琴友，傅聪出国后，常去探望傅雷夫妇，后为傅雷夫妇认作干女儿。一九五六年后赴英国和美国学琴，最后定居于美国。退休前一直是一位钢琴教授。

一九五四年一月三十日晚＊

此信系母亲所写。以下标有“＊”号的，均是母亲信，不一一注明。——编者注

亲爱的聪儿：自昨天起我们开始等你的信了，算起日子来，也该有信来了。你真不知道为娘的牵肠挂肚，放怀不开。你走后，忙着为你搬运钢琴的事，今天中午已由旅行社车去，等车皮有空就可装运。① 接着阴历年底快要到了，我又忙着家务，整天都是些琐碎事儿，可是等到空下来，或是深夜，就老是想着你，同爸爸两人谈你，过去的，现在的，抱着快乐而带点惆怅的心情，忍不住要流下泪来，不能自已。你这次回来的一个半月，真是值得纪念的，因为是我一生中最愉快、最兴奋、最幸福的一个时期。看到你们父子之间的融洽，互相倾诉，毫无顾忌，以前我常常要为之担心的恐惧扫除一空，我只有抱着欢乐静听你们的谈论，我觉得多幸福、多安慰，由痛苦换来的欢乐才是永恒的。虽是我们将来在一起的时候不会多，但是凭了回忆，宝贵的回忆，我也会破涕而笑了。我们之间，除了“爱”之外，没有可说的了。我对你的希望和前途是乐观的，就是有这么一点母子之情割舍不得。只要常常写信来，只要看见你写着“亲爱的爸爸妈妈”，我已满足了。

妈妈　一月三十日晚

一九五四年二月二日大除夕

亲爱的孩子：……昨晚七时一刻至八时五十分电台广播你在市三②弹的四曲 Chopin［萧邦］，外加 encore③ 的一支 *Polonaise*［《波洛奈兹》］；效果甚好，就是低音部分模糊得很；琴声太扬，像我第一天晚上到小礼堂空屋子里去听的情形。以演奏而论，我觉得大体很好，一气呵成，精神饱满，细腻的地方非常细腻，tone colour［音色］变化的确很多。我们听了都很高兴，很感动。好孩子，我真该夸奖你几句才好。回想五一年四月刚从昆明

① 傅聪在京边学习边准备出国，约需半年，故要将家里的立式钢琴运去北京。

② 傅聪赴京准备出国前，上海音协曾在上海市第三女子中学礼堂为傅聪举办告别音乐会，音乐会前，由上海音协主席贺绿汀正式宣布傅聪应邀赴波兰参加“第五届国际萧邦钢琴比赛”和留学事宜。

③ 原为法语的喝彩用语，意为“再来一个”。

回沪的时期,你真是从低洼中到了半山腰了。希望你从此注意整个的修养,将来一定能攀登峰顶。从你的录音中清清楚楚感觉到你一切都成熟多了,尤其是我盼望了多少年的——你的意志,终于抬头了。我真高兴,这一点我看得比什么都重。你能掌握整个的乐曲,就是对艺术加强深度,也就是你的艺术灵魂更坚强更广阔,也就是你整个的人格和心胸扩大了。孩子,我要重复 Bronstein[勃隆斯丹]①信中的一句话,就是我为了你而感到骄傲!

今天是除夕了,想到你在远方用功,努力,我心里说不尽的欢喜。别了孩子,我在心里拥抱你!

爱你的爸爸　大除夕二月二日

一九五四年二月十日

孩子:……读俄文别太快②,太快了记不牢,将来又要从头来过,犯不上。一开始必须从容不迫,位与格均须要记忆,你应付考试般临时强记是没用的。现在读俄文只好求一个大概,勿野心太大;主要仍须加功夫在乐理方面,外文总是到国外去念进步更快。目前贪多务得,实际也不会如何得益,切记切记!望主动向老师说明,至少过二三月方可加快速度。……

这几日开始看服尔德③的作品,他的故事性不强,全靠文章内若有若无的讽喻。我看了真是栗栗危惧,觉得没能力表达出来。那种风格最好要必姨、钱伯母④那一套。我的文字太死板,太"实",不够俏皮,不够轻灵。

一九五四年二月二十四日 *

亲爱的聪:你的信今天终于收到了,很快慰。你走后,我们心里的矛盾真是无法形容,当然为你的前途,我们应该庆幸,你有那么好的机会,再幸运也没有了;可是一想到那么长的别离,总有些不舒服,但愿你努力学

---

① 原上海音乐学院钢琴系前苏联籍教师,一九五一年傅聪自昆明返沪后,曾正式教过傅聪一年,一九五二年移居加拿大,从事演奏与教学。

② 当年派往苏欧留学生都必须会俄语。故出国前半年傅聪就开始学俄语。

③ Voltaire,又译伏尔泰。

④ 必姨即杨必,英国萨克雷名著《名利场》的译者。钱伯母即钱锺书夫人杨绛,杨必之姐。

习,保重身体,我相信你决不会辜负国家对你的企望,我们的一番苦心。你在国外,千万多些家信,把什么都告诉我们,不论琐碎的重大的,我们都乐意知道,有机会拍了照片,也不时寄来。你的信我们看得多宝贵,我们虽然分离了,可是心永久在一起,这是你给我们的惟一的安慰。

在京洗的衣服成绩怎么样?希望你慢慢的仔仔细细整理东西,妈妈不能代你理东西,真是件遗憾的事。今天冒雨为你添印了一打派司照片[①],现在附上,希望你收到后就放在黑包内,以备将来派用场。维他命B一定要吃,以后生活一定要有规律,你现在懂事了,我也不再操心了。不过空下来老念着你,很高兴会常常梦见你,孩子,妈妈多疼你,只愿你多多来信,我们才感谢不尽呢!不多谈了,要说的话,爸爸已写了许多,望你多多保重!祝快乐!

妈妈　二月二十四日

一九五四年三月五日夜

聪:……

音乐会成绩未能完全满意,还是因为根基问题。将来多多修养,把技术克服,再把精神训练得容易集中,一定可大为改善。钱伯伯[②]前几天来信,因我向他提过,故说"届时当作牛听贤郎妙奏",其实那时你已弹过了,可见他根本没知道。且钱伯母最近病了一星期,恐校内消息更隔膜。

……

我仍照样的忙,正课未开场,旧译方在校对,而且打杂的事也多得很。林伯伯[③]论歌唱的书稿,上半年一定要替他收场,现在每周要为他花费四五小时。柯灵先生[④]写了一个电影剧本又要我提意见。

……

提早出国是人家提的,我绝无意见。从此音乐会可以少一些了吧?

---

① 即身份证件用的照片。派司是上海话,来自英文的pass(通行证件)。

② 即傅雷挚友钱锺书。

③ 系傅雷夫妇挚友林俊卿医生,著名男中音歌唱家,曾任上海声学研究所所长。

④ 系傅雷夫妇挚友,著名作家。

乐理宜及早开始学习！

爸爸　三月五日夜

一九五四年三月十三日深夜＊

亲爱的聪儿：……川剧在沪公演，招待文艺界时送来一张票子，我就去看了，看后很满意。……

一共有五出，《秋江》、《赠绨袍》、《五台会兄》、《归舟投江》、《翠香记》。我们看得很有味，做功非常细腻，就是音乐单调，那是不论京剧昆剧，都是一样的毛病；还有编剧方面，有些地方不够紧凑，大体上讲，这种地方戏是值得保存的。《秋江》里的老头儿奇妙无比，《五台会兄》里的杨五郎，唱做都很感动人。本来爸爸这几天要写信给你，同你谈谈戏剧问题，尤其看了川剧后，有许多意见。可惜病了，等他好了会跟你谈的。

……

你的妈妈　三月十三日深夜

一九五四年三月十九日

亲爱的孩子：……你近来忙得如何？乐理开始没有？希望你把练琴时间抽一部分出来研究理论。琴的问题一时急不来，而且技巧根本要改。乐理却是可以趁早赶一赶，无论如何要有个初步概念。否则到国外去，加上文字的困难，念乐理比较更慢了。此点务要注意。

……

爸爸　三月十九日

川戏中的《秋江》，艄公是做得好，可惜戏本身没有把陈妙常急于追赶的心理同时并重。其余则以《五台会兄》中的杨五郎为最妙，有声有色，有感情，唱做俱好。因为川戏中的“生”这次角色都差。唱正派的尤其不行，既无嗓子，又乏训练。倒是反派角色的“生”好些。大抵川戏与中国一切的戏都相同，长处是做功特别细腻，短处是音乐太幼稚，且编剧也不够好；全靠艺人自己凭天才去咂摸出来，没有经作家仔细安排。而且 tempo［节奏］松弛，不必要的闲戏总嫌太多。

一九五四年三月二十二日＊

亲爱的聪：自从接到你三月三日发的信以来，一直没有你的消息，不知你身体好吗？我们多挂念你！爸爸的病还没有好，这回三番四复了几次，寒热停了，隔一天又来了，今天是第三次的高潮，气管发炎了，咳嗽得厉害，发高烧，有些神志不清，病中老在念你，希望你来信安慰安慰他，他是多么企望着疼爱的儿子的信，可是嘴里不讲，知道你忙。就是忙，少写些没关系，只要有你来信，我们是安慰的，高兴的。早晚看信箱，总是没有你的信，孩子！赶快来信吧！附上敏的信，替他晒被时，被我发现的。我很忧急，不能多谈了，再会吧！

妈妈　三月二十二日

爸爸在病中，还是赶着看校样，《夏倍上校》月底可出版了。

一九五四年三月二十四日上午

亲爱的孩子：……在公共团体中，赶任务而妨碍正常学习是免不了的，这一点我早料到。一切只有你自己用坚定的意志和立场，向领导婉转而有力的去争取。否则出国的准备又能做到多少呢？特别是乐理方面，我一直放心不下。从今以后，处处都要靠你个人的毅力、信念与意志——实践的意志。我不再和你说教条式的话，去年那三封长信把我所想的话都说尽了；你也已经长大成人，用不着我一再叮嘱。但若你缺少勇气的时候，尽管来信告诉我，我可以替你打气。倘若你心绪不好，也老老实实和我谈谈，我可以安慰安慰你，代你解决一些或大或小的烦恼。关于某某的事，你早已跟我表明态度，相信你一定会实际做到。你年事尚少，出国在即；眼光、嗜好、趣味，都还要经过许多变化；即使一切条件都极美满，也不能担保你最近三四年中，双方的观点不会改变，从而也没法保证双方的感情不变。最好能让时间来考验。我二十岁出国，出国前后和你妈妈已经订婚，但出国四年中间，对她的看法三番四次的改变，动摇得很厉害。这个实在的例子很可以作你的参考，使你做事可以比我谨慎，少些痛苦——尤其为了你的学习，你的艺术前途！

另外一点我可以告诉你：就是我一生任何时期，闹恋爱最热烈的时候,也没有忘却对学问的忠诚。学问第一,艺术第一,真理第一,爱情第二,这是我至此为止没有变过的原则。你的情形与我不同:少年得志,更要想到"盛名之下,其实难副",更要战战兢兢,不负国人对你的期望。你对政府的感激,只有用行动来表现才算是真正的感激!我想你心目中的上帝一定也是 Bach[巴赫]、Beethoven[贝多芬]、Chopin[萧邦]等等第一,爱人第二。既然如此,你目前所能支配的精力与时间,只能贡献给你第一个偶像,还轮不到第二个神明。你说是不是?可惜你没有早学好写作的技术,否则过剩的感情就可用写作(乐曲)来发泄,一个艺术家必须能把自己的感情"升华",才能于人有益。我绝不是看了来信,夸张你的苦闷,因而着急;但我知道你多少是有苦闷的,我随便和你谈谈,也许能帮助你廓清一些心情。

……

前信问你要不要再版的《嘉尔曼》送朋友,望来信告知。外边阳光甚好,完全是春天的气息了,可惜我还不能出门去散散步,迎接新到的春光。一切珍重,定下心神学习吧,我祝福你,亲爱的孩子,希望你比我少些烦恼,多些幸福,多有成就给人家幸福!

爸爸　三月二十四日上午十一时

(又是第一天起床!)

前天妈把阿敏枕下的信寄给你,敏知道了大不高兴,说他还没写好,怎么可以寄给你呢?

一九五四年三月二十九日

孩子:接二十五日信,知道你也在伤风咳嗽,不知看过团里的医生没有?带去的伤风药粉宜每三小时服一次(我病中即如此),吃到完全好为止。咳嗽非看医生不可,切勿大意,否则翻来覆去,缠绕不休,最后会变成别的"并发症",如肺炎等等。楼上婆婆①最近即是一例。

我已大致痊愈,勿念。就是身体还很弱,室内空气及温度略有变化就

---

① 即傅雷挚友作家宋奇母亲。

会再咳嗽。

……全力对付正规学习,自是最好。感情问题能自己想通,我们听了都很安慰。你还该想到,目前你一切都已"如愿以偿",全中国学音乐的青年,没有一个人有你那么好的条件。你冬天回沪前所担心的事都迎刃而解,顺利出乎你的意料之外。你也该满足了。满足以后更当在别方面多多克制。人生没有一桩幸福不要付代价的。东边占了便宜,西边就得吃亏些。何况如我前信所云,这也不是吃亏的事。而是"明哲"的举动。好孩子,安心用功吧,保重身体,医生非"常看"不可,吃药不能有一顿没一顿。再见了,孩子!

……

爸爸　三月二十九日

一九五四年三月三十一日 *

亲爱的聪儿:来信知道你也在伤风咳嗽,真是为娘的又要牵肠挂肚了。想来伤风药不会忘记吃吧。三月里的气候,忽冷忽热,不要怕烦,加衣或脱衣,都要自己小心,不知你现在可好了?爸爸感冒前后十几天,终算痊愈了。这几天忙着看照相机,买相机零件,因为病后,眼花不能工作。有时我也陪他出去逛逛,偶尔也在外面吃顿饭,或吃些点心,算是作乐了!阿敏四日要到苏州去旅行,是跟学校团体出去的,有五百多同学一起去。春假期间,各学校都是如此,苏杭无锡这一带,真是人山人海了,阿敏非常得意。

聪!我心里有一件事,已经放在肚里嘀咕了好久,一直想跟你谈谈。牛恩德这次开刀,吃了很多苦,开刀时的痛苦,比去年加了十倍,去年开刀你是知道的,而且你常常陪着她,念书给她听,解了她不少病中的苦闷。这次医生说她眼睛的肌肉非常弱,恢复的时期会更长,要她耐心静养,真要极大的克制功夫及努力,要三、四个月不能弹琴,想她这样的性格,真是相当苦闷的,而且后果如何,谁也不知道。我们只有安慰她,鼓励她,叫她耐心等待。你与她一度感情非常深,为了友谊,你也应该给她写封信,至少站在朋友的立场上,也应该给她一些精神上的帮助。……这孩子,心地厚道，天真，坦白，我很同情她。她对你非常关心，从无怨言。这次在医院里住了九天，出院的前一天，牛伯母突然眼睛发炎，很厉害，不能去接她出院，于是由我们去接她出的院。……聪！你们既然是很好的朋友，你在百忙中终得写封信给她，安慰安慰她，鼓励鼓励她！给她一些勇气。现在她们母女两人，都是瞎眼睛，此情此景，也够可怜的了！她常常跟我们谈起你，你这次回来，给她不少启发，，她很需要你在音乐方面的帮助。可怜她眼睛将来就是复原，我想受了伤，终要打折扣，这是她天生的缺陷，谁也没有办法。她记忆力很好，爸爸教了她六十几首诗歌，她都能背诵，闭着眼睛想想诗歌，想想音乐，就这样过日子。这几天可以听听唱片了，否则日子的确很不容易过。好了，谈得很多了，抽空给她一封信，不一定要长信，给她一些精神上的安慰够了！这里报上登载，你还有演出，是吗？我们怕你太忙，耽误你的学习！身体好了，就写信来，以免我们挂念！祝

快乐！

妈妈　三月三十一日

一九五四年四月七日

聪儿：记得我从十三岁到十五岁，念过三年法文；老师教的方法既有问题，我也念得很不用功，成绩很糟（十分之九已忘了）。从十六岁到二十岁在大同改念英文，也没念好，只是比法文成绩好一些。二十岁出国时，对法文的知识只会比你的现在的俄文程度差。到了法国，半年之间，请私人教师与房东太太双管齐下补习法文，教师管读本与文法，房东太太管会话与发音，整天的改正，不用上课方式，而是随时在谈话中纠正。半年以后，我在法国的知识分子家庭中过生活，已经一切无问题。十个月以后开始能听几门不太难的功课。可见国外学语文，以随时随地应用的关系，比国内的进度不啻一与五六倍之比。这一点你在莫斯科遇到李德伦时也听他谈过。我特意跟你提，为的是要你别把俄文学习弄成"突击式"。一个半月之间念完文法，这是强记，决不能消化，而且过了一晌大半会忘了的。我认为目前主要是抓住俄文的要点，学得慢一些，但所学的必须牢记，这样才能基础扎实。贪多务得是没用的，反而影响钢琴业务，甚至使你身心

困顿,一空下来即昏昏欲睡。这问题希望你自己细细想一想,想通了,就得下决心更改方法,与俄文老师细细商量。一切学问没有速成的,尤其是语言。倘若你目前停止上新课,把已学的从头温一遍,我敢断言,你会发觉有许多已经完全忘了。

你出国去所遭遇的最大困难,大概和我二十六年前的情形差不多,就是对所在国的语言程度太浅。过去我再三再四强调你在京赶学理论,便是为了这个缘故。倘若你对理论有了一个基本概念,那么日后在国外念的时候,不至于语言的困难加上乐理的困难,使你对乐理格外觉得难学。换句话说:理论上先略有门径之后,在国外念起来可以比较方便些。可是你自始至终没有和我提过在京学习理论的情形,连是否已开始亦未提过。我只知道你初到时因罗君[①]患病而搁置,以后如何,虽经我屡次在信中问你,你也没复过一个字。——现在我再和你说一遍:我的意思最好把俄文学习的时间分出一部分,移作学习乐理之用。

提早出国,我很赞成。你以前觉得俄文程度太差,应多多准备后再走。其实像你这样学俄文,即使用最大的努力,再学一年也未必能说准备充分——除非你在北京不与中国人来往,而整天生活在俄国人堆里。—— 但领导方面究竟如何决定,最好请周广仁或别的比较能参与机密的朋友时时探听,让我们早些知道,早些准备。

恩德那里无论如何忙也得写封信去。自己责备自己而没有行动表现,我是最不赞成的。这是做人的基本作风,不仅对某人某事而已,我以前常和你说的,只有事实才能证明你的心意,只有行动才能表明你的心迹。待朋友不能如此马虎。生性并非"薄情"的人,在行动上做得跟"薄情"一样,是最冤枉的,犯不着的。正如一个并不调皮的人要调皮而结果反吃亏,一个道理。

……

一切做人的道理,你心里无不明白,吃亏的是没有事实表现;希望你从今以后,一辈子记住这一点。大小事都要对人家有交代!

---

① 即我国著名作曲家罗忠镕。

其次，你对时间的安排，学业的安排，轻重的看法，缓急的分别，还不能有清楚明确的认识与实践。这是我为你最操心的。因为你的生活将来要和我一样的忙，也许更忙。不能充分掌握时间与区别事情的缓急先后，你的一切都会打折扣。所以有关这些方面的问题，不但希望你多听听我的意见，更要自己多想想，想过以后立刻想办法实行，应改的应调整的都应当立刻改，立刻调整，不以任何理由耽搁。

这十多天气候老是阴晴天不定，雨特别多，真是“清明时节雨纷纷，路上行人欲断魂”的景象。我身体迄未复原，失去重心的现象和五二年夏天相仿。

匆匆即问　近好

爸爸　四月七日

楼伯伯老是关心你，常在信中提到。关于你提早出国之事，是他最先和我提的。星期日倘能进城，不妨去看看他，把学习的情况详细和他谈谈，也许他也能帮你解决。

附邮票六张，望妥存。新出的巴尔扎克，收到后来信提一笔—— 这是特印非卖本，勿随便借出去，搞丢了！

李育农[1]地址是否“昆明青云街云南大学农学院”。我要寄书给他——也是为了你还人情——以前他有的书没收到，故再问你一声。

一九五四年四月二十一日

孩子：接十七日信，很高兴你又过了一关。人生的苦难，theme［主题］不过是这几个，其余只是 variations［变奏曲］而已。爱情的苦汁早尝，壮年中年时代可以比较冷静。古语说得好，塞翁失马，未始非福。你比一般青年经历人事都更早，所以成熟也早。这一回痛苦的经验，大概又使你灵智的长成进了一步。你对艺术的领会又可深入一步。我祝贺你有跟自己斗争的勇气。一个又一个的筋斗栽过去，只要爬得起来，一定会逐渐攀上高峰，超脱在小我之上。辛酸的眼泪是培养你心灵的酒浆。不经历尖锐

① 西南农学院教授。系傅聪当年流落在昆明时的大朋友，对傅聪关怀备至，帮助极大。

的痛苦的人，不会有深厚博大的同情心。所以孩子，我很高兴你这种蜕变的过程，但愿你将来比我对人生有更深切的了解，对人类有更热烈的爱，对艺术有更诚挚的信心！孩子，我相信你一定不会辜负我的期望。

……

我对于你的学习（出国以前的），始终主张减少练琴时间，俄文也勿太紧张；倒是乐理要加紧准备。我预言你出国以后两年之内，一定要深感这方面的欠缺。故出去以前要尽量争取基本常识。

三四月在北京是最美的季节（除了秋天之外）；丁香想已开罢，接着是牡丹盛放。有空不妨上中山公园玩玩。中国的古代文物当然是迷人的，我也常常缅怀古都，不胜留恋呢。

……

爸爸　四月二十一日

妈妈常在牵挂你！

一九五四年六月二十一日

此信应有三页，现仅留存最后一页。——编者注

……

今天早上接到李凌先生的信，似乎还没得到联络局回音。不知现在情形怎样了？另有一件事要嘱咐你：搔头的习惯务必革除，到国外去实在太不雅，为了帮你解决这一点，我要你妈妈去买了一瓶头发水给你。头皮痒时可躲到房里去痛痛快快把头发水搽一遍。饭桌子上切忌伸懒腰。出门勿忘戴太阳镜。又揩拭眼镜最好用清水洗过，在脸布上吸干水迹，再用旧的干净手帕揩干。但必须留心，眼镜架的脚极易折断！

……

爸爸　六月二十一日

一九五四年六月二十三日夜半

聪：等到今天还没有接到你一个字，挂念之至。

找了几日，终把今年正月写给 Eva[①] 的信稿找到，连夜打了一份寄给你，望立即放在公事包内，跟你写给她的信稿一起（有一个信封，外面批明的）。到波兰后务必要当面交给她。以后你处处要她照料，我们过去的情意也应当让她知道。这是非常要紧的事，千万勿忘！

你走了快一星期[②]，我们俩的疲劳还未消退。每天早上不到九时总起不来。你这次回来以前，一向都是八点就醒的。你一走，不知怎样，晚上总睡不好，早上骨头酸痛，浑身瘫痪。不知你身体怎样？

爸爸　六月二十三日夜半

一九五四年六月二十四日下午

亲爱的孩子：终于你的信到了！联络局没早告诉你出国的时间，固然可惜，但你迟早要离开我们，大家感情上也迟早要受一番考验；送君十里终须一别，人生不是都要靠隐忍来撑过去吗？你初到的那天，我心里很想要你二十以后再走，但始终守法和未雨绸缪的脾气把我的念头压下去了，在此等待期间，你应当把所有留京的琴谱整理一个彻底，用英文写两份目录，一份寄家里来存查。这种工作也可以帮助你消磨时间，省却烦恼。孩子，你此去前程远大，这几天更应当仔仔细细把过去种种作一个总结，未来种种作一个安排；在心理上精神上多作准备，多多锻炼意志，预备忍受四五年中的寂寞和感情的波动。这才是你目前应做的事。孩子，别烦恼。我前信把心里的话和你说了，精神上如释重负。一个人发泄是要求心理健康，不是使自己越来越苦闷。多听听贝多芬的第五[③]，多念念克利斯朵夫里几段艰苦的事迹（第一册末了，第四册第九卷末了），可以增加你的勇气，使你更镇静。好孩子，安安静静的准备出国罢。一切零星小事都要想周到，别怕天热，贪懒，一切事情都要做得妥帖。行前必须把带去的衣服什物记在“小手册”上，把留京及寄沪的东西写一清账。想念我们的时候，看看照相簿。为什么写信如此简单呢？要是我，一定把到京时罗君来接

---

① 埃娃系傅聪于一九五三年随中国艺术团访问波兰时认识的波兰文化部一位官员。

② 傅聪在京的学习结束，动身赴波留学前，于六月十一日回家一周，六月十八日返京，直到七月八日才动身赴波。

③ 系指《第五“命运”交响曲》。

及到团以后的情形描写一番，即使借此练练文字也是好的。

近来你很多地方像你妈妈，使我很高兴。但是办事认真一点，却望你像我。最要紧，不能怕烦！

爸爸　二十四日下午

一九五四年六月二十九日 *

亲爱的聪：收到你的信多么快慰，我们的笑和哭都是从心底里发出来的，孩子，只有你的一切真能使我们的心开放，想到你，我就觉得幸福了，没什么抱怨的了。回想你在家的一星期，我的精神好得可以日夜不睡，等你一走，连着两天好似瘫痪了。隔了几天，要修理爸爸的书房，又忙着搬屋子，整整忙了三天，现在又一切就绪，安排得有些像样了。爸爸的书橱都搬在阳台上，阳台变了书库，爸爸的书房暂时在三楼，布置得还算落位……这几天我想你忙着整理行装，衣服究竟做了几套？做工满意否？放内衣的箱子有没有给你？前次塞在你皮鞋盒子内的牙刷牙膏等零星什物，你可以将目前需要用的，拿一些出来，其余都可以装箱，只要账上记好，因为小东西容易疏忽。整理东西是件琐碎而麻烦的事，这次倒是给你训练训练，希望你有条有理，千万不可不耐烦而马虎。你临走前的一切情形，不嫌求详的告诉我们，我们才乐呢！你收到我这封信的时候，离开祖国的日子没有几天了，出国后，多多写信来，在遥远祖国的爸爸妈妈，没有一天不在惦念你，祝祷你的成功、努力！最要紧的要保重身体，衣着寒暖，都要小心。我们抱着希望、快乐的心情，等你各方面满载而归！别了，一切珍重！

妈妈　六月二十九日

把我前几封信复看一遍，你的回信不愁没有话说了。暂时我没有什么话要说，只希望你来信详细一些。

李凌先生又有来信（二十七日发的），说你大概已把详情告诉我们，但我们只收到你两封信呀。请代向李先生致意。

爸爸　附笔　二十九日

一九五四年七月四日晨

孩子:……来信老是含糊得很,是不是我给 Eva［埃娃］的信稿及“33转”捷苏唱片目录都收到了?我又担心你因为联络局没消息,所以你把留在国内要寄回家的东西也不开始整理;还有那些乐谱,不是早告诉你要写一张细账寄沪吗?

孩子,希望你对实际事务多注意些,应办的即办,切勿懒洋洋的拖宕。夜里摆龙门阵的时间,可以打发不少事情呢。宁可先准备好了再玩。

也许这是你出国以前接到的最后一信了,也许连这封信也来不及收到,思之怆然。要嘱咐你的话是说不完的,只怕你听得起腻了。可是关于感情问题,我还是要郑重告诫:无论如何要克制,以前途为重,以健康为重。在外好好利用时间,不但要利用时间来工作,还要利用时间来休息、写信。别忘了杜甫那句诗:“家书抵万金!”

孩子,别了,我们没一天不想念你,没一天不祝福你,在精神上拥抱你!

爸爸　七月四日晨

即使走的以前太匆忙,便是在路上也得把公家做的衣服件数告诉我们,切切!

一九五四年七月十五日*

亲爱的聪儿:你临走前七日发的信,到十日下午才收到,那几天我们左等右等老不见你来信,焦急万分,究竟怎么回事?走了没有?终于信来了,一块石头落了地。原来你是一个人走的,旅途的寂寞,这种滋味我也想像得出来。到了苏联、波兰,是否都有人来接你,我们只有等你的消息了。

……你的感情太多了,对你终身是个累。所以你要大彻大悟,交朋友的时候,一定要事先考虑周详,而且也不能五分钟热度,凭一时冲动,冒冒失失的做了。我有句话,久已在心里嘀咕:我觉得你的爱情不专,一个接着一个,在你现在的年龄上,不算少了。我是一个女子,对这方面很了解女人的心理,要是碰到你这样善变,见了真有些寒心。你这次出国数年,除了努力学习以外,再也不要出乱子,这事出入重大,除了你,对爸爸的前途也有影响的。望你把全部精力放在研究学问上,多用理智,少用感情,当然,那是要靠你坚强的信心,克制一切的烦恼,不是件容易的事,但是非克服不可。对于你的感情问题,我向来不参加任何意见,觉得你各方面都在进步,你是聪明人,自会觉悟的。我既是你妈妈,我们是休戚相关的骨肉,不得不要唠叨几句,加以规劝。

回想我跟你爸爸结婚以来,二十余年感情始终如一,我十四岁上,你爸爸就爱上了我(他跟你一样早熟),十五岁就订婚,当年冬天爸爸就出国了。在他出国的四年中,虽然不免也有波动,可是他主意老,觉悟得快,所以回国后就结婚。婚后因为他脾气急躁,大大小小的折磨总是难免的,不过我们感情还是那么融洽,那么牢固,到现在年龄大了,火气也退了,爸爸对我更体贴了,更爱护我了。我虽不智,天性懦弱,可是靠了我的耐性,对他无形中或大或小多少有些帮助,这是我觉得可以骄傲的,可以安慰的。我们现在真是终身伴侣,缺一不可的。现在你也长大成人,父母对儿女的终身问题,也常在心中牵挂,不过你年纪还轻,不要操之过急。以你这些才具,将来不难找到一个满意的对象。好了,唠唠叨叨写得太多,你要头痛了。

今天接到你发自满洲里的信,真是意想不到的快,高兴极了!等到你接到我们的信时,你早已一切安顿妥当。望你将经过情形详细告诉我们,你的消息对我们永远是新鲜的。爸爸的书房墙壁做好了,可是要等干透,方可迁入。现在爸爸在三楼工作,很安静,新译的书于八月中可以脱稿。阿敏放假了,为了学习问题,有些闹情绪,精神影响身体,这几天很没劲。关于他的问题,爸爸会跟你谈的。

孩子,好好保重身体,多写信就是多给我们些安慰!祝

快乐

你的妈妈　七月十五日

一九五四年七月二十七日深夜/二十八日午夜

聪:莫斯科的信昨天收到。我们寄波兰的航空信,不知一共要多少日

子，下次来信望提一提。近来我忙得不可开交，又恢复了十小时以上的工作。这封信预算也要分几次写成。晚上睡觉不好，十二点多上床，总要一小时以后才入睡。原因是临睡前用脑过度，一时停不下来。

你车上的信写得很有趣，可见只要有实情、实事，不会写不好信。你说到李、杜的分别，的确如此。写实正如其他的宗派一样，有长处也有短处。短处就是雕琢太甚，缺少天然和灵动的韵致。但杜也有极浑成的诗，例如"风急天高猿啸哀，渚清沙白鸟飞回。无边落木萧萧下，不尽长江滚滚来。……"那首胸襟意境都与李白相仿佛。还有《梦李白》、《天末怀李白》几首，也是缠绵悱恻，至情至性，非常动人的。但比起苏、李的离别诗来，似乎还缺少一些浑厚古朴。这是时代使然，无法可想的。汉魏人的胸怀比较更近原始，味道浓，苍茫一片，千古之下，犹令人缅想不已。杜甫有许多田园诗，虽然受渊明影响，但比较之下，似乎也"隔"（王国维语）了一层。回过来说：写实可学，浪漫底克不可学；故杜可学，李不可学；国人谈诗的尊杜的多于尊李的，也是这个缘故。而且究竟像太白那样的天纵之才不多，共鸣的人也少。所谓曲高和寡也。同时，积雪的高峰也令人有"琼楼玉宇，高处不胜寒"之感，平常人也不敢随便瞻仰。

词人中苏、辛[①]确是宋代两大家，也是我最喜欢的。苏的词颇有些咏田园的，那就比杜的田园诗洒脱自然了。此外，欧阳永叔的温厚蕴藉也极可喜，五代的冯延巳也极多佳句，但因人品关系，我不免对他有些成见。

……在外倘有任何精神苦闷，也切勿隐瞒，别怕受埋怨。一个人有个大二十几岁的人代出主意，决不会坏事。你务必信任我，也不要怕我说话太严，我平时对老朋友讲话也无顾忌，那是你素知的。并且有些心理波动或是郁闷，写了出来等于有了发泄，自己可痛快些，或许还可免做许多傻事。孩子，我真恨不得天天在你旁边，做个监护的好天使，随时勉励你，安慰你，劝告你，帮你铺平将来的路，准备将来的学业和人格。……

七月二十七日深夜

---

① 即苏轼和辛弃疾。

上星期我替恩德讲《长恨歌》与《琵琶行》，觉得大有妙处。白居易对音节与情绪的关系悟得很深。凡是转到伤感的地方，必定改用仄声韵。《琵琶行》中“大弦嘈嘈”“小弦切切”一段，好比 staccato[断音]，像琵琶的声音极切；而“此时无声胜有声”的几句，等于一个长的 pause[休止]；“银瓶……水浆迸”两句，又是突然的 attack[明确起音]，声势雄壮。至于《长恨歌》，那气息的超脱，写情的不落凡俗，处处不脱帝皇的 nobleness[雍容气派]，更是千古奇笔。看的时候可以有几种不同的方法：一是分出段落看叙事的起伏转折；二是看情绪的忽悲忽喜，忽而沉潜，忽而飘逸；三是体会全诗音节与韵的变化。再从总的方面看，把悲剧送到仙界上去，更显得那段罗曼史的奇丽清新，而仍富于人间味（如太真对道士说的一番话）。还有白居易写动作的手腕也是了不起：“侍儿扶起娇无力”，“君王掩面救不得”，“九华帐里梦魂惊”几段，都是何等生动！“九重城阙烟尘生，千乘万骑西南行”，写帝王逃难自有帝王气概。“翠华摇摇行复止”，又是多鲜明的图画！最后还有一点妙处：全诗写得如此婉转细腻，却仍不失其雍容华贵，没有半点纤巧之病（细腻与纤巧大不同）！明明是悲剧，而写得不过分的哭哭啼啼，多么中庸有度，这是浪漫底克兼有古典美的绝妙典型。

时间已经很晚，为让你早收到起见，明天先寄此信。我们都引颈而望，只等着你详尽的报告！尤其关于学琴的问题，写得越多越好。

再见了，孩子，一切珍重！

爸爸　七月二十八日午夜

一九五四年八月七日夜

亲爱的孩子：二十日的信，邮戳是二十三日的，到上海是三十一日，真是快得很。大概代寄的人耽误了二天。现在想必在海滨了。我查地图，翻字典，大概 Gdansk[格但斯克]就是从前的但泽[Danzig]，但你又加了一个 Sopot[索波德]不知何意？是否在大城近边的一个小地名？索波德是格但斯克西北十余公里的一个海滨疗养地。

第一件我要郑重嘱咐你的事，就是你千万不要下海游泳。除非有正式的职业的游泳教师教，自己不能跟着青年朋友去。这一点是我们最放心不下的。海边不比内河，潮水涨落，非可逆料，而且来势的迅速出人意外。我会游泳的也有戒心，何况你！为了免得我们提心吊胆，此事切切牢记！

见到Eva［埃娃］，她也收到我的信，真是高兴。其实你去告诉她，写俄文来，我们可以找人翻译的。希望你把她的地名及姓氏详细正楷写给我。

……

你写信直式横式本无所谓，倘夹的西文多，似乎横式较便。我觉得写行书，是上下相连的，故直式较快。

你在外面快活，当然我们也快活；但愿分一些快活给我们，多多报告消息。你的材料，叫我写来一定每星期都可写上好几千字。写信要训练把字写得小，信纸用薄的航空纸：字小纸薄，才可以多写而不多花邮费。

……

你到华沙第二日就走，可见他们并非要你去参加国庆，而是借此让我国政府使得你早走，是不是？你八日离京，二十日到华沙，莫斯科还住了两天：可知要是中途不停留，北京到华沙只要十天十一天功夫，你说对不对？我们把波兰地图都翻过了。

你有许多事都不确定，觉得慢一些告诉我们为妙。其实多写几次信，把情形随时报告，不是一样吗？我们不是更喜欢吗？

……

时间不早，暂且带住。希望诸事小心，处处保重！

爸爸　八月七日夜

一九五四年八月十一日午前

好孩子：……你的生活我想像得出，好比一九二九年我在瑞士。但你更幸运，有良师益友为伴，有你的音乐做你崇拜的对象。我二十一岁在瑞士正患着青春期的、浪漫底克的忧郁病：悲观、厌世、徬徨、烦闷、无聊：我在《贝多芬传》译序中说的就是指那个时期。孩子，你比我成熟多了，所有青春期的苦闷，都提前几年，早在国内度过；所以你现在更能够定下心神，发愤为学；不至于像我当年蹉跎岁月，到如今后悔无及。

你的弹琴成绩，叫我们非常高兴。对自己父母，不用怕“自吹自捧”的嫌疑，只要同时分析一下弱点，把别人没说出而自己感觉到的短处也一起告诉我们。把人家的赞美报告我们，是你对我们最大的安慰；但同时必须深深的检讨自己的缺陷。这样，你写的信就不会显得过火；而且这种自我批判的功夫也好比一面镜子，对你有很大帮助。把自己的思想写下来（不管在信中或是用别的方式），比着光在脑中空想是大不同的。写下来需要正确精密的思想，所以写在纸上的自我检讨，格外深刻，对自己也印象深刻。你觉得我这段话对不对？

我对你这次来信还有一个很深的感想。便是你的感觉性极强、极快。这是你的特长，也是你的缺点。你去年一到波兰，弹 Chopin［萧邦］的 style［风格］立刻变了；回国后却保持不住；这一回一到波兰又变了。这证明你的感受力极快。但是天下事有利必有弊，有长必有短，往往感受快的，不能沉浸得深，不能保持得久。去年时期短促，固然不足为定论。但你至少得承认，你的不容易“牢固执著”是事实。我现在特别提醒你，希望你时时警惕，对于你新感受的东西不要让它浮在感受的表面；而要仔细分析，究竟新感受的东西和你原来的观念、情绪、表达方式有何不同。这是需要冷静而强有力的智力，才能分析清楚的。希望你常常用这个步骤来“巩固”你很快得来的新东西（不管是技术是表达）。长此做去，不但你的演奏风格可以趋于稳定、成熟（当然所谓稳定不是刻板化、公式化）；而且你一般的智力也可大大提高，受到锻炼。孩子，记住这些！深深的记住！还要实地做去！这些话我相信只有我能告诉你。

还要补充几句：弹琴不能徒恃 sensation［感觉］，sensibility［感受，敏感］。那些心理作用太容易变。从这两方面得来的，必要经过理性的整理、归纳，才能深深的化入自己的心灵，成为你个性的一部分，人格的一部分。当然，你在波兰几年住下来，熏陶的结果，多少也（自然而然的）会把握住精华。但倘若你事前有了思想准备，特别在智力方面多下功夫，那么你将来的收获一定更大更丰富，基础也更稳固。再说得明白些：艺术家天生敏感，换一个地方，换一批群众，换一种精神气氛，不知不觉会改变自己的气质与表达方式。但主要的是你心灵中最优秀最特出的部分，从人家那儿学来的精华，都要紧紧抓住，深深的种在自己性格里，无论何时何地这一部分始终不变。这样你才能把独有的特点培养得厚实。

关于这个问题，我想你听了必有所感。不妨跟我多谈谈。

其次，我不得不再提醒你一句：尽量控制你的感情，把它移到艺术中去。你周围美好的天使太多了，我怕你又要把持不住。你别忘了，你自誓要做几年清教徒的，在男女之爱方面要过几年僧侣生活，禁欲生活的！这一点千万要提醒自己！时时刻刻防自己！一切都要醒悟得早，收篷收得早；不要让自己的热情升高之后再去压制，那时痛苦更多，而且收效也少。亲爱的孩子，无论如何你要在这方面听从我的忠告！爸爸妈妈最不放心的不过是这些。

你上课以后，老师如何批评？那时他一定有更切实更具体的指摘，不会光是夸奖了。我们都急于要知道。你对 Chopin［萧邦］的了解，他们认为的长处短处，都望详细报告。technic［技巧］问题也是我最关心的。老师的意见怎样？是否需要从头来起？还是目前只改些小地方，待比赛以后再彻底修改？这些你也不妨请问老师。

罗忠镕和李凌都有回信来，你的行李因大水为灾，货车停开，故耽误了。你不必再去信向他们提。我认为你也应该写信给李凌，报告一些情形，当然口气要缓和。人家说你好的时候，你不妨先写上“承蒙他们谬许”“承他们夸奖”一类的套语。李是团体的负责人，你每隔一个月或一个半月都应该写信；信末还应该附一笔，“请代向周团长致敬”。这是你的责任，切不能马虎。信不妨写得简略，但要多报告一些事实。切不可二三月不写信给李凌——你不能忘了团体对你的好意与帮助，要表示你不忘记，除了不时写信没有第二个办法。

你记住一句话：青年人最容易给人一个“忘恩负义”的印象。其实他是眼睛望着前面，饥渴一般的忙着吸收新东西，并不一定是“忘恩负义”；但懂得这心理的人很少；你千万不要让人误会。

……

孩子，你真是个艺术家，从来想不起实际问题的。怎么连食宿的费用，平日的零用等等，一字不提呢？人是多方面的，做父母的特别关心这些，下次别忘了详细报道。乐谱问题怎样解决？在波兰花一大笔钱买了，会不会影响别的用途？

我要工作了，不再多写。远远的希望你保重，因为你这样快乐，用不着再祝你快乐了！

爸爸　八月十一日午前

一九五四年八月十六日*

亲爱的聪：天天想写信，老是忙不过来。房子还没收拾好，天气又热，汗流浃背。爸爸照样在三楼工作，大概到月底能搬下来。

这几天，这里为了防台防汛，各单位各组织都紧张非凡，日夜赶着防御工程，抵抗大潮汛的侵袭。据预测，今年的潮水特别大，有高出黄浦江数尺的可能，为预防起见，故特别忙碌辛苦。长江淮河水患已有数月之久，非常艰苦，为了抢修抢救，不知牺牲了多少生命，同时又保全了多少生命财产。都是些英雄与水搏斗。听说水涨最高的地方，老百姓无处安身，躲在树上，大小便、死尸、脏物都漂浮河内，多少的党员团员领先抢救。筑堤筑坝，先得打桩，但是水势太猛，非有一个人把桩把住，让另外一个人打下去不可；听说打桩的人，有时会不慎打在抱桩的身上、头上、手上，或是水流湍急就这么把抱着桩的人淹没了；光是打桩一件事，已不知牺牲了多少人，他们都是不出怨言的那么无声无息的死去，为了与自然斗争而死去。许多悲惨的传闻，都令人心惊胆战。牛家的大妹，不久就要出发到淮河做卫生工作，同时去有上千的医务人员，这是困苦万状的工作，都是冒着生命危险去的。你想先是饮水一项，已是危险万分，何况疟疾伤寒那些病菌的传染，简直不堪设想。我看了《保卫延安》以后，更可以想像得出大小干部为了水患而艰苦的斗争是怎么一回事。那是一样的可怕，一样的伟大。（好像楼伯伯送你一部，你看过没有？）我常常联想起你，你不用参加这件与自然的残酷斗争。幸运的孩子，你在中国可说是史无前例的天之骄子。一个人的机会、享受，是以千千万万人的代价换来的，那是多么宝贵。你得抓住时间，提高警惕，非苦修苦练，不足以报效国家，对得住同胞。看重自己就是看重国家。不要忘记了祖国千万同胞都在自己的岗位上努力，为人类的幸福而努力。尤其要想到目前国内生灵所受的威胁，所作的牺牲。把你个人的烦闷，小小的感情上的苦恼，一齐割舍干净。这也是你爸爸常常和我提到的。我想到爸爸前信要求你在这几年中要过等于僧侣的生活，现在我觉得这句话更重要了。你在万里之外，这样舒服，跟着别人跟不到的老师；学到别人学不到的东西；感受到别人感受不到的气氛；享受到别人享受不到的山水之美，艺术之美，所以在大大小小的地方不能有对不起国家、对不起同胞的事发生。否则，艺术家的慈悲与博爱就等于一句空话了。爸爸一再说你懂得多而表现少，尤其是在人事方面，我也有同感。但我相信你慢慢会有进步的，不会辜负我们的。我又想到国内学艺术的人中间，没有一个人像你这样，从小受了那么多的道德教训。你爸爸花的心血，希望你去完成它；你的成功，应该是你们父子两人合起来的成功。我的感想很多，可怜我不能完全表达出来。

现在离开你们比赛的时期还有六个月，为时不算多，你既要加紧工作，还要学习波兰文，够你忙的了。你居住的地方，可有什么风景片？倘有照相的机会，一定要寄来，我们多想念你，请你把学习经过写得详细些，写回信的时候，再看看我们的信，可有什么遗漏没有回答我们的。

好了，我的手有些酸痛了，希望不久就会收到你的信！祝你

努力进步！

你的妈妈　八月十六日

八月十六日晚

孩子：我忙得很，只能和你谈几桩重要的事。

你素来有两个习惯：一是到别人家里，进了屋子，脱了大衣，却留着丝围巾；二是常常把手插在上衣口袋里，或是裤袋里。这两件都不合西洋的礼貌。围巾必须和大衣一同脱在衣帽间，不穿大衣时，也要除去围巾。手插在上衣袋里比插在裤袋里更无礼貌，切忌切忌！何况还要使衣服走样，你所来往的圈子特别是有教育的圈子，一举一动务须特别留意。对客气的人，或是师长，或是老年人，说话时手要垂直，人要立直。你这种规矩成

了习惯，一辈子都有好处。

在饭桌上，两手不拿刀叉时，也要平放在桌面上，不能放在桌下，搁在自己腿上或膝盖上。你只要留心别的有教养的青年就可知道。刀叉尤其不要掉在盘下，叮叮当当的！

出台行礼或谢幕，面部表情要温和，切勿像过去那样太严肃。这与群众情绪大有关系，应及时注意。只要不急，心里放平静些，表情自然会和缓。

……

总而言之，你要学习的不仅仅在音乐，还要在举动、态度、礼貌各方面吸收别人的长处。这些，我在留学的时代是极注意的；否则，我对你们也不会从小就管这管那，在各种 manners［礼节，仪态］方面跟你们烦了。但望你不要嫌我繁琐，而要想到一切都是要使你更完满、更受人欢喜！

爸爸　八月十六日晚

一九五四年八月三十一日

孩子：……我译的服尔德到昨夜终算完成，寄到北京去。从初译以后，至寄出为止，已改过六道，仍嫌不够古雅，十八世纪风格传达不出。

……

我今夏身心极感疲劳，腰酸得很，从椅上站起来，一下子伛着背，挺不直。比往年差多了。精神也不及从前那么不知疲倦。除了十小时半以外的经常工作，再要看书，不但时间不够，头脑也吃不消了。

你的学习情形令人大为兴奋。两天上一课，就是每周三课。别的学生是否也是如此？我猜你是因为技巧落后，他们对你特别加紧，不知是否？来信说又要表演给委员会听，别人也是的；结果如何？别人的进步与你比起来又如何？……

不多谈了，匆匆即问近好！

爸爸　八月三十一日

一九五四年九月四日

聪，亲爱的孩子：……还有一件要紧的小事情：信封上的字别太大，把整个封面都占满了;两次来信,一封是路名被邮票掩去一部分,一封是我的姓名被贴去一只角。因为信封上实在没有地方可贴邮票了。你看看我给你的信封上的字,就可知道怎样才合式。

你的批评精神越来越强,没有被人捧得“忘其所以”,我真快活!你说的脑与心的话,尤其使我安慰。你有这样的了解,才显出你真正的进步。一到波兰,遇到一个如此严格、冷静、着重小节和分析曲体的老师,真是太幸运了。经过他的锻炼,你除了热情澎湃以外,更有个钢铁般的骨骼,使人觉得又热烈又庄严,又有感情又有理智,给人家的力量更深更强!我祝贺你,孩子,我相信你早晚会走到这条路上:过了几年,你的修养一定能够使你的 brain[理智]与 heart[感情]保持平衡。你的性灵越发掘越深厚、越丰富,你的技巧越磨越细,两样凑在一处,必有更广大的听众与批评家会欣赏你。孩子,我真替你快活。

你此次上台紧张,据我分析,还不在于场面太严肃——去年在罗京比赛[①]不是一样严肃得可怕吗?主要是没先试琴,一上去听见 tone[声音]大,已自吓了一跳;touch[触键]不平均,又吓了一跳;pedal[踏板]不好,再吓了一跳。这三个刺激是你二十日上台紧张的最大原因。你说是不是?所以今后你切须牢记,除非是上台比赛,谁也不能先去摸琴,否则无论在私人家或在同学演奏会中,都得先试试 touch[触键]与 pedal[踏板]。我相信下一回你决不会再 nervous[紧张]的。

大家对你的欣赏,妈妈一边念信一边直淌眼泪。你瞧,孩子,你的成功给我们多大的欢乐!而你的自我批评更使我们喜悦得无可形容。

要是你看我的信,总觉得有教训意味,仿佛父亲老做牧师似的;或者我的一套言论,你从小听得太熟,耳朵起了茧;那么希望你从感情出发,体会我的苦心;同时更要想到:只要是真理,是真切的教训,不管出之于父母或朋友之口,出之于熟人生人,都得接受。别因为是听腻了的,无动于衷,当作耳边风!你别忘了:你从小到现在的家庭背景,不但在中国独一无二,便是在世界上也很少很少。哪个人教育一个年轻的艺术学生,除了艺

---

① 指一九五三年八月,在罗马尼亚首都布加勒斯特举行的“第四届青年联欢节”上,傅聪参加的钢琴比赛。

术以外，再加上这么多的道德的？我完全信任你，我多少年来播的种子，必有一日在你身上开花结果——我指的是一个德艺俱备、人格卓越的艺术家！

你的随和脾气多少得改掉一些。对外国人比较容易，有时不妨直说：我有事，或者：我要写家信。艺术家特别需要冥思默想。老在人堆里（你自己已经心烦了），会缺少反省的机会；思想、感觉、感情也不能好好的整理、归纳。

Krakow［克拉可夫］是一个古城，古色古香的街道，教堂、桥，都是耐人寻味的。清早、黄昏、深夜，在这种地方徘徊必另有一番感触，足以做你诗情画意的材料。我从前住在法国内地一个古城里，叫做 Peitier［贝底埃］，十三世纪的古城，那种古文化的气息至今不忘，而且常常梦见在那儿踯躅。北欧哥特式（Gothique）建筑，Krakow［克拉可夫］一定不少，也是有特殊风格的。我恨不得飞到你身畔，和你一同赏玩呢！倘有什么风景片（那到处都有卖，很便宜的），不妨写上地名，作明信片寄来。

到 K 城后，你的按月零用拿到多少？在海滨一个月，恐怕钱不够花吧？

还有，你现在练新曲子，是否开始仍旧很慢的练？如 *Fantansy*［《幻想曲》］，是否仍每天慢练几遍？这是为了恩德作参考。同时也为了要知道手放松后，technic［技巧］的保持是否仍须常常慢练才行？这次的 *Scherzo*［《诙谐曲》］你写的是 Op. 36（作品三十六号），大概是作品三十九号之误吧？应该是第二支 *Scherzo*［《诙谐曲》］吧？*Polonaise*［《波洛奈兹》］是否尚未练熟？以后的 *Concerto*［《协奏曲》］预备练那一支早先练过的，还是另外一支？

以后听到别的同学弹奏，希望能来信告诉你的意见和感想。我对音乐上的事太感兴趣了。

八月十六日到二十五日，北京举行了全国文学翻译工作会议。周扬作总结时说（必姨参加了，讲给我听的）：技术一边倒。哪有这话？几曾听说有英国化学法国化学的？只要是先进经验，苏联的要学，别的西欧资本主义国家的也要学。据说这种说法在华东是听不到的。

……

这几日因为译完了服尔德，休息几天，身心都很疲倦。夏天工作不比平时，格外容易累人。煦良平日谈翻译极有见解，前天送来万余字精心苦练过的译稿要我看看，哪知一塌糊涂。可见理论与实践距离之大！北京那位苏联戏剧专家老是责备导演们："为什么你们都是理论家，为什么不提提具体问题？"我真有同感。三年前北京《翻译通报》几次要我写文章，我都拒绝了，原因即是空谈理论是没用的，主要是自己动手。

好了，让我歇歇吧，这封信写了两天才写完。我信上的地址倘有错误，望速来信纠正。勃隆斯丹太太那儿，我最近去信，把你的情形报告一番，让她也欢喜欢喜。一切保重！

爸爸　九月四日

一九五四年九月二十一日晨

亲爱的孩子：……十二日信上所写的是你在国外的第一个低潮。这些味道我都尝过。孩子，耐着性子，消沉的时间，无论谁都不时要遇到，但很快会过去的。游子思乡的味道你以后常常会有呢。

你说起讲英文的人少，不知你跟教授Drzewiecki［杰维茨基］是讲什么话的？还有这DRZ三个开头的字母念成什么音？整个字应如何读，望告知。来信只说学校没开学，却没说起什么时候开学？住在音乐院，吃得如何？病了有人来问没有？看医生没有？平时饮食寒暖务必小心，我们不在你身边，你得多管管自己才好！加衣进食等等，切不能偷懒马虎！我们的心老挂在你身上，每隔十天总等着信了。这一回就是天天等来信，唯恐我们的信才寄就收到来信，错过了头；所以直耽到今日才提笔。其实从十日起就想写了。

……

昨天还有一件事，使我去开了一次会：华东美协为黄宾虹办了一个个人展览会，昨日下午举行开幕式，兼带座谈。我去了，画是非常好。一百多件近作，虽然色调浓黑，但是浑厚深沉得很，而且好些作品远看很细致，近看则笔头仍很粗。这种技术才是上品！我被赖少其（美协主席）逼得没法，座谈会上也讲了话。大概是：(1)西画与中画，近代已发展到同一条路上；(2)中画家的技术根基应向西画家学，如写生、写石膏等等；(3)中西画家应互相观摩、学习；(4)任何部门的艺术家都应对旁的艺术感到兴趣。发言的人一大半是颂扬作者，我觉得这不是座谈的意义。颂扬话太多了，听来真讨厌。

开会之前，昨天上午八点半，黄老先生就来我家。昨天在会场中遇见许多国画界的老朋友，如贺天健、刘海粟等，他们都说：黄先生常常向他们提到我，认为我是他平生一大知己。

因为你好久没接到我们的信，所以先把此信急急收场，寄出去。

这几日我又重伤风，不舒服得很。新开始的“巴尔扎克”，一天只能译二三页，真是蜗牛爬山！

你别把“比赛”太放在心上。得失成败尽量置之度外，只求竭尽所能，无愧于心；效果反而好，精神上平日也可减少负担，上台也不致紧张。千万千万！

另外一点，你的手，特别是左手常常有“塌”下去的倾向，教授纠正没有？他是否特别注意手的姿势好看不好看？你tone[音质]的问题是否十之八九业已解决。这是恩德打听的。因夏先生极重视手的好看问题，以为弹琴的手应如跳舞的姿势一样。我个人是不赞成此说。所以要得到一些你的学校经验作参考。

另外，夏先生一定要学生的大拇指不用时屈在掌心下，要用到时再伸出来。我觉得这也极不自然。你以为如何？

爸爸　九月二十一日

九月二十一日晨接信后即写

信封上的字，不妨写得小些，前几信我的名字一部分被邮票贴掉了。

李凌先生处有否去过信？不能再拖了！李育农那儿我去了一信，报告你一年来的情形。

一九五四年九月二十一日 *

亲爱的聪：我差不多无时无刻不在念着你！这次的信隔了二十天才

收到。知道你病了几天,做妈妈的更心痛了,我不能照顾你,真有些难受。望你自己格外保重,为了我们,也要特别当心。只身在外,言语隔膜,相当孤寂,那是一定的,好在你有音乐陶醉,尤其还有那个艰难的任务,需要你努力,需要你完成。不过练琴也要有个节制、计算,第一不要妨碍你的健康为上。

想到自己的儿子,我也想到年老白发的母亲,最近阿敏搬三楼,我已把你外婆接来了,她老态龙钟,知觉迟钝,很是可怜。

我忙着结阿敏的毛衣,没有时间多写,反正爸爸都讲了,等我空一些再写。望你把日常琐碎的事都告诉我们! 再会!

妈妈　九月二十一日

烦闷时,可独自上街走走,看看古教堂、古建筑,或是到郊外散散步。多接近大自然,精神即会松动。

一九五四年九月二十八日夜

聪:……近来又翻出老舍的《四世同堂》看看,发觉文字的毛病很多,不但修辞不好,上下文语气不接的地方也很多。还有是硬拉硬扯,啰里啰嗦,装腔作势,前几年我很佩服他的文章,现在竟发现他毛病百出。可见我不但对自己的译文不满,对别人的创作也不满了。翻老舍的小说出来,原意是想学习,结果找不到什么可学的东西。

……

我又想到一点,你上台弹琴,常常有咬嘴唇的习惯,望注意改掉。

假如学校环境太闹,是否可以写信告诉 Eva[埃娃]想办法? 有些要紧的事,不要得过且过,听人摆布! 这与你精神安定有关,也与你的学习及明年的比赛有关! 我几次问你要埃娃的地名,你始终没写来。

……

平日没有一天不想到你,只是痴痴的等你的信,虽然知道你忙,不到十天左右休想有信,但心里总禁不住存着希望。

外婆还住在我家,可是不但精神麻木已极,连相貌也变得不像从前了。看看这种老态,想到自己也在一天天的望这条路上走,不禁黯然!

……

爸爸　九月二十八日夜

一九五四年十月二日

聪，亲爱的孩子：收到九月二十二日晚发的第六信，很高兴。我们并没为你前信感到什么烦恼或是不安。我在第八信中还对你预告，这种精神消沉的情形，以后还是会有的。我是过来人，决不至于大惊小怪。你也不必为此担心，更不必硬压在肚里不告诉我们。心中的苦闷不在家信中发泄，又哪里去发泄呢？孩子不向父母诉苦向谁诉呢？我们不来安慰你，又该谁来安慰你呢？人一辈子都在高潮低潮中浮沉，惟有庸碌的人，生活才如死水一般；或者要有极高的修养，方能廓然无累，真正的解脱。只要高潮不过分使你紧张，低潮不过分使你颓废，就好了。太阳太强烈，会把五谷晒焦；雨水太猛，也会淹死庄稼。我们只求心理相当平衡，不至于受伤而已。你也不是栽了筋斗爬不起来的人。我预料国外这几年，对你整个的人也有很大的帮助。这次来信所说的痛苦，我都理会得；我很同情，我愿意尽量安慰你、鼓励你。克利斯朵夫不是经过多少回这种情形吗？他不是一切艺术家的缩影与结晶吗？慢慢的你会养成另外一种心情对付过去的事：就是能够想到而不再惊心动魄，能够从客观的立场分析前因后果，做将来的借鉴，以免重蹈覆辙。一个人惟有敢于正视现实，正视错误，用理智分析，彻底感悟，终不至于被回忆侵蚀。我相信你逐渐会学会这一套，越来越坚强的。我以前在信中和你提过感情的 ruin［创伤，覆灭］，就是要你把这些事当做心灵的灰烬看，看的时候当然不免感触万端，但不要刻骨铭心的伤害自己，而要像对着古战场一般的存着凭吊的心怀。倘若你认为这些话是对的，对你有些启发作用，那么将来在遇到因回忆而痛苦的时候（那一定免不了会再来的），拿出这封信来重读几遍。

……

为了你，我前几天已经在《大英百科辞典》上找 Krakow［克拉可夫］那一节看了一遍，知道那是七世纪就有的城市，从十世纪起，城市的历史即很清楚。城中有三十余所教堂。希望你买一些明信片，并成一包，当印刷品(不必航空)寄来，让大家看看喜欢一下。

……

你练的 *Concerto*[《协奏曲》]是否仍是以前练开头的一支？成绩如何？不要太紧张，比赛的事不要计较太厉害。“我尽我心”，别的任凭天命。精神松散，效果反而好。祝你快乐！

爸爸　十月二日

一九五四年十月十九日夜/二十二日晨

好孩子：十七天不接来信，有点着急，不知身体怎么样？你月初到华沙去为我们的国庆演出以后，始终没有信，结果如何？近来又忙哪几支曲子？练的成绩怎样？教授满意吗？有新的批评，有新毛病提出吗？

星期日(十七)出去玩了一天。上午到博物馆去看古画，看商周战国的铜器等等；下午到文化俱乐部(即从前的法国总会，兰心斜对面)参观华东参加全国美展的作品预展。结果看得连阿敏都频频摇头，连喊吃不消。大半是月份牌式，其幼稚还不如好的广告画。漫画木刻之幼稚，不在话下。其余的几个老辈画家，也是轧时髦，涂抹一些光光滑滑的，大幅的着色明信片，长至丈余，远看也像舞台布景，近看毫无笔墨。伦伦①的爸爸在黄宾虹画展中见到我，大为亲热。这次在华东出品全国的展览中，有二张油画，二张国画。国画仍是野狐禅，徒有其貌，毫无精神，一味取巧，骗人眼目；画的黄山峭壁，千千万万的线条，不过二三寸长的，也是败笔，而且是琐琐碎碎连接起来的，毫无生命可言。艺术品是用无数“有生命力”的部分，构成一个一个有生命的总体。倘若拿描头画角的匠人功夫而欲求全体有生命，岂非南辕北辙？那天看了他的作品，我就断定他这一辈子的艺术前途完全没有希望了。我几十年不见他的作品，原希望他多少有些进步，不料仍是老调。而且他的油画比以前还退步，笔触谈不到，色彩也

---

① 即刘海粟大女儿刘英伦。

俗不可耐,而且俗到出乎意外。可见一个人弄艺术非真实、忠诚不可。他一生就缺少这两点,可以嘴里说得天花乱坠,实际上从无虚怀若谷的谦德,更不肯下苦功研究。今春他到黄山去住了两个多月,一切都有公家招待,也算画了几十件东西回来;可是内容如此,大大辜负了政府的好意了。

……

十月十九日夜

柯子歧送来奥艾斯脱拉赫与奥勃林的 Franck[弗兰克]Sonata[奏鸣曲],借给我们听。第一个印象是太火爆,不够 Franck[弗兰克]味。volume[音量]太大,而 melody[旋律]应付得太粗糙。第三章不够神秘味儿;第四章 violin[小提琴]转弯处显然出了角,不圆润,连我都听得很清楚。piano[钢琴]也有一个地方,tone[声音,音质]的变化与上面不调和。后来又拿出 Thibaud – Cortot[狄博与柯尔托]来一比,更显出这两人的修养与了解。有许多句子结尾很轻(指小提琴部分)很短,但有一种特别的气韵,我认为便是弗兰克的"隐忍"与"舍弃"精神的表现。这一点在俄国演奏家中就完全没有。我又回想起你和韦①前年弄的时候,大家听过好几遍 Thibaud – Cortot[狄博与柯尔托]的唱片,都觉得没有什么可学的;现在才知道那是我们的程度不够,体会不出那种深湛、含蓄、内在的美。而回忆之下,你的 piano part[钢琴演奏部分]也弹得大大的过于 romantic[浪漫底克]。T. C. 即狄博与柯尔托两人的简称的演奏还有一妙,是两样乐器很平衡。苏联的是 violin[小提琴]压倒 piano[钢琴],不但 volume[音量]如此,连 music[音乐]也是被小提琴独占了。我从这一回听的感觉来说,似乎奥艾斯脱拉赫的 tone[声音,音质]太粗豪,不宜于拉十分细腻的曲子。下次信来希望你报告我们,在这方面努力的结果如何。

林伯伯在中央歌舞团已有二十余个学生。他第一步先叫他们录音,把未训练时的成绩做一个记录,以便过一晌拿来比较,这办法太好了,其实学任何乐器的都应当如此办。其次他检查每个人的声带,看看有无毛

① 即韦贤彰,当年是傅聪在上海的朋友,就读于上海同济大学,业余拉小提琴,后进入中央乐团任小提琴演奏员。

病。据说有几个苏石灵的老学生还对他不买账呢。

十九日夜又书

昨天尚宗①打电话来,约我们到他家去看作品,给他提些意见。话说得相当那个,不好意思拒绝。下午三时便同你妈妈一起去了。他最近参加华东美展落选的油画《洛神》,和以前画佛像、观音等等是一类东西。面部既没有庄严沉静的表情(《观音》),也没有出尘绝俗的世外之态(《洛神》),而色彩又是既不强烈鲜明,也不深沉含蓄。显得作者的思想只是一些莫名其妙的烟雾,作者的情绪只是浑浑沌沌的一片无名东西。我问:"你是否有宗教情绪,有佛教思想?"他说:"我只喜欢富丽的色彩,至于宗教的精神,我也曾从佛教画中追寻他们的天堂等等的观念。"我说:"他们是先有了佛教思想,佛教情绪,然后求那种色彩来表达他们那种思想与情绪的。你现在却是倒过来。而且你追求的只是色彩,而你的色彩又没有感情的根源。受外来美术的影响是免不了的,但必须与一个人的思想感情结合。否则徒袭形貌,只是作别人的奴隶。佛教画不是不可画,而是要先有强烈、真诚的佛教感情,有佛教人生观与宇宙观。或者是自己有一套人生观宇宙观,觉得佛教美术的构图与色彩恰好表达出自己的观念情绪,借用人家的外形,这当然可以。倘若单从形与色方面去追求,未免舍本逐末,犯了形式主义的大毛病。何况即以现代欧洲画派而论,纯粹感官派的作品是有极强烈的刺激感官的力量的。自己没有强烈的感情,如何教看的人被你的作品引起强烈的感情?自己胸中的境界倘若不美,人家看了你作品怎么会觉得美?你自以为追求富丽,结果画面上根本没有富丽,只有俗气乡气;岂不说明你的情绪就是俗气乡气?(当时我措辞没有如此露骨。)惟其如此,你虽犯了形式主义的毛病,连形式主义的效果也丝毫产生不出来。"

我又说:"神话题材并非不能画,但第一,跟现在的环境距离太远;第二,跟现在的年龄与学习阶段也距离太远。没有认清现实而先钻到神话

① 即吴尚宗,系傅雷三十年代在上海美专任教时的学生。

中去，等于少年人醇酒妇人的自我麻醉，对前途是很危险的。学西洋画的人第一步要训练技巧，要多看外国作品，其次要把外国作品忘得干干净净——这是一件很艰苦的工作——同时再追求自己的民族精神与自己的个性。”

以尚宗的根基来说，至少再要在人体花五年十年功夫才能画理想的题材，而那时是否能成功，还要看他才具而定。后来又谈了许多整个中国绘画的将来问题，不再细述了。总之，我很感慨，学艺术的人完全没有准确的指导。解放以前，上海、杭州、北京三个美术学校的教学各有特殊缺点，一个都没有把艺术教育用心想过、研究过。解放以后，成天闹思想改造，而没有击中思想问题的要害。许多有关根本的技术训练与思想启发，政治以外的思想启发，不要说没人提过，恐怕脑中连影子也没有人有过。

学画的人事实上比你们学音乐的人，在此时此地的环境中更苦闷。先是你们有唱片可听，他们只有些印刷品可看；印刷品与原作的差别，和唱片与原演奏的差别，相去不可以道里计。其次你们是讲解西洋人的著作（以演奏家论），他们是创造中国民族的艺术。你们即使弄作曲，因为音乐在中国是处女地，故可以自由发展；不比绘画有一千多年的传统压在青年们精神上，缚手缚脚。你们不管怎样无好先生指导，至少从小起有科学方法的训练，每天数小时的指法练习给你们打根基；他们画素描先在时间上远不如你们的长，顶用功的学生也不过画一二年基本素描，其次也没有科学方法帮助。出了美术院就得“创作”，不创作就谈不到有表现；而创作是解放以来整个文艺界，连中欧各国在内，都没法找出路（心理状态与情绪尚未成熟，还没到瓜熟蒂落、能自然而然找到适当的形象表现）。

从胡尚宗家回来，就看到你的信与照片，今晨又收到大照片二张。

你的比赛问题固然是重负，但无论如何要做一番思想准备。只要尽量以得失置之度外，就能心平气和，精神肉体完全放松，只有如此才能希望有好成绩。这种修养趁现在做起还来得及，倘若能常常想到“文章千古事，得失寸心知”的名句，你一定会精神上放松得多。惟如此才能避免过度的劳顿与疲乏的感觉。最磨折人的不是脑力劳动，也不是体力劳动（那种疲乏很容易消除，休息一下就能恢复精力），而是操心（worry）！孩子，千万听我的话。

下功夫叫自己心理上松动,包管你有好成绩。紧张对什么事都有弊无利。从现在起,到比赛,还有三个多月,只要凭“愚公移山”的意志,存着“我尽我心”的观念;一紧张就马上叫自己宽弛,对付你的精神要像对付你的手与指一样,时时刻刻注意放松,我保证你明年会成功。这个心理卫生的功夫对你比练琴更重要,因为练琴的成绩以心理的状态为基础,为主要条件!你要我们少为你操心,也只有尽量叫你放松。这些话你听了一定赞成,也一定早想到的,但要紧的是实地做去,而且也要跟自己斗争;斗争的方式当然不是紧张,而是冲淡,而是多想想人生问题,宇宙问题,把个人看得渺小一些,那么自然会减少患得患失之心,结果身心反而舒泰,工作反而顺利!下次信来,希望你报告我们,在这方面努力的结果如何。

……

你国庆在华沙表演,除你之外,是否还有别的节目?十月二十三四日去华沙,想必听了波兰选手最后一次预选的演出,他们的成绩和你的感想能不能告诉我?

平日你不能太忙。人家拉你出去,你事后要补足功课,这个对你精力是有妨碍的。还是以练琴的理由,多推辞几次吧。要不紧张,就不宜于太忙;宁可空下来自己静静的想想,念一两首诗玩味一下。切勿一味重情,不好意思。工作时间不跟人出去,做成了习惯,也不会得罪人的。人生精力有限,谁都只有二十四小时;不是安排得严密,像你这样要弄坏身体的,人家技巧不需苦练,比你闲,你得向他们婉转说明。这一点上,你不妨常常想起我的榜样,朋友们也并不怪怨我呀。

……

一切保重,时时把心理放松,千万勿紧张!

爸爸　十月二十二日晨

一九五四年十一月一日夜

亲爱的孩子:刚听了波兰 Regina Smangianka[雷吉娜·斯曼齐安卡]音乐会回来;…… *Concerto*[《协奏曲》]弹得很好;乐队伴奏居然也很像

样，出乎意外，因为照上半场的德伏夏克听来，教人替他们捏一把汗的。Scarlatti[斯卡拉蒂]光芒灿烂，意大利风格的brio[活力，生气]都弹出来了。Chopin[萧邦]的*Etude*[《练习曲》]，又有火气，又是干净。这是近年来听到的最好的音乐会。

我们今晚送了一只花篮，附了一封信（法文）给她，说你早在九月中报告过，我借此机会表示欢迎和祝贺之意。不知她能否收到，因为门上的干事也许会奇怪，从来没有“个人”送礼给外宾的。

……

斯曼齐安卡从前是谁的学生？你知道吗？她倒是极有个性，极有前途的。上届萧邦竞赛中她得了第几奖？望来信告知。台上的manners[仪表]和谢幕的风度也够迷人，以品貌而论，也是近年来第一。

……

我的服尔德八月底完成了，给他们左耽搁右耽搁，现在不过排了八十页。大约要下个月方出版。新的巴尔扎克译了一半，约旧历年底完工，等到印出来，恐怕你的比赛也已完毕多时了。近一个月天气奇好，看看窗外真是诱惑力很大，恨不得出门一次。但因工作进度太慢，只得硬压下去。

……一切保重，饮食寒暖，尤须留意！

爸爸　十一月一日夜十一时半

一九五四年十一月六日午

亲爱的孩子：一日夜写了（波13）信。二日清晨即接波兰文化代表团来电话，斯曼齐安卡不能说英文、法文，叫另一个会说法文的团员打的，说她要来看我，还有一个副团长，一个作家（即打电话的人）同来，约在下午六至七时，七时后要去“大舞台”听波兰独唱演奏会。因为时间在六七点之间，我就约他们便饭。妈妈立刻出动，预备了五菜一汤，自己烧的，成绩很好。我也预备了礼物，给S.①的是一幅黄宾虹山水小册页，一只有墨笔山水的小瓷碟，给副团长的是黄宾虹山水小册页，另加一匣荣宝斋仿古信

---

① 波兰著名钢琴家斯曼齐安卡。

笺。给另一团员的是黄的花卉小册页，荣宝斋山水信笺。他们也带了礼物来：一只木碗，一本画册给我的；一串项链，一只别针（都是玳瑁一类的）送妈妈。

在我家的时间很匆忙，谈不了多少话；只拿些古版书给他们看看，斯曼齐安卡看了你童年的照片，你的琴，略微摸了一下。吃饭时他们说有很多问题要问，可惜没时间；我就约他们在当晚歌唱会后上他们旅馆（锦江）去长谈。

……

在锦江，直谈到十二点多。先谈京剧、京剧剧本、京剧音乐。他们以为这是中国古已有之的，我不得不把唐以来的音乐与戏剧略说一个梗概，分出古典剧（昆剧）与京剧之不同。他们又问到乐器问题，分不清哪是本土的，哪是外来的。接着又谈到现代音乐的问题，斯曼齐安卡说她听你谈过，大致差不多。后来又谈到上海的生活、舞场等等，问到资产阶级为何销声匿迹，为何上海市面萧条等等。末了，斯曼齐安卡要我们次日陪去买大衣。

三日清晨我们（和妈妈一块）就去锦江陪他们上街，这一天只有斯曼齐安卡和副团长二人，另一位去参观别的地方了。他们买了大衣、衣料。下午四点半后又陪他们逛市街，车子开到黄浦江边，在三马路至北京路之间沿江散步，看江上晚景，谈法国印象派的画。后来请他们到水上饭店吃中国点心，他们从未尝过，吃得津津有味。到六时半送回锦江，作别。他们当晚八点去北站，我们不送车了。陪了他们一天一晚，人也够累了。

他们对我们印象极佳，因为到中国来以后，从未遇到一个人可不用翻译，直接谈天，而且上下古今，无所不谈的。他们老嫌太受拘束，翻译文化水平太低，与教授、作家等等谈话，老是刻板文章、座谈会等等，也觉得枯索无味。宴会上无穷的干杯"站起来——坐下去——站起来——坐下去"（他们说的），太乏味了。能和我们随便走走、看看，无挂无碍，他们才觉得真像朋友，真正尝到了中国的人情味。斯曼齐安卡在江边丢了一枚小钱到水里去，说这是波兰习俗：你愿意再来的地方，就用这个方式发一个愿。她觉得上海是全中国她惟一愿意居住的地方。她们从十月十日左右离开北京,先飞重庆,后飞昆明,又飞广州,再坐火车到杭州,再到上海。前天(三日)坐车去天津,再要上沈阳,再有四个人(斯曼齐安卡、歌唱家、团长、作家)到蒙古去。其余七位团员则一径回波兰。

客人固然大为高兴,招待会却大为紧张。第一,私人送花篮,从来未有;第二,私人请到家去吃饭,也从来未有;第三,客人不要带向导,不要带翻译,更不要保镖,单单坐他们汽车,更是从来未有之事。招待会第一天就问到作协,问唐弢,我住的地方可有招待外宾的条件。第二天陪买东西时,请了楼上婆婆同看皮货(因我们不内行),招待会又紧张了一阵,怕安全有问题。

S.说你平日工作太多。工作时也太兴奋。她自己练琴很冷静,你的练琴,从头至尾都跟上台弹一样。她说这太伤精神,太动感情,对健康大有损害。我觉得这话很对。艺术是你的终身事业,艺术本身已是激动感情的,练习时万万不能再紧张过度。人寿有限,精力也有限,要从长里着眼,马拉松赛跑才跑得好。你原是感情冲动的人,更要抑制一些。S.说Drz.老师[1]也跟你谈过几次这一点。希望你听从他们的劝告,慢慢的学会控制。这也是人生修养的一个大项目。

……

事忙,不多写了。

爸爸　十一月六日午　陆续写完

一九五四年十一月十七日午

聪:……你到波以后常常提到精神极度疲乏,除了工作的“时间”以外,更重要的恐怕还是工作时“消耗精力”的问题。倘使练琴时能多抑制情感,多着重于技巧,多用理智,我相信一定可以减少疲劳。比赛距今尚有三个多月,长时期的心理紧张与感情高昂,足以影响你的成绩;千万小心,自己警惕,尽量冷静为要!我十几年前译书,有时也一边译一边感情冲动得很,后来慢慢改好了。

---

① 杰维茨基 Drzewiecki,波兰著名钢琴教授,音乐学者,傅聪的钢琴业师。

因为天气太好了，忍不住到杭州去了三天，在黄宾翁家看了一整天他收藏的画，元、明、清都有。回沪后便格外忙碌，上星期日全天"加班"。除了自己工作以外，尚有朋友们托的事。例如最近西禾[①]译了一篇罗曼·罗兰写的童年回忆，拿来要我校阅，从头至尾花了大半日功夫，把五千字的译文用红笔划出问题，又花了三小时和他当面说明。他原来文字修养很好，但译的经验太少，根本体会不到原作的风格、节奏。原文中的短句子，和一个一个的形容词，都译成长句，拼在一起，那就走了样，失了原文的神韵。而且用字不恰当的地方，几乎每行都有。毛病就是他功夫用得不够；没吃足苦头决不能有好成绩！

……

至此为止，你练好了几支新的萧邦？从前的萧邦修改完满的又有几支？可否把曲名写给我看看？上课是否仍不定期？老师对你有新意见吗？他觉得你那几点上有了进步？pedal［踏板］是否改得差不多了？

孩子，你尽管忙，家信还是要多写，即使短短几行也可以；你不知父母常常在心里惦念，沉默久了，就要怕你身体是否健康；我这一星期就是精神很不安定，虽则忙着工作，肚里老是有个疙瘩；一定要收到了你的信，才"一块石头落地"！

练琴一定要节制感情，你既然自知责任重大，就应当竭力爱惜精神。好比一个参加世运的选手，比赛以前的几个月，一定要把身心的健康保护得非常好，才能有充沛的精力出场竞赛。俗语说"养兵千日"，"养"这个字极有道理。

你收发家信也要记账，平日可以查查，有多少天不写信了。最近你是十月十二日写的信，你自己可记得吗？多少对你的爱，对你的友谊，不知如何在笔底下传达给你！孩子，我精神上永远和你在一起！

爸爸　十一月十七日午

---

① 即陈西禾，傅雷挚友，评论家。

一九五四年十一月十七日 *

亲爱的聪:那么长久没有接到你信,怕你太用功,疲劳过度,不知身体好吗?我们每次写信总是上账的,你大概不会像我们那样有规律,所以写出一封信后,以为可以过一段再写;可是日子一天一天很容易过,一霎眼,几星期就过去了,等你想到写信,已是隔了很久了。希望你以后也用个小本子记信账,那么就不会让我们望穿秋水了,你看对吗?

我们是九日到杭州,恩德母女也去的。中午到了杭州,下午就去岳庙看菊展,菊花种类很多,有六七万种,每种的名字极有诗意,什么“苏堤春晓”啊,“醉玉环”啊,“黄十八”、“白十八”啊,简直美不胜收。花的形色各各不同,色彩也很文静,没有大红大绿,都是中间颜色,当然黄白色及淡紫是最多的。还有东洋种的,扎成倒挂的形态,还有一棵,上有几百朵花,扎成圆形的,非常美观。我们看了足有两个小时,也不过是走马看花,可是已经很累了。上海也有菊展,规模更大,在前跑马厅的人民公园,人山人海,每天有几万人参观,要排队买票,排队看花,我觉得太挤了,没有味儿,所以不想去。

那天跟你爸爸看完菊展,就去拜访黄宾虹先生,他们再三要我们吃晚饭,饭后就看他的藏画。

第二天上午我们游湖,下午就上玉皇山,我这次不坐轿子,居然走了上去,一点也不吃力。因为游客少,山上清静得很,我们就住在山上,看晚霞,观钱塘和西湖远景。天黑以后,远看杭州市,灯壁辉煌,真是太美了,胸襟为之一畅。次日天一亮,我们就起床,看看早上千变万化的早霞。爸爸拍了些照片,回来后印的结果是坏多好少。

那天早上我们七时半就下山,八时三刻到了宾老家里。恩德母女由她们自己去玩,我们就分手了。到了宾老家就看他的画,看了五六十部册页,管夫人的竹,沈周的细笔山水,石涛、八大、陈老莲等等的真迹,还有许多明清时代不知名作家的东西,简直搞不清,只觉得好,一个人埋在里头倒有些昏昏然了。这次到杭州真是大有收获,看不到的东西看到了,因为收藏的人,一般不肯随便拿出来给人看的,非要有了交情,互相有了了解才行。我算是靠爸爸的福。要看他老人家的画是不容易的,而且多得看不完。我们预备以后到杭州再去看。这次我们只看了他十分之三的画，据黄太太告诉我们，恐怕五天也看不完呢！

……希望不久就会收到你的信，我们真是日夜都在惦念你！不多谈了，祝你快乐！

妈妈　十一月十七日

一九五四年十一月二十三日夜

聪，亲爱的孩子：……你为了俄国钢琴家[①]兴奋得一晚睡不着觉；我们也常常为了些特殊的事而睡不着觉。神经锐敏的血统，都是一样的；所以我常常劝你尽量节制。那钢琴家是和你同一种气质的，有些话只能加增你的偏向。比如说每次练琴都要让整个人的感情激动。我承认在某些romantic［浪漫底克］性格，这是无可避免的；但"无可避免"并不一定就是艺术方面的理想；相反，有时反而是一个大累！为了艺术的修养，在heart［感情］过多的人还需要尽量自制。中国哲学的理想，佛教的理想，都是要能控制感情，而不是让感情控制。假如你能掀动听众的感情，使他们如醉如狂，哭笑无常，而你自己屹如泰山，像调度千军万马的大将军一样不动声色，那才是你最大的成功，才是到了艺术与人生的最高境界。你该记得贝多芬的故事，有一回他弹完了琴，看见听的人都流着泪，他哈哈大笑道："嘿！你们都是傻子。"艺术是火，艺术家是不哭的。这当然不能一蹴即成，尤其是你，但不能不把这境界作为你终生努力的目标。罗曼·罗兰心目中的大艺术家，也是这一派。

关于这一点，最近几信我常与你提到，你认为怎样？

我前晌对恩德说："音乐主要是用你的脑子，把你朦朦胧胧的感情（对每一个乐曲，每一章，每一段的感情）分辨清楚，弄明白你的感觉究竟是怎么一回事；等到你弄明白了，你的境界十分明确了，然后你的technic［技巧］自会跟踪而来的。"你听听，这话不是和Richter［李赫特］说的一模一样吗？我很高兴，我从一般艺术上了解的音乐问题，居然与专门音乐家的

① 指著名俄国钢琴家李赫特 Sviatoslav Richter。

了解并无分别。

技巧与音乐的宾主关系，你我都是早已肯定了的；本无须逢人请教，再在你我之间讨论不完，只因为你的技巧落后，存了一个自卑感，我连带也为你操心；再加近两年来国内为什么 school[学派]，什么派别，闹得惶惶然无所适从，所以不知不觉对这个问题特别重视起来。现在我深信这是一个魔障，凡是一天到晚闹技巧的，就是艺术工匠而不是艺术家。一个人跳不出这一关，一辈子也休想梦见艺术！艺术是目的，技巧是手段：老是只注意手段的人，必然会忘了他的目的。甚至一些有名的 virtuoso[演奏家，演奏能手]也犯的这个毛病，不过程度高一些而已。

你到处的音乐会，据我推想，大概是各地的音乐团体或是交响乐队来邀请的，因为十一月至明年四五月是欧洲各地的音乐节。你是个中国人，能在 Chopin[萧邦]的故国弹好 Chopin [萧邦]，所以他们更想要你去表演。你说我猜得对不对？

昨晚陪你妈妈去看了昆剧：比从前差多了。好几出戏都被"戏改会"改得俗滥，带着绍兴戏的浅薄的感伤味儿和骗人眼目的花花绿绿的行头。还有是太卖弄技巧（武生）。陈西禾也大为感慨，说这个才是"纯技术观点"。其实这种古董只是音乐博物馆与戏剧博物馆里的东西，非但不能改，而且不需要改。它只能给后人作参考，本身已没有前途，改它干吗？改得好也没意思，何况是改得"点金成铁"！

楼伯伯到印度当访问文艺团团员去了，两月后方回来。国内正大闹《红楼梦》问题，批判俞平伯观点，与当年批《武训传》有同一趋势。

……

孩子，一切珍重！附照片，望保存，其中一张黄宾虹像尤其要留着。

爸爸　十一月二十三日夜

来信信封上的字，写小一些，免得名字被邮戳盖没。你穿过大礼服上台没有？脚上冻疮有没有？手上还需要涂石蜡油吗？

孩子，接到你的信，兴奋非凡，那种激动，是无法形容的，我甚至滚下泪来，你的进步，就是我们的光荣！我在这里默祷你的身心康健，但愿你多写信来，让我们同乐！

妈妈

一九五四年十二月四日夜

刚才去看了李先生[①]，问她专家开过演奏会以后，校内评论如何。她说上上下下毫无评论。我说这就是一种评论了。大概师生对他都不佩服。李先生听他上课，说他教果然教得不错，但也没有什么大了不起的地方，没有什么出人意外的音乐的发掘。她对于他第一次上课就要学生背也不赞成。专家说莫斯科音乐院有四个教研组，每组派别不同。其中一派是不主张练studies[练习曲]，只在乐曲中练技巧的。李先生对此也不赞成。我便告诉她Richter[李赫特]的说法，也告诉她，我也不赞成。凡是天才的学习都不能作为常规的。从小不练scale[音阶]与studies[练习曲]这一套，假如用来对付一般学生，一定要出大毛病。除非教的先生都是第一流的教授。

……

好了，下次再谈。处处保重，别太累了。精神与身体都要注意，多多抓住休息时间。

爸爸　十二月四日夜

一九五四年十二月二十七日

亲爱的孩子：……

一天练出一个concerto[协奏曲]的三个乐章带cadenza[华彩段]，你的technic[技巧]和了解，真可以说是惊人。你上台的日子还要练足八小时以上的琴，也叫人佩服你的毅力。孩子，你真有这个劲儿，大家说还是像我，我听了好不flattered[受宠若惊]！不过身体还得保重，别为了多争半小时一小时，而弄得筋疲力尽。从现在起，你尤其要保养得好，不能太累，休息要充分，常常保持fresh[饱满]的精

① 李翠贞，上海南汇人，时任上海音乐学院钢琴系主任，"文革"中迫害致死。

神。好比参加世运的选手,离上场的日期愈近,身心愈要调养得健康,精神饱满比什么都重要。所谓 The first prize is always"luck"[第一名总是"碰运气的"]这句话,一部分也是这个道理。目前你的比赛节目既然差不多了,technic[技巧],pedal[踏板]也解决了,那更不必过分拖累身子!再加一个半月的琢磨,自然还会百尺竿头,更进一步;你不用急,不但你有信心;老师也有信心,我们大家都有信心:主要仍在于心理修养,精神修养,存了"得失置之度外"、"胜败兵家之常"那样无挂无碍的心,包你没有问题的。第一,饮食寒暖要极小心,一点儿差池不得。比赛以前,连小伤风都不让它有,那就行了。

到波兰五个月,有这样的进步,恐怕你自己也有些出乎意外吧。李先生今年一月初说你:gains come with maturity[因日渐成熟而有所进步],真对。勃隆斯丹过去那样赏识你,也大有先见之明。还是我做父亲的比谁都保留,其实我也是 expect the worst,hope for the best[作最坏的打算,抱最高的希望]。我是你的舵工,责任最重大;从你小时候起,我都怕好话把你宠坏了。现在你到了这地步,样样自己都把握得住,我当然不再顾忌,要跟你说:我真高兴,真骄傲!中国人气质,中国人灵魂,在你身上和我一样强,我也大为高兴。

还要打听你一件事:上次匈牙利小提琴家(音乐院院长)演奏,从头至尾都是拿出谱来拉的;我从前在欧洲从未见过,便是学生登台也没有这样的事;不知你在波兰见过这等例子吗?不妨问问人家。我个人总觉得"差些劲"。周伯伯前晌谈到朗读诗歌,说有人看了原文念,那是念不好的;一定要背,感情才浑成。我觉得这话很有见地。诗歌朗诵尚且如此,何况弹琴、拉琴!我自己教恩德念诗,也有这经验。凡是空口背而念的,比看着原作念的,精神更一贯,情绪更丰富。

……

你现在手头没有散文的书(指古文),《世说新语》大可一读。日本人几百年来都把它当作枕中秘宝。我常常缅怀两晋六朝的文采风流,认为是中国文化的一个高峰。

《人间词话》,青年们读得懂的太少了;肚里要不是先有上百首诗,几十首词，读此书也就无用。再说，目前的看法，王国维的美学是“唯心”的；在此俞平伯“大吃生活”之际，王国维也是受批判的对象。其实，唯心唯物不过是一物之两面，何必这样死拘！我个人认为中国有史以来，《人间词话》是最好的文学批评。开发性灵，此书等于一把金钥匙。一个人没有性灵，光谈理论，其不成为现代学究、当世腐儒、八股专家也鲜矣！为学最重要的是“通”，通才能不拘泥，不迂腐，不酸，不八股；“通”才能培养气节、胸襟、目光；“通”才能成为“大”，不大不博，便有坐井观天的危险。我始终认为弄学问也好，弄艺术也好，顶要紧是 humain 法文字，即英文的 human，意为“人”要把一个“人”尽量发展，没成为某某家某某家以前，先要学做人；否则那种某某家无论如何高明也不会对人类有多大贡献。这套话你从小听腻了，再听一遍恐怕更觉得烦了。

……

二十五日我刚把巴尔扎克的《于絮尔·弥罗埃》初译译完，加上修改、誊正等等，大概全部完成也要在二三月中。等你比赛结束时我的工作也告一段落。下一部仍是服尔德的两个中篇。再下一部又是巴尔扎克，那要到明年年底完工的了。

……

妈妈说你的信好像满纸都是 sparkling[光芒四射，耀眼生辉]。当然你浑身都是青春的火花，青春的鲜艳，青春的生命、才华，自然写出来的有那么大的吸引力了。我和妈妈常说，这是你一生之中的黄金时代，希望你好好的享受、体验，给你一辈子做个最精彩的回忆的底子！眼看自己一天天的长大成熟，进步，了解的东西一天天的加多，精神领域一天天的加阔，胸襟一天天的宽大，感情一天天的丰满深刻：这不是人生最美满的幸福是什么！这不是最隽永最迷人的诗歌是什么！孩子，你好福气！

……

前二月，昆明一个不相干的熟人（为了翻译问题）来信说，波兰代表团到昆明时也提到你。那么几年（不过四年！）前昆明一般朋友对你的热情和帮助也算没白费，他们心里一定会想：“我们没看错！也没白忙。”你这也算报答了他们的盛意。这样报答知己才是最有意义的！

……

最后,还要传令嘉奖你一件事:这次来信也报告了日常生活,我们特别有兴趣,而且也更加放心了。谢天谢地,波兰居然不太冷。不过你得防着正二月,在欧洲,正二月才是最冷的季节。

好了,下次再谈。这封信花了我一小时零十分。祝

你进步无疆,希望处处保重。

爸爸　十二月二十七日

妈妈完全同意我的“家庭报告”,没时间再写了,她说。话也给我说完了。她只是左一声“开心呀”右一声“开心呀”!

告诉老师,说他的信收到了,谢谢他的 affectionate letter[充满深情的信],外国人很重这种礼貌,别忘了。再代我祝他健康,稍迟再有信给他。再有机会时,把 Eva[埃娃]地址写来!

……

一九五四年十二月三十一日晚

亲爱的孩子:……寄你的书里,《古诗源选》、《唐五代宋词选》、《元明散曲选》,前面都有序文,写得不坏;你可仔细看,而且要多看几遍;隔些日子温温,无形中可以增加文学史及文学体裁的学识,和外国朋友谈天,也多些材料。谈词、谈曲的序文中都提到中国固有音乐在隋唐时已衰敝,宫廷盛行外来音乐;故真正古乐府(指魏晋两汉的)如何唱法在唐时已不可知。这一点不但是历史知识,而且与我们将来创作音乐也有关系。换句话说,非但现时不知唐宋人如何唱诗、唱词,即使知道了也不能说那便是中国本土的唱法。至于龙沐勋氏在序中说“唐宋人唱诗唱词,中间常加‘泛音’,这是不应该的”(大意如此);我认为正是相反;加泛音的唱才有音乐可言。后人把泛音填上实字,反而是音乐的大阻碍。昆曲之所以如此费力、做作,中国音乐被文字束缚到如此地步;都是因为古人太重文字,不大懂音乐;懂音乐的人又不是士大夫,士大夫视音乐为工匠之事,所以弄来弄去,发展不出。汉魏之时有《相和歌》,明明是 duet [二重唱] 的雏形,倘能照此路演进,必然早有 polyphonic[复调的]的音乐。不料《相和

歌》词不久即失传,故非但无 polyphony[复调音乐],连 harmony[和声]也产生不出。真是太可惜了。

文化部决定要办一声乐研究所,叫林伯伯主持。他来信和我再三商榷,决定暂时回上海跟王鹏万医生加深研究喉科医术,一方面教学生,作实验,待一二年后再办声乐研究所。目前他一个人唱独脚戏,如何教得了二三十个以上的学生?他的理论与实验也还不够,多些时间研究,当然可以更成熟;那时再拿出来问世,才有价值。

顾圣婴[①]暑假后已进乐队,三个月后上面忽然说她中学毕业不进音院,思想有问题,不要她了。这也是岂有此理,大概又是人事科搅出来的。

昨晚请唐云来吃夜饭,看看古画,听他谈谈,颇学得一些知识。此人对艺术甚有见地,人亦高雅可喜,为时下国画家中不可多得之才;可惜整天在美协办公、打杂,创作大受影响。艺术家与行政工作,总是不两立的。不多谈了,希望你多多养神,勿太疲劳!

爸爸　十二月三十一日晚

一九五四年十二月三十一日夜*

亲爱的聪:这么久没给你写信,有些说不过去了,心里老想写信,一方面爸爸已写了很多,话也给他说完了;一方面我的杂务太忙,总静不下来,自己有些莫名其妙。这次替你寄出一包书及两副手套,你收到后,要注意一下收到的日期,看看要多少日子,让我们知道确实的日期。那么,以后要寄起东西可以有个预算,请你千万留意,并不要忘记告诉我们。

这一晌爸爸忙着收旧画,周伯伯(煦良)也大为有兴,差不多三天两头跑古董市场,简直是画迷了。我们不时交换看画,真有意思。因为眼前字画价惨跌,数万元甚至一万二万也可拾到一些可看的小名家的画,将来你回国后,大有看头,可一饱眼福。

你的照片收到后,我们就装起框子来,心里说不出的高兴。你平时可多穿穿几条零头裤子,也要隔几天掉换一次,那么反而经穿,希望你不要

---

① 钢琴家,傅聪青年时期的琴友,于十年浩劫的“文革”中迫害致死。

怕烦。大礼服的料子,北京有否寄去?公家做事多少带些官僚作风,你要常常同大使馆人员联络,催问,要你自己特别注意,恐怕比赛时非穿不可。

上个月爸爸译的服尔德小说,其中一篇在《译文》里登载,送来了三百多万的稿费,真是外快。于是就把这笔意外收入,买了一百多万的旧画,又送了我一件黄狼皮大衣(旧的,只有八十五万),又给了阿敏二十万,让他也高兴一下。今晚是三十一日,阿敏到学校参加同乐会去了,要晚上十时回家。你寄来的所有的信,我已整理好,把你的学习经过及国外观感,另外抄起来,我们可以时常翻阅,比较集中了。你看我们对你的一切,都是那么关怀。柯子歧、汪酉三、金石、李名强,也常常来看我们,我们把你的情形告诉他们,大家都很兴奋。恩德每星期日来,同阿敏一起跟爸爸读些国文。这孩子虽很聪明,可是性情脾气有些无常,惰性很厉害,再加自幼多少有些溺爱,所以毅力不够,不能与你及阿敏相比。

……不多谈了,望你多告诉些关于你的日常生活,你的信给我们带来了多少欢乐!祝

保重身体!

妈妈　十二月三十一日夜

一九五五年一月九日深夜

聪:……我忘了和你提,杰老师的信里有一句:"倘若他(指你)的演奏能更加朴素更加单纯的话……",言外之意,似乎他觉得你还过于romantic[浪漫],抒情太多而不够含蓄。事实上,他是否平日和你也说起这一点?别的教授,如Hoffmann[霍夫曼],还有你早些说过的什么太太,他们对你的意见如何?是否和杰老师的有出入?还是大致相同?还是倒反赞成你的表达?一般音乐界对你的批评有怎样?与老师的对照,比较起来,你自己的结论怎样?

……

开音乐会的日子,你仍维持八小时工作;你的毅力、精神、意志,固然是惊人,值得佩服,但我们毕竟为你操心。孩子,听我们的话,不要在已经觉得疲倦的时候再force[勉强]自己。多留一分元气,在长里看还是占便

宜的。尤其在比赛以前半个月，工作时间要减少一些，最要紧的是保养身心的新鲜，元气充沛，那么你的演奏也一定会更丰满，更 fresh[清新]！

……

不再写了，等你来信吧。一切珍重！

爸爸　一九五五年一月九日深夜

昨夜妈妈又梦见你，我们都时常常想你，梦见你；不知你在外可有同样的情形？

一九五五年一月二十二日夜 *

亲爱的聪：差不多快一个月了。没接到你的信，天天希望有你的信，真是望眼欲穿了。最近为了爸爸跌伤了右腿，又正逢过年，里里外外把我忙得不可开交，因此也不能静下来给你写信。上星期日（十七日）中午有位老先生，是黄宾虹的老朋友，请爸爸和周伯伯（煦良）在锦江饭店吃午饭。不幸得很，他一进门（是侧门），不知里面有四五级石阶，就往下走的，眼睛忙着看什么厅什么厅的一间间餐室，脚下却不留意，以为是平地，就这么踩空了，一跤摔下去，地下是水门汀，所以一跌下去就不能动，许多人把他扶起来，痛得厉害，勉强吃了一点东西。一方面周伯伯打电话回来告诉我，把我急死了，就通知林医生，等周伯伯送爸爸回来，经林医生诊断结果，真是不幸中之万幸，骨头没有跌断，伤了神经，可是也够痛苦的，自己一些也不能动弹，什么事都要人家帮忙，后来又找了一个伤科医生，诊断也是如此，贴了伤膏药，同时吃林医生给的止痛药，总算一天好似一天，到今天为止，在床上躺了一星期，痛是好多了，可是还不能行动，只能偶尔坐坐。今年天气特别冷，我就陪着他睡在书房内，开头几天，痛得不能安睡，自己又不能翻身，我一夜要起来几次，幸而有炉子，就是睡眠不足而已。现在好得多了，我也安心些了。你知道爸爸还有腰酸背痛的病，这次的到底跌得太重了，所以又引起了腰酸的病，这几天倒是腰酸重于腿痛。希望能早日恢复，否则更要心焦。

……

妈妈　一月二十二日夜

一九五五年一月二十六日

亲爱的孩子:元旦一手扶杖,一手搭在妈妈肩上,试了半步,勉强可走,这两日也就半坐半卧。但和残废一样,事事要人服侍,单独还是一步行不得。大概再要养息一星期方能照常。

早预算新年中必可接到你的信,我们都当作等待什么礼物一般的等着。果然昨天早上收到你(波11)来信,而且是多少可喜的消息。孩子!要是我们在会场上,一定会禁不住涕泗横流的。世界上最高的最纯洁的欢乐,莫过于欣赏艺术,更莫过于欣赏自己的孩子的手和心传达出来的艺术!其次,我们也因为你替祖国增光而快乐!更因为你能借音乐而使多少人欢笑而快乐!想到你将来一定有更大的成就,没有止境的进步,为更多的人更广大的群众服务,鼓舞他们的心情,抚慰他们的创痛,我们真是心都要跳出来了!能够把不朽的大师的不朽的作品发扬光大,传布到地球上每一个角落去,真是多神圣、多光荣的使命!孩子,你太幸福了,天待你太厚了。我更高兴的更安慰的是:多少过分的谀词与夸奖,都没有使你丧失自知之明,众人的掌声、拥抱,名流的赞美,都没有减少你对艺术的谦卑!总算我的教育没有白费,你二十年的折磨没有白受!你能坚强(不为胜利冲昏了头脑是坚强的最好的证据),只要你能坚强,我就一辈子放了心!成就的大小、高低,是不在我们掌握之内的,一半靠人力,一半靠天赋,但只要坚强,就不怕失败,不怕挫折,不怕打击——不管是人事上的,生活上的,技术上的,学习上的——打击;从此以后你可以孤军奋斗了。何况事实上有多少良师益友在周围帮助你,扶掖你。还加上古今的名著,时时刻刻给你精神上的养料!孩子,从今以后,你永远不会孤独的了,即使孤独也不怕的了!

赤子之心这句话,我也一直记住的。赤子便是不知道孤独的。赤子孤独了,会创造一个世界,创造许多心灵的朋友!永远保持赤子之心,到老也不会落伍,永远能够与普天下的赤子之心相接相契相抱!你那位朋友说得不错,艺术表现的动人,一定是从心灵的纯洁来的!不是纯洁到像明镜一般,怎能体会到前人的心灵?怎能打动听众的心灵?

斯曼齐安卡说的萧邦协奏曲的话,使我想起前二信你说 Richter[李赫特］弹柴可夫斯基的协奏曲的话。一切真实的成就，必有人真正的赏识。

音乐院院长说你的演奏像流水、像河；更令我想到克利斯朵夫的象征。天舅舅说你小时候常以克利斯朵夫自命；而你的个性居然和罗曼·罗兰的理想有些相像了。河，莱茵，江声浩荡……钟声复起，天已黎明……中国正到了“复旦”的黎明时期，但愿你做中国的——新中国的——钟声，响遍世界，响遍每个人的心！滔滔不竭的流水，流到每个人的心坎里去，把大家都带着，跟你一块到无边无岸的音响的海洋中去吧！名闻世界的扬子江与黄河，比莱茵的气势还要大呢！……黄河之水天上来，奔流到海不复回！……无边落木萧萧下，不尽长江滚滚来！……有这种诗人灵魂的传统的民族，应该有气吞牛斗的表现才对。

你说常在矛盾与快乐之中，但我相信艺术家没有矛盾不会进步，不会演变，不会深入。有矛盾正是生机蓬勃的明证。眼前你感到的还不过是技巧与理想的矛盾，将来你还有反复不已更大的矛盾呢：形式与内容的枘凿，自己内心的许许多多不可预料的矛盾，都在前途等着你。别担心，解决一个矛盾，便是前进一步！矛盾是解决不完的，所以艺术没有止境，没有perfect［完美，十全十美］的一天，人生也没有perfect［完美，十全十美］的一天！惟其如此，才需要我们日以继夜，终生的追求、苦练；要不然大家做了羲皇上人，垂手而天下治，做人也太腻了！

……

送礼的东西，带去不易；送的时候要多考虑，先决定人选，再拣东西。尤其是黄宾翁的山水，必须拣真懂画真爱画的人赠送。齐白石的作品是否有单张印刷品，待过几天妈妈上书店去查问。

……

爸爸　一月二十六日　元月初三

一九五五年一月三十日

此信原件无抬头，父亲是在勃隆斯丹夫人英文信的打字副本下接着写的信。——编者注

亲爱的傅先生：今晨收到您十二月二十八日来信，跟好久以前九月份的来信一样，那么令人振奋。要是你能知道我在看那些信和聪的三份独

奏会节目单时的感觉就好了。语言难以表达我对聪的成功和成就所感到的无比喜悦与钦佩。来信看了一遍又一遍,对聪的令人惊讶的成功,从心底里感到万分的高兴和自豪,你所写的似乎是发生在我儿子身上。我总认为天才加勤奋会产生难以置信的成绩,然而,就聪而论,机遇和特别好的运气也起了很重要的作用。我由衷的希望即将来临的五五年二月的比赛,将是聪音乐生涯的光辉开端,不断的成功将伴随着他生活的每一步。要在极有限时间内,尤其用的不是自己本国的语言,来说出我想说的话,那是很难很难的。但愿我能给你写一封长信,告诉你我内心深处的感受,但是时间对我来讲总是那么有限,而我又有那么多的事要去做。

……

来信说聪一天要练八小时琴,对我来说,这简直不可思议。我练琴从来没有一天超过六小时的,就是在我足有成效的最佳时期,也是如此。聪将经受着神经的高度紧张,我衷心希望这对他的健康不会产生丝毫影响。请转告他,每天也应有数小时放松。此外,一个非常敏感的演奏家,由于神经的高度紧张而导至悲惨的结局,屡见不鲜,霍洛维兹和其他演奏家就是例证。

在结束此信时,我真诚祝愿聪在下个月重大的考验中取得巨大成功。鉴于二月二十二日是萧邦的生日(我也是),我确信聪会怀着这颗伟大的心灵,演奏得比以往任何时候都精彩。祝他好运!那天我会全身心的与聪在一起。

一九五五年一月十三日

——编者译

这是最近Bronstein(勃隆斯丹)的来信,摘要抄给你。她这番热烈的情意和殷勤的关切,应当让你知道。等比赛完毕以后,无论如何寄一张签名的照片来,让我转给她,使她欢喜欢喜。

昨天妈妈拣了一些画片,还有古物的彩色明信片,预备用纸筒及封套,分别用“平常邮件”的“印刷品”寄华沙中国使馆转,因为到的时候一定是比赛期间。这次特别多寄,比赛中间可能有各国的青年朋友,临别时需要送些纪念品。故另外还有十二张一套的古画印刷品两套。那原来是月历上面的图片,把月历部分裁去后寄你的。

……

二月七日是正月半，你妈妈足足四十二岁了。

下回写信，不知寄往哪里好。不知你何时离开克拉可夫上华沙。为了通信方便，随时来信报告行期。否则我们的信可能在克拉可夫，耽上一个月的。祝你快乐，多多养息精神。竭尽所能是参加比赛最好的心理准备。惟有如此，才能置成败于度外，惟有置成败于度外，才能有最好的表演，最好的成绩。心情安定是第一要着！

爸爸　一九五五年一月三十日　正月初七

画片都是道林纸印的，一有皱纹即无法平复。抽出纸筒，放进纸筒，都要小心。卷起来送人时也要极小心的卷，否则皱了以后送人就难看。中国画倘摺皱，可告诉受赠的人在反面用熨斗干烫一下，即可平复。

一九五五年三月六日＊

亲爱的聪：一天不接到你的信，我们一天不得安心。在比赛期间，我们也跟着紧张；比赛以后，太兴奋了，也是不定心。于是天天伸长头颈等你的信。我们预算月底月初一定会有你的信，可是到了今天已经是六日了，还是杳无音讯。我们满怀着愉快的心情写的前后八九封信，好像石沉大海，你竟只字不回。我们做了种种，以为比赛过后你太忙了，也许紧张了一个月，身体支持不住而病了。这到底是怎么回事呢？实在弄不明白。至少马思聪先生离开华沙的时候，你是好好的，因为他来信没有说你有什么病的情况。你是知道我们日夜关心你，尤其是爸爸，忍耐着。左等右等，等急了，只是叹气。这个不必要的给我们的磨难，真是太突兀了。爸爸说，工作对他是一种麻醉剂，可是一有空就会想到你。晚上翻来覆去的睡不着，也是想到你。因为弄不明白其中的原因而感到痛苦。孩子，你明明知道你是我们的安慰，为什么轻而易举的事，这样吝啬起来呢！我们之间是无话不谈的，你有什么意见，尽可来信商量，爸爸会深思熟虑的帮你解决问题，因为他可以冷静的客观的分析问题，对你有很大的帮助。不论在哪方面，尤其在人情上来讲。你比赛后，一定急急的要告诉我们前后的经过，这是天经地义没有问题的。怎么你会令人不解到如此地步呢！因为没有你的信，我们做什么事都没有情绪，真是说不出的忧虑！

爸爸自去年年底摔痛了腿以后，至今没有恢复正常，也许休息得不够彻底。最近两星期来，又在复发，腰酸背痛的厉害，走路也不利落，所以又在看伤科医生。但是他还是勉强工作，他的身体大不如前，我很担心。望速来信，并告诉我们写信写到什么地方？还是克拉可夫？

妈妈　三月六日

我们还满以为有照片寄来呢！因为这里报上登载的照片不清楚，给奖的照片也很糊涂。

一九五五年三月十五＊

亲爱的聪：自从二月二十一日起，我们的心始终吊着，老是七上八下的不得安宁，想你想得太厉害了，简直每天晚上都会梦见你，梦中惊醒了，就得长时间的回味一下，可是梦境总是迷迷糊糊的，有时竟越想越糊涂了，不胜懊恼之至，我跟你爸爸总得翻来覆去的互相倾吐，也是一种乐处。孩子，我们太想念你了，真是非笔墨所能形容的。

三月六日、十三日，各报都有登载关于萧邦比赛的消息，我们太高兴了，知道你自第一轮进入第二轮，又自第二轮进入第三轮最后一次决赛。报载第一轮参加的是七十四人，第二轮四十一人，到最后一次只有二十人了。与你以前来信说有一百三十多人参加不符，大概事先给淘汰了。我们估计这几天该轮到你弹协奏曲了，我有时紧张得心忐忑乱跳，明知那是多余的，但是有什么办法能克制呢！这里的亲友们，都非常兴奋，你的胜利就是国家的光荣，这个竞争太伟大了，我们希望你有最大的成就。大概到十九日左右，最后结果就会揭晓，我们因此更心焦，似乎日子过得太慢了。我们知道你忙，没有心思写信，所以在比赛期间也不想有你的信了。但愿你比赛过后，痛痛快快把详细情形告诉我们，让我们也热闹一下，心里温暖温暖。我们二人每晚临睡前，总是谈论你，不是回忆，就是猜测，真是津津有味，也是一乐也。

你的老师寄了一份萧邦纪念册来（法文本），其中有他的一篇文章，爸爸花了两天功夫译了出来，让弹琴的朋友作为参考，今晨也寄了一份给

你。(航空寄华沙)

爸爸的新书《老实人》已出版,不久就会平信寄给你,寄到克拉可夫去。

听说马思聪先生要四月底回国,如果波兰提琴弦线好,你不妨为阿敏多带几套来,上海货不好,香港货也不好,而且托人很麻烦,宋伯伯他是外行,所以花了钱,总是不满意。现在乘有马先生是内行,你可以向他讨教,那是不会错的,你看怎么样?

我们的脑子里只有萧邦和你,还有比赛,等你的信来了,我们也放心了。不多谈了,祝你快乐!

妈妈　三月十五日

比赛后多多休息几天!!

看到上届一九四九年比赛得奖名单及一二奖的照相,大有感触;想那时你在昆明,只能弹门德尔松的 *Song Without Words*《无词歌》和 *French Suite*《法国组曲》,谁料到你五年之后也在华沙 Philharmonic Hall 爱乐大厅里大显身手呢!而且你不比别国的人,多少年受着严格的训练与高明的指导。所以即使你名次在别人之后,实际上等于在别人之前了。假定你受的是和苏联人或波兰人同样的 piano 教育,你不是早夺锦标了吗?可惜我们没有听到你,这是最大的遗憾。

爸爸　附笔

一九五五年三月十五日夜

亲爱的孩子:快两个月没接到你的信,可是报上有了四次消息。第一次只报告比赛事,也没提到中国参加。第二次提到中国有你参加。第三次是本月七日(新华社六日电),报告第一轮从七十四人淘汰为四十一人,并说你进入第二轮。第四次是十四日(昨天),说你进入第三轮。接着也有一二个接近的朋友打电话来道喜了。

这一晌你的紧张,不问可知,单想想我们自己就感觉得到。我好几次梦见你,觉得自己也在华沙;醒来就要老半天睡不着。人的感情真是不可解,尤其是梦,那是无从控制的,怎么最近一个月来,梦见你的次数会特别多呢?

此信到时,大会已告结束,成绩也已公布。不论怎样,你总可以详详细细来封信了吧?马思聪先生有家信到京(还在比赛前写的),由王棣华①转给我们看。他说你在琴上身体动得厉害,表情十足,但指头触及键盘时仍紧张。他给你指出了,两天以内你的毛病居然全部改正,使老师也大为惊奇,不知经过情形究竟如何?

好些人看过Glinka[格林卡]的电影,内中Richter[李赫特]扮演李斯特在钢琴上表演,大家异口同声对于他火爆的表情觉得刺眼。我不知这是由于导演的关系,还是他本人也倾向于琴上动作偏多?记得你十月中来信,说他认为整个的人要跟表情一致。这句话似乎有些毛病,很容易鼓励弹琴的人身体多摇摆。以前你原是动得很剧烈的,好容易在一九五三年上改了许多。从波兰寄回的照片上,有几张可看出你又动得加剧了。这一点希望你注意。传说李斯特在琴上的戏剧式动作,实在是不可靠的;我读过一段当时人描写他的弹琴,说像rock[磐石]一样。鲁宾斯坦(安东)也是身如岩石。惟有肉体静止,精神的活动才最圆满:这是千古不变的定律。在这方面,我很想听听你的意见。

……

爸爸　三月十五夜

一九五五年三月二十一日上午

聪,亲爱的孩子:期待了一个月的结果终于揭晓了,多少夜没有好睡,十九日晚更是神思恍惚,昨(二十日)夜为了喜讯过于兴奋,我们仍没睡着。先是昨晚五点多钟,马太太从北京来长途电话;接着八时许无线电报告(仅至第五名为止),今晨报上又披露了十名的名单。难为你,亲爱的孩子!你没有辜负大家的期望,没有辜负祖国的寄托,没有辜负老师的苦心指导,同时也没辜负波兰师友及广大群众这几个月来对你的鼓励!

也许你觉得应该名次再前一些才好,告诉我,你是不是有“美中不足”

① 傅雷三十年代初在上海美专任教时的学生。

之感？可是别忘了，孩子，以你离国前的根基而论，你七个月中已经作了最大的努力，这次比赛也已经 do your best[尽力而为]。不但如此，这七个月的成绩已经近乎奇迹。想不到你有这么些才华，想不到你的春天来得这么快，花开得这么美，开到世界的乐坛上放出你的异香。东方升起了一颗星，这么光明，这么纯净，这么深邃；替新中国创造了一个辉煌的世界纪录！我做父亲的一向低估了你，你把我的错误用你的才具与苦功给点破了，我真高兴，我真骄傲，能够有这么一个儿子把我错误的估计全部推翻！妈妈是对的，母性的伟大不在于理智，而在于那种直觉的感情；多少年来，她嘴上不说，心里是一向认为我低估你的能力的；如今她统统向我说明了。我承认自己的错误，但是用多么愉快的心情承认错误：这也算是一个奇迹吧？

回想到一九五三年十二月你从北京回来，我同意你去波学习，但不鼓励你参加比赛，还写信给周巍峙要求不让你参加。虽说我一向低估你，但以你那个时期的学力，我的看法也并不全错。你自己也觉得即使参加，未必有什么把握。想你初到海滨时，也不见得有多大信心吧？可见这七个月的学习，上台的经验，对你的帮助简直无法形容，非但出于我们意料之外，便是你以目前和七个月以前的成绩相比，你自己也要觉得出乎意料之外，是不是？

今天清早柯子歧打电话来，代表他父亲母亲向我们道贺。子歧说：与其你光得第二，宁可你得第三，加上一个玛祖卡奖。这句话把我们心里的意思完全说中了。你自己有没有这个感想呢？

再想到一九四九年第四届比赛的时期，你流浪在昆明，那时你的生活，你的苦闷，你的渺茫的前途，跟今日之下相比，不像是作梦吧？谁想得到，一九五一年回上海时只弹"*Pathetique*" *Sonata*[《"悲怆"奏鸣曲》]还没弹好的人，五年以后会在国际乐坛的竞赛中名列第三？多少迂回的路，多少痛苦，多少失意，多少挫折，换来你今日的成功！可见为了获得更大的成功，只有加倍努力，同时也得期待别的迂回，别的挫折。我时时刻刻要提醒你，想着过去的艰难，让你以后遇到困难的时候更有勇气去克服，不至于失掉信心！人生本是没穷尽没终点的马拉松赛跑，你的路程还长得很呢:这不过是一个光辉的开场。

回过来说:我过去对你的低估,在某些方面对你也许有不良的影响,但有一点至少是对你有极大的帮助的。惟其我对你要求严格,终不至于骄纵你——你该记得罗马尼亚三奖初宣布时你的愤懑心理,可见年轻人往往容易估高自己的力量。我多少年来把你紧紧拉着,至少养成了你对艺术的严肃的观念,即使偶尔忘形,也极易拉回来。我提这些话,不是要为我过去的做法辩护,而是要趁你成功的时候特别让你提高警惕,绝对不让自满和骄傲的情绪抬头。我知道这也用不着多嘱咐,今日之下,你已经过了这一道骄傲自满的关,但我始终是中国儒家的门徒,遇到极盛的事,必定要有"如临深渊,如履薄冰"的格外郑重、危惧、戒备的感觉。

现在再谈谈实际问题:——

据我们猜测,你这一回还是吃亏在 technic[技巧],而不在于 music[音乐];根据你技巧的根底,根据马先生到波兰后的家信,大概你在这方面还不能达到极有把握的程度。当然难怪你,过去你受的什么训练呢?七个月能有这成绩已是奇迹,如何再能苛求?你几次来信,和在节目单上的批语,常常提到"佳,但不完整"。从这句话里,我们能看出你没有列入第一二名的最大关键。大概马先生到波以后的几天,你在技巧方面又进了一步,要不然,眼前这个名次恐怕还不易保持。在你以后的法、苏、波几位竞争者,他们的技巧也许还胜过你呢?假若比赛是一九五四年夏季举行,可能你是会名落孙山的;假若你过去二三年中就受着杰维茨基教授指导,大概这一回稳是第一;即使再跟他多学半年吧,第二也该不成问题了。

告诉我,孩子,你自己有没有这种感想?

说到"不完整",我对自己的翻译也有这样的自我批评。无论译哪一本书,总觉得不能从头至尾都好;可见任何艺术最难的是"完整"!你提到 perfection[完美],其实 perfection[完美]根本不存在的,整个人生、世界、宇宙,都谈不上 perfection[完美]。要就是存在于哲学家的理想和政治家的理想之中。我们一辈子的追求,有史以来多少世代的人的追求,无非是 perfection[完美],但永远是追求不到的,因为人的理想、幻想,永无止境,所以 perfection[完美]像水中月、镜中花,始终可望而不可即。但能在某一个阶段求得总体的“完整”或是比较的“完整”，已经很不差了。

……

比赛既然过去了，我们希望你每个月能有两封信来。尤其是我希望多知道：(1)国外音乐界的情形；(2)你自己对某些乐曲的感想和心得。千万抽出些功夫来！以后不必再像过去那样日以继夜的扑在琴上。修养需要多方面的进行，技巧也得长期训练，切勿操之过急。静下来多想想也好，而写信就是强迫你整理思想，也是极好的训练。

……

暂时带住，我们，妈妈、弟弟，全都祝贺你，再告诉你一声：我们为了你多快乐，多骄傲！希望你大战之后充分休息！

爸爸　三月二十一日上午

复信时把此信放在手头，看一段复一段，那么就不会遗漏什么了！

一九五五年三月二十六日深夜＊

亲爱的聪：这一个月来，你的喜讯不断在报上发表，最后的结果揭晓后，尤其热闹，简直妇孺皆知了。在你比赛期间，我们跟着睡不着觉，但是比赛后，因为太兴奋了，又是不得安睡。这几天不是祝贺我们的电话就是朋友亲自上门道贺。回忆到你小的时候，我陪着你去上琴课，自己也等于跟着学习，现在你为国争光，我为你花的一些心血，有了极大的酬报，我快活得“死而无怨”了。熟悉我们家庭情形的朋友，叫我“光荣妈妈”“无名英雄”，我觉得当之无愧，我可以骄傲的了。

爸爸尤其忙得不可开交，一面赶自己的工作，一面还有写儿子的长信，朋友的信，老师的信，答复朋友来道贺而致谢的信。上海人民电台，于二十五日播放你以前录音的萧邦节目，播放之前要求爸爸写一个简单的关于你的学习经过。这可不简单，既需口语化，又需有内容，时间限十分钟讲完，文字不能超过一千五百字，差不多花了整整一天。爸爸又给华东文艺月报(唐弢等主编的)写了一短篇“国际萧邦比赛的沿革”。塔斯社也有电话来，苏联记者认为你是个天才，要知道些你的年龄及学习情形；对方不懂法文，也不能讲英文，只有经过翻译在电话里略为讲了一些。

……

妈妈　三月二十六日深夜

一九五五年三月二十七日夜

聪：为你参考起见，我特意从一本专论莫扎特的书里译出一段给你。另外还有罗曼·罗兰论莫扎特的文字，来不及译。不知你什么时候学莫扎特？萧邦在写作的taste［品味，鉴赏力］方面，极注意而且极感染莫扎特的风格。刚弹完萧邦，接着研究莫扎特，我觉得精神血缘上比较相近。不妨和杰老师商量一下。你是否可在贝多芬第四弹好以后，接着上手莫扎特？等你快要动手时，先期来信，我再寄罗曼·罗兰的文字给你。

从我这次给你的译文中，我特别体会到，莫扎特的那种温柔妩媚，所以与浪漫派的温柔妩媚不同，就是在于他像天使一样的纯洁，毫无世俗的感伤或是靡靡的sweetness［甜腻］。神明的温柔，当然与凡人的不同，就是达·芬奇与拉斐尔的圣母，那种妩媚的笑容决非尘世间所有的。能够把握到什么叫做脱尽人间烟火的温馨甘美，什么叫做天真无邪的爱娇，没有一点儿拽心，没有一点儿情欲的骚乱，那么我想表达莫扎特可以"虽不中，不远矣"。你觉得如何？往往十四五岁到十六七岁的少年，特别适应莫扎特，也是因为他们童心没有受过玷染。

将来你预备弹什么近代作家，望早些安排，早些来信；我也可以供给材料。在精神气氛方面，我还有些地方能帮你忙。

我再要和你说一遍：平日来信多谈谈音乐问题。你必有许多感想和心得，还有老师和别的教授们的意见。这儿的小朋友们一个一个都在觉醒，苦于没材料。他们常来看我，和我谈天；我当然要尽量帮助他们。你身在国外，见闻既广，自己不断的在那里进步，定有不少东西可以告诉我们。同时一个人的思想是一边写一边谈出来的，借此可以刺激头脑的敏捷性，也可以训练写作的能力与速度。此外，也有一个道义的责任，使你要尽量的把国外的思潮向我们报道。一个人对人民的服务不一定要站在大会上演讲或是做什么惊天动地的大事业，随时随地，点点滴滴的把自己知道的、想到的告诉人家，无形中就是替国家播种、施肥、垦植！孩子，你千万记住这些话,多多提笔!

……这几天望眼欲穿的等你的详细报道!你单写一封信决谈不完比赛的花絮;别自己找理由推诿,你看看我们为你花的时间吧!

黄宾虹先生于本月二十五日在杭患胃癌逝世,享寿九十二岁。以艺术家而论,我们希望他活到一百岁呢。去冬我身体不好,中间摔了一跤,很少和他通信;只是在十一月初到杭州去,连续在他家看了两天画,还替他拍了照,不料竟成永诀。听说他病中还在记挂我,跟不认识我的人提到我。我听了非常难过,得信之日,一晚没睡好。

从比赛揭晓到现在,整整一星期,我没有好好工作,也没有充分的休息;当然心里始终是非常快乐的。所以这封信也不再拉长了。等你来信后再写吧。你休息了没有?谁都要转告你,注意身体!

爸爸　三月二十七日夜

一九五五年四月一日晚/三日

聪:……我知道你忙,可是你也知道我未尝不忙,至少也和你一样忙。我近七八个月身体大衰,跌跤后已有两个半月,腿力尚未恢复,腰部酸痛更是厉害。但我仍硬撑着工作,写信,替你译莫扎特等等都是拿休息时间,忍着腰痛来做的。孩子,你为什么老叫人牵肠挂肚呢?预算你的信该到的时期,一天不到,我们精神上就一天不得安定。

我们又猜想,也许马思聪先生回来,可能带信来,但他究竟何时离开华沙?假定二十五日以后离波,难道你也要到那时才给我们写信吗?照片及其他文件剪报等等,因为厚重,交马先生带当然很好,省却许多航空邮费。但报告比赛详情的信总不会那么迟才动笔吧?要说音乐会,至早也得与比赛相隔一个星期,那你也不至于比赛完了,又忙得无暇写信。那又究竟是什么道理呢?难道两个多月不写家信这件事,对你不是一件精神负担吗?难道你真的身子不舒服吗?

我们历来问你讨家信,就像讨情一般。你该了解你爸爸的脾气,别为了写信的事叫他多受屈辱,好不好?

我把纪念册上的纪录作了一个统计:发觉萧邦比赛,历届中进入前五名的，只有波、苏、法、匈、英、中六个国家。德国只有第三届得了一个第六，奥国第二届得了一个第十，意大利第二届得了一个第二十四。可见与萧邦精神最接近的是斯拉夫民族。其次是匈牙利和法国。纯粹日耳曼族或纯粹拉丁族都不行。法国不能算纯粹拉丁族。奇怪的是连修养极高极博的大家如 Busoni［布索尼］生平也未尝以弹奏萧邦知名。德国十九世纪末期，出了那些大钢琴家，也没有一个弹萧邦弹得好的。

但这还不过是个人悬猜，你在这次比赛中实地接触许多国家的选手，也听到各方面的批评，想必有些关于这个问题的看法，可以告诉我。

四月一日晚

今日接马先生（三十日）来信，说你要转往苏联学习，又说已与文化部谈妥，让你先回国演奏几场；最后又提到预备叫你参加明年二月德国的 Schumann［舒曼］比赛。

我认为回国一行，连同演奏，至少要花两个月；而你还要等波兰的零星音乐会结束以后方能动身。这样，前前后后要费掉三个多月。这在你学习上是极大的浪费。尤其你技巧方面还要加工，倘若再想参加明年的 Schumann［舒曼］比赛，他的技巧比萧邦的更麻烦，你更需要急起直追。与其让政府花了一笔来回旅费而耽误你几个月学习，不如叫你在波兰灌好唱片（像我前信所说）寄回国内，大家都可以听到，而且是永久性的；同时也不妨碍你的学业。我们做父母的，在感情上极希望见见你，听到你这样成功的演奏，但为了你的学业，我们宁可牺牲这个福气。我已将此意写信告诉马先生，请他与文化部从长考虑。我想你对这个问题也不会不同意吧？

其次，转往苏联学习一节，你从来没和我们谈过。你去波以后我给你二十九封信，信中表现我的态度难道还使你不敢相信，什么事都可以和我细谈、细商吗？你对我一字不提，而托马先生直接向中央提出，老实说，我是很有自卑感的，因为这反映你对我还是不放心。大概我对你从小的不得当、不合理的教育，后果还没有完全消灭。你比赛以后一直没信来，大概心里又有什么疙瘩吧！马先生回来，你也没托带什么信，因此我精神上的确非常难过,觉得自己功不补过。现在谁都认为(连马先生在内)你今日的成功是我在你小时候打的基础,但事实上,谁都不再对你当前的问题再来征求我一分半分意见;是的,我承认老朽了,不能再帮助你了。

可是我还有几分自大的毛病,自以为看事情还能比你们青年看得远一些,清楚一些。同时我还有过分强的责任感,这个责任感使我忘记了自己的老朽,忘记了自己帮不了你忙而硬要帮你忙。

所以倘使下面的话使你听了不愉快,使你觉得我不了解你,不了解你学习的需要,那么请你想到上面两个理由而原谅我,请你原谅我是人,原谅我抛不开天下父母对子女的心。

一个人要做一件事,事前必须考虑周详。尤其是想改弦易辙,丢开老路,换走新路的时候,一定要把自己的理智做一个天平,把老路与新路放在两个盘里很精密的秤过。现在让我来替你做一件工作,帮你把一项项的理由,放在秤盘里:

〔甲盘〕

(一)杰老师过去对你的帮助是否不够?假如他指导得更好,你的技术是否还可以进步?

(二)六个月在波兰的学习,使你得到这次比赛的成绩,你是否还不满意?

(三)波兰得第一名的,也是杰老师的学生,他得第一的原因何在?

(四)技术训练的方法,波兰派是否有毛病,或者不完全?

(五)技术是否要靠时间慢慢的提高?

〔乙盘〕

(一)苏联的教授法是否一定比杰老师的高明?技术上对你可以有更大的帮助?

(二)假定过去六个月在苏联学,你是否觉得这次的成绩可以更好?名次更前?

(三)苏联得第二名的,为什么只得一个第二?

(四)技术训练的方法,在苏联是否一定胜过任何国家?

(五)苏联是否有比较快的方法提高?

(六)除了萧邦以外,对别的作家的了解,波兰的教师是否不大使你佩服?	(六)对别的作家的了解,是否苏联比别国也高明得多?
(七)去年八月周小燕在波兰知道杰老师为了要教你,特意训练他的英语,这点你知道吗?	(七)苏联教授是否比杰老师还要热烈?

〔一般性的〕

(八)以你个人而论,是否换一个技术训练的方法,一定还能有更大的进步?所以对第(二)项要特别注意,你是否觉得以你六个月的努力,倘有更好的方法教你,你是否技术上可以和别人并驾齐驱,或是更接近?

(九)以学习 Schumann[舒曼] 而论,是否苏联也有特殊优越的条件?

(十)过去你盛称杰老师教古典与近代作品教得特别好,你现在是否改变了意见?

(十一)波兰居住七个月来的总结,是不是你的学习环境不大理想?苏联是否在这方面更好?

(十二)波兰各方面对你的关心、指点,是否在苏联同样可以得到?

(十三)波兰方面一般带着西欧气味,你是否觉得对你的学习不大好?

这些问题希望你平心静气,非常客观的逐条衡量,用"民主表决"的方法,自己来一个总结。到那时再作决定。总之,听不听由你,说不说由我。你过去承认我"在高山上看事情",也许我是近视眼,看出来的形势都不准确。但至少你得用你不近视的眼睛,来检查我看到的是否不准确。果然不准确的话,你当然不用,也不该听我的。

假如你还不以为我顽固落伍,而愿意把我的意见加以考虑的话,那对我真是莫大的"荣幸"了!等到有一天,我发觉你处处比我看得清楚,我第一个会佩服你,非但不来和你"缠夹二"乱提意见,而且还要遇事来请教你呢!目前,第一不要给我们一个闷葫芦!磨难人最厉害的莫如 unknown[不知]和 uncertain[不定]!对别人同情之前,对父母先同情一下吧!

爸爸　四月三日

一九五五年四月十九日＊

亲爱的聪：自从一月里接到你一月十六日的信以后，只有今天四月十九日收到你一封四月九日写的信，你说的什么比赛以后的长信，根本没有收到。你的来信常常邮戳与你信内的日期相差两三天，譬如这一次，你是四月九日夜写的，而华沙的邮戳却是十二日，不知什么道理？你千难万难好容易写了家信，为什么要搁在口袋里两三天呢？

从比赛完毕以后，我们等你的信已经等得心灰意懒，这十多天来，已不敢再存什么希望了。今天早上拿到你的信，简直呆住了，不敢相信竟是你的信。想不到在你这次成功以后，我们会感到这样大的苦闷。我们惟一的安慰，就是三天两头会梦见你。

大使馆把我们给你的信搁在哪里？直要你去了才给你，难道你几个月不去，就几个月不给你吗？真是奇怪！

爸爸又病在床上，我没有心思再写了。再见，祝你好！

妈妈　四月十九日

四月三日发第30号信，四月六日发第31号信，都是寄大使馆转的。这次用的信封，还是爸爸几个月前打好的，因为不知道你何时回克拉可夫，到今天才用。

杰老师有信给爸爸（四月五日从克拉可夫寄出，我们十二日收到的），对你非常关切，语重心长。爸爸看后无限感慨。你一生遇到的人，待你都太好了。希望你用事实和行动来报答他们，千万别辜负了杰老师的好意。

你说的那封长信，不知是何日发出的，还记得吗？如果是挂号，那么还可查，否则是无从查考的。不知信中讲些什么，无从想像。这次我是挂号寄上，简直吓怕了！怕再遗失！

一九五五年四月二十一日夜

孩子：能够起床了，就想到给你写信。

邮局把你比赛后的长信遗失，真是害人不浅。我们心神不安半个多月，都是邮局害的。三月三十日是我的生日，本来预算可以接到你的信了。到四月初，心越来越焦急，越来越迷糊，无论如何也想不通你始终不来信的原因。到四月十日前后,已经根本抛弃希望,似乎永远也接不到你的家信了。

四月十日上午九时半至十一时,听北京电台广播你弹的*Berceuse*[《摇篮曲》]和一支*Mazurka*[《玛祖卡》],一边听,一边说不出有多少感触。耳朵里听的是你弹的音乐,可是心里已经没有把握孩子对我们的感情怎样——否则怎么会没有信呢?——真的,孩子,你万万想不到我跟你妈妈这一个月来的精神上的波动,除非你将来也有了孩子,而且也是一个像你这样的孩子!马先生三月三十日就从北京寄信来,说起你的情形,可见你那时身体是好的,那么迟迟不写家信更叫我们惶惑"不知所措"了。何况你对文化部提了要求,对我连一个字也没有:难道又不信任爸爸了吗?这个疑问给了我最大的痛苦,又使我想到舒曼痛惜他父亲早死的事,又想到莫扎特写给他父亲的那些亲切的信:其中有一封信,是莫扎特离开了Salzburg[萨尔茨堡]大主教,受到父亲责难,莫扎特回信说:

"是的,这是一封父亲的信,可不是我的父亲的信!"

聪,你想,我这些联想对我是怎样的一种滋味!四月三日(第30号)的信,我写的时候不知怀着怎样痛苦、绝望的心情,我是永远忘不了的。妈妈说的:"大概我们一切都太顺利了,太幸福了,天也嫉妒我们,所以要给我们受这些挫折!"要不这样说,怎么能解释邮局会丢失这么一封要紧的信呢?

你那封信在我们是有历史意义的,在我替你编录的"学习经过"和"国外音乐报道"(这是我把你的信分成的类别,用两本簿子抄下来的),是极重要的材料。我早已决定,我和你见了面,每次长谈过后,我一定要把你谈话的要点记下来。为了青年朋友们的学习,为了中国这么一个处在音乐萌芽时代的国家,我做这些笔记是有很大的意义的。所以这次你长信的失落,逼得我留下一大段空白,怎么办呢?

可是事情不是没有挽回的。我们为了丢失那封信,二十多天的精神痛苦,不能不算是付了很大的代价;现在可不可以要求你也付些代价呢?只要你每天花一小时的工夫,连续三四天,补写一封长信给我们,事情就给补救了。而且你离开比赛时间久一些,也许你一切的观感倒反客观一些。我们极需要知道你对自己的演出的评价,对别人的评价——尤其是对于前四五名的。我一向希望你多发表些艺术感想,甚至对你弹的 Chopin[萧邦]某几个曲子的感想。我每次信里都谈些艺术问题,或是报告你国内乐坛消息,无非想引起你的回响,同时也使你经常了解国内的情形。

你每次要东西,我们无不立刻商量,上哪儿买,找哪种货;然后妈妈立刻出动,有时她出去看了回来,再和我一同去买。但是你收到以后从来不提,连是否收到我们都没有把握。我早告诉你,收到东西,光是寄一张航空明信片也行。

托马先生带给你的礼物,其中重要的几件是怎样分配的,你也从未报告。

还有一件挺重要的事,就是你得的奖金共有多少?如何存放?过去你音乐会收入项下,除去每月贴在零用方面的以外,还剩多少?我查问你这些,无非因为你不大会理财;其实即使你会理财,也应当告诉我们听听。

比赛委员会在三月底就寄来 program[目录]一册、纪念册(英、法文的各一册),中文的比赛招贴两大张,这些想必是杰老师嘱咐的。你看人家对我这样周到!这当然也是因为你的缘故!

你说要回来,马先生信中说文化部同意(三月三十日信)你回来一次表演几场;但你这次(四月九日)的信和马先生的信,都叫人看不出究竟是你要求的呢?还是文化部主动的?我认为以你的学习而论,回来是大大的浪费。但若你需要休息,同时你绝对有把握耽搁三四个月不会影响你的学习,那么你可以相信,我和你妈妈未有不欢迎的!在感情的自私上,我们最好每年能见你一面呢!

至于学习问题,我并非根本不赞成你去苏联;只是觉得你在波兰还可以多耽二三年,从波兰转苏联,极方便;再要从苏联转波兰,就不容易了!这是你应当考虑的。但若你认为在波兰学习环境不好,或者杰老师对你不相宜,那么我没有话说,你自己决定就是了。但决定以前,必须极郑重、极冷静,从多方面、从远处大处想周到。

你去年十一月中还说:"希望比赛快快过去,好专攻古典和近代作品。杰老师教出来的古典真叫人佩服。"难道这几个月内你这方面的意见完全改变了吗？

倘说技巧问题，我敢担保，以你的根基而论，从去年八月到今年二月的成就，无论你跟世界上哪一位大师哪一个学派学习，都不可能超出这次比赛的成绩！你的才具，你的苦功，这一次都已发挥到最高度，老师教你也施展出他所有的本领和耐性！你可曾研究过 program［节目单］上人家的学历吗？我是都仔细看过了的；我敢说所有参加比赛的人，除了非洲来的以外，没有一个人的学历像你这样可怜的，——换句话说，跟到名师只有六七个月的竞选人，你是独一无二的例外！所以我在三月二十一日（第28号）信上就说拿你的根基来说，你的第三名实际是远超过了第三名。说得再明白些，你想：Harasiewicz［哈拉谢维兹］[①]，Askenasi［阿什肯纳奇］[②]，Ringeissen［林格森］[③]，这几位，假如过去学琴的情形和你一样，只有十至十二岁半的时候，跟到一个 Paci［百器］，十七至十八岁跟到一个 Bronstein［勃隆斯丹］，再到比赛前七个月跟到一个杰维茨基，你敢说：他们能获得第三名和 *Mazurka*［《玛祖卡》］奖吗？

我说这样的话，绝对不是鼓励你自高自大，而是提醒你过去六七个月，你已经尽了最大的努力，杰老师也尽了最大的努力，假如你以为换一个 school［学派］，你六七个月的成就可以更好，那你就太不自量，以为自己有超人的天才了。一个人太容易满足固然不行，太不知足而引起许多不现实的幻想也不是健全的！这一点，我想也只有我一个人会替你指出来。假如我把你意思误会了（因为你的长信失落了，也许其中有许多理由，关于这方面的），那么你不妨把我的话当作“有则改之，无则加勉”。爸爸一千句、一万句，无非是为你好，为你个人好，也就是为我们的音乐界好，也就是为我们的祖国、人民以及全世界的人类好！

我知道克利斯朵夫（晚年的）和乔治之间的距离，在一个动荡的时代是免不了的。但我还不甘落后，还想事事、处处追上你们、了解你们，从你们那儿汲取新生命、新血液、新空气，同时也想竭力把我们的经验和冷静

---

① 哈拉谢维兹，参加第五届国际萧邦钢琴比赛的波兰选手。

② 阿什肯纳奇，参赛的前苏联选手。

③ 林格森，参赛的法国选手。

的理智，献给你们，做你们一支忠实的手杖！万一有一天，你们觉得我这根手杖是个累赘的时候，我会感觉到，我会销声匿迹，决不来绊你们的脚！

你有一点也许还不大知道。我一生遇到重大的问题，很少不是找几个内行的、有经验的朋友商量的；反之，朋友有重大的事也很少不来找我商量的。我希望和你始终能保持这样互相帮助的关系。

杰维茨基教授四月五日来信说："聪很少和我谈到将来的学习计划。我只知道他与苏联青年来往甚密，他似乎很向往于他们的学派。但若聪愿意，我仍是很高兴再指导他相当时期。他今后不但要在技巧方面加工，还得在情绪(emotion)和感情(sentimento)的平衡方面多下克制功夫(这都是我近二三年来和你常说的)；我预备教他一些 less romantic[较不浪漫]的东西，即巴赫、莫扎特、斯卡拉蒂、初期的贝多芬等等。"

他也提到你初赛的 tempo[速度]拉得太慢，后来由马先生帮着劝你，复赛效果居然改得多等等。你过去说杰老师很 cold[冷漠]，据他给我的信，字里行间都流露出热情，对你的热情。我猜想他有些像我的性格，不愿意多在口头奖励青年。你觉得怎么样？

……

说起 *Berceuse*[《摇篮曲》]，大家都觉得你变了很多，认不得了；但你的 *Mazurka*[《玛祖卡》]，大家又认出你的面目了！是不是现在的 style[风格]都如此？所谓自然、简单、朴实，是否可以此曲(照你比赛时弹的)为例？我特别觉得开头的 theme[主题]非常单调，太少起伏，是不是我的 taste[品味，鉴赏力]已经过时了呢？

……

你是否已决定明年五月参加舒曼比赛，会不会妨碍你的正规学习呢？是否同时可以弄古典呢？你的古典功夫一年又一年的耽下去，我实在不放心。尤其你的 mentality[心态]，需要早早借古典作品的熏陶来维持它的平衡。我们学古典作品，当然不仅仅是为古典而古典，而尤其是为了整个人格的修养，尤其是为了感情太丰富的人的修养！

所以，我希望你和杰老师谈谈，同时自己也细细思忖一番，是否准备 Schumann[舒曼]和研究古典作品可以同时并进？这些地方你必须紧紧抓住自己。我很怕你从此过的多半是选手生涯。选手生涯往往会限制大才的发展,影响一生的基础!

不知你究竟回国不回国?假如不回国,应及早对外声明,你的代表中国参加比赛的身份已经告终;此后是纯粹的留学生了。用这个理由可以推却许多邀请和群众的热情的(但是妨碍你学业的)表示。做一个名人也是有很大的危险的,孩子,可怕的敌人不一定是面目狰狞的,和颜悦色、一腔热爱的友情,有时也会耽误你许许多多宝贵的光阴。孩子,你在这方面极需要拿出勇气来!

我坐不住了,腰里疼痛难忍,只希望你来封长信安慰安慰我们。

爸爸　四月二十一日夜

一九五五年四月二十一日灯下*

亲爱的聪:爸爸一口气写了四张信,可怜他腰酸背痛,连站都站不起来了,我扶着他上床睡下了,略为好了一些。说起他的腰痛病,使人焦急,推拿也好,吃药也好,可是对这个病始终毫无效验。林医生说这是职业病,简直无药可治。因此他很苦闷,他是根本无法离开写字台工作的,怎么办呢?工作进度受了影响,他会懊恼不堪!

马先生本月初寄来了你们比赛的分数单,爸爸跟我就大大的做起统计工作来:从第一轮、第二轮、第三轮,还有玛祖卡的分数,划了许许多多的表格,还要加以分门别类,譬如参加男女的统计,年龄的统计,还有光是斯拉夫民族的波兰苏联评判员的记分统计,结果总平均倒是法国的仑金生第一,波兰的哈拉谢维兹第二,你还是第三,现在的第五名是第四,苏联的阿什肯纳奇是第五。这许多统计非常有意思,还有几个评判员给分相差悬殊,最突出的是 Lazara Levy,对同一个选手,只给 2 分,而奥国的 Joseph Mara 却给了 24 分!还有奇怪的,西德的评判员对仑金生的玛祖卡演奏,只给了 10 分。你可想得到我们倒反给了你许多关于比赛的花絮吗!

爸爸除了腰酸以外,还有受了内伤的病。我好像已告诉过你:爸爸去年阴历年底,一位老先生请他在锦江吃中饭,好好出去的人,却在锦江进门口的地方,有四五步台阶,他一不留神,凭空抛了出去,一跤跌得很厉害，当时就起不来，右腿伤了筋，周煦良他们扶了他起来送回家，请伤科医生看了一次，足足躺了十多天，开头一手扶拐杖，一手搭在我肩上，做什么都要人帮忙，后来总算逐渐好转，一个半月后可以自己行动了，他就又开始工作，可是受了内伤，就不容易彻底恢复，工作时间不能太久，坐久了常要屁股痛。这几天忽然来了寒流，可是火炉拆去了，羊毛衫也不穿了，他的腿受不得冷，那条摔伤了的腿，忽然又疼痛难熬，连走路也困难了，于是只好又躺在床上，用热水袋敷，请医生推拿，今天勉强可以起床坐坐了，就在灯下给儿子写信。

他很担心，怕残废。他是喜欢出门跑跑的，这一来，他的腿限制了他。那顿饭吃得真是损失太大了，怨也怨死了！可是奇怪得很，有时精神作用很大，为了你，自己的儿子，做这样做那样，有时竟会忘记了肉体的痛苦！孩子，你的信可以安慰我们的痛苦，作用太大了，你是想像不到的。在感情上，我极愿意你回家一次，一面休息，一面给我们讲讲各种见闻，那时多么的理想！多么的幸福！但是为了你的学习，只好牺牲了。不过我还有些痴心梦想，也许你还是要会来的，那我真该乐死了！

不多谈了，明天赶快寄出，以后我们再也不敢平信寄了，非挂号不可了。望你也如此。

妈妈　四月二十一日灯下

你的来信我们总要反复看三四遍，我们给你的信是否也是这样的呢！你说有许多事信上说不明白，那么你看爸爸信上谈的许多事，是不是也不明白呢！

一九五五年五月八日/九日

从原信的编码看，应有四页。由于傅聪在外几经变迁，现仅剩第一页和第四页。——编者注

孩子：昨晚有匈牙利的 flutist［长笛演奏家］和 pianist［钢琴家］的演奏会，作协送来一张票子，我腰酸不能久坐，让给阿敏去了。他回来说 pianist 弹的不错，就是身体摇摆得太厉害。因而我又想起了 Richter［李赫特］在银幕扮演李斯特的情形。我以前跟你提过，不知李赫特平时在台上是否也摆动很厉害？这问题，正如多多少少其他的问题一样，你没有答复

我。记得马先生二月十七日从波兰写信给王棣华，提到你在琴上“表情十足”。不明白他这句话是指你的手下表达出来的“表情十足”呢，还是指你身体的动作？因为你很钦佩Richter[李赫特]，所以我才怀疑你从前身体多摇动的习惯，不知不觉的又恢复过来，而且加强了。这个问题，我记得在第二十六（或二十七）信内和你提过，但你也至今不答复。

说到“不答复”，我又有了很多感慨。我自问：长篇累牍的给你写信，不是空唠叨，不是莫名其妙的gossip[说长道短]，而是有好几种作用的。第一我的确把你当作一个讨论艺术、讨论音乐的对手；第二，极想激出你一些青年人的感想，让我做父亲的得些新鲜养料，同时也可以间接传布给别的青年；第三，借通信训练你的——不但是文笔，而尤其是你的思想；第四，我想时时刻刻，随处给你做个警钟，做面“忠实的镜子”，不论在做人方面，在生活细节方面，在艺术修养方面，在演奏姿态方面。我做父亲的只想做你的影子，既要随时随地帮助你、保护你，又要不让你对这个影子觉得厌烦。但我这许多心愿，尽管我在过去的三十多封信中说了又说，你都似乎没有深刻的体会，因为你并没有适当的反应，就是说：尽量给我写信，“被动的”对我说的话或是表示赞成，或是表示异议，也很少“主动的”发表你的主张或感想——特别是从十二月以后。

你不是一个作家，从单纯的职业观点来看，固无须训练你的文笔。但除了多写之外，以你现在的环境，怎么能训练你的思想、你的理智、你的intellect[才智]呢？而一个人思想、理智、intellect[才智]的训练，总不能说不重要吧？多少读者来信，希望我多跟他们通信；可惜他们的程度与我相差太远，使我爱莫能助。你既然具备了足够的条件，可以和我谈各式各种的问题，也碰到我极热烈的渴望和你谈这些问题，而你偏偏很少利用！孩子，一个人往往对有在手头的东西（或是机会，或是环境，或是任何可贵的东西）不知珍惜，直到要失去了的时候再去后悔！这是人之常情，但我们不能因为是人之常情而宽恕我们自己的这种愚蠢，不想法去改正。

你不是抱着一腔热情，想为祖国、为人民服务吗？而为祖国、为人民服务是多方面的，并不限于在国外为祖国争光，也不限于用音乐去安慰人家——虽然这是你最主要的任务。我们的艺术家还需要把自己的感想、心得,时时刻刻传达给别人,让别人去作为参考的或者是批判的资料。你的将来,不光是一个演奏家,同时必须兼做教育家;所以你的思想,你的理智,更其需要训练,需要长时期的训练。我这个可怜的父亲,就在处处替你作这方面的准备,而且与其说是为你作准备,还不如说为中国音乐界作准备更贴切。孩子,一个人空有爱同胞的热情是没用的,必须用事实来使别人受到我的实质的帮助。这才是真正的道德实践。别以为我们要求你多写信是为了父母感情上的自私——其中自然也有一些,但决不是主要的。你很知道你一生受人家的帮助是应当用行动来报答的;而从多方面去锻炼自己就是为报答人家作基本准备。

……

以后的计划我很赞成,你在校外另请教授念乐理与和声,这也是迫不容缓的了。但事先要打听清楚教乐理的人是否高明,免得走冤枉路。学费多少也要问明。这学费我觉得应该报告大使馆,由我们政府支付。不是我小气,你这次获奖已经为国争了很大的光荣,不能再拿奖金来抵学费之用。政府也不会在这等地方和你计较的。

……

勃隆斯丹太太来信,要我祝贺你,她说:“我从未怀疑过,那怕是一分钟,在这次比赛中他会获得多个第一名中的一个。聪真棒!由于他的勤奋不已(这是与坚强的意志不可分的)和巨大的才能(正如上帝赋予的那样),在相当短的时期内,几乎创造了奇迹!我真诚的希望聪认识到他即将进入伟大艺术家生涯的大门,获得精神上的无限喜悦,同样也充满了荆棘和艰辛。主要的不光是他个人获得了成功,而在于他给予别人精神上巨大的振奋和无限的欢乐。”——编者译

……

和你的话是谈不完的,信已经太长,妈妈怕你看得头昏脑涨,劝我结束。她觉得你不能回来一次,很遗憾。我们真是多么想念你啊!你放心,爸爸是相信你一切都很客观,冷静,对人的批评并非意气用事;但是一个有些成就的人,即使事实上不骄傲,也很容易被人认为骄傲的(一个有些名和地位的人,就是这样的难做人!),所以在外千万谨慎,说话处处保留

些。尤其双方都用一种非祖国的语言，意义轻重更易引起误会。

爸爸　从五月八日写到五月九日

国内各报纸、杂志关于你的记载，我们都剪贴好。华沙新华社记者报道，初、复赛评判员都隔着幕，不报比赛人的姓名，怎么来信又说不隔幕而且报姓名呢？真怪了！

又及

一九五五年五月十一日

亲爱的孩子：……孩子，别担心，你四月二十九、三十两信写得非常彻底，你的情形都报告明白了。我们决无误会。[①] 过去接不到你的信固然是痛苦，可一旦有了你的长信，明白了底细，我们哪里还会对你有什么不快，只有同情你，可怜你补写长信，又开了通宵的"夜车"，使我们心里老大的不忍。你出国七八个月，写回来的信并没什么过火之处，偶尔有些过于相信人或是怀疑人的话，我也看得出来，也会打些小折扣。一个热情的人，尤其是青年，过火是免不了的；只要心地善良、正直，胸襟宽，能及时改正自己的判断，不固执己见，那就很好了。你不必多责备自己，只要以后多写信，让我们多了解你的情况，随时给你提提意见，那就比空自内疚、后悔挽救不了的"以往"，有意思多了。你说写信退步，我们都觉得你是进步。你分析能力比以前强多了，态度也和平得很。爸爸看文字多么严格，从文字上挑剔思想又多么认真，不会随便夸奖你的。

你回来一次的问题，我看事实上有困难。即使大使馆愿意再向国内请示，公文或电报往返，也需很长的时日，因为文化部外交部决定你的事也要作多方面的考虑。耽搁日子是不可避免的。而等到决定的时候，离联欢节已经很近，恐怕他们不大肯让你不在联欢节上参加表演，再说，便是让你回来，至早也要到六月底、七月初才能到家。而那时代表团已经快要出发，又要催你上道了。

---

① 傅聪于一九五五年三月二十日比赛结束后举行获奖演奏会，二十一和二十二日又有音乐会和宴会。二十三日上 Zakopane 扎科帕内山区休假，通宵写了一封长信，二十四日托人发出，结果家中未收到。无奈于四月二十九日和三十日重写。

以实际来说,你倘若为了要说明情形而回国,则大可不必,因为我已经完全明白,必要时我可以向文化部说明。倘若为了要和杰老师分手而离开一下波兰,那也并无作用。既然仍要回波学习,则调换老师是早晚的事,而早晚都得找一个说得过去的理由向杰老师作交代;换言之,你回国以后再去,仍要有个充分的借口方能离开杰老师。若这个借口,目前就想出来,则不回国也是一样。

以我们的感情来说,你一定懂得我们想见见你的心,不下于你想见见我们的心;尤其我恨不得和你长谈数日夜。可是我们不能只顾感情,我们不能不硬压着个人的愿望,而为你更远大的问题打算。

转苏学习一点,目前的确不很相宜。政府最先要考虑到邦交,你是波政府邀请去学习的,我政府正式接受之后,不上一年就调到别国,对波政府的确有不大好的印象。你是否觉得跟斯托姆卡①学 technic[技巧]还是不大可靠?我的意思,倘若 technic[技巧]基本上有了 method[方法],彻底改过了,就是已经上了正轨,以后的 technic[技巧]却是看自己长时期的努力了。我想经过三四年的苦功,你的 technic[技巧]不见得比苏联的一般水准(不说最特出的)差到哪里。即如 H.[哈拉谢维兹]和 Smangianka[斯曼齐安卡],前者你也说他技巧很好,后者我们亲自领教过了,的确不错。像 Askenasi[阿什肯纳奇]——这等人,天生在 technic[技巧]方面有特殊才能,不能作为一般的水准。所以你的症结是先要有一个好的方法,有了方法,以后靠你的聪明与努力,不必愁在这方面落后,即使不能希望和 Horowitz[霍洛维茨]那样高明。因为以你的个性及长处,本来不是 virtuoso[以技巧精湛著称的演奏家]的一型。总结起来,你现在的确非立刻彻底改 technic[技巧]不可,但不一定非上苏联不可。将来倒是为了音乐,需要在苏逗留一个时期。再者,人事问题到处都有,无论哪个国家,哪个名教授,到了一个时期,你也会觉得需要更换,更换的时节一定也有许多人事上及感情上的难处。

假定杰老师下学期调华沙是绝对肯定的,那么你调换老师很容易解

---

① 波兰著名钢琴教授。

决。我可以写信给他，说“我的意思你留在克拉可夫比较环境安静，在华沙因为中国代表团来往很多，其他方面应酬也多，对学习不大相宜，所以总不能跟你转往华沙，觉得很遗憾，但对你过去的苦心指导，我和聪都是十二分感激”等等。（目前我听你的话，决不写信给他，你放心。）

假定杰老师调任华沙的事，可能不十分肯定，那么先要知道杰老师和Sztomka［斯托姆卡］感情如何。若他们不像Levy［莱维］[①]与Long［朗］[②]那样的对立，那么你可否很坦白、很诚恳的，直接向杰老师说明，大意如下：

“您过去对我的帮助，我终生不能忘记。您对古典及近代作品的理解，我尤其佩服得不得了。本来我很想跟您在这方面多多学习，无奈我在长时期的、一再的反省之下，觉得目前最急切的是要彻底的改一改我的technic［技巧］，我的手始终没有放松；而我深切的体会到方法不改将来很难有真正的进步；而我的年龄已经在音乐技巧上到了一个critical age［要紧关头］，再不打好基础，就要来不及了，所以我想暂时跟斯托姆卡先生把手的问题彻底解决。希望老师谅解，我决不是忘恩负义（ungrateful）；我的确很真诚的感谢您，以后还要回到您那儿请您指导的。”我认为一个人只要真诚，总能打动人的；即使人家一时不了解，日后仍会了解的。我这个提议，你觉得如何？因为我一生做事，总是第一坦白，第二坦白，第三还是坦白。绕圈子，躲躲闪闪，反易叫人疑心；你耍手段，倒不如光明正大，实话实说，只要态度诚恳、谦卑、恭敬，无论如何人家不会对你怎么的。我的经验，和一个爱弄手段的人打交道，永远以自己的本来面目对付，他也不会用手段对付你，倒反看重你的。你不要害怕，不要羞怯，不要不好意思；但话一定要说得真诚老实。既然这是你一生的关键，就得拿出勇气来面对事实，用最光明正大的态度来应付，无须那些不必要的顾虑，而不说真话！就是在实际做的时候，要注意措辞及步骤。只要你的感情是真实的，别人一定会感觉到，不会误解的。你当然应该向杰老师表示你的确很留恋他，而且有“鱼与熊掌不可得而兼”的遗憾。即使杰老师下期一定调任，

---

① 瑞士钢琴家。

② 即玛格丽特·朗，法国钢琴家。

最好你也现在就和他说明；因为至少六月份一个月你还可以和斯托姆卡学technic[技巧]，一个月，在你是有很大出入的！

以上的话，希望你静静的想一想，多想几回。

另外你也可向Ewa[埃娃]太太讨主意，你把实在的苦衷跟她谈一谈，征求她的意见，把你直接向杰老师说明的办法问问她。

最后，倘若你仔细考虑之后，觉得非转苏学习不能解决问题，那么只要我们的政府答应（只要政府认为在中波邦交上无影响），我也并不反对。

你考虑这许多细节的时候，必须心平气和，精神上很镇静，切勿烦躁，也切勿焦急。有问题终得想法解决，不要怕用脑筋。我历次给你写信，总是非常冷静、非常客观的。惟有冷静与客观，终能想出最好的办法。

对外国朋友固然要客气，也要阔气，但必须有分寸。像西卜太太之流，到处都有，你得提防。巴尔扎克小说中人物，不是虚造的。人的心理是：难得收到的礼，是看重的，常常得到的不但不看重，反而认为是应享的权利，临了非但不感激，倒容易生怨望。所以我特别要嘱咐你"有分寸"！

以下要谈两件艺术的技术问题：

恩德又跟了李先生学，李先生指出她不但身体动作太多，手的动作也太多，浪费精力之外，还影响到她的technic[技巧]和speed[速度]，以及tone[音质]的深度。记得裘伯伯也有这个毛病，一双手老是扭来扭去。我顺便和你提一提，你不妨检查一下自己。关于身体摇摆的问题，我已经和你谈过好多次，你都没答复，下次来信务必告诉我。

其次是，有一晚我要恩德随便弹一支Brahms[勃拉姆斯]的*Intermezzo*[《间奏曲》]，一开场tempo[节奏]就太慢，她一边哼唱一边坚持说不慢。后来我要她停止哼唱，只弹音乐，她弹了二句，马上笑了笑，把tempo[节奏]加快了。由此证明，哼唱有个大缺点，容易使tempo[节奏]不准确。哼唱是个极随意的行为，快些，慢些，吟哦起来都很有味道；弹的人一边哼一边弹，往往只听见自己哼的调子，觉得很自然很舒服，而没有留神听弹出来的音乐。我特别报告你这件小事，因为你很喜欢哼的。我的意思，看谱的时候不妨多哼，弹的时候尽量少哼，尤其在后来，一个曲子相当熟的时候，只宜于"默唱"，暗中在脑筋里哼。

此外,我也跟恩德提了以下的意见:

自己弹的曲子,不宜尽弹,而常常要停下来想想,想曲子的 picture[意境,境界],追问自己究竟要求的是怎样一个境界,这是使你明白 what you want[你所要的是什么],而且先在脑子里推敲曲子的结构、章法、起伏、高潮、低潮等等。尽弹而不想,近乎 improvise[即兴表演],弹到哪里算哪里,往往一个曲子练了二三个星期,自己还说不出哪一种弹法(interpretation)最满意,或者是有过一次最满意的 interpretation[弹法],而以后再也找不回来(这是恩德常犯的毛病)。假如照我的办法做,一定可能帮助自己的感情更明确而且稳定!

其次,到先生那儿上过课以后,不宜回来马上在琴上照先生改的就弹,而先要从头至尾细细看谱,把改的地方从整个曲子上去体会,得到一个新的 picture[境界],再在琴上试弹,弹了二三遍,停下来再想再看谱,把老师改过以后的曲子的表达,求得一个明确的 picture [境界]。然后再在脑子里把自己原来的 picture[境界]与老师改过以后的 picture[境界] 做个比较,然后再在琴上把两种不同的境界试弹,细细听,细细辨,究竟哪个更好,还是部分接受老师的,还是全盘接受,还是全盘不接受。不这样做,很容易"只见其小,不见其大",光照了老师的一字一句修改,可能通篇不连贯,失去脉络,弄得支离破碎,非驴非马,既不像自己,又不像老师,把一个曲子搞得一团糟。

我曾经把上述两点问李先生觉得如何,她认为是很内行的意见,不知你觉得怎样?

你二十九信上说 Michelangeli[米开兰琪利]的演奏,至少在"身如 rock[磐石]"一点上使我很向往。这是我对你的期望——最殷切的期望之一!惟其你有着狂热的感情,无穷的变化,我更希望你做到身如 rock[磐石],像统率三军的主帅一样。这用不着老师讲,只消自己注意,特别在心理上,精神上,多多修养,做到能入能出的程度。你早已是"能入"了,现在需要努力的是"能出"!那我保证你对古典及近代作品的风格及精神,都能掌握得很好。

你来信批评别人弹的萧邦,常说他们 cold[冷漠]。我因此又想起了以前的念头:欧洲自从十九世纪,浪漫主义在文学艺术各方面到了高潮以后,先来一个写实主义与自然主义的反动(光指文学与造型艺术言),接着在二十世纪前后更来了一个普遍的反浪漫底克思潮。这个思潮有两个表现:一是非常重感官(sensual),在音乐上的代表是 R. Strauss[理查·施特劳斯],在绘画上是马蒂斯;一是非常的 intellectual[理智],近代的许多作曲家都如此。绘画上的 Picasso[毕加索]亦可归入此类。近代与现代的人一反十九世纪的思潮,另走极端,从过多的感情走到过多的 mind[理智]的路上去了。演奏家自亦不能例外。萧邦是个半古典半浪漫底克的人,所以现代青年都弹不好。反之,我们中国人既没有上一世纪像欧洲那样的浪漫底克狂潮,民族性又是颇有 olympic[奥林匹克](希腊艺术的最高理想)精神,同时又有不太过分的浪漫底克精神,如汉魏的诗人,如李白,如杜甫(李后主算是最 romantic[浪漫底克]的一个,但比起西洋人,还是极含蓄而讲究 taste[品味,鉴赏力] 的),所以我们先天的具备表达萧邦相当优越的条件。

我这个分析,你认为如何?

反过来讲,我们和欧洲真正的古典,有时倒反隔离得远一些。真正的古典是讲雍容华贵,讲 graceful[雍容],elegant[典雅],moderate[中庸]。但我们也极懂得 discreet[含蓄],也极讲中庸之道,一般青年人和传统不亲切,或许不能把握这些,照理你是不难体会得深刻的。有一点也许你没有十分注意,就是欧洲的古典还多少带些宫廷气味,路易十四式的那种宫廷气味。

对近代作品,我们很难和欧洲人一样的浸入机械文明,也许不容易欣赏那种钢铁般的纯粹机械的美,那种"寒光闪闪"的 brightness[光芒],那是纯理智、纯 mind[智性]的东西。

……

环境安静对你的精神最要紧。做事要科学化,要彻底!我恨不得在你身边,帮你解决并安排一切物质生活,让你安心学习,节省你的精力与时间,使你在外能够事半功倍,多学些东西,多把心思花在艺术的推敲与思索上去。一个艺术家若能很科学的处理日常生活,他对他人的贡献一定更大!

五月二日来信使我很难受。好孩子,不用焦心,我决不会怨你的,要说你不配做我的儿子,那我更不配做你父亲了。只要我能帮助你一些,我就得了最大的酬报。我真是要拿我所有的知识、经验、心血,尽量给你作养料,只要你把我每封信多看几遍,好好的思索几回,竭力吸收,“身体力行”的实践,我就快乐得难以形容了。

我又细细想了想杰老师的问题,觉得无论如何,还是你自己和他谈为妙。他年纪这么大,人生经验这么丰富,一定会谅解你的。倒是绕圈子,不坦白,反而令人不快。西洋人一般的都喜欢直爽。但你一定要切实表示对他的感激,并且声明以后还是要回去向他学习的。

这件事望随时来信商讨,能早一天解决,你的技巧就可早一天彻底改造。关于一面改技巧、一面练曲子的冲突,你想过没有?如何解决?恐怕也得向 Sztomka[斯托姆卡]先生请教请教,先作准备为妥。

爸爸、妈妈　五月十一日

一九五五年五月十六日

此信应有三页,现仅存第二页。——编者注

……你现在对杰老师的看法也很对。“做人”是另外一个问题,与教学无关。对谁也不能苛求。你能继续跟杰老师上课,我很赞成,千万不要驼子摔跤,两头不着。有个博学的老师指点,总比自己摸索好,尽管他有些见解与你不同。但你还年轻,musical literature[音乐文献]的接触真是太有限了,乐理与曲体的知识又是几乎等于零,更需要虚心一些,多听听年长的,尤其是一个 scholarship[学术成就,学问修养]很高的人的意见。

有一点,你得时时刻刻记住:你对音乐的理解,十分之九是凭你的审美直觉;虽则靠了你的天赋与民族传统,这直觉大半是准确的,但究竟那是西洋的东西,除了直觉以外,仍需要理论方面的,逻辑方面的,史的发展方面的知识来充实;即使是你的直觉,也还要那些学识来加以证实,自己才能放心。所以便是以口味而论觉得格格不入的说法,也得采取保留态度,细细想一想,多辨别几时,再作断语。这不但对音乐为然,治一切学问都要有这个态度。所谓冷静、客观、谦虚，就是指这种实际的态度。

来信说学习主要靠 mind［头脑］，ear［听力］，及敏感，老师的帮助是有限的。这是因为你的理解力强的缘故，一般弹琴的，十分之六七以上都是要靠老师的。这一点，你在波兰同学中想必也看得很清楚。但一个有才的人也有另外一个危机，就是容易自以为是的走牛角尖。所以才气越高，越要提防，用 solid［扎扎实实］的学识来充实，用冷静与客观的批评精神，持续不断的检查自己。惟有真正能做到这一步，而且终身的做下去，才能成为一个真正的艺术家。

一扯到艺术，一扯到做学问，我的话就没有完，只怕我写得太多，你一下子来不及咂摸。

来信提到 Chopin［萧邦］的 *Berceuse*［《摇篮曲》］的表达，很有意思。以后能多写这一类的材料，最欢迎。

还要说两句有关学习的话，就是我老跟恩德说的："要有耐性，不要操之过急。越是心平气和，越有成绩。时时刻刻要承认自己是笨伯，不怕做笨功夫，那就不会期待太切，稍不进步就慌乱了。"对你，第一要紧是安排时间，多多腾出无谓的"消费时间"，我相信假如你在波兰能像在家一样，百事不打扰，每天都有七八小时在琴上，你的进步一定更快！

我译的莫扎特的论文，有些地方措辞不大妥当，望切勿"以辞害意"。尤其是说到"肉感"，实际应该这样了解："使感官觉得愉快的。"原文是等于英文的 sensual［感官上的］。

一九五五年九月四日 *

亲爱的聪：……今年暑天，爸爸身体大大衰退，不像去年暑天，虽然腰酸背痛，可精神很好，工作十小时不在乎，赶译出了《老实人》。如今总觉得疲惫不堪，天天有几分热度，叫林伯伯仔细听肺，发现有些慢性肺炎。从今天起开始打肺病特效药，打十几瓶再看情形。希望打了针可以好得快些。你是知道爸爸的脾气，工作拖拉下去，他是要急的。我的身体还好，虽然也天天有几分热度，可是不要紧，同爸爸的情况不同。这几天我忙着陪伦伦[1]看病，因为她的肠子有病，经林医生诊断，也要打针吃药，她的环境复杂，好姆妈[2]又不在上海，父亲的关切究竟有限，可是有了病，不能不医，我们可怜她孤单，所以向学校请假，要在我们家休养一个时期。这孩子是非心很强，观察能力也相当正确，她父亲喜欢吹的那套，她也听不入耳，可是性情脾气很温和，很能容忍，因此也很痛苦。我们两人多方开导她，对她很有好处，她也很感激我们。她说：在我们家里充满着家庭的温暖，在自己家里，好像住旅馆，相互之间没有亲切之感。对后一辈的孩子，不管是别人的还是自己的，我们都一样看待，能帮助人总是快乐的。

希望即来信。爸爸没有精神，所以不写了。

妈妈　九月四日

一九五五年十月底

此信仅剩一页，根据内容，此信应写与一九五五年十月底。——编者注

从本月十八日到二十四日这一周内，我们家中非常紧张，因为伦伦的病有急剧变化，来了两次高潮：第一次是胃痛得不得了；第二次是小腹痛。林医生先说她是小小的胃溃疡，小腹痛既怕她有腹膜炎危险，又怕她肠中的淋巴腺结核蔓延到输卵管或膀胱或子宫部分的淋巴腺。林伯伯五天之内每天早上来，有时一天跑几次，亲自验血、验小便、配药；有一回还深夜送医院急诊，因为怕腹膜炎，故请外科医生会诊一下，以期安全。又因胃病，每天每小时就进食一次，现在改为两小时一次。大批营养最好而最易消化的东西，尽量给。到二十四日，一切恢复，风波平了，预料的各种危险都已过去。我们虽忙，但结果良好，仍是非常高兴。伦伦这孩子实在娇嫩，身心双方都如此。她思想的细密，感觉的敏锐，都是少有的。她好比一朵幼弱的花，在大风雨中被我们抢救出来了。现在只要继续治疗，静养，半年后必有希望恢复健康。胃病最剧的几天，吃东西都是妈妈与我轮流喂的。今仍终日睡着，绝对不许下床。她父亲每周来一次，但只和我谈天——吹捧，我不提伦伦的病，他自动从来不提，也不说上楼去看看她。

---

① 即刘英伦，系傅雷夫妇挚友成家和之女。

② 即成家和。

像这种自私的父亲，可说天下少有；而在这种环境中长大的孩子，居然不沾上一星自私，还痛恨自私，还处处体贴别人，正义感那么强，也可以说是“出污泥而不染”了。埃娃太太说她最喜欢的是人，因为人千变万化，研究不尽，真有意思。这句话我颇有同感。伦伦的病不但使我们又一次的发挥了我们的父性母性，同时对我也多了一次观察人性的机会。我觉得我在这些地方是又有艺术家的热爱又有科学家的研究兴趣的。

妈妈为了看护伦伦的病，上街买菜买食物，上楼下楼管这样那样，忙得不可开交，可是心里非常快活。没有女儿，等于有女儿一样。伦伦对我们的爱和了解，比对她亲生的父母还胜过几倍，这不是我们所能获得的最大的酬报吗？一个人惟有不求酬报的施与，才会得到最大的意想不到的酬报！

从一九五一年你回上海以后，几年之间我从你身上大大提高了自己，教育了自己。过去我在教育方面都是心肠好而手段不好，造成了多少大大小小的不愉快：现在你不但并未受到这不完全的教育的弊；而且我也从中训练得更了解青年，更能帮助青年。对恩德、对伦伦，我能够在启发她们的心灵方面有些成绩，多半是靠以往和你的经验促成的。由此更可证明：天下事样样都要用痛苦去换来，都要从实践中学习。现在我们感到多么快乐，多么幸运！有这样的儿子，有这些精神上的女儿，对我们都那么热爱！只是有一点，我常常“居安思危”，兢兢业业，不敢放松一点自己。

上封信中，我要你注意：住在华沙必须问明房东的睡眠时间，切勿深夜练琴的事，望随时记住。还有我给你的犀飞利笔，平时务必保藏得好，切勿随身带；我一辈子没有丢失过手表钢笔，因为手表从不离手，而出门从不带钢笔。你为需要，只宜带国货的笔在身上。那支犀飞利是我送你二十岁生日的，希望能终身保存，纪念我的一片心意！

一九五五年十二月十一日夜

亲爱的孩子：我先要跟你办个交涉：凡我信上所问你的事，都有红笔圈出，希望都答复我。你每次复信都要把我的信放在旁边，把红圈的段落一一查看，未复的都要复。第49－50－51三信的问题，只有钢琴和合同二项得到回音，余下的只字未提。我今后把向你提的问题摘要登记在一本小册子上，只要你不答复，我还是要问个不休的。爸爸这个死脾气，你该知道而且能原谅的，同时也能满足它的，是不是？

……

住屋及钢琴两事现已圆满解决，理应定下心来工作。倘使仍觉得心绪不宁，必定另有原因，索性花半天功夫仔细检查一下，病根何在？查清楚了才好对症下药，廓清思想。老是蒙着自己，不正视现实，不正视自己的病根，而拖泥带水，不晴不雨的糊下去，只有给你精神上更大的害处。该拿出勇气来，彻底清算一下。

廓清思想，心绪平定以后，接着就该周密考虑你的学习计划：把正规的学习和明春的灌片及南斯拉夫的演奏好好结合起来。事先多问问老师意见，不要匆促决定。决定后勿轻易更动。同时望随时来信告知这方面的情况。前信（51号）要你谈谈技巧与指法手法，与你今后的学习很有帮助：我们不是常常对自己的工作（思想方面亦然如此）需要来个"小结"吗？你给我们谈技巧，就等于你自己作小结。千万别懒洋洋的拖延！我等着。同时不要一次写完，一次写必有遗漏，一定要分几次写才写得完全；写得完全是表示你考虑得完全，回忆得清楚，思考也细致深入。你务必听我的话，照此办法做。这也是一般工作方法的极重要的一个原则。

……你始终太容易信任人。我素来不轻信人言，等到我告诉你什么话，必有相当根据，而你还是不大重视，轻描淡写。这样的不知警惕，对你将来是危险的！一个人妨碍别人，不一定是因为本性坏，往往是因为头脑不清，不知利害轻重。所以你在这些方面没有认清一个人的时候，切忌随口吐露心腹。一则太不考虑和你说话的对象，二则太不考虑事情所牵涉的另外一个人。（还不止一个呢！）来信提到这种事，老是含混得很。去夏你出国后，我为另一件事写信给你，要你检讨，你以心绪恶劣推掉了。其实这种作风，这种逃避现实的心理是懦夫的行为，决不是新中国的青年所应有的。你要革除小布尔乔亚根性，就要从这等地方开始革除！

别怕我责备！（这也是小布尔乔亚的懦怯。）也别怕引起我心烦，爸爸不为儿子烦心，为谁烦心？爸爸不帮助孩子，谁帮助孩子？儿子苦闷不向爸爸求救，向谁求救？你这种顾虑也是一种短视的温情主义，要不得！懦怯也罢，温情主义也罢，总之是反科学，反马列主义。为什么一个人不能反科学、反马列主义？因为要生活得好，对社会尽贡献，就需要把大大小小的事，从日常生活、感情问题，一直到学习、工作、国家大事，一贯的用科学方法、马列主义的方法，去分析，去处理。批评与自我批评所以能成为有力的武器，也就在于它能培养冷静的科学头脑，对己、对人、对事，都一视同仁，做不偏不倚的检讨。而批评与自我批评最需要的是勇气，只要存着一丝一毫懦怯的心理，批评与自我批评便永远不能做得彻底。我并非说有了自我批评（即挖自己的根），一个人就可以没有烦恼。不是的，烦恼是永久免不了的，就等于矛盾是永远消灭不了的一样。但是不能因为眼前的矛盾消灭了将来照样有新矛盾，就此不把眼前的矛盾消灭。挖了根，至少可以消灭眼前的烦恼。将来新烦恼来的时候，再去消灭新烦恼。挖一次根，至少可以减轻烦恼的严重性，减少它危害身心的可能；不挖根，老是有些思想的、意识的、感情的渣滓积在心里，久而久之，成为一个沉重的大包袱，慢慢的使你心理不健全，头脑不冷静，胸襟不开朗，创造更多的新烦恼的因素。这一点不但与马列主义的理论相合，便是与近代心理分析和精神病治疗的研究结果也相合。

至于过去的感情纠纷，时时刻刻来打扰你的缘故，也就由于你没仔细挖根。我相信你不是爱情至上主义者，而是真理至上主义者；那么你就该用这个立场去分析你的对象（不论是初恋的还是以后的），你跟她（不管是谁）在思想认识上，真理的执著上，是否一致或至少相去不远？从这个角度上去把事情解剖清楚，许多烦恼自然迎刃而解。你也该想到，热情是一朵美丽的火花，美则美矣，无奈不能持久。希望热情能永久持续，简直是愚妄；不考虑性情、品德、品格、思想等等，而单单执著于当年一段美妙的梦境，希望这梦境将来会成为现实，那么我警告你，你可能遇到悲剧的！世界上很少如火如荼的情人能成为美满的、白头偕老的夫妇的；传奇式的故事，如但丁之于裴阿脱里克斯，所以成为可哭可泣的千古艳事，就因为他们没有结合；但丁只见过几面（似乎只有一面）裴阿脱里克斯。歌德的太太克里斯丁纳是个极庸俗的女子，但歌德的艺术成就，是靠了和平宁静的夫妇生活促成的。过去的罗曼史，让它成为我们一个美丽的回忆，作为一个终生怀念的梦，我认为是最明哲的办法。老是自苦是只有消耗自己的精力，对谁都没有裨益的。孩子，以后随时来信，把苦闷告诉我，我相信还能凭一些经验安慰你呢。爸爸受的痛苦不能为儿女减除一些危险，那么爸爸的痛苦也是白受了。但希望你把苦闷的缘由写得详细些（就是要你自己先分析一个透彻），免得我空发议论，无关痛痒的对你没有帮助。好了，再见吧，多多来信，来信分析你自己就是一种发泄，而且是有益于心理卫生的发泄。爸爸还有足够的勇气担受你的苦闷，相信我吧！你也有足够的力量摆脱烦恼，有足够的勇气正视你的过去，我也相信你！

……

爸爸　十二月十一日夜

我一天到晚忙着杂务，静不下来写信，可是你的影子永远在我脑海里盘旋，望你多多来信安慰我们。

妈妈

一九五五年十二月二十七日午

亲爱的孩子：……《协奏曲》钢琴部分录音并不如你所说，连轻响都听不清；乐队部分很不好，好似蒙了一层，音不真，不清。钢琴 loud passage［强声片段］也不够分明。据懂技术的周朝桢先生说：这是录音关系，正式片也无法改进的了。

以音乐而论，我觉得你的《协奏曲》非常含蓄，绝无鲁宾斯坦那种感伤情调，你的情感都是内在的。第一乐章的技巧不尽完整，结尾部分似乎很显明的有些毛病。第二乐章细腻之极，touch［触键］是 delicate［精致］之极。最后一章非常 brilliant［辉煌，出色］。《摇篮曲》比颁奖音乐会上的好得多，mood［情绪］也不同，更安静。《幻想曲》全部改变了：开头的引子，好极，沉着，庄严，贝多芬气息很重。中间那段 slow［缓慢］的 singing part［如歌片段］，以前你弹得很 tragic［悲怆］的，很 sad［伤感］的，现在是一种惆怅的情调。整个曲子像一座巍峨的建筑，给人以厚重、扎实、条理分明、波涛汹涌而意志很热的感觉。

李先生说你的协奏曲，左手把 rhythm[节奏]控制得稳极，rubato[音的长短顿挫]很多，但不是书上的，也不是人家教的，全是你心中流出来的。她说从国外回来的人常说现在弹萧邦都没有 rubato[音的长短顿挫]了，她觉得是不可能的；听了你的演奏，才证实她的怀疑并不错。问题不是没有 rubato[音的长短顿挫]，而是怎样的一种 rubato[音的长短顿挫]。

《玛祖卡》，我听了四遍以后才开始捉摸到一些，但还不是每支都能体会。我至此为止是能欣赏了 Op. 59, No. 1[作品五十九之一]；Op. 68, No. 4[作品六十八之四]；Op. 41, No. 2[作品四十一之二]；Op. 33, No. 1[作品三十三之一]。Op. 68, No. 4[作品六十八之四]的开头像是几句极凄怨的哀叹。Op. 41, No. 2[作品四十一之二]中间一段，几次感情欲上不上，几次悲痛冒上来又压下去，到最后才大恸之下，痛哭出声。第一支最长的 Op. 56, No. 3[作品五十六之三]，因为前后变化多，还来不及把握。阿敏却极喜欢，恩德也是的。她说这种曲子如何能学？我认为不懂什么叫做"tone colour"[音色]的人，一辈子也休想懂得一丝半毫，无怪几个小朋友听了无动于衷。colour sense[音色领悟力]也是天生的。孩子，你真怪，不知你哪儿来的这点悟性！斯拉夫民族的灵魂，居然你天生是具备的。斯克里亚宾的 *Prélude*[《前奏曲》]既弹得好，《玛祖卡》当然不会不好。恩德说，这是因为中国民族性的博大，无所不包，所以什么别的民族的东西都能体会得深刻。*Notre - Temps No.* 2[《我们的时代》第二号] 好似太拖拖拉拉，节奏感不够。我们又找出鲁宾斯坦的片子来听了，觉得他大部分都是节奏强，你大部分是诗意浓；他的音色变化不及你的多。

……

爸爸　十二月二十七日午

一九五六年一月四日深夜

亲爱的孩子：……

无论你对灌片的成绩怎么看法，我绝对不会错认为你灌音的时候不郑重。去年四月初，你花了五天功夫灌这几支曲子，其认真可想而知。听说世界上灌片最疙瘩的是 Marguerite Long[玛格丽特·朗]，有一次，一个曲子直灌了八十次。还有Toscanini[托斯卡尼尼],常常不满意他的片子。有一回听到一套片子,说还好;一看原来就是他指挥的。

去年灌*Concerto*[《协奏曲》]时,不知你前后弹了几次?是否乐队也始终陪着你常常重新来过?这二点望来信告知。我们都认为华沙乐队不行,与solo[独奏]不够呼应紧密,倒是你的solo [独奏]常常在尽力承上启下的照顾到乐队部分。

我劝你千万不要为了技巧而烦恼,主要是常常静下心来,细细思考,发掘自己的毛病,寻找毛病的根源,然后想法对症下药,或者向别的师友讨教。烦恼只有打扰你的学习,反而把你的技巧拉下来。共产党员常常强调:“克服困难”,要克服困难,先得镇定!只有多用头脑才能解决问题。同时也切勿操之过急,假如经常能有些少许进步,就不要灰心,不管进步得多么少。而主要还在于内心的修养,性情的修养:我始终认为手的紧张和整个身心有关系,不能机械的把“手”孤立起来。练琴的时间必须正常化,不能少,也不能多;多了整个的人疲倦之极,只会有坏结果。要练琴时间正常,必须日常生活科学化,计划化,纪律化!假定有事出门,回来的时间必须预先肯定,在外面也切勿难为情,被人家随便多留,才能不打乱事先定好的日程。

爸爸　一九五六年一月四日深夜

一九五六年一月二十日

亲爱的孩子:昨天接一月十日来信,和另外一包节目单,高兴得很。第一,你心情转好了;第二,一个月由你来两封信,已经是十个多月没有的事了。只担心一件,一天十二小时的工作对身心压力太重。我明白你说的“十二小时绝对必要”的话,但这句话背后有一个很重要的原因:倘使你在十一十二两月中不是常常烦恼,每天保持——不多说——六七小时的经常练琴,我断定你现在就没有一天练十二小时的“必要”。你说是不是?从这个经验中应得出一个教训:以后即使心情有波动,工作可不能松弛。平日练八小时的,在心绪不好时减成六七小时,那是可以原谅的,也不至于如何妨碍整个学习进展。超过这个尺寸,到后来势必要加紧突击,影响身心健康。往者已矣，来者可追，孩子，千万记住：下不为例！何况正规工作是驱除烦恼最有效的灵药！我只要一上桌子，什么苦闷都会暂时忘掉。

……

我九日航挂寄出的关于萧邦的文章二十页，大概收到了吧？其中再三提到他的诗意，与你信中的话不谋而合。那文章中引用的波兰作家的话，还特别说明那“诗意”的特点。又文中提及的两支 *Valse*[《圆舞曲》]，你不妨练熟了，当作 encore piece[加奏乐曲]用。我还想到，等你南斯拉夫回来，应当练些 Chopin[萧邦]的 *Prélude*[《前奏曲》]。这在你还是一页空白呢！等我有空，再弄些材料给你，关于 *Prélude*[《前奏曲》]的，关于萧邦的 piano method[钢琴手法]的。

《协奏曲》第二乐章的情调，应该一点不带感伤情调，如你来信所说，也如那篇文章所说的。你手下表现的 Chopin[萧邦]，的确毫无一般的感伤成分。我相信你所了解的 Chopin[萧邦]是正确的，与 Chopin[萧邦]的精神很接近——当然谁也不敢说完全一致。你谈到他的 rubato[速率伸缩处理]与音色，比喻甚精彩。这都是很好的材料，有空随时写下来。一个人的思想，不动笔就不大会有系统；日子久了，也就放过去了，甚至于忘了，岂不可惜！就为这个缘故，我常常逼你多写信，这也是很重要的“理性认识”的训练。而且我觉得你是很能写文章的，应该随时练习。

你这一行的辛苦，当然辛苦到极点。就因为这个，我屡次要你生活正规化，学习正规化。不正规如何能持久？不持久如何能有成绩？如何能巩固已有的成绩？以后一定要安排好，控制得牢，万万不能“空”与“忙”调配得不匀，免得临时着急，日夜加工的赶任务。而且作品的了解与掌握，就需要长时期的慢慢消化、咀嚼、吸收。这些你都明白得很，问题在于实践！

……

爸爸

妈妈有几个月不跟你写信了，一方面杂务繁忙，一方面也实在是偷懒，有个那样健笔的爸爸，妈妈就乐得疏懒了。可是每次看到你的信，也跟着你一样忧，一样喜，你生活上精神上有什么波动，与我们是分不开的。阳历年底，本来爸爸的工作告一小段落，可以休息几天。接着你的唱片来了，我们就紧张起来，邮局跑了两次，由市委出了证明文件，没有花一分钱就拿到了。听到你的唱片，如见其人，能不动心么？还要招待朋友来听，一遍二遍，无论多少遍我是听不厌的，心里真像开了花的快乐。电台里在一月二日拿去播送，爸爸帮着写了些介绍的文章，朱健又请爸爸写萧邦的生平，爸爸就日以继夜的翻参考书，看萧邦的传记，几天内就赶出来了。我又跟着忙，帮他抄。这期间又忙着提关于高级知识分子的意见，从各方面搜罗情报，尽量提，为了做好这件工作，爸爸是应该出些力的。所以事实上他一点也没休息，反而工作紧张。

……

你现在工作那么多，在华沙吃的方面，是否比在克拉可夫好？你在肉体和精神两方面都消耗得厉害，非在饮食方面补足不可，望千万注意。

我们的家用，不必要的浪费，竭力节约，因为爸爸对自己的工作，越来越严格，出书量就大大减少，加上目前古典作品销路低落，影响版税，所以应该多多节约。我们常常心平气和，觉得我们是够幸福了，生活也够得上标准的了。爸爸近一年来，样样进步，不论思想方面，脾气方面，对妈妈是体贴万分，无微不至，从来也不生气，孩子，你看妈妈多高兴，自己已感到人老心永远不会老的。

阿敏除了粗心大意之外，也没有什么大缺点，对妈妈也很和气，你听了觉得安慰吗？望你常常来信，你是我们惟一的安慰！到了捷克和南斯拉夫，望你一路上都要给我们写信，短一些倒不要紧，千万不要杳无音讯，以免我们悬念！

妈妈　一月二十日

一九五六年一月二十二日晚

亲爱的孩子：……前天早上听了电台放的 Rubinstein［鲁宾斯坦］弹的 *e Min. Concerto*［《e 小调协奏曲》］（当然是老灌音），觉得你的批评一点不错。他的 rubato［音的长短顿挫］很不自然；第三乐章的两段（比较慢的，出现过两次，每次都有三四句，后又转到 minor[小调]的)，更糟不可言。转 minor[小调]的二小句也牵强生硬。第二乐章全无 singing[抒情流畅之感]。第一乐章纯是炫耀技巧。听了他的，才知道你弹的尽管 simple[简单]，music[音乐感]却是非常丰富的。孩子，你真行！怪不得斯曼齐安卡前年冬天在克拉可夫就说："想不到这支 *Concerto*[《协奏曲》]会有这许多 music[音乐]！"

今天寄你的文字中，提到萧邦的音乐有"非人世的"气息，想必你早体会到；所以太沉着，不行；太轻灵而客观也不行。我觉得这一点近于李白，李白尽管飘飘欲仙，却不是德彪西那一派纯粹造型与讲气氛的。

时间局促，要赶邮班，不写了。祝快乐。

爸爸　一月二十二日晚

一九五六年二月八日

亲爱的孩子：……二月一日来信，六日晚就到了，这样快也是破天荒第一次。去捷克录音，单录萧邦，在我们总觉得美中不足。我还是鼓励你到那边跟他们商量一下，坚持一下，别的作品多少录一些。哪怕单是巴赫或韩德尔或贝多芬的一个曲子也好。希望你不要太不好意思！不要太随便让步！他们和艺术家接触多，艺术家的意见比较肯尊重；但若艺术家本人不坚持，那他们当然只凭他们的计划了。

去南国表演的中国作品，我不知作了多少努力，始终弄不到。上海市委文艺工作委员会，我也通过电话，写过信，他们满口答应向音分院桑桐去要，始终没下文。只好算了。一般都是忙，顾了这，顾不了那。

……

勃隆斯丹太太有信来。……有几句话她要我告诉你的：听了斯坦番斯卡在加拿大举行的独奏音乐会后，勃隆斯丹夫人写道："我从未听到过弹萧邦弹得那么细腻灵巧、那么精美雅致；比她弹巴赫－布索尼《夏空》的音色变幻更宏丽；比她弹斯卡拉蒂和莫扎特的《奏鸣曲》更典雅更明澈。然而，这是无可非议的，她弹的萧邦是远离尘世的无与伦比的。……我跟她提到了聪曾是我得意的最有才能的学生，她，还有她丈夫，马上赞同聪是个大天才，而且，带着一点民族的自豪感谈到了去年春天聪获得演奏《玛祖卡》最优奖的事。在我提到聪的名字时，斯坦番斯卡教授立刻惊呼：'啊，你就是他在上海的那位老师！'我真是惊喜万分。显然，聪早已跟他们谈起过我。"——编者译

百代公司也有信来，说你对自己的批评，足见你要求的严格，更值得称赞；但他们认为你的批评是过分的，因为弹得实在有极高的 musicality［对音乐的理解与鉴赏能力］。他们也承认唱片质地不够好，那是波兰胶带上的毛病。正式片上可以稍为修改一些，"只要机器相当好，听来效果是可以满意的。"又希望将来你到巴黎去，在他们的 studio［录音室］中录，一定可以完美。我送给公司的《敦煌画集》，他们已收到，信中表示非常高兴，还说"我们为你和你儿子所尽的一些力，不值得受这样高的报酬。"百代公司又说正式片定于一月底出来。去年说过十月底的，拖到现在。所以虽说一月底，我仍不敢肯定他们会做到。

……

寄来的法、比、瑞士的材料，除了一份以外，字里行间，非常清楚的对第一名不满意，很显明是关于他只说得了第一奖，多少钱；对他的演技一字不提。英国的报道也只提你一人。可惜这些是一般性的新闻报道，太简略。法国的《法国晚报》的话讲得最显明：

"不管奖金的额子多么高，也不能使一个二十岁的青年得到成熟与性格"——这句中文译得不好，还是译成英文吧："The prize in a competition, however high it may be, is not sufficient to give a pianist of 20 the maturity and personality.""尤其是头几名分数的接近，更不能说 the winner has won definitely［冠军名至实归，冠军绝对领先］。总而言之，将来的时间和群众会评定的。在我们看来，the revelation of V Competition of Chopin is the Chinese pianist Fou Ts'ong, who stands very highly above the other competitors by a refined culture and quite matured sensitivity.［在第五届萧邦钢琴比赛中，才华毕露的是中国钢琴家傅聪，由于他优雅的文化背景与成熟的领悟能力，在全体参赛者之间，显得出类拔萃。］"

这是几篇报道中，态度最清楚的。

……

爸爸　二月八日

一九五六年二月二十九日夜/三月一日晨

亲爱的孩子:昨天整理你的信,又有些感想。

关于莫扎特的话,例如说他天真、可爱、清新等等,似乎很多人懂得;但弹起来还是没有那天真、可爱、清新的味儿。这道理,我觉得是"理性认识"与"感情深入"的分别。感性认识固然是初步印象,是大概的认识;理性认识是深入一步,了解到本质。但是艺术的领会,还不能以此为限。必须再深入进去,把理性所认识的,用心灵去体会,才能使原作者的悲欢喜怒化为你自己的悲欢喜怒,使原作者每一根神经的震颤都在你的神经上引起反响。否则即使道理说了一大堆,仍然是隔了一层。一般艺术家的偏于 intellectual[理智],偏于 cold[冷静],就因为他们停留在理性认识的阶段上。

比如你自己,过去你未尝不知道莫扎特的特色,但你对他并没发生真正的共鸣;感之不深,自然爱之不切了;爱之不切,弹出来当然也不够味儿;而越是不够味儿,越是引不起你兴趣。如此循环下去,你对一个作家当然无从深入。

这一回可不然,你的确和莫扎特起了共鸣,你的脉搏跟他的脉搏一致了,你的心跳和他的同一节奏了;你活在他的身上,他也活在你身上;你自己与他的共同点被你找出来了,抓住了,所以你才会这样欣赏他,理解他。

由此得到一个结论:艺术不但不能限于感性认识,还不能限于理性认识,必须要进行第三步的感情深入。换言之,艺术家最需要的,除了理智以外,还有一个"爱"字!所谓赤子之心,不但指纯洁无邪,指清新,而且还指爱!法文里有句话叫做"伟大的心",意思就是"爱"。这"伟大的心"几个字,真有意义。而且这个爱绝不是庸俗的,婆婆妈妈的感情,而是热烈的、真诚的、洁白的、高尚的、如火如荼的、忘我的爱。

从这个理论出发,许多人弹不好东西的原因都可以明白了。光有理性而没有感情,固然不能表达音乐;有了一般的感情而不是那种火热的同时又是高尚、精练的感情，还是要流于庸俗；所谓 sentimental[滥情，伤感]，我觉得就是指的这种庸俗的感情。

一切伟大的艺术家(不论是作曲家，是文学家，是画家……)必然兼有独特的个性与普遍的人间性。我们只要能发掘自己心中的人间性，就找到了与艺术家沟通的桥梁。再若能细心揣摩，把他独特的个性也体味出来，那就能把一件艺术品整个儿了解了。当然不可能和原作者的理解与感受完全一样，了解的多少、深浅、广狭，还是大有出入；而我们自己的个性也在中间发生不小的作用。

大多数从事艺术的人，缺少真诚。因为不够真诚，一切都在嘴里随便说说，当做唬人的幌子，装自己的门面，实际只是拾人牙慧，并非真有所感。所以他们对作家决不能深入体会，先是对自己就没有深入分析过。这个意思，克利斯朵夫(在第二册内)也好像说过的。

真诚是第一把艺术的钥匙。知之为知之，不知为不知。真诚的"不懂"，比不真诚的"懂"，还叫人好受些。最可厌的莫如自以为是，自作解人。有了真诚，才会有虚心，有了虚心，才肯丢开自己去了解别人，也才能放下虚伪的自尊心去了解自己。建筑在了解自己了解别人上面的爱，才不是盲目的爱。

而真诚是需要长时期从小培养的。社会上，家庭里，太多的教训使我们不敢真诚，真诚是需要很大的勇气作后盾的。所以做艺术家先要学做人。艺术家一定要比别人更真诚，更敏感，更虚心，更勇敢，更坚忍，总而言之，要比任何人都 less imperfect[较少不完美之处]！

好像世界上公认有个现象：一个音乐家(指演奏家)大多只能限于演奏某几个作曲家的作品。其实这种人只能称为演奏家而不是艺术家。因为他们的胸襟不够宽广，容受不了广大的艺术天地，接受不了变化无穷的形与色。假如一个人永远能开垦自己心中的园地，了解任何艺术品都不应该有问题的。

有件小事要和你谈谈。你写信封为什么老是这么不 neat[干净]？日常琐事要做得 neat[干净]，等于弹琴要讲究干净是一样的。我始终认为做人的作风应当是一致的，否则就是不调和；而从事艺术的人应当最恨不调和。我这回附上一小方纸，还比你用的信封小一些，照样能写得很宽绰。你能不能注意一下呢？以此类推，一切小事养成这种neat[干净]的习惯，对你的艺术无形中也有好处。因为无论如何细小不足道的事，都反映出一个人的意识与性情。修改小习惯，就等于修改自己的意识与性情。所谓学习，不一定限于书本或是某种技术；否则“随时随地都该学习”这句话，又怎么讲呢？我想你每次接到我的信，连寄书谱的大包，总该有个印象，觉得我的字都写得整整齐齐、清楚明白吧！

……

爸爸　二月二十九日夜

……

你去南斯拉夫的日子，正是你足二十二岁生日。大可利用路上的时间，仔细想一想我每次信中所提的学习正规化、计划化、生活科学化等等，你不妨反省一下，是否开始在实行了？还有什么缺点需要改正？过去有哪些成绩需要进一步巩固？总而言之，你该作个小小的总结。

我们社会的速度，已经赶上了原子能时代。谁都感觉到任务重大而急迫，时间与工作老是配合不起来。所以最主要的关键在于争取时间。我对你最担心的就是这个问题。生活琐事上面，你一向拖拖拉拉，浪费时间很多。希望你大力改善，下最大的决心扭转过来。爸爸的心老跟你在一块，为你的成功而高兴，为你的烦恼而烦恼，为你的缺点操心！在你二十二岁生日的时候，我对你尤其有厚望！勇敢些，孩子！再勇敢些，克服大大小小的毛病，努力前进！

三月一日晨　爸爸又字

一九五六年四月二十九日

亲爱的孩子：……信上第二三段的事，我已处理：一、把来信抄下一份，二、附我的意见；一式两份寄给文化部夏衍副部长，其中一份请他转呈周总理。因此事涉及文化部及外交部各方面。最近国内执行了有关知识分子问题的政策，本月十五日又公布了全国工资会议的总决策，你的南斯拉夫演出报酬毫无问题应当归你。按劳取酬，多劳多得，这是政府的政策。只怪使馆不懂政策,又不好好学习《关于知识分子问题的报告》。我的意见分三部分:第一部分,完全同意你的主张,若中央同意,请驻南使馆直接汇寄国内,由我替你买公债。因你的提议虽好,但实行有困难:唱机与录音机皆高级机械,南波两国出品都不够好,何必糟蹋钱?国外乐谱也是品种少,你自己还常要我设法向欧美定购,我又怕驻南使馆把钱汇波兰,日后要汇回来,又要向波政府申请外汇,太麻烦了。第二部分,去捷克再度灌古典及近代节目,我要求驻波使馆即日与捷克联系。也要求以后使馆遇此等情形,不必向国内请示。第三部分,要求使馆对你学习问题多采纳杰老师意见,也可听听你的意见。不必多向中央请示。中央远在国内,不知道实际情况,也决定不了什么。

我把你的信抄去的意思是:一、让中央彻底明了事情经过,二、同时对你的思想情况亦有了解。现在你切勿心情不定,一切等中央考虑。

你有这么坚强的斗争性,我很高兴。但切勿急躁,妨碍目前的学习。以后要多注意:坚持真理的时候必须注意讲话的方式、态度、语气、声调。要做到越有理由,态度越缓和,声音越柔和。坚持真理原是一件艰巨的斗争,也是教育工作,需要好的方法、方式、手段,还有是耐心。万万不能动火,令人误会。这些修养很不容易,我自己也还离得远呢。但你可趁早努力学习!

经历一次磨折,一定要在思想上提高一步。以后在作风上也要改善一步。这样才不冤枉。一个人吃苦碰钉子都不要紧,只要吸取教训,所谓人生或社会的教育就是这么回事。你多看看文艺创作上所描写的一些优秀党员,就有那种了不起的耐性,肯一再的细致的说服人,从不动火,从不强迫命令。这是真正的好榜样。而且存了这种心思,你也不会再烦恼;而会把斗争当做日常工作一样了。要坚持,要贯彻,但是也要忍耐!

……

你想回来一次的事,我不是不赞成,只是始终考虑到你的学习会受到损失。你在国外过暑假,也许比国内更能休息。我最关切的是这个。一定不能耽误学习时间,同时,暑中又一定得彻底休息几天。假如你认为真有回家的必要,同时也不致如何妨碍学业,则望先与使馆谈谈,并速来信告知，让我征求中央的意见。要是不能坐飞机，那就耽误时日太多了。

……

暂时带住，先复你一信，让你安心。国内的交涉，爸爸会始终叮着问的。

爸爸　四月二十九日

一九五六年五月二十四日下午

亲爱的孩子：……我完全赞同你参加莫扎特比赛：第一因为你有把握，第二因为不须你太费力练 technic［技巧］，第三节目不太重，且在暑期中，不妨碍学习。

至于音乐院要你弄理论，我也赞成。我一向就觉得你在乐理方面太落后，就此突击一下也好。只担心科目多，你一下子来不及；则分做两年完成也可以。因为你波兰文的阅读能力恐怕有问题，容易误解课本的意义。目前最要紧的是时间安排得好：事情越忙，越需要掌握时间，要有规律，要处处经济；同时又不能妨碍身心健康。

……

杰老师信中对你莫扎特的表达估价很高，说你发现了一些前人未发现的美。你得加倍钻研，才能不负他的殷殷厚望！

爸爸　五月二十四日下午二时

一九五六年五月三十一日

亲爱的孩子：十五日来信收到。杰老师信已复去。二十四日我把杰老师来信译成中文寄给文化部，也将原信打字附去一并请示。昨（三十日）接夏衍对我上月底去信的答复，特抄附。信中提到的几件事，的确值得你作为今后的警戒。我过去常常嘱咐你说话小心，但没有强调关于国际的言论，这是我的疏忽。嘴巴切不可畅，尤其在国外！对宗教的事，跟谁都不要谈。我们在国内也从不与人讨论此事。在欧洲，尤其犯忌。你必须深深体会到这些，牢记在心！对无论哪个外国人，提到我们自己的国家，也须特别保留。你即使对自己要求很严，并无自满情绪；但因为了解得多了一些,自然而然容易恃才傲物,引人误会。我自己也有这毛病,但愿和你共同努力来改掉。对波兰的音乐界,在师友同学中只可当面提意见;学术讨论是应当自由的,但不要对第三者背后指摘别人,更不可对别国的人批评波兰的音乐界。别忘了你现在并不是什么音乐界的权威!也勿忘了你在国内固然招忌,在波兰也未始不招忌。一个人越爬得高,越要在生活的各方面兢兢业业。你年轻不懂事,但只要有决心,凭你的理解力,学得懂事并不太难。

……一切保重,诸事小心!

爸爸　五月三十一日

……

在家信中什么都可以谈,不必像夏公信中说的那么矜持。一个人必须有地方发泄,才能做到对外面谨慎。我也知道,驻南使馆的最后请示还是你争执不已的结果。倘开始就如此决定,谅你也不会生那么大的气的。

一九五六年六月十四日下午

亲爱的孩子:我六月二日去安徽参观了淮南煤矿、佛子岭水库、梅山水库,到十二日方回上海。此次去的人是上海各界代表性人士,由市政协组织的,有政协委员、人民代表,也有非委员代表。看的东西很多,日程排得很紧,整天忙得不可开交。我又和邹韬奋太太(沈粹缜)两人当了第一组的小组长,事情更忙。一回来还得写小组的总结,今晚,后天,下周初,还有三个会要开,才能把参观的事结束。祖国的建设,安徽人民那种急起直追的勇猛精神,叫人真兴奋。各级领导多半是转业的解放军,平易近人,朴素老实,个个亲切可爱。佛子岭的工程全部是自己设计、自己建造的,不但我们看了觉得骄傲,恐怕世界各国都要为之震惊的。科技落后这句话,已经被雄伟的连拱坝打得粉碎了。淮南煤矿的新式设备,应有尽有;地下三百三十公尺深的隧道,跟国外地道车的隧道相仿,升降有电梯,隧道内有电车,有通风机,有抽水机,开采的煤用皮带拖到井上,直接装火车。原始、落后、手工业式的矿场,在解放以后的六七年中,一变而为赶上世界水平的现代化矿场,怎能不叫人说是奇迹呢?详细的情形没功夫和你细谈,以后我可把小组总结抄一份给你。

五月三十一日寄给你夏衍先生的信,想必收到了吧?他说的话的确值得你深思。一个人太顺利,很容易于不知不觉间忘形的。我自己这次出门,因为被称为模范组长,心中常常浮起一种得意的感觉,猛然发觉了,便立刻压下去。但这样的情形出现过不止一次。可见一个人对自己的斗争是一刻也放松不得的。至于报道国外政治情况等等,你不必顾虑。那是夏先生过于小心。《波兰新闻》(波大使馆每周寄我的)上把最近他们领导人物的调动及为何调动的理由都说明了。可见这不是秘密。

……

你有许多毛病像我,比如急躁情绪,我至今不能改掉多少;我真着急,把这个不易革除的脾气传染给了你。你得常常想到我在家里的"自我批评",也许可以帮助你提高警惕。

……

为了急于把信寄出,不多写了。一切保重!要东西即日来信,切勿延误!

爸爸　六月十四日下午四时

一九五六年七月一日晚

亲爱的孩子:五个星期没接到信,有点焦急。首先想到你是否太累而病了。今日接二十五日来信,心里的石头才算放下。

这一晌我忙得不可开交。一出门,家里就积起一大堆公事私事。近来两部稿子的校样把我们两人逼得整天的赶。一部书还是一年二个月以前送出的,到现在才送校,和第二部书挤在一起。政协有些座谈会不能不去,因为我的确有意见发表。好些会议我都不参加,否则只好停工、脱产了。人代大会在北京开会,报上的文件及代表的发言都是极有意思的材料,非抽空细读不可;结果还有一大半没有过目。陆定一关于"百花齐放、百家争鸣"的报告很重要,已于二十九日寄你一份。届时望你至少看两遍。我们真是进入了原子时代,tempo[节奏]快得大家追不上。需要做、写、看、听、谈的东西实在太多了。政协竭力希望我们反映意见,而反映意见就得仔细了解情形,和朋友商量、讨论,收集材料。

是否参加莫扎特比赛,三天前我又去信追问,一有消息,立即通知你。来信说的南斯拉夫新闻记者关于宗教问题事,令我想起《约翰·克利斯朵夫》中的事。记者老是这个作风,把自己的话放在别人嘴里。因为当初我的确是吓了一大跳的:怎么你会在南国发表如此大胆的言论呢?不管怎样,以后更要处处小心。史大正到后,对他也不要随便乱谈。他在写给国内的信中,倘若把你的话不经意的误传一下,对你的影响就不小。你也得当面常常嘱咐他:大家不要惹是非。

……

已有的英文本乐理及音乐史,也该抽空——但要加紧——看起来,免得当真要学习时逼得太紧。希望一切学习都有计划的及早预备;不要专门的一味的单想着练琴。平均发展仍旧是你主要的学习方针。

法国的正式唱片我们听了,乐队效果仍不佳。倒是 Aszkenazi[阿什肯纳齐]弹的《第二协奏曲》乐队部分录音很好。但他弹得不够深刻,他对 love(爱)毫无感应,故第二乐章没有 music[音乐]可言。其余两个乐章也只是漂亮而已。Ringeissen[林格森]的 tone[音质]的确很硬,这一回清清楚楚听出来了。别的几个也有这毛病。Ringeissen[林格森]弹的 *Ballad*[《叙事曲》]和 *Scherzo*[《诙谐曲》],pedal[踏板]用得太多太糊涂,很不舒服。

……

到黄山拍的照片很成功,预备放大了送一份给杰老师。为了照片,要找好技术的人冲洗、放大,也费去不少时间,到处打电话托人。多一样嗜好就多一个累赘。人生实在太短促了。

……

没时间了,过几日再写。暑中饮食寒暖,格外小心为要。

爸爸　七月一日晚七时

一九五六年七月六日

亲爱的孩子:今天收到夏衍先生来信,略称:“关于傅聪同志参加莫扎特钢琴比赛之事，接函后（指五月去的信）即与有关方面联系，到最近为止，奥国方面迄未邀请，我国与奥地利尚无外交关系，对方未提邀请，我方不便自动前往，经第三国建议，亦属不妥，故已决定不派人参加。”

此事我今直接函告杰老师；他为此事很热心，应当对他有个交代。……望随时来信，假中好好休息！

爸爸　七月六日

一九五六年七月二十三日－八月一日

亲爱的孩子：又是半个多月不写信给你了。最近几个月很少写长信给你，老是忙忙碌碌。从四月初旬起，结束了服尔德的小说，就停到现在，一晃四个月，想想真着急。四个月中开了无数的会，上了黄山，去了淮南、梅山、佛子岭、合肥；写了一篇书评，二篇小文章。上周北京《文艺报》又来长途电话要写一篇纪念莫扎特的文字，限了字数限了日子，五天之内总算如期完成。昨天才开始译新的巴尔扎克。社会活动与学术研究真有冲突，鱼与熊掌不可得而兼，哀哉哀哉！这半年多在外边，多走走，多开口，便到处来找。政协的文学—新闻—出版组派了我副组长；最近作协的外国文学组又派我当组长；推来推去推不掉，想想实在腻烦。一个人的精力有限，时间也不会多于二十四小时，怎么应付呢？挂挂名的事又不愿意干。二十多年与世界大局（文坛的大局）完全隔膜了，别说领导小组，就是参加订计划也插不上手。自己的兴趣又广：美术界的事又要多嘴，音乐界的更要多嘴。一多嘴就带来不少事务工作。就算光提意见，也得有时间写出来；也得有时间与朋友来往、谈天；否则外边情况如何知道，不明情况，怎能乱提意见？而且一般社会上的情况，我也关心，也常提意见，提了意见还常常追问下落。

刚开始翻译，进度慢于牛步。左也不称心，右也不如意，越来越觉得自己能力不济。天又奇热，脑子昏昏然，工作更不上劲。夜里凉风习习，满园月色，又不能安心享受：工作没做好，心里老不太平。今年上海有个怪现象：每天上午奇热，下午四时后就是大雷雨，一下就是四小时，闪电、霹雳，隆隆之声不绝于耳；受雷击致命的人已有不少。这种情形连续有半个月，直到最近三天才算停止。

……

北京广播中听到莫扎特纪念音乐会，林伯伯唱的风格实在不行。他特地奉召而去，来信对自己表演还很满意。不懂的人好像永远不会懂，真怪！我觉得一切古典东西，特别需要有修养。你寄来的南国评论，说你的演奏得力于中国古诗古画，很有道理。拿 Rossini［罗西尼］派头唱莫扎特，哪会有一分是处？

七月二十三日

……

上次我告诉你政府决定不参加 Mozart［莫扎特］比赛，想必你不致闹什么情绪的。这是客观条件限制。练的东西，艺术上的体会与修养始终是自己得到的。早一日露面，晚一日露面，对真正的艺术修养并无关系。希望你能目光远大，胸襟开朗，我给你受的教育，从小就注意这些地方。身外之名，只是为社会上一般人所追求、惊叹；对个人本身的渺小与伟大都没有相干。孔子说的“富贵于我如浮云”，现代的“名”也属于精神上“富贵”之列。

这一年来常在外边活动，接触了许多人；总觉得对事业真正爱好、有热情，同时又有头脑的人实在太少。不求功利而纯粹为真理、为进步而奋斗的，极少碰到。最近中央统战部李维汉部长宣布各民主党派要与共产党长期共存，互相监督，特别是对共产党监督的政策。各党派因此展开广泛讨论，但其中还是捧场恭维的远过于批评的。要求真正民主，必须每个人自觉的不断的斗争。而我们离这一步还远得很。社会上多的是背后发牢骚，当面一句不说，甚至还来一套颂扬的人。这种人不一定缺少辨别力，就是缺少对真理的执著与热爱，把个人的利害得失看得高于一切。当然，要斗争、要坚持，必须要讲手段、讲方式，看清客观形势；否则光是乱冲乱撞，可能头破血流而得不到一点结果。

七月二十九日

……

领导对音乐的重视，远不如对体育的重视，这是我大有感慨的。体育学院学生的伙食就比音院的高50%。我一年来在政协会上，和北京来的人大代表谈过几次，未有结果。国务院中有一位副总理(贺)专管体育事业，可有哪一位副总理专管音乐？假如中央对音乐像对体育同样看重，这一回你一定能去Salzburg[萨尔茨堡]了。既然我们请了奥国专家来参加我们北京举行的莫扎特纪念音乐会，为什么不能看机会向这专家提一声Salzburg[萨尔茨堡] 呢？只要三四句富于暗示性的话，他准会向本国政府去提。这些我当然不便多争。中央不了解，我们在音乐上得一个国际大奖比在奥林匹克运动会上得几个第三第四，影响要大得多。

这次音乐节，谭伯伯①的作品仍无人敢唱。为此我写信给陈毅副总理去，不过时间已经晚了，不知有效果否？北京办莫扎特纪念音乐会时，茅盾当主席，说莫扎特富有法国大革命以前的民主精神，真是莫名其妙。我们专爱扣帽子，批判人要扣帽子；捧人也要戴高帽子，不管这帽子戴在对方头上合适不合适。马思聪写的文章也这么一套。我在《文艺报》文章里特意撇清这一点，将来寄给你看。国内乐坛要求上轨道，路还遥远得很呢。比如你回国，要演奏concerto[协奏曲]，便是两三支，也得乐队花半个月的气力，假定要跟你的interpretation[演绎]取得一致，恐怕一支concerto[协奏曲]就得练半个月以上。所以要求我们理想能实现一部分，至少得等到第二个五年计划以后。不信你瞧吧。

……

爸爸　八月一日

关于对莫扎特的理解，望随时写些寄来。一个时期有一个时期的领会，几年以后就会大变；现在留些记录，等成熟以后真要写书时也有帮助。

一九五六年八月二十二日午

孩子：昨夜十一时许，音乐周办事处一位姓许的打长途电话来，说你二十五日后还有一场演出，日期未定，大概要排到下月内。他约我们到北京与你相会。我事情多，怎能分身？我便写了封信给夏衍先生，说明：一、

---

① 即我国优秀作曲家谭小麟。

你十月十五日以前要向华沙报到的;二、你回上海后也要准备演出,工作紧张,休息不了几天;三、你回来有许多关于音乐、艺术、政治问题与我谈,这些都非短时期能谈出头绪;四、从今春起你就希望能回国一次;我因顾到留学生制度,并为节省国家的钱——来回旅费——从未向中央提出;今既蒙主动给予休假,希望能让你多几天真正的休假。若果如此,我们更感谢政府;五、在京音乐周既参加过了,又已有数次演出,与群众交流也已充分,可不必在京多留时日。结论是要求他大力照顾,与有关方面说明情形,让你二十五日后即回家。

今天早上又发了一个电报给夏部长。(电文如下:恳大力照顾,令聪过二十五日后即回家。)

我在昨夜电话中,问二十四、二十五两场及以后的演出是否个人的,许君回说都不是。故我觉得他们虽然想使用你,却也不给你充分机会。为何不把你的演出提前呢?国内要真的了解你,时机还早。他们也老是替自己着想,不大为别人着想。你在京已留了七足天,即月底回沪,也就去掉半个月了。所以我认为你自己也该努力争取早回,把我以上说的理由逐条与领导细说(可事先把此信说的几项记熟)。今晨给你一份电报,也预备你把电报给李凌先生他们看的。

一答应你哪天走,就要请他们定车票,千万叮得紧!

孩子,我们真急着等你回家!

敏二十五日离沪,是专车,但是特别慢车,要四十八小时至五十四小时才能到京。大概二十八日中午必可到校了。外交学院听说在阜城门外苏联展览馆路。也许你还能在京看到他;也许在路上交错,要等你十月初回京时见到他了。

匆匆祝你早归!

爸爸　八月二十二日午

主要还得看你能坚持到什么程度。回波兰是否仍搭飞机,最好回沪前,向文化部请示好。假如坐火车回去,则九月底就要离沪,日子更少了!最好能办到飞机回波兰。

一九五六年十月三日晨

亲爱的孩子:你回来了,又走了;[1]许多新的工作、新的忙碌、新的变化等着你,你是不会感到寂寞的;我们却是静下来,慢慢的回复我们单调的生活,和才过去的欢会与忙乱对比之下,不免一片空虚——昨儿整整一天若有所失。孩子,你一天天在进步,在发展:这两年来你对人生和艺术的理解又跨了一大步,我愈来愈爱你了,除了因为你是我们身上的血肉所化出来的而爱你以外,还因为你有如此焕发的才华而爱你:正因为我爱一切的才华,爱一切的艺术品,所以我也把你当作一般的才华(离开骨肉关系),当作一件珍贵的艺术品而爱你。你得千万爱护自己,爱护我们所珍视的艺术品!遇到任何一件出入重大的事,你得想到我们——连你自己在内——对艺术的爱!不是说你应当时时刻刻想到自己了不起,而是说你应当从客观的角度重视自己:你的将来对中国音乐的前途有那么重大的关系,你每走一步,无形中都对整个民族艺术的发展有影响,所以你更应当战战兢兢,郑重将事!随时随地要准备牺牲目前的感情,为了更大的感情——对艺术对祖国的感情。你用在理解乐曲方面的理智,希望能普遍的应用到一切方面,特别是用在个人的感情方面。我的园丁工作已经做了一大半,还有一大半要你自己来做的了。爸爸已经进入人生的秋季,许多地方都要逐渐落在你们年轻人的后面,能够帮你的忙将要越来越减少;一切要靠你自己努力,靠你自己警惕,自己鞭策。你说到技巧要理论与实践结合,但愿你能把这句话用在人生的实践上去;那么你这朵花一定能开得更美,更丰满,更有力,更长久!

谈了一个多月的话,好像只跟你谈了一个开场白。我跟你是永远谈不完的,正如一个人对自己的独白是终身不会完的。你跟我两人的思想和感情,不正是我自己的思想和感情吗?清清楚楚的,我跟你的讨论与争辩,常常就是我跟自己的讨论与争辩。父子之间能有这种境界,也是人生莫大的幸福。除了外界的原因没有能使你把假期过得像个假期以外,连我也给你一些小小的不愉快,破坏了你回家前的对家庭的期望。我心中

---

① 傅聪于一九五六年八月下旬回到上海与父母团聚,并应邀在上海举行了一场钢琴独奏会和两场莫扎特钢琴协奏曲音乐会,并于九月底去京转赴波兰继续留学。

始终对你抱着歉意。但愿你这次给我的教育(就是说从和你相处而反映出我的缺点)能对我今后发生作用,把我自己继续改造。尽管人生那么无情,我们本人还是应当把自己尽量改好,少给人一些痛苦,多给人一些快乐。说来说去,我仍抱着"宁天下人负我,毋我负天下人"的心愿。我相信你也是这样的。

这几日你跟马先生一定谈得非常兴奋。能有一个师友之间的人和你推心置腹,也是难得的幸运。孩子,你不是得承认命运毕竟是宠爱我们的吗?

……

代候马先生、马伯母。

多么爱你的爸爸、妈妈　十月三日晨

这次没有能和你细细欣赏一下古诗文,觉得非常遗憾。《花间集》要吗?

你写的"乐"字行书,写错了,应当是"乐",切不可写得更复杂。你给音院同学的信上都写得不对,已代改正,否则人家会不识的。

一九五六年十月六日午

亲爱的孩子:没想到昨天还能在电话中和你谈几句:千里通话,虽然都是实际事务,也传达了多少情言!只可惜没有能多说几句,电话才挂断,就惶惶然好像遗漏了什么重要的嘱咐。回家谈了一个多月,还没谈得畅快,何况这短短的三分钟呢!

你走了,还有尾声。四日上午音协来电话,说有位保加利亚音乐家——在音乐院教歌唱的,听了你的音乐会,想写文章寄回去,要你的材料。我便忙了一个下午,把南斯拉夫及巴黎的评论打了一份,又另外用法文写了一份你简单的学习经过。昨天一整天,加上前天一整晚,写了七千余字,题目叫做《与傅聪谈音乐》,内分三大段:(一)谈技巧,(二)谈学习,(三)谈表达。交给《文汇报》去了。前二段较短,各占二千字,第三段最长,占三千余字。内容也许和你谈的略有出入,但我声明在先,"恐我记忆不真切"。文字用问答体;主要是想把你此次所谈的,自己留一个记录;发表出去对音乐学生和爱好音乐的群众可能也有帮助。等刊出后,我会剪报寄华沙。

阿敏有信来,才知道你二日坐飞机坐得够累了。你在京有独奏会,真是听了一则以喜,一则以惧;我们都担心你身体太疲劳。……

临行前务望来信,详告京中情形。哪怕开夜车,也希望你牺牲一下。虽然这样逼你我也心疼,但为了多多了解各方面对你的反应,也顾不得了。部长等对你的态度,不要光说“很好”,至少举一二实例或一二句话,使我们有个具体的认识。

孩子,亲爱的孩子,但愿这次演奏不让你太累,但愿你成绩比上海更好!

妈妈嘴里一天要念你不知几回!

爸爸　十月六日午

一九五六年十月十日深夜/十一日下午

亲爱的孩子:……这两天开始恢复工作;一面也补看文件,读完了刘少奇同志在“八大”的报告,颇有些感想,觉得你跟我有些地方还是不够顾到群众,不会用适当的方法去接近、去启发群众。希望你静下来把这次回来的经过细想一想,可以得出许多有益的结论。尤其是我急躁的脾气,应当作为一面镜子,随时使你警惕。感情问题,务必要自己把握住,要坚定,要从大处远处着眼,要顾全局,不要单纯的逞一时之情,要极冷静,要顾到几个人的幸福,短视的软心往往会对人对己造成长时期的不必要的痛苦!孩子,这些话千万记住。爸爸妈妈最不放心的就是这些。

学习方面,我还要重复一遍:重点计划必不可少。平日生活要过得有规律一些,晚上睡觉切勿太迟。你走了,仍有多方面的人反映,关心你的健康。睡眠太迟与健康最有影响。这些你都得深自克制!

十月十日深夜

今日上午收到来信。你这样忙,怎么还去录音?身体既吃不消,效果也不一定会好。

谢谢你好意，想送我《苏加诺藏画集》。可是孩子，我在沪也见到了，觉得花一百五十元太不值得。真正的好画，真正的好印刷（三十年代只有德、荷、比三国的美术印刷是世界水平；英、法的都不行。二次大战以后，一般德国犹太人亡命去美，一九四七年时看到的美国名画印刷才像样），你没见过，便以为那画册是好极了。上海旧书店西欧印的好画册也常有，因价贵，都舍不得买。你辛辛苦苦，身体吃了很多亏挣来的钱，我不能让你这样花。所以除了你自己的一部以外，我已写信托马先生退掉一部。省下的钱，慢慢替你买书买谱，用途多得很，不会嫌钱太多的。这几年我版税收入少，要买东西全靠你这次回来挣的一笔款子了。……

说到骄傲，我细细分析之下，觉得你对人不够圆通固然是一个原因，人家见了你有自卑感也是一个原因；而你有时说话太直更是一个主要原因。例如你初见恩德，听了她弹琴，你说她简直不知所云。这说话方式当然有问题。倘能细细分析她的毛病，而不先用大帽子当头一压，听的人不是更好受些吗？有一夜快十点多了，你还要练琴，她劝你明天再练，你回答说：像你那样，我还会有成绩吗？对待人家的好意，用反批评的办法，自然不行。妈妈要你加衣，要你吃肉，你也常用这一类口吻。你惯了，不觉得；但恩德究不是亲姐妹，便是亲姐妹，有时也吃不消。这些毛病，我自己也常犯，但愿与你共勉之！从这些小事情上推而广之，你我无意之间伤害人的事一定不大少，也难怪别人都说我们骄傲了。我平心静气思索以后，有此感想，不知你以为如何？

留波学习问题，且待过了明年再商量。那时以前我一定会去北京，和首长们当面协商。主要是你能把理论课早日赶完，跟杰老师多学些东西。照我前一晌提议的，每个作家挑一二代表作，彻底研究，排好日程，这一二年内非完成不可。

平日仍望坚持牛奶、鸡子、牛油。无论如何，营养第一，休息睡眠第一。为了艺术，样样要多克制自己！再过二年的使徒生活，战战兢兢的应付一切。人越有名，不骄傲别人也会有骄傲之感：这也是常情；故我们自己更要谦和有礼！

好了，已经太啰嗦了。能把在京与夏部长谈的再补充一些，最好。再见，孩子，处处保重！

爸爸　十月十一日下午

一九五六年十一月七日＊/十六日＊

亲爱的聪：自你离家后，虽然热闹及冷静的对照剧烈，心里不免有些空虚之感，可是慢慢又习惯了，恢复了过去的宁静平淡的生活。我是欢喜热闹的，有时觉得宁可热闹而忙乱，可不愿冷静而清闲。

……

这里自十一月三日起，南北昆曲大家在长江大戏院作二十天的观摩演出，我们前后已看过四场，第一晚是北方演员演出，最精彩的是《钟馗嫁妹》，是一出喜剧，画面美观而有诗意，爸爸为这出戏已写好了一篇短文章，登出后寄你看。侯永奎的《林冲夜奔》，功夫好到极点，一举一动干净利落，他的声音美而有 feeling［感情］，而且响亮，这是武生行中难得的。他扮相、做功、身段，无一不美，真是百看不厌。白云生、韩世昌的《游园惊梦》也好，尤其五十九岁的韩世昌，扮杜丽娘，做功细腻，少女怀春的心理描摹得雅而不俗。第二晚看《西游记》里的《胖姑学舌》，也是韩世昌演的，描写乡下姑娘看了唐僧取经前朝廷百官送行的盛况，回家报告给父老听的一段，演得天真活泼，完全是一个活灵活现的乡姑，令人发笑。一个有成就的艺术家，虽是得天独厚，但也是自己苦修苦练，研究出来的。据说他能戏很多，梅兰芳有好几出戏，也是向他学来的。南方的演员，我最欣赏俞振飞，他也是唱做俱全，一股书生气，是别具一格的。其余传字辈的一批演员也不错。总之，看了昆剧对京戏的趣味就少了。还有一件事告诉你，是我非常得意的，我先去看了电影豫剧《花木兰》，是豫剧名演员常香玉主演的，集河南坠子、梆子、民间歌曲等等之大成。常香玉的天生嗓子太美了，上下高低的 range［音域］很广，而且会演戏，剧本也编得好，我看了回家，大大称赏；碰巧这几天常香玉的剧团在人民大舞台演出，第一晚无线电有剧场实况播送，给爸爸一听，他也极赞赏她的唱腔。隔一天就约了恩德一起到长宁电影院看《花木兰》电影。你是知道的，爸爸对什么 art［艺术］的条件都严格，看了这回电影，居然大为满意，解放以来他第一次进电影院，而看的却是古装的中国电影，那真是不容易的。这个电影惟一的缺点，是拍摄的毛病，光线太暗淡，不够sharp［清晰］。恩德请我们在人民大舞台看了一次常香玉的红娘，《拷红》里小丫头的恶作剧，玲珑调皮，表演得淋漓尽致。我跟爸爸说，要是你在上海，一定也给迷住了呢！

爸爸的工作做不完，最近新文艺出版社、人民出版社都送了选题目录来要他帮忙，爸爸要有了三头六臂才好呢！真是来不及应付。

……

妈妈　十一月七日

这封信一搁就是一星期，因为要等爸爸抽空写，可是他实在忙的不亦乐乎，各方面要他写文章，中国新建设、中国青年社都从北京来，要爸爸写关于你的文章，中国新建设是对外的，各国文字都有，爸爸写好后，由他们去翻成外文，可是爸爸还没有写成，今天又在继续写了。为《文汇报》副刊，临时又逼了三篇短文章来。为了写东西，神思恍惚，吃东西不知其味，睡觉中也在做文章，看看一千多字的一篇短文，心思着实花了不少。

你回华沙后过音乐节，我们在此过戏剧节，忙里偷闲，晚上还要去看昆剧，我们已看了八次之多，解放以来是破天荒的。实在是节目精彩，演技精良，出神入化，无一不佳。大概再有一星期昆剧汇演也要结束了。

……

妈妈　十一月十六日

附上《解放日报》上的一篇短文，给他们改了好几个地方，爸爸很不高兴。他说要是把文章改好，那倒无所谓，主要应该事先征求作者同意才好动手。有些地方根本不用改的，反而改坏了。我用蓝笔改的，是爸爸原来的。

一九五七年一月十四日＊

亲爱的聪：左盼右盼，总算盼到了你的信，要是你住的问题不解决，我们也不会安心。现在有了着落，得之不易。与人家合住，第一要自己识趣，能好好相处下去。房东是画家，弄艺术的人总比较容易接近，能像在自己家里一样，再好也没有了。自接到你回波信后，我们就不敢把信及书寄到原来的地方，为了保险，就寄到杰老师家，前后有信两封，书五包，不知收到了吗？来信总不依照我们的信回，马马虎虎有些不明白。来信说照片收到了，是否我们在杭州拍的几张？

你现在的房租费若干？是使馆负担的还是要你自己负担的？吃饭一千兹罗提归谁付的？这些细账望你都告诉我们，也许有机会爸爸跟夏部长他们会碰头，不免要谈起你住食的问题。

你说一月七日开学，那么你的理论学习就要开始了，千万要抓紧时间，不能一误再误，对波兰语文也得下一番苦功，光会讲，不能阅读，对你的学习，是个大大的缺陷。

阿敏到了北京后，前后写了二十几封信回家，他比你勤笔。对国际局势很关心，有时也会发议论，很肯用脑子，对学习问题也肯用功，他说对英文最感兴趣，来信也总要问起你，他有信给你，你有没有给他回信？年假要回来的，二十六日考毕，大概月底月初可以到家了。我们也很想见见他，半年了，各方面都应该长成些了。

……不多谈了，再见，祝你学习进步！

妈妈　一月十四日

一九五七年二月二十四日

亲爱的孩子：……她[1]信中还告诉我：

"……在最近的一次音乐会上（我是演奏巴赫《第五号勃兰登堡协奏曲》中的三个独奏者之一），一群刚到的匈牙利音乐家来到后台，由于提到了我是从中国来的，其中一位匈牙利音乐家过来对我说：他在布达佩斯听说了一位非常了不起的中国青年钢琴家，在最近的萧邦钢琴比赛中得了第三名。你显然会明白听到这些话时我的感受！接着他说给他第三名是很不公平的，毫无疑问他应该得第一名。"——编者译

上海这个冬天特别冷，阴历新年又下了大雪，几天不融。我们的猫冻死了，因为没有给它预备一个暖和的窠。它平时特别亲近人，死了叫人痛

---

① 指勃隆斯丹夫人。

惜，半个月来我时时刻刻都在想起，可怜的小动物，被我们粗心大意，送了命。

……

理论课开始没有？情况如何？波兰文非弄通不可。越是工作多，越是需要把时间安排恰当！你的节目单迄未收到，四个多星期了，近来邮政真不行。前信问你的存款数目等等，务望答复。

我修改巴尔扎克初译稿，改得很苦，比第一遍更费功夫。不多写了，望多多保重！并代我向杰老师问好！

爸爸　二月二十四日星期日

一九五七年三月十七日夜十一时于北京

亲爱的孩子：三月二日接电话，上海市委要我参加中共中央全国宣传工作会议，四日动身，五日晚抵京。六日上午在怀仁堂听毛主席报告的录音，下午开小组会，开了两天地方小组，再开专业小组会，我参加了文学组。天天讨论。发言，十一日全天大会发言，十二日下午大会发言，从五点起毛主席又亲自来讲一次话，讲到六点五十分。十三日下午陆定一同志又作总结，宣告会议结束。此次会议，是党内会议，党外人一起参加是破天荒第一次。……

我在会议内及会议后，老是忙得不可开交。七年不来京，老朋友都想我，一见面又是长谈，并且不止谈一次。庞伯伯、马先生、钱伯伯、姜椿芳、陈冰夷等都见了二三次，楼伯伯见面更多。周巍峙、王昆两位也见了两三回。夏部长、刘部长、周扬部长都约我去长谈。故此信不能一口气写，先寄上毛主席第一二次讲话记录摘要，是照我笔记本上整理出来的。因是党的会议，报上不公布的，所有文件都披露，只能由我向你传达。但连日朋友请吃饭，故除了开会，就是东奔西跑，跟你在京情况差不多。我决定十九日回沪，二十日夜到家。明天是否能抽空再写别的报告，当无把握。译文社要我明天下午去谈谈（向编辑同志）翻译问题。

爸爸　三月十七日夜十一时

于北京新桥饭店

一九五七年三月十八日深夜于北京

……

从马先生处知道你近来情绪不大好，你看了上面这些话，或许会好一些。千万别忘了我们处在大变动时代，我国如此，别国也如此。毛主席只有一个，别国没有，弯路不免多走一些，知识分子不免多一些苦闷，这是势所必然，不足为怪的。苏联的失败经验省了我们许多力气；中欧各国将来也会参照我们的做法慢慢的好转。在一国留学，只能集中精力学其所长；对所在国的情形不要太忧虑，自己更不要因之而沮丧。我常常感到，真正积极、真正热情、肯为社会主义事业努力的朋友太少了，但我还是替他们打气，自己还是努力斗争。到北京来我给楼伯伯、庞伯伯、马先生打气。

自己先要锻炼得坚强，才不会被环境中的消极因素往下拖，才有剩余的精力对朋友们喊"加油加油"！你目前的学习环境真是很理想了，尽量钻研吧。室外的低气压，不去管它。你是波兰的朋友，波兰的儿子，但赤手空拳，也不能在他们的建设中帮一手。惟一报答她的办法是好好学习，把波兰老师的本领，把波兰音乐界给你的鼓励与启发带回到祖国来，在中国播一些真正对波兰友好的种子。他们的知识分子彷徨，你可不必彷徨。伟大的毛主席远远的发出万丈光芒，照着你的前路，你得不辜负他老人家的领导才好。

我也和马先生、庞伯伯[1]细细商量过，假如改往苏联学习，一般文化界的空气也许要健全些，对你有好处；但也有一些教条主义味儿，你不一定吃得消；日子长了，你也要叫苦。他们的音乐界，一般比较属于 cold［冷静］型，什么时候能找到一个老师对你能相忍相让，容许你充分自由发展的，很难有把握。马先生认为苏联的学派与教法与你不大相合。我也同意此点。最后，改往苏联，又得在语言文字方面重起炉灶，而你现在是经不起耽搁的。周扬先生听我说了杰老师的学问，说："多学几年就多学几年吧。"（几个月前，夏部长有信给我，怕波兰动荡的环境，想让你早些回国。现在他看法又不同了。）你该记得，胜利以前的一年，我在上海集合十

① 即庞薰琹，傅雷挚友，著名画家。

二三个朋友(内有宋伯伯、姜椿芳、两个裘伯伯等等),每两周聚会一次,由一个人作一个小小学术讲话;然后吃吃茶点,谈谈时局,交换消息。那个时期是我们最苦闷的时期,但我们并不消沉,而是纠集了一些朋友自己造一个健康的小天地,暂时躲一下。你现在的处境和我们那时大不相同,更无须情绪低落。我的性格的坚韧,还是值得你学习的。我的脆弱是在生活细节方面,可不在大问题上。希望你坚强,想想过去大师们的艰苦奋斗,想想克利斯朵夫那样的人物,想想莫扎特、贝多芬;挺起腰来,不随便受环境影响!别人家的垃圾,何必多看?更不必多烦心。作客应当多注意主人家的美的地方;你该像一只久饥的蜜蜂,尽量吮吸鲜花的甘露,酿成你自己的佳蜜。何况你既要学 piano[钢琴],又要学理论,又要弄通文字,整天在艺术、学术的空气中,忙还忙不过来,怎会有时间多想邻人的家务事呢?

亲爱的孩子,听我的话吧,爸爸的一颗赤诚的心,忙着为周围的几个朋友打气,忙着管闲事,为社会主义事业尽一分极小的力,也忙着为本门的业务加工,但求自己能有寸进;当然更要为你这儿子作园丁与警卫的工作:这是我的责任,也是我的乐趣。多多休息,吃得好,睡得好,练琴时少发泄感情,(谁也不是铁打的!)生活有规律些,自然身体会强壮,精神会饱满,一切会乐观。万一有什么低潮来,想想你的爸爸举着他一双瘦长的手臂远远的在支撑你;更想想有这样坚强的党、政府与毛主席,时时刻刻作出许多伟大的事业,发出许多伟大的言论,无形中但是有效的在鼓励你前进!平衡身心,平衡理智与感情,节制肉欲,节制感情,节制思想,对像你这样的青年是有好处的。修养是整个的,全面的;不仅在于音乐,特别在于做人——不是狭义的做人,而是包括对世界、对政局的看法与态度。二十世纪的人,生在社会主义国家之内,更需要冷静的理智,惟有经过铁一般的理智控制的感情才是健康的,才能对艺术有真正的贡献。孩子,我千言万语也说不完,我相信你一切都懂,问题只在于实践!我腰酸背疼,两眼昏花,写不下去了。我祝福你,我爱你,希望你强,更强,永远做一个强者,有一颗慈悲的心的强者!

爸爸　三月十八日深夜

一九五七年五月二十五日*/二十六日

亲爱的聪儿：好久没写信给你了，最近数月来，天天忙于看报，简直看不完。爸爸开会回家，还要做传达报告给我听，真兴奋。自上海市宣传会议整风开始，踊跃争鸣，久已搁笔的老作家，胸怀苦闷的专家学者，都纷纷写文章响应，在座谈会上大胆谈矛盾谈缺点，大多数都是从热爱党的观点出发，希望大力改进改善。尤其是以前被整的，更是扬眉吐气，精神百倍。但是除了北京、上海争鸣空前外，其他各省领导还不能真正领悟毛主席的精神，还不敢放，争鸣空气沉闷，连文物丰富的浙江杭州也死气沉沉，从报纸驻各地记者的报道上可以看出，一方面怕放了，不可收拾，一方面怕鸣了将来挨整，顾虑重重，弄得束手束脚，毫无生气。这次争鸣，的确问题很多，从各方面揭发的事例，真气人也急人。领导的姑息党员，压制民主，评级评薪的不公平，作风专横，脱离群众等等相当严重，这都是与非党人士筑起高墙鸿沟的原因。现在要大家来拆墙填沟，因为不是一朝一夕来的，所以也只好慢慢来。可是无论哪个机关学校，过去官僚主义、宗派主义、教条主义（这叫三害，现在大叫"除三害"）越严重的，群众意见越多越尖锐，本来压在那里的，现在有机会放了，就有些不可收拾之势，甚至要闹大民主。对于一般假积极分子，逢迎吹拍，离间群众，使领导偏听偏信的，都加以攻击。爸爸写了一篇短文，大快人心。但是我们体会到过去"三反"、"思改"时已经犯了错误，损伤了不少好人，这次不能闹大民主，重蹈覆辙，我们要本着毛主席的精神，要和风细雨，治病救人，明辨是非，从团结——批评——团结的愿望出发，希望不要报复，而是善意的互相批评，改善关系，要同心一致的把社会主义事业搞好。当然困难很多，须要党内党外一起来克服的。

楼伯伯[1]请假一月余，到宁波余姚四明山一带体验生活，本月十三日回来就住在我们家，被我们硬留了十天，爸爸要他趁此机会写些文章，否则，藉此整风时期，马上回京，就要卷入整风运动，哪有工夫写东西，居然成绩不错，写出了三篇。因为白天爸爸开会，他就上三楼写作，到晚上再

---

① 即楼适夷，傅雷挚友，作家，时任人民文学出版社副社长。

谈天。楼伯伯很高兴，住在我们家最随便而不拘束。

关于出版问题，爸爸写了七千多字的长文章，在宣传会议上发言。一致公认他的文章非常公平合理。北京上海的出版界文艺界都认为要彻底改变现有的制度，出版事业是文化事业，不能以一般企业看待。要把现在合并的出版社分散，结构缩小，精简人员，不能机关化、衙门化；新华书店一网包收的独家发行，改为多边发行，要改善“缺”与“滥”的现象。总之不能像过去那样一意孤行的作风，一定要征求专家及群众的意见。也许北京还要来个全国性的出版会议，商量如何进行改革。

前几天爸爸写了一封信给杰老师，告诉他，如果法国希望你去演奏的话，一定要经过法国方面的邀请，由双方的对外文协接头……

因为中法还没恢复外交关系，只有经过这个组织，互相邀请，互相交流。如果驻波法国使馆人员要提起请你去法国的话，你就把这个组织的名称告诉他们。最好由法国音乐界团体或通过法中友好协会（据说巴黎有此组织）和中国对外文化协会联系.

……

妈妈　五月二十五日

……

这一向开会多了，与外界接触多了，更感到社会一般人士也赶不上新形势。好些人发表的言论，提的意见，未能十分中肯、十分深入，因为他们对问题思索得不够。可见要把社会主义事业建设起来，不但是党内，党外人士也须好好的学习，多用脑子。我在北京写给你的信，说一切要慢慢来，什么整风运动，什么开展民主，都需要党内外一步一步的学习。现在大家有些急躁，其实是不对的。一切事情都不可能一蹴即成。官僚主义、宗派主义、主观主义、教条主义，由来已久，要改也非一朝一夕之事。我们尽管揭发矛盾、提意见，可是心里不能急，要耐性等待，要常常督促，也要设身处地代政府想想。问题千千万万，必须分清缓急轻重，分批解决；有些是为客观条件所限，更不是一两年内所能改善。总之，我们不能忘了样样要从六亿人口出发，要从农业落后、工业落后、文化落后的具体形势出发；要求太高太急是没有用的。

你近来的学习进度如何？特别是理论课？望告知。

爸爸　五月二十六日

一九五七年七月一日夜

亲爱的孩子：今晚文化部寄来柴可夫斯基比赛手册一份，并附信说拟派你参加，征求我们意见。我已复信，说等问过你及杰老师后再行决定。比赛概要另纸抄寄，节目亦附上。原文是中文的，有的作家及作品，我不知道，故只能照抄中文的。好在波兰必有俄文、波文的，可以查看。我寄你是为你马上可看，方便一些。

关于此事，你特别要考虑下面几点：

一、国际比赛既大都以技巧为重，这次你觉得去参加合适不合适？此点应为考虑中心！

二、全部比赛至少要弹三支柴可夫斯基的作品，你近来心情觉得怎么样？你以前是不大喜欢他的。

三、第二轮非常吃重，其中第一、二部分合起来要弹五个大型作品；以你现在的身体是否能支持？（当然第二轮的第二部分，你只需要练一支新的；但总的说来，第二轮共要弹七个曲子。）

四、你的理论课再耽误三个月是否相宜？这要从你整个学习计划来考虑。

五、不是明年，便是后年，法国可能邀请你去表演。若是明年来请，则一年中脱离两次正规学习是否相宜？学校方面会不会有意见？

以上五点望与杰老师详细商量后写信来。决定之前务必郑重，要处处想周到。

爸爸　七月一日夜

你是否决定今夏到苏联去演出？演出后是否回国度假期？

一九五七年九月十七日＊

亲爱的聪：……我们叫你一到北京就跟夏部长通电话，阿敏信上没有提，我们真不放心，事情要分重要次要，你就单凭自己的主观，这是不应该的。文化部报到后，究竟派你在哪个团体里学习？与夏部长或周巍峙同志见了面没有？楼伯伯那里去过没有？我们天天等你的信，希望你将具体情况告诉我们。为了你，真是提心吊胆，一刻也不安宁。[1] 离家前，爸爸对你的忠言，要仔细多想想，你的主观太强，非把“大我”化为“小我”，甚至化为“小小我”不可。至于感情问题，我们也讲尽了，只要你有理智，坚强起来，要摆脱是没有问题的。你要做一个为人民所爱的艺术家，不要做给人唾弃的艺术家。把你的热情化到艺术中去，那才伟大呢！我们也知道你克制的能力最差，这是很大的缺点，都得由你自己去克服。你这一次参加整风学习，机会难得，要冷静观察，虚心学习，多一次锻炼，对你是有好处的。……

妈妈　九月十七日

一九五七年九月二十五日下午＊

亲爱的聪：收到你二十二日夜写的信，很高兴你经过了一番锻炼后，得到深刻的教育，使你有机会痛改前非；他们向你提的意见，就是你在家时我们提的意见。可知大家对你的爱护是一致的……

你现在思想方面，固然认识有所提高，但在感情方面是否也认识清楚了呢？……你初回家时，晚上在园子里爸爸对你讲的一番话，一番分析，你现在的头脑应该比较冷静，可以好好想一想，是否有所清醒呢！要是一个人的幸福建筑在人家的痛苦上，不是彻头彻尾的个人主义，也就是小资产阶级的意识么！……为了国家，为了广大人民，为了你自己的一生，为了你的艺术，是不是应该把事情看得远一些，为了将来的幸福而忍受一下眼前的苦闷呢！

回想二十年前，我跟你爸爸的情形[2]，那时你五岁，弟弟二岁，我内心的斗争是剧烈的，为了怨恨，不能忍受，我可以一走了之；可是我再三考

---

① 傅聪于一九五七年九月上旬回家度假，与父母待了一周，即应召赴京参加文化部的整风反右运动，紧接在李德伦和吴祖强之后，作了检查，并接受批判；下旬即开始准备十月二日于北京天桥剧场的独奏音乐会。十二日即赴苏联莫斯科演出，约二十日左右返回波兰华沙音乐学院继续学习。

② 系指当年傅雷钟情于成家和妹妹成家榴一事。

虑，觉得不是那么简单，我走了，孩子要吃苦，我不应该那么任性、自私，为了一个“我”而牺牲了你们的幸福。我终于委曲求全的忍受了下来。反过来想一想，要是你爸爸当时也只为了眼前的幸福而不顾一切，那么，今天还有你们吗？还有我们这个美满的家庭吗？那是不可想像的。所以幸福是拿或多或少的痛苦换来的。眼前的，短时期的幸福往往种下了将来的，长期的，甚至下一代痛苦的根，这是最值得深思的。常常要设身处地的为人家想，这也是化“大我”为“小我”的一例。我们做父母的，决不自私。对人家的婚姻，有美满的，有痛苦的，看也看得多了，因此对你敲敲警钟，无非出于爱子之心……

妈妈　九月二十五日下午二时

一九五七年十月一日＊

亲爱的聪：前昨二天的《人民日报》看见了你独奏会的广告，知道你最近一定忙于练琴了。望你音乐会后即来信，告知详情。我和你爸爸的长信收到了后，对你感情方面有否帮助，希望你坦白告诉我们。

前天接到杰老师的明信片，他老人家非常关心你，问你在苏联演出后的情形，及在中国有否开音乐会，问你身体好不好？爸爸立刻写了回信去，告诉他你的近况，并告诉他你还要在莫斯科演出，约二十日左右回华沙。我们从此感到通一国外文多有用！从此也证明你的波兰文非弄通不可，爸爸不能永远做你的秘书，事实上也不可能做。因为许多问题，不论音乐方面、思想方面，都要你自己发挥才达意。要是你能写波兰文，那你早已会去信告诉老师，不会让他担心了。你现在弄得像boy（西崽）一样，英文会讲一点，波兰文会讲，俄文也可冒充一下，可是一种文字也不能写，这是个大大的缺陷，也是丢人的事。望你此次回华沙，文字一定要弄通，你说过，只要肯花功夫是不难的，那么就多花些时间在文字方面吧，你将来回国后，可以跟老师朋友通信讨教，得益不浅。出国了三年，文字不会写，真是说不过去。望你努力。

给我们来信！祝好！

妈妈　十月一日

一九五七年十月七日＊

亲爱的聪：节目单及信都已收到，菊娣给我的时候，觉得厚厚一封，以为是一封长信，其实还是草草率率，并不详细。日子过得真快，还有五天你又要离开祖国了，希望你一路平安，我们虽不在一起，心总是放在你身上的。

……可知一个成了名的艺术家，处处要当心，无意中得罪了人，自己还不知道呢！我现在顺便告诉你，就是要你以后做人，好好提高警惕，待人千万和气，也不要乱批评人家，病从口入，祸从口出，这几句话要牢牢记住。因为不了解你的人，常常会误会你骄傲自大，无缘无故的招来了敌人。你这次经过了一番思想批判，受到了莫大的教育，以后千万要在行动上留意，要痛改前非，思想没有成熟的，不要先讲，谨慎小心是不会错的。爸爸给你的信，要常常看，他为你真是花尽心血，吃不下睡不着，那是常有的。不要懒惰，多写信来，你在这方面是够吝啬的；在你是不费多大力、多大时间，所谓没时间，推托而已。可是给我们的安慰是非笔墨所能写的。希望你走前给我们信，到了莫斯科也写信来，到了华沙更要常常来信，好了，不多谈了，愿你这次的教育对你有大的帮助！

妈妈　十月七日

一九五七年十月二十五日＊

亲爱的聪：接莫斯科寄来的明信片，相当快，你十七日发的，我们二十一日就收到了。虽然寥寥数语，可是给我们的安慰是莫大的，总算一件心事放下了。《中国青年报》上还登了你的消息，另外寄上。想来去列宁格勒开音乐会的情况，你一定会告诉我们的，我们等着就是了。

……爸爸说，要你第一，注意以后说话，千万不要太主观，千万不要有说服人的态度，这是最犯忌的，因为就是你说的对，但是给人的印象只觉得你的骄傲自大，目中无人，好像天下只有你看得清、看得准，理由都是你的。还有一个大毛病，就是好辩，不论大小，都要辩，这也是犯忌的。希望你先把这两个毛病，时加警惕，随时改掉。有了意见不要乱发表，要学得含蓄些。这些话都是他切身感到的，以后他自己也要在这方面努力改变。

最近爸爸没有空,过后要写长信给你的。

……

阿敏来信知道钱部长①跟你谈了两小时,他只告诉我们说"周总理特别关照要同傅聪谈谈,他们已经摸过你的底,你是块大材,要你抱着超过世界水平的雄心,要你多接触群众,所以与别人不同,将来回国后要下去五年"。不知还谈些什么,望你详细告诉我们。谈了两小时,内容一定很多,望你不要怕烦,多多告诉我们。

不知你回华沙后,学校对你怎样?功课是否已开始?这一年为时不多,可是对你来讲,非常重要,是一个大关键,你一定要抓紧时间,不能像在家里那样的懒散,生活要有纪律,工作要有计划。杰老师那里,尽量多学。国家对你期望越大,你的责任越重。党是了解你的,爱护你的,要自重,好好努力,奋发用功,才能有所报于万一。还有波兰文,一定要搞好,你是有能力做好的。将来与老师通信,看波兰书籍,对你得益极大,千万不可推托没有时间,对人对已都说不过去,这一点傲性要有,不要给人笑话。

……

好了,不多谈了,等你的信。望保重身体为要,祝好!

妈妈　十月二十五日

一九五七年十二月二十三日*

亲爱的聪:……作协批判爸爸的会,一共开了十次,前后作了三次检讨,最后一次说是进步了,是否算是结束,还不知道。爸爸经过这次考验,总算有些收获,就是人家的意见太尖锐了或与事实不符,多少有些难受,神经也紧张,人也瘦了许多,常常失眠,掉了七磅。工作停顿,这对他最是痛苦,因为心不定。最近看了些马列主义的书,对他思想问题解决了许多。五个月来,爸爸痛苦,我也跟着不安,所以也瘦了四磅。爸爸说他过去老是看人家好的地方,对有实力的老朋友更是如此,活到五十岁了,才知道看人不是那么简单,老朋友为了自己的利害关系,会出卖朋友,提意

---

① 即当年的文化部副部长钱俊瑞。

见可以乱提,甚至造谣,还要反咬一口,如徐铸成,裘柱常都是,……好在爸爸问心无愧,实事求是。可是从会上就看出了一个人的真正品质,使他以后做人要提高警惕。爸爸做人,一向心直口快,从来不知“提防”二字,而且大小事情一律认真对付,不怕暴露思想;这次的教训可太大太深了。我就更连带想起你,你跟爸爸的性格,有许多相同的地方,而且有过之,真令人不寒而栗。

想你在北京整风学习时也经历过一次,应该从中吸取教训,再加上爸爸的例子,你以后一定要审慎,要站稳立场,讲话不能乱讲,不能脱口而出,非思索过不可。看人看事,更不可太简单,常言道“祸从口出,病从口入”,千万牢记在心!你是极易冲动,很难控制的人,加上嫉妒你的人又多,所以一举一动要格外小心,我们最担心的就是这一点,望好自为之。

……

妈妈　十二月二十三日

一九五七年十二月二十五日 *

亲爱的聪:前天发出一信,忘了一件重要的事。爸爸在这一年来,尤其在宣传会议前后及其间一段时间,所写给你的信,由你挑选一下,我想这是最真实的思想,给儿子的信,总是实际的思想情况,不会有虚假的了。希望你立刻寄回来,我想可以交给领导看,这是更能帮助领导了解爸爸的好办法。领导虽然了解,但这就比较实际,可以看出具体情况了。

妈妈　十二月二十五日

一九五八年三月十七日晚

亲爱的孩子:二月二十八日来信直花了十七天才到,真奇怪。来信谈及几点,兹分别就我的看法说明如下:

一、资本主义国家与我们尚未建立外交关系(便是英国与我们,虽互派代办,关系仍很微妙),向例双方文化艺术使节来往,都是由本国的民间团体出面相互邀请的。比国直接向波兰学校提出,在国际惯例上也是相当突兀的。因为你不是波兰人,而你去他国演出,究竟要由本国政府同意。去年春天法国有文化团体来沪,其中一位代表来看过我,我曾与他谈及你去法演出问题,应由他们以法中友协一类的名义,向我们对外文协或音协等提出。便是来看我的那位代表所隶属的来华文化团,也是由我们对外文协以民间团体名义请他们,而非由政府出面的。便是五六年冬法国前总理富尔来访问,也是应我国人民外交协会之邀。故文化部回示使馆的话,完全正确。你不妨向杰老师说明情况,最好由杰老师私人告诉比国,请他们以民间文艺团体名义,写信给中国对外文协或音协。

二、新民主主义国家的情形当然不同,他们是可以向当地我们的使馆提出的。倘提了几次无回音,你不妨向他们说:"也许贵国的驻华使馆可以向我们外交部提出"。我觉得以你的地位这样答复人家,不至于犯什么错误。当然你也应同时说明,这是你个人的意思,究竟如何还得由他们自己考虑。这一段话你也不妨告诉杰老师,倘由杰老师方便时对保、南等国的音乐团体说明,比你自己说明更妥当。

三、苏联乐队来华访问,约你合作一事,值得仔细考虑。第一,这一下跟着他们跑,要费很多时间;中央是否允许你从头至尾和他们到处演出,临时仍会有变化。倘若回来好几个月,而只有极少时间是和苏联乐队合作,那就得事先想想清楚。第二,你的乐理、和声、波兰文的学习还落后很多,急须赶上去,没有时间可浪费。第三,即使假期内老师出门,你在波兰练曲子恐怕仍比国内快一些,集中一些;而在你目前,最主要的是争取时间多学东西,因为不管你留波时间还有多少,原则上总是所剩有限了。第四,你今年究竟算学完不学完?学校方面的理论课来得及来不及考完?——(这些总不能半途而废吧?)——倘使五月中回国了,还要赶回波兰去应考,则对你准备考试有妨碍,对试前的学习也有妨碍。

基于以上理由,我觉得你需要郑重考虑。即使中央主动要你回来一次,你也得从全面学习及来回时间等等方面想周到,向中央说明才对。末了,以后你再不能自费航空来回;为国家着想,航空票开支也太大,而火车来回对你的学习时间又有妨碍。总而言之,希望你全面想问题,要分出你目前的任务何者主要、何者次要;不要单从一个角度看问题。

我也奇怪你和杨部长[1]谈话时，怎么没提到学习期限问题？你学习到了什么阶段，预料什么时候可以结束，理论课何时可以考完等等，你是否都向杨部长报告？是否今年回来？倘回来，学业是否能正式结束？不结束而回国，对祖国、对波兰，总交代不过去。倘来不及结束，则杨部长是否同意延长学习期限？—— 这些都是与你切身关系最重大的事，来信为何只字未提？我既不明了你的实际情况，便是想向夏部长写信也无从写起。

孩子，千万记住，留学的日子无论如何是一天天的少下去了，要争取一切机会加紧学习。既然要加政治学习，平日要分去一部分时间，假期中更应利用时间钻研业务。每年回国一次，在体力、时间、金钱、学习各方面都太浪费。希望多考虑。

眼前国内形势一日千里，变化之快之大，非你意料所及；政治思想非要赶上前来不可，一落后，你将来就要吃亏的，尤其你在国外时间耽久的人，更要在思想上与国内形势密切联系。—— 音乐学生下乡情况，不知道。不过我觉得主要是训练培养与劳动人民的息息相关的思想感情，不在乎你能否挑多少斤泥。而且各人情况不同，政府安排也不同，你不必事先多空想。——上海乐队最近下厂下乡演出，照样 encore［加奏］。我们倘以为工农大众不欢迎西洋音乐，非但是主观，也是一种保守思想，说得重一些，也是脱离群众的思想。你别嫌我说话处处带政治性，这是为了你将来容易适应环境，为你在社会主义制度下过得心情愉快作准备。

我左说右说，要你加紧学波兰文，至少要能看书、写信；但你从未报告过具体进度，我很着急。这与国家派你出去的整个期望有关。当然学音乐的人不比学文学的；但若以后你不能用波兰文与老师同学通信，岂不同时使波兰朋友失望，且不说丢了国家的面子！

我身体仍未恢复，主要是神经衰弱。几个月来还是第一次写这样长的信呢。

在莫斯科录音一事，你应深深吸取教训。做人总要谦虚，成绩是大家促成的，不是你一个人的力量。思想上通了，说话态度自然少出毛病。杨

---

① 即当年的教育部长杨秀峰。

部长对你的批评是极中肯的;你早一天醒悟(还要实际上改正),你的前途才早一天更有希望。

另外寄出学习小册。

一切珍重,望来信报告得详细些——特别是学习期限及现状。

爸爸　三月十七日晚

在国外遇到首长的机会,也许比国内多;谈话之前,应把自己要说的成熟考虑,有需求也要细细想过如何提才最合理——对国家对个人都合理。千万不能老是从"个人第一"出发,大忌大忌!你这次见到杨部长原是你解决学习问题的最好机会,不知你怎么提的,望告知!

一九五八年四月十七日*

亲爱的聪:又有好久不接到你的信了,老是挂念着。最近我寄了一些杂志给你,从文艺创作上反映了许多新人新事,也可知道些国内的新气象,对你会有些启发……

这次马伯伯在苏联参加柴可夫斯基比赛的评判,回来后,马伯母打电话告诉阿敏,说马伯伯在苏联碰到波兰文化部副部长,谈起你,说你很好。可是碰到中国人(大概是使馆方面的),就说你骄傲得很。从这两方面言论看来,我们是可以理解的,因为波兰人只看你成绩的一面,而我们使馆的人员就不同,要从政治观点上看你了……你在待人接物方面,处处流露出骄傲的态度,给人很不好的印象。以后千万要当心,对他们或任何人态度第一要谦虚真诚,有什么问题,不妨同他们诚诚恳恳的商量,不要怕跟他们接触。总之,对人的坏印象要靠自己争取,慢慢抓回来。马伯伯碰到钱部长,谈起你,钱部长非常爱你,也器重你。虽然领导上是了解你的,但是你浑身的缺点一定要你自动改,不要辜负党对你的爱护,好自为之。马伯伯他们还是很爱护你,到处关心你,一有机会总说你的好话;我们不是势利,马伯伯将来对你会起一定的作用,他说句话是会对你有帮助的,因为他赏识你,了解你,还多少对你有些偏爱。你回波半年多了,应当写封信给马家,一方面问候他们,同时把你学习情况谈谈,这是你理所当然,应该做的事。不要给人一个忘恩负义的印象。望你接受我这个意见,不要迟疑,马上就写。

……

亲爱的孩子,我的政治水平低,做人方面也有许多缺点,本来不足以做你们的榜样。我也知道啰啰嗦嗦写了一堆,也不足以说服你,但是不管怎样,都出于我的真心诚意,总希望下一代的要远远胜过我们。希望你平心静气的看信,并且要深思一番,也不要闹情绪,要高高兴兴的接受我的意见,我的忠告。我们常常看到报上,多多少少的领导,虚心接受群众的意见,而且对尖锐的批评,他们非但不闹情绪,反而鼓励大家,不要有顾虑,尽量提,自己还诚诚恳恳做检查,并改正。假使你真能接受我的意见,那么,希望你马家的信立刻写,再也不要拖拉,等你来信时说,马家的信已写了,那我该多高兴!

爸爸最近忙于誊稿、改稿,一连二十多天没有休息过,虽然头痛时发,神经衰弱得厉害,还是极力争取时间,一年半了,没有成绩出来,自己觉得说不过去。等他工作告一段落就会写信给你的。

……孩子,大家对你的要求是高的,所以一定要克服困难,打倒自己心里的敌人。希望你要从行动上有所改变!

妈妈　四月十七日

一九五八年八月二日＊

亲爱的聪:自从四月里接到你的信到现在,足足三个多月了,只字未见,真不知如何的惦念!天天想写信,也天天等你的信,你说叫我们放心,其实怎能放得下心。就是学习忙,工作忙,随便涂几笔,略告些近况,对我们来说,于愿已足了。不知你身体如何?为什么几个月的不写信?对我们你是没有顾忌的,应该同忧同乐。阿敏来信,也说写了信给你,始终无回音。七月十九日,他有个波兰同学回国,托他带了些书给你,想你早已收到了吧!国内有时有谣言,说你回来了,我们莫名其妙,不管怎样,你要回来,你总会先写信通知我们的。千句并一句,我们只希望你的来信,多么令人思念的信!

……

爸爸虽然身体不好，常常失眠，你知道他向来是以工作为乐的，所以只要精神身体吃得消，一面努力学习马列主义，作为自我改造的初步，来提高自己的政治认识、理论基础；一面作些翻译的准备工作。不接到你的信，使他魂梦不安，常常说梦话，这一点是很痛苦的。爸爸这一年来似乎衰老了许多，白发更多了。我也较去年瘦了许多，常常要脸肿脚肿，都是心脏不健全的迹象。孩子，接到此信，赶快写信来，只有你的信，是我同你爸爸惟一的安慰！……阿敏今年不回来，忙得很，信倒常常来的。不多谈了，再见！

妈妈　八月二日

一九五八年九月十八日＊

亲爱的聪：千望万望总算望到了你的信[①]，虽然短短的，但已经给我们不少安慰了，事情也清楚了。我知道你现在正是最忙的时候，既要参加festival［音乐节］，又要准备考试。但愿你顺利通过。我想提醒你几件要紧的事，千万不要当作耳边风，静静的想想。（一）你不是有录音机么？乘在波之便，设法把波方替你录的全部录音录在你自己的机器上，将来带回来，至少自己人可以听听。你千万不可糊涂，一定要争取，你有了这样好的条件，不把录音带回国是可惜的。此事现在开始就要着手办了，等到临时想到，就来不及了，你得好好安排一下。（二）在波兰穿旧的衣袜等等，不要随便扔了，回国后正需要旧衣旧鞋。（三）回国前千万不要买东西，国内各方面都在节约，大家以朴素为主。何况你东西多，反而累赘。（四）回国前若有余款，可留在使馆，或者根本送给使馆，不要看重个人利益，宁可节约些留给国家。以上四点，要你注意的，千万要做到。

……

不多谈了，有空写几行回来！

妈妈　九月十八日

阿敏九月三日下放到北京郊外一个山区，帮助农民搞公社以及扫除

---

① 即傅聪离波赴英前于一九五八年八月二十日给父母写的最后一封信。

文盲等文教工作。他来信说，那边完全是山区，很苦的地方，过去受敌伪的苦很深。那边全是贫农，连富农也没有。思想比较保守，吃的是玉米饽饽，他很习惯，他说有的农民真是可爱，讲明道理，就会接受。他很能适应环境，这使我们很放心。那边交通不便，天天走几十里山路不希奇，但是风景幽美得很。他们同去十五人，分三组，约下放一个半月，到十月中就回学校上课。他非常关心你，我已把你的近况去信告知了。

一九五九年三月十二日

此系短简，前面无抬头，末尾无落款，只有日期。但字体是父亲的。——编者注

一. 对外只谈艺术，言多必失，防人利用。

二. 行动慎重，有事多与老辈商量，三思而行。

三. 生活节俭，用钱要计算。

四. 爸爸照常工作。

一九五九年三月十二日

一九五九年十月一日

孩子：十个月来我的心绪你该想像得到；我也不想千言万语多说，以免增加你的负担。[①] 你既没有忘怀祖国，祖国也没有忘了你，始终给你留着余地，等你醒悟。我相信：祖国的大门是永远向你开着的。

好多话，妈妈已说了，我不想再重复。但我还得强调一点，就是：适量的音乐会能刺激你的艺术，提高你的水平；过多的音乐会只能麻痹你的感觉，使你的表演缺少生气与新鲜感，从而损害你的艺术。你既把艺术看得比生命还重，就该忠于艺术，尽一切可能为保持艺术的完整而奋斗。这个奋斗中目前最重要的一个项目就是：不能只考虑需要出台的一切理由，而要多考虑不宜于多出台的一切理由。其次，千万别做经理人的摇钱树！

---

① 在一九五七至一九五八年的“反右运动”中，傅雷受到长达一年的错误批判，为了避免引起傅聪的愤懑情绪，影响学业，父母在信中始终没有告知实情。但当时傅聪已经听说了关于父亲的政治传言，到该年十月份，傅聪在波兰甚至听说父亲不仅给划上了“右派”，而且已被捕入狱。在此景况下，傅聪于一九五八年十二月下旬，为避免“父子双亡”的后果，在波兰艺术家的协助下，无奈出走英国。

他们的一千零一个劝你出台的理由，无非是趁艺术家走红的时期多赚几文，哪里是为真正的艺术着想！一个月七八次乃至八九次音乐会实在太多了，大大的太多了！长此以往，大有成为钢琴匠，甚至奏琴的机器的危险！你的节目存底很快要告罄的；细水长流才是办法。若是在如此繁忙的出台以外，同时补充新节目，则人非钢铁，不消数月，会整个身体垮下来的。没有了青山，哪还有柴烧？何况身心过于劳累就会影响到心情，影响到对艺术的感受。这许多道理想你并非不知道，为什么不挣扎起来，跟经理人商量——必要时还得坚持——减少一半乃至一半以上的音乐会呢？我猜你会回答我：目前都已答应下来，不能取消，取消了要赔人损失等等。可是你能否把已定的音乐会一律推迟一些，中间多一些空隙呢？否则，万一临时病倒，还不是照样得取消音乐会？难道捐税和经理人的佣金真是奇重，你每次所得极微，所以非开这么多音乐会就活不了吗？来信既说已经站稳脚跟，那么一个月只登台一二次（至多三次）也不用怕你的名字冷下去。决定性的仗打过了，多打零星的不精彩的仗，除了浪费精力，报效经理人以外，毫无用处，不但毫无用处，还会因表演的不够理想而损害听众对你的印象。你如今每次登台都与国家面子有关；个人的荣辱得失事小，国家的荣辱得失事大！你既热爱祖国，这一点尤其不能忘了。为了身体，为了精神，为了艺术，为了国家的荣誉，你都不能不大大减少你的演出。为这件事，我从接信以来未能安睡，往往为此一夜数惊！

还有你的感情问题怎样了？来信一字未提，我们却一日未尝去心。我知道你的性格，也想像得到你的环境；你一向滥于用情；而即使不采主动，被人追求时也免不了虚荣心感到得意：这是人之常情，于艺术家为尤甚，因此更需警惕。你成年已久，到了二十五岁也该理性坚强一些了，单凭一时冲动的行为也该能多克制一些了。不知事实上是否如此？要找永久的伴侣，也得多用理智考虑勿被感情蒙蔽！情人的眼光一结婚就会变，变得你自己都不相信：事先要不想到这一着，必招后来的无穷痛苦。除了艺术以外，你在外做人方面就是这一点使我们操心。因为这一点也间接影响到国家民族的荣誉，英国人对男女问题的看法始终清教徒气息很重，想你也有所发觉，知道如何自爱了；自爱即所以报答父母，报答国家。

真正的艺术家,名副其实的艺术家,多半是在回想中和想像中过他的感情生活的。惟其能把感情生活升华才给人类留下这许多杰作。反复不已的、有始无终的,没有结果也不可能有结果的恋爱,只会使人变成唐·璜,使人变得轻薄,使人——至少——对爱情感觉麻痹,无形中流于玩世不恭;而你知道,玩世不恭的祸害,不说别的,先就使你的艺术颓废;假如每次都是真刀真枪,那么精力消耗太大,人寿几何,全部贡献给艺术还不够,怎容你如此浪费!歌德的《少年维特之烦恼》的故事,你总该记得吧。要是歌德没有这大智大勇,历史上也就没有歌德了。你把十五岁到现在的感情经历回想一遍,也会怅然若失了吧?也该从此换一副眼光、换一种态度、换一种心情来看待恋爱了吧?——总之,你无论在订演出合同方面,在感情方面,在政治行动方面,主要得避免"身不由主",这是你最大的弱点。——在此举国欢腾,庆祝十年建国十年建设十年成就的时节,我写这封信的心情尤其感触万端,非笔墨所能形容。孩子,珍重,各方面珍重,千万珍重,千万自爱!

爸爸　一九五九年国庆

一九五九年十月一日 *

亲爱的聪:未接来信之前,我们的心情是沉痛的,痛苦的,你的变化太突兀了,令人无法捉摸。我们做父母的只觉得惭愧,没有给你什么好的感受。我们除了一片热忱的爱子之心之外,但愿你自觉的醒悟过来。一个人身在国外,对祖国的怀念是深切的,不论做人方面、事业方面,处处要保持我们中国人传统的谦虚和大方。

来信说已经跑过许多地方,开过几十次音乐会,总算得到好评,这当然是你辛勤劳动的成果。每次演出都好像上战场,只许成功,不许失败。但是你有没有考虑到,这样多的音乐会,长此下去,会损伤你的健康?我一向知道你不注意起居饮食,为了演出可以废寝忘食,还要跑东跑西,何其劳累。在你年富力强的时候,也许还不觉得,但迟早要影响健康,跟你总算账的。太多的演出,对你学习有妨碍。照理,像你这样的钢琴家,每月至多二三次,那么才有充分时间学习其他东西。须知不进则退,于你是不利的。你应该有个打算，好好的安排，也可以和经纪人商量，总以演出不妨碍学习和休息为主。宁可生活清苦些，节制一些力量，(对理财方面也要有打算，要节约，不可滋长浪费的恶习)。俗语说：在家靠父母，出门靠朋友，你孤身海外，更需要处处向长者讨教，与朋友商量，千万不可独断独行。

与华沙的杰老师，有没有时时去信请教问候，你是他的得意学生，切不可忘了他。

爸爸年来多病，工作也时断时续。领导上非常照顾他的身体，没有让他参加什么活动。你是向来知道爸爸的脾气，只要身体吃得消就工作，而工作态度是越来越认真负责，除非发寒热，病倒了才肯休息。近年来主要是一般的身体衰老，神经衰弱，百病丛生，我也不细谈了，你看了干着急也无用。

……我们是无时无刻不在思念你的，并望常来信，不多谈了，再见，祝好！

妈妈　十月一日

一九六〇年一月十日

孩子：看到国外对你的评论很高兴。你的好几个特点已获得一致的承认和赞许，例如你的 tone[音质]，你的 touch[触键]，你对细节的认真与对完美的追求，你的理解与风格，都已受到注意。有人说莫扎特《第二十七钢琴协奏曲》(K. 595)[(作品五九五号)]第一乐章是 healthy[健康]，extrovert allegro[外向快板]，似乎与你的看法不同，说那一乐章健康，当然没问题，说"外向"(extrovert)恐怕未必。另一批评认为你对 K. 595[作品五九五号]第三乐章的表达"His[他的](指你)sensibility is more passive than creative[敏感性是被动的，而非创造的]"，与我对你的看法也不一样。还有人说你弹萧邦的 *Ballades*[《叙事曲》]和 *Scherzo*[《诙谐曲》]中某些快的段落太快了，以致妨碍了作品的明确性。这位批评家对你三月和十月的两次萧邦都有这个说法，不知实际情形如何？从节目单的乐曲说明和一般的评论看，好像英国人对莫扎特并无特别精到的见解，也许有这种学者或艺术家而并没写文章。

以三十年前的法国情况作比，英国的音乐空气要普遍得多。固然，普遍不一定就是水平高，但质究竟是从量开始的。法国一离开巴黎就显得闭塞，空无所有；不像英国许多二等城市还有许多文化艺术活动。不过这是从表面看；实际上群众的水平，反应如何，要问你实地接触的人了。望来信告知大概。你在西欧住了一年，也跑了一年，对各国音乐界多少有些观感，我也想知道。便是演奏场子吧，也不妨略叙一叙。例如以音响效果出名的 Festival Hall［节日厅］①，究竟有什么特点等等。

结合听众的要求和你自己的学习，以后你的节目打算向哪些方面发展？是不是觉得舒伯特和莫扎特目前都未受到应有的重视，加上你特别有心得，所以着重表演他们两个？你的普罗科菲耶夫和萧斯塔科维奇的奏鸣曲，都还没出过台，是否一般英国听众不大爱听现代作品？你早先练好的巴托克协奏曲是第几支？听说他的协奏曲以第三最时行。你练了贝多芬第一，是否还想练第三？弹过勃拉姆斯的大作品后，你对浪漫派是否感觉有所改变？对舒曼和弗兰克是否又恢复了一些好感？当然，终身从事音乐的人对那些大师可能一辈子翻来覆去要改变好多次态度；我这些问题只是想知道你现阶段的看法。

近来又随便看了些音乐书。有些文章写得很扎实，很客观。一个英国作家说到李斯特，有这么一段："我们不大肯相信，一个涂脂抹粉、带点俗气的姑娘会跟一个朴实无华的不漂亮的姊妹人品一样好；同样，我们也不容易承认李斯特的光华灿烂的钢琴奏鸣曲会跟舒曼或勃拉姆斯的棕色的和灰不溜秋的奏鸣曲一样精彩。"（见 *Heritage of Music* – 2nd Series［《音乐的遗产》第二集］p. 196）接下去他断言那是英国人的清教徒气息作怪。他又说大家常弹的李斯特都是他早年的炫耀技巧的作品，给人一种条件反射，听见李斯特的名字就觉得俗不可耐；其实他的奏鸣曲是 pure gold［纯金］，而后期的作品有些更是严峻到极点。——这些话我觉得颇有道理。一个作家很容易被流俗歪曲，被几十年以至上百年的偏见埋没。那

① 指英国伦敦的节日音乐厅。

部 *Heritage of Music*[《音乐的遗产》] 我有三集,值得一读,论萧邦的一篇也不错,论比才的更精彩,执笔的 Martin Cooper[马丁·库珀]在二月九日《每日电讯》上写过批评你的文章。"集"中文字深浅不一,需要细看,多翻字典,注意句法。

有几个人评论你的演奏都提到你身体瘦弱。由此可见你自己该如何保养身体,充分休息。今年夏天务必抽出一个时期去过暑假!来信说不能减少演出的理由,我很懂得,但除非为了生活所迫,下一届订合同务必比这一届合理减少一些演出。要打天下也不能急,要往长里看。养精蓄锐、精神饱满的打决定性的仗比零碎仗更有效。何况你还得学习,补充节目,注意其他方面的修养;除此之外,还要有充分的休息!

你不依靠任何政治经济背景,单凭艺术立足,这也是你对己对人对祖国的最起码而最主要的责任!当然极好,但望永远坚持下去,我相信你会坚持,不过考验你的日子还未来到。至此为止你尚未遇到逆境。真要过了贫贱日子才真正显出"贫贱不能移"!居安思危,多多锻炼你的意志吧。

……几星期来闹病闹得更忙,连日又是重伤风又是肠胃炎,无力多写了。诸事小心,珍重珍重!

爸爸　一月十日

一九六〇年一月十日夜＊

亲爱的聪:……从来信可看到你立身处事,有原则,有信心,我们心头上的石头也放下了。但愿你不忘祖国对你的培养,首长们的爱护,坚持你的独立斗争,为了民族自尊心,在外更要出人头地的为国争光,不仅在艺术方面,并且在做人方面。我相信你不会随风使舵,也绝不会随便改变主张。你的成功,仍然是祖国的光荣。孩子,你给了我们痛苦,也给了我们欢乐。

最近两个月来,我们有兴致听听音乐了,仅有的几张你灌的唱片,想到你就开着听,好像你就在我们眼前弹奏一般。我常常凭回忆思念你,悲欢离合,有甜蜜,有辛酸,人生犹如梦境,一霎眼我们半世过去了。我们这几年来老了许多,爸爸头发花白,神经衰弱,精力已大大减弱,晚上已不能工作;我的眼光衰退，也常常会失眠，这一切都是老态的表现，无法避免了。

我最担心的是你的身体，看你照片，似乎瘦了，也老了些。我深知你的脾气，为了练琴可以废寝忘食，生活向无规律，在我们身边还可以控制你，照顾你。不知你现在的饮食如何解决的？只要经济上没问题，对你来说，营养是第一，因为你在精神身体方面的消耗太大，不能不注意。衣食寒暖，不能怕麻烦，千万勿逞年轻，任性随便，满不在乎，迟早要算账的。希望以后多多告诉我们生活细节，让我们好像在一起生活一样。

我记得你说过慢转唱片已有一百多张，是否全部丢了？真可惜。我们去年把旧得不成样的唱片，卖去了一百多张，很想添些慢转的，可是不容易买到。倘使对你经济上没多大影响，以后能否挑些精彩的寄给我们？如 Issac Stern[伊萨克·斯特恩]拉的 violin[小提琴]，Bjoerling[比约林]唱的 opera[歌剧]，或是你认为满意的。不过这不妨稍缓，我们最急望的还是你自己灌的萧邦唱片，是否可托唱片公司代你包装代你寄来？（要双份——单单一份容易唱旧）封面上写 Madame Chu Mei - fou 或 Mrs fou，不要写 Mr.。你来信也要如此写。慢转唱片在英国要卖多少钱一张？最高的多少？最低的多少？

杰老师曾有信来，他非常关心你，他说写过几次信给你，都没回音。孩子，你是老师心爱的学生，一定要常常去信请教、问候，报告演出情况，不能用忙字来推托，安慰老师也是你应尽之责。

现在你孤身海外，不论什么事，都要你自己合理安排，譬如理财一道，也要训练得有计划，有打算，要望长里看，不能糊里糊涂。尤其是辛勤劳苦挣来的，我们绝不要讨人便宜，可也不要任人剥削。不知你灌唱片，公司与你订的合同是怎样的？

爸爸的书最近两年没有出新的①，巴尔扎克的《赛查·皮罗多盛衰记》尚未付印。另一本《搅水女人》新近译完。丹纳的《艺术哲学》年底才整理插图，整整忙了十天，找插图材料，计算尺寸大小，加插图说明等等，

---

① 自一九五八年傅雷错划为“右派”后，翻译的书一概停出，出版社要他更名出书，他断然拒绝，说：“要嘛还是署名傅雷，要嘛不印我的译本。”直至一九六一年秋，摘去“右派”帽子后，出版社才恢复出版他的译本。

都是琐碎而费手脚的，因为工作时间太长，每天搞到十一二点，做的时候提起精神不觉得怎么累，等到告一段落，精神松下来，人就支持不住，病了三天，也算是彻底休息了三天。你知道爸爸的脾气，他只有病在床上才算真正的休息。幸而吴医生①住在我们家，他是我们的医药顾问，一不舒服就找他，沾光不少。

……

妈妈　一月十日夜

一九六〇年二月一日夜*

亲爱的聪：……上月底爸爸工作告一段落，适逢过春节，抄了些音乐笔记给你作参考，也许对你有所帮助。原文是法文，有些地方直接译作英文反倒方便。以你原来的认识参照之下，必有感想，不妨来信谈谈。

我们知道你自我批评精神很强，但个人天地毕竟有限，人家对你的好评只能起鼓舞作用；不同的意见才能使你进步，扩大视野：希望用冷静和虚心的态度加以思考。不管哪个批评家都代表一部分群众，考虑批评家的话也就是考虑群众的意见。你听到别人的演奏之后的感想，想必也很多，也希望告诉我们。爸爸说，除了你钻研专业之外，一定要抽出时间多多阅读其他方面的书，充实你的思想内容，培养各方面的知识。——爸爸还希望你看祖国的书报，需要什么书可来信，我们可寄给你。

妈妈　一九六〇年二月一日夜

十二月号 *Music & Musicians*[《音乐与音乐家》]第二十五页第二栏第九行有一句：Fou Ts´ong delicately fingered *Mozart Concerto K.* 595, as if it were Dresden china.［傅聪演奏《莫扎特钢琴协奏曲》作品五九五号如此精雅，仿佛像特累斯顿的瓷器。］爸爸怕你不懂，要我告诉你：特累斯顿从十八世纪初期起即仿造中国陶瓷器，至今还有出品。批评的人说你演奏的莫扎特仿佛特累斯顿的瓷器。因为你是中国人表演德国人作品，又因为china(c 字小写)在英文中是瓷器，与“中国”一字双关。

---

① 系吴一峰医生，傅雷挚友，傅聪一九四九年前在云南昆明时，就由他监管。

一九六〇四月十九日 *

亲爱的聪:三月十六日来信及评论,二十六日同时收到。但节目单至今未见,照理即平寄也该早到了,唱片亦尚未收到。有些评论都是听了你的演奏真有所感而写的,可见你的辛勤劳动并不白费,希望你意志坚强,虚心学习,为祖国争光。

……

爸爸的身体很糟,除一般衰弱及失眠外,眼睛又出了毛病,初发觉时常常发花,发酸,淌泪水,头痛,他以为眼镜不对,两个月以前请眼科医生验光,才发觉不是眼镜之故,根本是眼睛本身的病,因为用脑力视力过度,影响了视神经衰退。医生说,必须休养三四个月,绝对不能看书,用脑,要营养好,否则发展下去就有失明危险。这一下把爸爸"将"住了,要他休息不工作,把脑子闲起来,这不是件容易的事。因此我苦劝爸爸,一定要听医生话。这两个月来总算工作完全停顿,有时听听音乐,我也常常逼着他睡觉,因为只有躺在床上才能真正不用目力。爸爸的头痛,吴医生断为三叉神经痛,一天要痛二三次,厉害的时候痛得整夜十几小时连续不断,非常苦恼。牙齿也去检查过,拔掉过几只,还是不解决问题。现在休养了两个多月,眼睛仍无多大进步,因此我心里也烦得很。以后要我帮他做的工作,如查字典、整理文稿、寻材料、做卡片、打字等等,要比以前更多了。而我几年来也心脏衰弱,经常脸肿脚肿,心跳得很快,特别站了岗或是忙了一阵以后。不过这是年纪大了应有之事,你不必担心。要紧的还是你自己保重身体,切勿疲劳过度,要充分休息!

……望来信多谈谈在外观感及学习心得。不多谈了,祝好!

妈妈　四月十九日

一九六〇七月四日 *

亲爱的聪儿:……孩子,你孤身海外,不论饮食寒暖,日常生活,都要你自己合理安排。自小到大,你一向看到爸爸生活严肃,有规律,有节制,照理多少对你有些影响。尤其理财一道,你向来糊涂,有多少用多少的办法,必须改变。目前逞着自己年富力强,满不在乎,但是一句老话,"天有不测风云，人有旦夕祸福。”必得留些余地，能积蓄一些总是好的。一方面你终有成家的一天，一方面你也要想到父母有年老力衰的时候。爸爸的眼神经衰退及三叉神经痛，吃了许多西药中药未见大效。每天工作时间只能缩短，否则要眼睛发花，出泪水，头痛。回想五六年前爸爸每日工作十一二小时不讨饶，不可同日而语了。

……

……不多谈了，望一切保重，多多来信。祝好！

妈妈　一九六〇年七月四日

一九六〇八月五日

孩子：两次妈妈给你写信，我都未动笔，因为身体不好，精力不支。不病不头痛的时候本来就很少，只能抓紧时间做些工作；工作完了已筋疲力尽，无心再做旁的事。人老了当然要百病丛生，衰老只有早晚之别，绝无不来之理，你千万别为我担忧。我素来对生死看得极淡，只是鞠躬尽瘁，活一天做一天工作，到有一天死神来叫我放下笔杆的时候才休息。如是而已。弄艺术的人总不免有烦恼，尤其是旧知识分子处在这样一个大时代。你虽然年轻，但是从我这儿沾染的旧知识分子的缺点也着实不少。但你四五年来来信，总说一投入工作就什么烦恼都忘了；能这样在工作中乐以忘忧，已经很不差了。我们二十四小时之内，除了吃饭睡觉总是工作的时间多，空闲的时间少；所以即使烦恼，时间也不会太久，你说是不是？不过劳逸也要调节得好：你弄音乐，神经与感情特别紧张，一年下来也该彻底休息一下。暑假里到乡下去住个十天八天，不但身心得益，便是对你的音乐感受也有好处。何况入国问禁，入境问俗，对他们的人情风俗也该体会观察。老关在伦敦，或者老是忙忙碌碌在各地奔走演出，一点不接触现实，并不相宜。见信后望立刻收拾行装，出去歇歇，即是三五天也是好的。

你近来专攻斯卡拉蒂，发现他的许多妙处，我并不奇怪。这是你喜欢韩德尔以后必然的结果。斯卡拉蒂的时代，文艺复兴在绘画与文学园地中的花朵已经开放完毕，开始转到音乐；人的思想感情正要求在另一种艺术中发泄，要求更直接刺激感官，比较更缥缈更自由的一种艺术，就是音乐，来满足它们的需要。所以当时的音乐作品特别有朝气，特别清新，正如文艺复兴前期绘画中的波提切利，而且音乐规律还不像十八世纪末叶严格，有才能的作家容易发挥性灵。何况欧洲的音乐传统，在十七世纪时还非常薄弱，不像绘画与雕塑早在古希腊就有登峰造极的造诣（雕塑在公元前六至四世纪，绘画在公元前一世纪至公元后一世纪）。一片广大无边的处女地正有待于斯卡拉蒂及其以后的人去开垦。写到这里，我想你应该常去大英博物馆，那儿的艺术宝藏可说一辈子也享受不尽；为了你总的（全面的）艺术修养，你也该多多到那里去学习。

我因为病的时候多，只能多接触艺术，除了原有的旧画以外，无意中研究起碑帖来了：现在对中国书法的变迁源流，已弄出一些眉目，对中国整个艺术史也增加了一些体会；可惜没有精神与你细谈。……

你以前对英国批评家的看法，太苛刻了些。好的批评家和好的演奏家一样难得；大多数只能是平平庸庸的"职业批评家"。但寄回的评论中有几篇的确写得很中肯。例如五月七日 *Manchester Guardian*［《曼彻斯特卫报》］上署名 J. H. Elliot［埃利奥特］写的《从东方来的新的启示》*New Light from the East* 说你并非完全接受西方音乐传统，而另有一种清新的前人所未有的观点。又说你离开西方传统的时候，总是以更好的东西去代替；而且即使是西方文化最严格的卫道者也不觉你的脱离西方传统有什么"乖张"、"荒诞"，炫耀新奇的地方。这是真正理解到了你的特点。你能用东方人的思想感情去表达西方音乐，而仍旧能为西方最严格的卫道者所接受，就表示你的确对西方音乐有了一些新的贡献。我为之很高兴。且不说这也是东风压倒西风的表现之一，并且正是中国艺术家对世界文化应尽的责任；惟有不同种族的艺术家，在不损害一种特殊艺术的完整性的条件之下，能灌输一部分新的血液进去，世界的文化才能愈来愈丰富，愈来愈完满，愈来愈光辉灿烂。希望你继续往这条路上前进！还有一月二日 *Hastings Observer*［《黑斯廷斯观察家报》］上署名 Allan Biggs［阿伦·比格斯］写的一篇评论，显出他是衷心受了感动而写的，全文没有空洞的赞美，处处都着着实实指出好在哪里。看来他是一位年纪很大的人了，因为他说在一生听到的上千钢琴家中,只有 Pachmann[派克曼]与 Moiseiwitsch[莫依赛维奇]两个,有你那样的魅力。Pachmann 已经死了多少年了,而且他听到过"上千"钢琴家,准是个苍然老叟了。关于你唱片的专评也写得好。

要写的中文不洋化,只有多写。写的时候一定打草稿,细细改过。除此以外并无别法。特别把可要可不要的字剔干净。

身在国外,靠艺术谋生而能不奔走于权贵之门,当然使我们安慰。我相信你一定会坚持下去。这点儿傲气也是中国艺术家最优美的传统之一,值得给西方做个榜样。可是别忘了一句老话:岁寒而后知松柏之后凋;你还没经过"岁寒"的考验,还得对自己提高警惕才好!一切珍重!千万珍重!

爸爸　一九六〇年八月五日

一九六〇八月二十九日

亲爱的孩子:八月二十日报告的喜讯使我们心中说不出的欢喜和兴奋。你在人生的旅途中踏上一个新的阶段,开始负起新的责任来,我们要祝贺你、祝福你、鼓励你。希望你拿出像对待音乐艺术一样的毅力、信心、虔诚,来学习人生艺术中最高深的一课。但愿你将来在这一门艺术中得到像你在音乐艺术中一样的成功!发生什么疑难或苦闷,随时向一两个正直而有经验的中、老年人讨教,(你在伦敦已有一年八个月,也该有这样的老成的朋友吧?)深思熟虑,然后决定,切勿单凭一时冲动:只要你能做到这几点,我们也就放心了。

对终身伴侣的要求,正如对人生一切的要求一样不能太苛。事情总有正反两面:追得你太迫切了,你觉得负担重;追得不紧了,又觉得不够热烈。温柔的人有时会显得懦弱,刚强了又近乎专制。幻想多了未免不切实际,能干的管家太太又觉得俗气。只有长处没有短处的人在哪儿呢?世界上究竟有没有十全十美的人或事物呢?抚躬自问,自己又完美到什么程度呢?这一类的问题想必你考虑过不止一次。我觉得最主要的还是本质的善良,天性的温厚,开阔的胸襟。有了这三样,其他都可以逐渐培养;而且有了这三样,将来即使遇到大大小小的风波也不致变成悲剧。做艺术家的妻子比做任何人的妻子都难;你要不预先明白这一点,即使你知道“责人太严,责己太宽”,也不容易学会明哲、体贴、容忍。只要能代你解决生活琐事,同时对你的事业感到兴趣就行,对学问的钻研等等暂时不必期望过奢,还得看你们婚后的生活如何。眼前双方先学习相互的尊重、谅解、宽容。

对方把你作为她整个的世界固然很危险,但也很宝贵!你既已发觉,一定会慢慢点醒她;最好旁敲侧击而勿正面提出,还要使她感到那是为了维护她的人格独立,扩大她的世界观。倘若你已经想到奥里维的故事,不妨就把那部书叫她细读一二遍,特别要她注意那一段插曲。像雅葛丽纳与前面提到的奥里维,①那样只知道 love,love,love![爱,爱,爱!]的人只是童话中人物,在现实世界中非但得不到 love,连日子都会过不下去,因为她除了 love 一无所知,一无所有,一无所爱。这样狭窄的天地哪像一个天地!这样片面的人生观哪会得到幸福!无论男女,只有把兴趣集中在事业上、学问上、艺术上,尽量抛开渺小的自我(ego),才有快活的可能,才觉得活的有意义。未经世事的少女往往会存一个荒诞的梦想,以为恋爱时期的感情的高潮也能在婚后维持下去。这是违反自然规律的妄想。古语说,“君子之交淡如水”;又有一句话说,“夫妇相敬如宾”。可见只有平静、含蓄、温和的感情方能持久;另外一句的意义是说,夫妇到后来完全是一种知己朋友的关系,也即是我们所谓的终身伴侣。未婚之前双方能深切领会到这一点,就为将来打定了最可靠的基础,免除了多少不必要的误会与痛苦。

你是以艺术为生命的人,也是把真理、正义、人格等等看做高于一切的人,也是以工作为乐的人;我用不着唠叨,想你早已把这些信念表白过,而且竭力灌输给对方的了。我只想提醒你几点:第一,世界上最有力的论证莫如实际行动,最有效的教育莫如以身作则;自己做不到的事千万勿要求别人;自己也要犯的毛病先批评自己,先改自己的。第二,永远不要忘

① 均为罗曼·罗兰长篇小说《约翰·克利斯朵夫》中的人物。

了我教育你的时候犯的许多过严的毛病。我过去的错误要是能使你避免同样的错误,我的罪过也可以减轻几分;你受过的痛苦不再施之于他人,你也不算白白吃苦。总的来说,尽管指点别人,可不要给人"好为人师"的感觉。奥诺丽纳(你还记得巴尔扎克那个中篇吗?)的不幸一大半是咎由自取,一小部分也因为丈夫教育她的态度伤了她的自尊心。凡是童年不快乐的人都特别脆弱(也有训练得格外坚强的,但只是少数),特别敏感,你回想一下自己,就会知道对待你的爱人要如何 delicate[温柔],如何 discreet[谨慎]了。

我相信你对爱情问题看得比以前更郑重更严肃了;就在这考验时期,希望你更加用严肃的态度对待一切,尤其要对婚后的责任先培养一种忠诚、庄严、虔敬的心情!

……

转达我对 Zamira 扎弥拉的祝福,我很愿意和她通信。(她通法文否,望告我。因我写法文比英文方便。)也望转致我们对她父亲的敬意和仰慕。

愿你诸事顺利,一切保重!

爸爸　一九六〇年八月二十九日

一九六〇八月二十九日*

亲爱的聪:今天接到你的喜讯,真是说不出的高兴,做母亲的愿望总算实现了。男大当婚,女大当嫁,这是天经地义的事,但愿你跟 Zamira 扎弥拉姻缘美满,我们为儿女担的心也算告一段落。她既美丽、聪明、温柔,对你是最合适了;我常常讲,聪找的对象一定要有这样的条件,因为我跟你爸爸的结合,能够和平相处,就是一个很显著的例子。只要真正认识对方,了解对方,就是受些委屈,也是不计较的。归根结底,到底自己也有错误的地方。希望你不要太苛求,看事情不要太认真,平易近人,总是给人一种体贴亲切之感。尤其对你终身的伴侣,不可三心二意,要始终如一。只要你们真正相爱、互相容忍、互相宽恕,难免的小波折很快会烟消云散。尤其你自己身上的缺点很多,你太像父亲了,只要有自知之明,你的爱人就会幸福。还有一点要提醒你,以后再也不要怀念童年的初恋,人家早已成了家,不但想了无用,而且无意中流露出来,也徒然增加你现在爱人的误会,那是最犯忌的,也是没有意义的。爸爸已经说了许多,而且都是经验之谈,我们在人生的旅途上走了几十年,非但结合自己的经历,而且朋友之中多多少少悲欢离合的事也看得很多,所以尽量告诉你,目的就是希望你们永远幸福。

……祝

快乐!并问 Zamira 扎弥拉好!

妈妈　八月二十九日

一九六〇十月七日灯下*

亲爱的聪:……搬家这件事,的确像你所说劳民伤财。所以事先一定要考虑周密,租金与你经济条件是否合适,当然是个要点,但不要单从一个角度看问题,要几方面平均扯来看,也不要只图眼前。还是多同本地的老辈商量。在一个都市里,往往一区有一区的特色,也有它特殊的不方便,非本地的老资格是不知道的。想 Zamira 必能帮你很多忙。这一段意思你不妨讲给她听。

Zamira 的第二封信,九月二十二日已收到,她的可爱的长信,我们读之再三,真是说不出的高兴。从她的信上,我们深深的体会到,她是个亲切动人而聪明率直的好孩子。爸爸说她从前做过书店找插图材料的工作,其实很不错。为了找材料,不是更有机会进博物馆图书馆么?不是趁此机会可以研究艺术史么?我很庆幸你找到了志趣相投的伴侣,这不是件简单而容易的事。请你告诉她,从她的信上,我们会了解她,我们之间只会越来越接近,我要把她当作自己的女儿一样爱她。我也深切的感谢她,从她那里知道了一些你的生活起居,这是妈妈对儿子最关心的。不知 Zamira 出院后身体是否完全恢复,希望她多多保重!她的美丽而可爱的照片,太好了。在这两张照片上,似乎你比去年胖了些。是不是国外流行小袖小脚裤?做妈妈的总是老古董,认为不大方,不美观。你除了弹琴以外的照片,是否可寄些来?

……

爸爸的身体很衰弱，三天两头闹病，最近两星期来更甚，不是三叉神经痛，就是过敏性肠炎，所以精神大大不济；他要你告诉Zamira，很抱歉不能立刻回信，等他好些，过些时候再写信给她。爸爸的病，主要是长期的失眠，不断的顾虑，使他的神经脆弱到极点，容易紧张、失眠，一些刺激都不能受，于是引起各种神经性毛病，非常痛苦。这不是药力能达到的。你向来知道爸爸的为人与性格。对一个极度神经质的人，这种现象都在意料之中，所以你不要担忧，我会让他慢慢安静下来，只要他能工作，就会冷静。只要你在国外有成就，为祖国争光，立身处世，坚定不移（像你几次来信所说的），对他就是最大的安慰。

……

妈妈　一九六〇年十月七日　灯下

一九六〇十月二十一日夜

亲爱的孩子：望眼欲穿的唱片，昨天终于收到了。……你的片子只听了一次，一则唱针已旧，不敢多用，二则寄来唱片只有一套，也得特别爱护。初听之下，只觉得你的风格变了，技巧比以前流畅，稳，干净，不觉得费力。音色的变化也有所不同，如何不同，一时还说不上来。Pedal［踏板］用得更经济。pp［pianissimo = 最弱］比以前更pp［最弱］。朦胧的段落愈加朦胧了。总的感觉好像光华收敛了些，也许说凝练比较更正确。奏鸣曲一气呵成，紧凑得很。Largo［广板］确如多数批评家所说full of poetic sentiment［充满诗意］，而没有一丝一毫感伤情调。至此为止，我只能说这些，以后有别的感想再告诉你。四支*Ballads*［《叙事曲》］有些音很薄，好像换了一架钢琴，但*Berceuse*［《摇篮曲》］，尤其是*Nocturne*［《夜曲》］（那支是否Paci［百器］最喜欢的？）的音仍然柔和淳厚。是否那些我觉得太薄太硬的音是你有意追求的？你前回说你不满意*Ballads*［《叙事曲》］，理由何在，望告我。对*Ballads*［《叙事曲》］，我过去受Cortot［柯尔托］影响太深，遇到正确的style［风格］，一时还体会不到其中的妙处。《玛祖卡》的印象也与以前大不同，melody［旋律］的处理也两样；究竟两样在哪里,你能告诉我吗?有一份唱片评论,说你每个 bar[小节]的 lst or 2nd beat[第一或第二拍音]往往有拖长的倾向,听起来有些 mannered[做作,不自然],你自己认为怎样?是否《玛祖卡》真正的风格就需要拖长第一或第二拍?来信多和我谈谈这些问题吧,这是我最感兴趣的。其实我也极想知道国外音乐界的一般情形,但你忙,我不要求你了。从你去年开始的信,可以看出你一天天的倾向于 wisdom[智慧]和所谓希腊精神。大概中国的传统哲学和艺术理想越来越对你发生作用了。从贝多芬式的精神转到这条路在我是相当慢的,你比我缩短了许多年。原因是你的童年时代和少年时代所接触的祖国文化(诗歌、绘画、哲学)比我同时期多的多。我从小到大,样样靠自己摸,只有从年长的朋友那儿偶然得到一些启发,从来没人有意的有计划的指导过我,所以事倍功半。来信提到朱晖①的情形使我感触很多。高度的才能不和高度的热爱结合,比只有热情而缺乏能力的人更可惋惜。

……

爸爸　一九六〇年十月二十一日夜

弥拉爸爸最近来信,对你对我都十二分热烈,望代我多多向他致意,道谢。

唱片封套上的 sketch[素描]实在不高明,中文字也俗得很。另一张竹枝画得倒不坏,题的字却莫名其妙。是否出于洋人之手?

为了让你也能读,我特意给弥拉写英文,对我比写法文可吃力多了。

……

一九六〇十一月十三日

亲爱的孩子:……看了此次照片,觉得弥拉更美了,她比瑞士时期肉采丰满,想系恢复健康之故。从她信上可以体会到她性格和顺,天真,同时也严肃,对人对事都认真。为了你们的将来,她正式去学家政,令人感动。不过持家之道主要在乎 commen sense 常识,待人接物和处理银钱等

① 祖籍广东的新加坡指挥家。

等，一切做得合情合理，有计划，有预算。孩子，你该满足了吧，这样一个伴侣对你可有很大帮助。目前你在经历一生最快乐的时期，订了婚，精神有了寄托，只有爱的甜蜜，还没有家庭的责任：你不要"得福不知"！看你照片，身体似乎不坏，精神也平静，我们非常安慰。弥拉极懂音乐，爱好文艺，你们一定相处得很好。在日常工作与休息营养的调节方面，千万多听她的话，别看她年幼，女性在某些事情上比较我们男人实际得多，她们的直觉往往很正确，而且任何年轻的女孩子都有母爱的本能，有些为你身心健康的劝告，更应当多多接受。但愿你脾气好，万万不要像我，要以我的坏脾气作为你的警戒。我最怕在这方面给你不良的影响。你要是能不让爸爸的缺点在你身上发展，便是你对爸爸最好的报答，也是对你的下一代尽了很大的责任。

我多么愿意听听你对自己演奏的意见，特别是人家重点批评过的乐曲或段落，例如此次挪威九月二十六日最长的一篇评论你的 Bach［巴赫］，我要知道你自己的看法。还有前信问你对已灌片子的四支 *Ballade*《叙事曲》］的不满意在哪里。别让你爸爸在音乐方面太落后，所以要你谈谈这些问题。

《音乐与音乐家》月刊八月号，有美作曲家 Copland［考普伦］的一篇论到美洲音乐的创作问题，我觉得他根本未接触到关键。他绝未提到美洲人是英、法、德、荷、意、西几种民族的混合；混合的民族要产生新文化，尤其是新音乐，必须一个很长的时期，决非如 Copland［考普伦］所说单从 jazz［爵士音乐］的节奏或印第安人的音乐中就能打出路来。民族乐派的建立，本地风光的表达，有赖于整个民族精神的形成。欧洲的意、西、法、英、德、荷……许多民族，也是从七世纪起由更多的更早的民族杂凑混合起来的。他们都不是经过极长的时期（融和与合流的时期），才各自形成独特的精神面貌，而后再经过相当长的时期在各种艺术上开花结果吗？

同一杂志三月号登一篇 John Pritchard［约翰·普里查德］的介绍（你也曾与 Pritchard［普里查德］合作过），有下面一小段值得你注意：——

"著名指挥家弗里茨·布施有次问约翰·普里查德，'你上次看文艺复兴时代的绘画有多久了？'普里查德很惊异的反问"为什么问我？"布施

答道:‘因为看了伟大作品,可以使你指挥时得到进步——而不至于眼光浅窄。’”——金圣华译

你在伦敦别错过 looking upon great things[观赏伟大艺术品]的机会,博物馆和公园对你同样重要。

……

一切保重,休息要充足,工作勿过度!

爸爸　一九六〇年十一月十三日

一九六〇十一月二十六日晚

亲爱的孩子:自从弥拉和我们通信以后,好像你有了秘书,自己更少动笔了。知道你忙,精神紧张劳累,也不怪你。可是有些艺术问题非要你自己谈不可。你不谈,你我在精神上艺术上的沟通就要中断,而在我这个孤独的环境中更要感到孤独。除了你,没有人再和我交换音乐方面的意见。而我虽一天天的衰老,还是想多吹吹外面的风。你小时候我们指导你,到了今日,你也不能坐视爸爸在艺术的某一部门中落后!—— 十月二十一、十一月十三以及以前的信中已屡次提及,现在不多谈了。

没想到你们的婚期订得如此近,给我们一个措手不及。妈妈今儿整天在外选购送弥拉和你岳母的礼物。不过也许只能先寄弥拉的,下月再寄另外一包裹。原因详见给弥拉信。礼物不能在你们婚前到达伦敦,妈妈总觉得是件憾事。前信问你有否《敦煌壁画选》,现在我给你作为我给你们俩的新婚纪念品(下周作印刷品寄)。

孩子,你如今正式踏进人生的重要阶段了,想必对各个方面都已严肃认真的考虑过:我们中国人对待婚姻——所谓终身大事——比西方人郑重得多,你也决不例外;可是夫妇之间西方人比我们温柔得多,delicate[优雅]得多,真有我们古人相敬如宾的作风(当然其中有不少虚伪的,互相欺骗的),想你也早注意到,在此订婚四个月内也该多少学习了一些。至于经济方面,大概你必有妥善的打算和安排。还有一件事,妈妈和我争执不已,不赞成我提出。我认为你们都还年轻,尤其弥拉,初婚后一二年内光是学会当家已是够烦了,是否需要考虑稍缓一二年再生儿育女,以便减轻

一些她的负担，让她多轻松一个时期？妈妈反对，说还是早生孩子，宁可以后再节育。但我说晚一些也不过晚一二年，并非十年八年；说不说由我，听不听由你们；知无不言，言无不尽，朋友之间尚且如此，何况父母子女！有什么忌讳呢？你说是不是？我不过表示我的看法，决定仍在你们。而且即使我不说，也许你们已经讨论过这个问题了。弥拉的意思很对，你们该出去休息一个星期。我老是觉得，你离开琴，沉浸在大自然中，多沉思默想，反而对你的音乐理解与感受好处更多。人需要不时跳出自我的牢笼，才能有新的感觉、新的看法，也能有更正确的自我批评。

你对晚期贝多芬的看法是否与以前有所不同？思想上是否更接近了些，还是相反，更远了些？一般批评界对舒伯特与贝多芬的见解，你有哪几点同意，哪几点不同意？——他们始终觉得你的莫扎特太精巧，你自己以为如何？

不多写了，祝

你婚姻美满，幸福！我们的心永远和你们两人在一起！

爸爸、妈妈

一九六〇年十一月二十六日晚

爸爸信上一句都没提到他自己，让我来加一笔。你们的喜讯使他忘了自己衰弱的身体，忙着写信，但过后还是要算账的。他的健康情况并不好，现在中医生都断定他的腰酸痛，直不起来，是很顽强的"增生性"关节炎，不会断根，吃了中药，不过减少些痛苦。他数十年常吃牛油，已断了快二年，对他营养不无影响。他抽惯的烟丝也买不到了，他说没有关系，戒烟算了。但我的想法，这都会影响他的工作的。等你们安定下来，倘使能寄些来，对爸爸仍有好处。我听他常说起他爱抽的烟丝是 Dunhill 的"Royal Yacht"，寄起来勿超过一磅，或半磅装的二听，保存起来更好。牛油至少一磅。

我们还预备送你一张林风眠先生的画，作为新婚礼物，不过何时能带到，一时无法估计。

妈妈

一九六〇十二月二日

亲爱的孩子:因为闹关节炎,本来这回不想写信,让妈妈单独执笔;但接到你去维也纳途中的信,有些艺术问题非由我亲自谈不可,只能撑起来再写。知道你平日细看批评,觉得总能得到一些好处,真是太高兴了。有自信同时又能保持自我批评精神,的确如你所说,是一切艺术家必须具备的重要条件。你对批评界的总的看法,我完全同意;而且是古往今来真正的艺术家一致的意见。所谓"文章千古事,得失寸心知!"往往自己认为的缺陷,批评家并不能指出,他们指出的倒是反映批评家本人的理解不够或者纯属个人的好恶,或者是时下的风气和流俗的趣味。从巴尔扎克到罗曼·罗兰,都一再说过这一类的话。因为批评家也受他气质与修养的限制(单从好的方面看),艺术家胸中的境界没有完美表现出来时,批评家可能完全捉摸不到,而只感到与习惯的世界抵触;便是艺术家的理想真正完美的表现出来了,批评家囿于成见,也未必马上能发生共鸣。例如雨果早期的戏剧,比才的《卡门》,德彪西的《贝莱阿斯与梅利桑特》。但即使批评家说的不完全对头或竟完全不对头,也会有一言半语引起我们的反省,给我们一种 inspiration[灵感],使我们发现真正的缺点,或者另外一个新的角落让我们去追求,再不然是使我们联想到一些小枝节可以补充、修正或改善——这便是批评家之言不可尽信,亦不可忽视的辩证关系。

来信提到批评家音乐听得太多而麻痹,确实体会到他们的苦处。同时我也联想到演奏家太多沉浸在音乐中和过度的工作或许也有害处。追求完美的意识太强太清楚了,会造成紧张与疲劳,反而妨害原有的成绩。你灌唱片特别紧张,就因为求全之心太切。所以我常常劝你劳逸要有恰当的安排,最要紧维持心理的健康和精神的平衡。一切做到问心无愧,成败置之度外,才能临场指挥若定,操纵自如。也切勿刻意求工,以免画蛇添足,丧失了 spontaneity[真趣];理想的艺术总是如行云流水一般自然,即使是慷慨激昂也像夏日的疾风猛雨,好像是天地中必然有的也是势所必然的境界。一露出雕琢和斧凿的痕迹,就变为庸俗的工艺品而不是出于肺腑,发自内心的艺术了。我觉得你在放松精神一点上还大有可为。不妨减少一些工作,增加一些深思默想,看看效果如何。别老说时间不够;首先要从日常生活的琐碎事情上——特别是梳洗穿衣等等,那是我几年来常嘱咐你的——节约时间,挤出时间来!要不工作,就痛快休息,切勿拖拖拉拉在日常猥琐之事上浪费光阴。不妨多到郊外森林中去散步或者上博物馆欣赏名画,从造型艺术中去求恬静闲适。你实在太劳累了!我一向认为音乐家的神经比别的艺术家更需要保护,这也是有科学与历史根据的。这一段细细到到译给弥拉听,让她以后在这方面多帮助你,代我们督促你多休息!你知道我说的休息绝不是懒散,而是调节你的身心,尤其是神经(我一向认为音乐家的神经比别的艺术家更需要保护:这也是有科学与历史根据的),目的仍在于促进你的艺术,不过用的方法比一味苦干更合理更科学而已!

你的中文并不见得如何退步,你不必有自卑感。自卑感反会阻止你表达的流畅。Do take it easy![一定要放松些,慢慢来!]主要是你目前的环境多半要你用外文来思想,也因为很少机会用中文讨论文艺、思想等等问题。稍缓我当寄一些旧书给你,让你温习温习词汇和句法的变化。我译的旧作中,《嘉尔曼》和服尔德的文字比较最洗炼简洁,可供学习。新译不知何时印,印了当然马上寄。但我们纸张不足,对十九世纪的西方作品又经过批判与重新估价,故译作究竟哪时会发排,完全无法预料。

其实多读外文书(写得好的),也一样能加强表达思想的能力。我始终觉得一个人有了充实丰富的思想,不怕表达不出。Arthur Hedley[阿瑟·赫德利]写的 *Chopin*[《萧邦传》(在 master musician[音乐大师]丛书内)内容甚好,文字也不太难。第十章提到 Chopin[萧邦]的演奏,有些字句和一般人对你的评论很相近。

……

再一次祝福你婚姻美满。弥拉真是好孩子,你得好好的爱她!想起你的结婚,我们真有说不出的感触,快慰,以及多多少少复杂万分的情绪。代我们多多道谢 Menuhin[梅纽因]先生太太为你的事偏劳了!

爸爸　十二月二日

去波兰前我为你手抄的旧诗选还在吗?

TAINE[丹纳]:*PHILOSOPHIE DE L'ART*[《艺术哲学》]的英译本,不

妨买来先读,要读得慢一些。要等我的译本到你手中,实在是时间太无把握了。丹纳论希腊及意大利文艺复兴真是好极。

一九六〇十二月二日 *

亲爱的聪:知道你们婚期确定以来,我们抱着激动兴奋的心情天天都在盘算日子。你们幸福,我们也跟着幸福。所谓骨肉之亲,所谓爱子情深,只有真爱子女的父母才能深切的体会其中的滋味。我们常常沉浸在回忆中,把你的一生重新温过一遍,想着你在襁褓中的痴肥胖,又淘气又可爱的童年,顽强而多事的少年,一直到半生不熟的去罗马尼亚,出发去参加萧邦的比赛为止:童年时所受的严格的家庭教育,少年时代的发奋用功,出国后的辛勤劳苦,今天的些少成绩,真像电影中一个个的镜头,历历在目,包括了多少辛酸和多少欢乐!如今你到了人生的高潮,也是一生中最幸福的阶段,开始成家立业了。我们做父母的怎不喜极而涕!尤其做母亲的,想到儿子今后的饮食寒暖,身边琐事,有这样一个理想的弥拉来照顾应付,你也不再觉得孤独,我从此可以交卸责任,一切放心了。可爱的弥拉,虽然我们之间只能从通信中互相了解,可是已感到她性情淳厚,温柔体贴,(她说过她的信永远代替不了你的,你看她多么懂得做父母的心!)绝非虚荣浮夸的女孩子。这是你的福气,也显出你眼光不差。最后我还得叮咛几句:希望你们二人处理相亲相爱之外,永远能互相尊重事事商量;切勿独断专行。生活要严肃,有规律,有节制;经济方面要有计划预算,用钱要适当,总之,行事不可凭冲动,图一时之快,必须深思熟虑;你个人更不可使性。当然,人生永远在学习中,过失难免,只要接受教训,就是深入一步了。

我们觉得最遗憾的是没有尽父母之职,不能代你们做些事,美中不足的又不能参加你们的婚礼。日期如此匆促,使我措手不及,不知买什么送你们好。寄出包裹限制甚严,只能在极小的范围内选购。……

收到我们的信时,恐怕离你婚期只有几天了,你们忙得很!就此停笔。祝你们新婚幸福,健康!

妈妈　十二月二日

一九六一年二月五日上午－八日晨

亲爱的孩子：上月二十四日宋家婆婆①突然病故，卧床不过五日。初时只寻常小恙，到最后十二小时才急转直下。人生脆弱一至于此！我和你妈妈为之四五天不能入睡，伤感难言。古人云秋冬之际，尤难为怀；人过中年也是到了秋冬之交，加以体弱多病，益有草木零落，兔死狐悲之感。但西方人年近八旬尚在孜孜矻矻，穷究学术，不知老之“已”至：究竟是民族年轻，生命力特别旺盛，不若数千年一脉相承之中华民族容易衰老欤？抑是我个人未老先衰，生意索然欤？想到你们年富力强，蓓蕾初放，艺术天地正是柳暗花明，窥得无穷妙境之时，私心艳羡，岂笔墨所能尽宣！

因你屡屡提及艺术方面的希腊精神（Hellenism），特意抄出丹纳《艺术哲学》中第四编“希腊雕塑”译稿六万余字，钉成一本。原书虽有英译本，但其中神话、史迹、掌故太多，倘无详注，你读来不免一知半解；我译稿均另加笺注，对你方便不少。我每天抄录一段，前后将近一月方始抄完第四编。奈海关对寄外文稿检查甚严，送去十余日尚无音信，不知何时方能寄出，亦不知果能寄出否。思之怅怅。此书原系一九五七年“人文”向我特约，还是王任叔②来沪到我家当面说定，我在一九五八至一九五九年间译完，已搁置一年八个月。目前纸张奇紧，一时决无付印之望。

在一切艺术中，音乐的流动性最为凸出，一则是时间的艺术，二则是刺激感官与情绪最剧烈的艺术，故与个人的 mood［情绪］关系特别密切。对乐曲的了解与感受，演奏者不但因时因地因当时情绪而异，即一曲开始之后，情绪仍在不断波动，临时对细节、层次、强弱、快慢、抑扬顿挫，仍可有无穷变化。听众对某一作品平日皆有一根据素所习惯与听熟的印象构成的“成见”，而听众情绪之波动，亦复与演奏者无异：听音乐当天之心情固对其音乐感受大有影响，即乐曲开始之后，亦仍随最初乐句所引起之反应而连续发生种种情绪。此种变化与演奏者之心情变化皆非事先所能预料，亦非临时能由意识控制。可见演奏者每次表现之有所出入，听众之印

① 即我国老一辈戏剧家宋春舫的夫人，傅雷挚友宋奇之母。

② 作家，时任人民文学出版社社长。

象每次不同，皆系自然之理。演奏家所以需要高度的客观控制，以尽量减少一时情绪的影响；听众之需要高度的冷静的领会；对批评家之言之不可不信亦不能尽信，都是从上面几点分析中引伸出来的结论。音乐既是时间的艺术，一句弹完，印象即难以复按；事后批评，其正确性大有问题；又因为是时间的艺术，故批评家固有之（对某一作品）成见，其正确性又大有问题。况执著旧事物、旧观念、旧形象，排斥新事物、新观念、新印象，原系一般心理，故演奏家与批评家之距离特别大。不若造型艺术，如绘画、雕塑、建筑，形体完全固定，作者自己可在不同时间不同心情之下再三复按，观众与批评家亦可同样复按，重加审查，修正原有印象与过去见解。

按诸上述种种，似乎演奏与批评都无标准可言。但又并不如此。演奏家对某一作品演奏至数十百次以后，无形中形成一比较固定的轮廓，大大的减少了流动性。听众对某一作品听了数十遍以后，也有一个比较稳定的印象——尤其以唱片论，听了数十百次必然会得出一个接近事实的结论。各种不同的心情经过数十次的中和，修正，各个极端相互抵消以后，对某一固定乐曲（既是唱片，则演奏是固定的了，不是每次不同的了，而且可以尽量复按复查）的感受与批评可以说有了平均的、比较客观的价值。个别的听众与批评家，当然仍有个别的心理上精神上气质上的因素，使其平均印象尚不能称为如何客观；但无数“个别的”听众与批评家的感受与印象，再经过相当时期的大交流（由于报章杂志的评论，平日交际场中的谈话，半学术性的讨论争辩而形成的大交流）之后，就可得出一个 average［平均］的总和。这个总印象总意见，对某一演奏家的某一作品的成绩来说，大概是公平或近于公平的了——这是我对群众与批评家的意见肯定其客观价值的看法，也是无意中与你妈妈谈话时谈出来的，不知你觉得怎样？——我经常与妈妈谈天说地，对人生、政治、艺术、各种问题发表各种感想，往往使我不知不觉中把自己的思想整理出一个小小的头绪来。单就这一点来说，你妈妈对我确是大有帮助，虽然不是出于她主动。——可见终身伴侣的相互帮助有许多完全是不知不觉的。相信你与弥拉之间一定也常有此感。

二月五日上午

昨天敏自京回沪度寒假，马先生交其带来不少唱片借听。昨晚听了维瓦尔第的两支协奏曲，显然是斯卡拉蒂一类的风格，敏说“非常接近大自然”，倒也说得中肯。情调的愉快、开朗、活泼、轻松，风格之典雅、妩媚，意境之纯净、健康，气息之乐观、天真，和声的柔和、堂皇，甜而不俗：处处显出南国风光与意大利民族的特性，令我回想到罗马的天色之蓝，空气之清洌，阳光的灿烂，更进一步追怀二千年前希腊的风土人情，美丽的地中海与柔媚的山脉以及当时又文明又自然、又典雅又朴素的风流文采，正如丹纳书中所描写的那些境界。听了这种音乐不禁联想到韩德尔，他倒是北欧人而追求文艺复兴的理想的人，也是北欧人而憧憬南国的快乐气氛的作曲家。你说他 humain［有人情味］是不错的，因为他更本色，更多保留人的原有的性格，所以更健康。他有的是异教气息，不像巴赫被基督教精神束缚，常常匍匐在神的脚下呼号，忏悔，诚惶诚恐的祈求。基督教本是历史上某一特殊时代，地理上某一特殊民族，经济政治某一特殊类型所综合产生的东西；时代变了，特殊的政治经济状况也早已变了，民族也大不相同了，不幸旧文化——旧宗教遗留下来，始终统治着二千年来几乎所有的西方民族，造成了西方人至今为止的那种矛盾、畸形，与十九、二十世纪极不调和的精神状态，处处同文艺复兴以来的主要思潮抵触。在我们中国人眼中，基督教思想尤其显得病态。一方面，文艺复兴以后的人是站起来了，到处肯定自己的独立，发展到十八世纪的百科全书派，十九世纪的自然科学进步以及政治经济方面的革命，显然人类的前途、进步、能力都是无限的；同时却仍然奉一个无所不能无所不在的神为主宰，好像人永远逃不出他的掌心，再加上原始罪恶与天堂地狱的恐怖与期望，使近代人的精神永远处于支离破碎、纠结复杂、矛盾百出的状态中，这个情形反映在文化的各个方面、学术的各个部门，使他们（西方人）格外心情复杂，难以理解。我总觉得从异教变到基督教，就是人从健康变到病态的主要表现与主要关键。比起近代的西方人来，我们中华民族更接近古代的希腊人，因此更自然、更健康。我们的哲学、文学即使是悲观的部分也不是基督教式的一味投降，或者用现代语说，一味的“失败主义”；而是人类一般对生老病死、春花秋月的慨叹，如古乐府及我们全部诗词中提到人生如朝露一类的作品;或者是愤激与反抗的表现,如老子的《道德经》——就因为此,我们对西方艺术中最喜爱的还是希腊的雕塑、文艺复兴的绘画、十九世纪的风景画——总而言之是非宗教性非说教类的作品——猜想你近年来愈来愈喜欢莫扎特、斯卡拉蒂、韩德尔,大概也是由于中华民族的特殊气质。在精神发展的方向上,我认为你这条路线是正常的,健全的——你的酷好舒伯特,恐怕也反映你爱好中国文艺中的某一类型。亲切、熨帖、温厚、惆怅、凄凉,而又对人生常带哲学意味极浓的深思默想;爱人生,恋念人生而又随时准备飘然远行,高蹈,洒脱,遗世独立,解脱一切等等的表现,岂不是我们汉晋六朝唐宋以来的文学中屡见不鲜的吗?而这些因素是不是在舒伯特的作品中也具备的呢?——关于上述各点,我很想听听你的意见。而你我之间思想交流、精神默契未尝有丝毫间隔,也就象征你这个远方游子永远和产生你的民族、抚养你的祖国、灌溉你的文化血肉相连、息息相通。

二月六日上午

从文艺复兴以来,各种古代文化、各种不同民族、各种不同的思想感情大接触之下,造成了近代人的极度复杂的头脑与心情;加上政治经济和社会的急剧变化(如法国大革命,十九世纪的工业革命,封建社会与资本主义社会的交替等等),人的精神状态愈加充满了矛盾。这个矛盾中最尖锐的部分仍然是基督教思想与个人主义的自由独立与自我扩张的对立。凡是非基督徒的矛盾,仅仅反映经济方面的苦闷,其程度决没有那么强烈——在艺术上表现这种矛盾特别显著的,恐怕要算贝多芬了。以贝多芬与歌德作比较研究,大概更可证实我的假定。贝多芬乐曲中两个主题的对立,决不仅仅从技术要求出发,而主要是反映他内心的双重性。否则,一切 sonata form[奏鸣曲式]都以两个对立的 motifs[主题]为基础,为何独独在贝多芬的作品中,两个不同的主题会从头至尾斗争得那么厉害,那么凶猛呢?他的两个主题,一个往往代表意志,代表力,或者说代表一种自我扩张的个人主义(绝对不是自私自利的庸俗的个人主义或侵犯别人的自我扩张,想你不致误会);另外一个往往代表犷野的暴力,或者说是命运,或者说是神,都无不可。虽则贝多芬本人决不同意把命运与神混为一谈,但客观分析起来,两者实在是一个东西。斗争的结果总是意志得胜,人得胜。但胜利并不持久,所以每写一个曲子就得重新挣扎一次,斗争一次。到晚年的四重奏中,斗争仍然不断发生,可是结论不是谁胜谁败,而是个人的隐忍与舍弃;这个境界在作者说来,可以美其名曰皈依,曰觉悟,曰解脱,其实是放弃斗争,放弃挣扎,以换取精神上的和平宁静,即所谓幸福,所谓极乐。挣扎了一辈子以后再放弃挣扎,当然比一开场就奴颜婢膝的屈服高明得多,也就是说"自我"的确已经大大的扩张了;同时却又证明"自我"不能无限制的扩张下去,而且最后承认"自我"仍然是渺小的,斗争的结果还是一场空,真正得到的只是一个觉悟,觉悟斗争之无益,不如与命运、与神,言归于好,求妥协。当然我把贝多芬的斗争说得简单化了一些,但大致并不错。此处不能作专题研究,有的地方只能笼统说说——你以前信中屡次说到贝多芬最后的解脱仍是不彻底的,是否就是我以上说的那个意思呢?——我相信,要不是基督教思想统治了一千三四百年(从高卢人信奉基督教算起)的西方民族,现代欧洲人的精神状态决不会复杂到这步田地,即使复杂,也将是另外一种性质。比如我们中华民族,尽管近半个世纪以来也因为与西方文化接触之后而心情变得一天天复杂,尽管对人生的无常从古至今感慨伤叹,但我们的内心矛盾,决不能与宗教信仰与现代精神(自我扩张)的矛盾相比。我们心目中的生死感慨,从无仰慕天堂的极其烦躁的期待与追求,也从无对永堕地狱的恐怖忧虑;所以我们的哀伤只是出于生物的本能,而不是由发热的头脑造出许多极乐与极可怖的幻象来一方面诱惑自己一方面威吓自己。同一苦闷,程度强弱之大有差别,健康与病态的分别,大概就取决于这个因素。

中华民族从古以来不追求自我扩张,从来不把人看做高于一切,在哲学文艺方面的表现都反映出人在自然界中与万物占着一个比例较为恰当的地位,而非绝对统治万物、奴役万物的主宰。因此我们的苦闷,基本上比西方人为少为小;因为苦闷的强弱原是随欲望与野心的大小而转移的。农业社会的人比工业社会的人享受差得多,因此欲望也小得多。况中国古代素来以不滞于物,不为物役为最主要的人生哲学。并非我们没有守财奴，但比起莫里哀与巴尔扎克笔下的守财奴与野心家来，就小巫见大巫了。中华民族多数是性情中正和平、淡泊、朴实，比西方人容易满足。另一方面，佛教影响虽然很大，但天堂地狱之说只是佛教中的小乘（净土宗）的说法，专为知识较低的大众而设的。真正的佛教教理并不相信真有天堂地狱；而是从理智上求觉悟，求超度；觉悟是悟人世的虚幻，超度是超脱痛苦与烦恼。尽管是出世思想，却不予人以热烈追求幸福的鼓动或急于逃避地狱的恐怖；主要是劝导人求智慧。佛教的智慧正好与基督教的信仰成为鲜明的对比。智慧使人自然而然的醒悟，信仰反易使人入于偏执与热狂之途。我们的民族本来提倡智慧[中国人的理想是追求智慧而不是追求信仰。我们只看见古人提到彻悟，从未以信仰坚定为人生乐事（这恰恰是西方人心目中的幸福）。你认为韩德尔比巴赫为高，你说前者是智慧的结晶，后者是信仰的结晶：这个思想根源也反映出我们的民族性]。故知识分子受到佛教影响并无恶果。即使南北朝时代佛教在中国极盛，愚夫愚妇的迷信亦未尝在吾国文化史上遗留什么毒素，知识分子亦从未陷于虚无主义（即使有过一个短时期，但在历史上并无大害）。相反，在两汉以儒家为惟一正统，罢斥百家，思想入于停滞状态之后，佛教思想的输入倒是给我们精神上的一种刺激，令人从麻痹中觉醒过来，从狭隘的一家一派的束缚中解放出来。在公元二三世纪的思想情况之下这是一个可喜的现象。对中国知识分子拘束最大的倒是僵死的礼教，从南宋的理学（程子朱子）起一直到清朝末年，养成了规行矩步，整天反省，惟恐背礼越矩的迂腐头脑，也养成了口是心非的假道学、伪君子。其次是明清两代的科举制度，不仅束缚性灵，也使一部分有心胸有能力的人徘徊于功名利禄与真正修心养性、致知格物的矛盾中（反映于《儒林外史》中）——然而这一类的矛盾也决不像近代西方人的矛盾那么有害身心。我们的社会进步迟缓，资本主义制度发展若断若续，封建时代的经济基础始终存在，封建时代的道德观、人生观、宇宙观以及一切上层建筑，到近百年中还有很大势力，使我们的精神状态、思想情形不致如资本主义高度发展的国家的人那样混乱、复杂、病态；我们比起欧美人来一方面是落后，一方面也单纯，就是说更健全一些——从民族特性，传统思想，以及经济制度等等各个方面看，我们和西方人比较之下都有这个双重性。五四以来，情形急转直下，西方文化的输入使我们的头脑受到极大的骚动，正如“帝国主义的资本主义”的侵入促成我们半封建半资本主义社会的崩溃一样。我们开始感染到近代西方人的烦恼，幸而时期不久，并且宗教影响在我们思想上并无重大作用（西方宗教只影响到买办阶级以及一部分比较落后地区的农民，而且也并不深刻），故虽有现代式的苦闷，并不太尖锐。我们还是有我们老一套的东方思想与东方哲学，作为批判西方文化的尺度。当然以上所说特别是限于解放以前为止的时期。解放以后情形大不相同，暇时再谈。但即是解放以前我们一代人的思想情况，你也承受下来了，感染得相当深了。我想你对西方艺术、西方思想、西方社会的反应和批评，骨子里都有我们一代（比你早一代）的思想根源，再加上解放以后新社会给你的理想，使你对西欧的旧社会更有另外一种看法、另外一种感觉——倘能从我这一大段历史分析（不管如何片面如何不正确）来分析你目前的思想感情，也许能大大减少你内心苦闷的尖锐程度，使你的矛盾不致影响你身心的健康与平衡，你说是不是？

二月七日

人没有苦闷，没有矛盾，就不会进步。有矛盾才会逼你解决矛盾，解决一次矛盾即往前迈进一步。到晚年矛盾减少，即是生命将要告终的表现。没有矛盾的一片恬静只是一个崇高的理想，真正实现的话并不是一个好现象。凭了修养的功夫所能达到的和平恬静只是极短暂的，比如浪潮的尖峰，一刹那就要过去的。或者理想的平和恬静乃是微波荡漾，有矛盾而不太尖锐，而且随时能解决的那种精神修养，可绝非一泓死水：一泓死水有什么可羡呢？我觉得倘若苦闷而不致陷入悲观厌世，有矛盾而能解决（至少在理论上认识上得到一个总结），那么苦闷与矛盾并不可怕。所要避免的乃是因苦闷而导致身心失常或者玩世不恭，变做游戏人生的态度。从另一角度看，最伤人的（对己对人，对小我与集体都有害的）乃是由 passion［激情］出发的苦闷与矛盾，例如热衷名利而得不到名利的人，怀着野心而明明不能实现的人，经常忌妒别人、仇恨别人的人，那一类苦闷便是于己于人都有大害的。凡是从自卑感自溺狂等等来的苦闷对社会都是不利的,对自己也是致命伤。反之,倘是忧时忧国,不是为小我打算而是为了社会福利、人类前途而感到的苦闷,因为出发点是正义,是理想,是热爱,所以即有矛盾,对己对人都无害处,倒反能逼自己做出一些小小的贡献来。但此种苦闷也须用智慧来解决,至少在苦闷的时间不能忘了明哲的教训,才不至于转到悲观绝望,用灰色眼镜看事物,才能保持健康的心情继续在人生中奋斗——而惟有如此,自己的小我苦闷才能转化为一种活泼泼的力量而不仅仅成为愤世嫉俗的消极因素;因为愤世嫉俗并不能解决矛盾,也就不能使自己往前迈进一步。由此得出一个结论,我们不怕经常苦闷,经常矛盾,但必须不让这苦闷与矛盾妨碍我们愉快的心情。

二月七日晚

记得你在波兰时期,来信说过艺术家需要有 single - mindedness[一心一意],分出一部分时间关心别的东西,追术艺术就短少了这部分时间。当时你的话是特别针对某个问题而说的。我很了解(根据切身经验),严格钻研一门学术必须整个儿投身进去。艺术——尤其音乐,反映现实是非常间接的,思想感情必须转化为 emotion[感情]才能在声音中表达,而这一段酝酿过程,时间就很长;一受外界打扰,酝酿过程即会延长,或竟中断。音乐家特别需要集中(即所谓 single - mindedness),原因即在于此。因为音乐是时间的艺术,表达的又是流动性最大的 emotion[感情],往往稍纵即逝——不幸,生在二十世纪的人,头脑装满了多多少少的东西,世界上又有多多少少东西时时刻刻逼你注意;人究竟是社会的动物,不能完全与世隔绝;与世隔绝的任何一种艺术家都不会有生命,不能引起群众的共鸣。经常与社会接触而仍然能保持头脑冷静,心情和平,同时能保持对艺术的新鲜感与专一的注意,的确是极不容易的事。你大概久已感觉到这一点。可是过去你似乎纯用排斥外界的办法(事实上你也做不到,因为你对人生对世界的感触与苦闷还是很多很强烈),而没头没脑的沉浸在艺术里,这不是很健康的做法。我屡屡提醒你,单靠音乐来培养音乐是有很大弊害的。以你的气质而论,我觉得你需要多多跑到大自然中去,也需要不时欣赏造型艺术来调剂。假定你每个月郊游一次,上美术馆一次,恐怕你不仅精神更愉快、更平衡,便是你的音乐表达也会更丰富、更有生命力、更有新面目出现。亲爱的孩子,你无论如何应该试试看!

如今你有弥拉代为料理日常琐事,该是很幸福了。但不管你什么理由,某些道义上的责任是脱卸不了的,不能由弥拉代庖。希望能尽量挤出时间,不时给两位以前的老师写几行,短一些无妨,但决不可几月几年的沉默下去!你在本门艺术中意志很强,为何在道义上不同样拿出意志来节约时间,履行你的义务呢?—— 孩子,你真不知道我多么希望你在人生各方面都有进步!倘你在尊师方面有行动表现,你真是给你爸爸最大的快乐。你要以与亲友通信作为精神上的调剂,就不会视执笔为畏途了。心理一改变,事情就会轻松,试过几回即会明白。

一月九日与林先生的画同时寄出的一包书,多半为温习你中文着眼,故特别挑选文笔最好的书——至于艺术与音乐方面的书,英文中有不少扎实的作品。暑中音乐会较少的期间,也该尽量阅读。

二月八日晨

这封信拖得太长了,竟像是一大堆随笔。但愿空下来多读几遍。……

祝你们俩幸福,身心康健,休息充足!

六一年二月八日

一九六一年二月九日 *

亲爱的聪:爸爸近来任何事一上手,都好像欲罢不能。同你讨论艺术,恨不得倾箱倒箧尽量发挥。他又极易紧张,楼上婆婆[①]过世了,就几日几夜的不能放怀。此次阿敏回家,他又兴奋得睡不好,总之,是喜是忧,都足以使他神经不能安静,欲罢不能。吴医生说主要还是身体衰弱,不易控制神经。我看他思想和心理活动都很复杂,每次要你寄食物的单子,他都

① 即宋奇的母亲。

一再踌躇，仿佛向儿子要东西，也顾虑重重，并且也怕增加你的负担。你若真有困难，应当来信说明，免得他心中七上八下。否则你也该来信安慰安慰他。每次的单子，都是我从旁作主的。因为我心里明白，一年半以来，长期的缺乏营养，到现在不正常的现象都出来了，另外还有许多病痛。爸爸虽然身体瘦，过去一直维持在一百二十磅上下，如今掉到一百磅，单凭这一点，情形也就可想而知了。叫我如何不为之担忧呢！我虽尽量为他张罗饮食，杯水车薪，也很难。我自己九十五磅，也掉了十五磅。

阿敏回家了，做父母的总是高兴。他信仰坚定，与你不同，可是身体也不大好，一般都是营养缺乏问题，此次得彻底检查一番，他腰酸的毛病已有二年多，前天拍了X光片子，究竟是何道理，还没诊断出来。爸爸跟他谈了许多问题，艺术、政治，无所不谈。也指导他如何思想，如何读书的方法。希望你能不时写信回来，让我们心里多高兴些，多些光彩。

请转告弥拉，我写英文不如中文能随心所欲的发挥，请她原谅，同时由你翻译给她听。我近来忙得不可开交，不能多写，望你们保重！祝好！

妈妈　二月九日

一九六一年三月二十二日

亲爱的孩子：……关于港岛演出事，还想补充几句，让你彻底明白我们的意思。

总的说来，两年来祖国对你处处留着余地，你当然也该处处为祖国着想。既然你屡次表示过决不辜负祖国，如今事实当前，正应当以行动来证实。过门不入而在大门外表演，国内群众会觉得你耀武扬威，至少给他们一种难堪，也是给政府难堪。前信说"在大门外向政府挑战"，就是指这一点。相信你本无此意，但你是没法表白你的心迹的，招来误会倒是真的。

……

对个人毫无好处而只会带来政治上坏影响的事（何况你演出前后精神上也不会愉快），我想你仔细考虑之下决不会做的。我为此郑重思考了几个月，以上所云决非仅凭一时观感；你也不妨与岳丈从长计议，另作决定。

爸爸　一九六一年三月二十二日

拉威尔的歌真美,我理想中的吾国新音乐大致就是这样的一个艺术境界,可惜从事民间音乐的人还没有体会到,也没有这样高的技术配备!

……

一九六一年三月二十八日夜*

亲爱的聪:许多话都在英文信上仔细谈了,想你一定体会到我们做父母的一番热心与关切。我最担心的是你的性情脾气,因为你们父子的气质太相同了;虽然如此,我总觉得你还有我的成分,待人接物比较柔和,可是在熟人面前、亲人前面,你也会放肆(人人都有这个倾向)。弥拉太了解你了,她多么温柔可爱,千万不可伤害她,千万不可把你爸爸对妈妈的折磨加在弥拉身上。虽然我们女人会理解你们,原谅你们,总不是夫妇长久相处的好办法。有时你对小事情太认真、太固执、太啰嗦;你该避免不必要的争执,徒伤和气。你看弥拉多能干,年纪轻轻,搬家、设计、布置,一人独当,你享现成福,岂不幸运?我真想不到她在实际生活上如此多才,你该知足了。记得你五六、五七两年回家,什么事都左一遍右一遍的叮嘱,千不放心,万不放心,把我烦死了。你自己也跟我说:"妈,我跟爸爸一样的烦噢!"还有一次你跟我讲:"妈,你看我现在脾气好多了,你看怎样?"那时你笑眯眯的,温和可爱,做妈妈的能不更心疼么?但愿你有自知之明,尽量改掉自己的缺点。这次从南非远行回来,该好好休息一番,在新安顿的家里好好享受一番,看看我们给你的画、画片、照片、书籍等等,也足够你们消遣了。

这次阿敏回家,显得比较成熟,对我们也亲切体贴,再三说要爸爸为了长远利益计,保养身体,每天工作不能超过四小时。他也常常提起你跟弥拉,对你音乐方面的成功,表示兴奋。待人接物,也很周到,他临走,我给他路上吃的一只小小 butter cake[黄油蛋糕],结果他省下来,送给马家,大家都高兴。你看了他的照片,一定感触很多。可惜他有关节炎这种慢性病,终身不会治愈,但他很能忍耐,即使心中不如意,或身上不好过,也不肯轻易告诉我们。他为人淳朴厚道,这是姓傅的门风(也是你妈妈家姓朱的传统!——爸爸),我为之高兴。匆匆,即搁笔了。祝你跟弥拉身心愉快！

妈妈　一九六一年三月二十八日夜

一九六一年四月二十日＊

亲爱的聪：接到你南非归途中的长信，我一边读一边激动得连心都跳起来了。爸爸没念完就说了几次 Wonderful！Wonderful！[好极了！好极了！]孩子，你不知给了我们多少安慰和快乐！从各方面看，你的立身处世都有原则性，可以说完全跟爸爸一模一样。对黑人的同情，恨殖民主义者欺凌弱小，对世界上一切丑恶的愤懑，原是一个充满热情、充满爱，有正义感的青年应有的反响。你的民族傲气，爱祖国爱事业的热忱，态度的严肃，也是你爸爸多少年来从头至尾感染你的；我想你自己也感觉到。孩子，看到你们父子气质如此相同，正直的行事如此一致，心中真是说不出的高兴。你们谈艺术、谈哲学、谈人生，上下古今无所不包，一言半语就互相默契，彻底了解；在父子两代中能够有这种情形，实在难得。我更回想到五六、五七两年你回家的时期，没有一天不谈到深更半夜，当时我就觉得你爸爸早已把你当做朋友看待了。

但你成长以后和我们相处的日子太少，还有一个方面你没有懂得爸爸。他有极 delicate[细致]极 complex[复杂]的一面，就是对钱的看法。你知道他一生清白，公私分明，严格到极点。他帮助人也有极强的原则性，凡是不正当的用途，便是知己的朋友也不肯通融（我亲眼见过这种例子）。凡是人家真有为难而且是正当用途，就是素不相识的也肯慨然相助。就是说，他对什么事都严肃看待，理智强得不得了。不像我是无原则的人道主义者，有求必应。你在金钱方面只承继了妈妈的缺点，一些也没学到爸爸的好处。爸爸从来不肯有求于人。这两年来营养之缺乏，非你所能想像，因此百病丛生，神经衰弱、视神经衰退、关节炎、三叉神经痛，各种慢性病接踵而来。他虽然一向体弱，可也不至于此伏彼起的受这么多的折磨。他自己常叹衰老得快，不中用了。我看着心里干着急。有几个知己朋友也为之担心，但是有什么办法呢？大家都一样。人家提议："为什么不上饭店去吃几顿呢？""为什么不叫儿子寄些食物来呢？"他却始终硬挺，既不愿出门，也不肯向你开口；始终抱着置生命于度外的态度（我不知道你有没有体会到爸爸这几年来的心情？他不愿，我也不愿与你提，怕影响你的情绪）。后来我实在看不下去，便在去年十一月二十六日的信末向你表示……你来信对此不提及。今年一月五日你从 Malta［马耳他］来信还是只字不提，于是我不得不在一月六日给你的信上明明白白告诉你："像我们这样的父母，向儿子开口要东西是出于不得已，这一点你应该理解到。爸爸说不是非寄不可，只要回报一声就行，免得人伸着脖子等。"二月九日我又写道："我看他思想和心理活动都很复杂，每次要你寄食物的单子，他都一再踌躇，仿佛向儿子开口要东西也顾虑重重，并且也怕增加你的负担。你若真有困难，应当来信说明，免得他心中七上八下。否则也该来信安慰安慰他。每次单子都是我从旁做主的。"的确，他自己也承认这一方面有复杂的心理（complex），有疙瘩存在，因为他觉得有求于人，即使在骨肉之间也有屈辱之感。你是非常敏感的人，但是对你爸爸妈妈这方面的领会还不够深切和细腻。我一再表示，你好像都没有感觉，从来没有正面安慰爸爸。

他不但为了自尊心有疙瘩，还老是担心增加你的支出，每次 order［嘱寄］食物，心里矛盾百出，屈辱感、自卑感，一股脑儿都会冒出来，甚至信也写不下去了……他有他的隐痛：一方面觉得你粗心大意，对我们的实际生活不够体贴，同时也原谅你事情忙，对我们实际生活不加推敲，而且他也说艺术家在这方面总是不注意的，太懂实际生活，艺术也不会高明。从这几句话你可想像出他一会儿烦恼一会儿譬解的心理与情绪的波动。此外他再三劝你跟弥拉每月要 save money［节省金钱］，要做预算，要有计划，而自己却要你寄这寄那，多花你们的钱，他认为自相矛盾。尤其你现在成了家，开支浩大，不像单身的时候没有顾忌。弥拉固然体贴可爱，毫无隔膜，但是我们做公公婆婆的在媳妇面前总觉脸上不光彩。中国旧社会对儿女有特别的看法，说什么养子防老等等；甚至有些父母还嫌儿子媳妇不孝顺，这样不称心，那样不满意，以致引起家庭纠纷。我们从来不曾有过老派人依靠儿女的念头，所以对你的教育也从来没有接触到这个方面。正是相反，我们是走的另一极端：只知道抚育儿女，教育儿女，尽量满足儿女的希望是我们的责任和快慰。从来不想到要儿女报答。谁料到一朝竟会真的需要儿子依靠儿子呢？因为与一生的原则抵触，所以对你有所要求时总要感到委屈，心里大大不舒服，烦恼得无法解脱。

我们的生活，你自幼到大知道得很清楚；到五七、五八年为止，饮食都很正常，有规律、有节制，素来不大吃大喝，（你知道我们一辈子上饭店的次数也是数得清的。）但对脑力劳动必不可少的一些高蛋白（譬如每天要有些鱼和肉，牛油面包之类），不怕买不到。两年以来标准下降，平时吃素的日子多，你只要回想一下你独自在昆明“孵豆芽”的味儿，就明白了。那时你是受经济限制，我们如今却不是经济问题。牛油是你在家从小见惯吃惯之物，也不是什么奢侈品，为什么去年十一月我忽然要你千里迢迢的寄来呢？你就是没有用过脑子想一想，分析一下。

我们从日用品到食物都是计划供应，大家一律平等。每月每人可吃肉三天、吃鱼六天。有了你的外汇，可有一些特别照顾，每百元人民币就可额外配给油票二斤、肉票一斤、鱼票二斤、糖票二斤，比平时全家所得的分配多至一倍。可是为了多这些营养，又要增加你经济的负担，又要引起你爸爸的矛盾。他想到你为了多挣钱，势必要多开音乐会，以致疲于奔命，有伤身体，因此心里老是忐忑不安，说不出的内疚！既然你没有明白表示，有时爸爸甚至后悔 order［嘱寄］食物，想还是不要你们寄的好。此中痛苦，此中顾虑，你万万想不到。我没有他那样执著，常常从旁劝慰。我说：“我们年纪也老了，就是花儿子钱也为日无多。”“用自己心爱的儿子的钱有什么关系呢？有什么不体面呢？”“我们应该想穿些，何必如此认真！”“何况儿子媳妇对我们无微不至的体贴，寄东西来他们是乐意的。”他当场听了也能接受，过后心里却仍要波动。不论在哪一方面，你很懂得爸爸，但这方面的疙瘩，恐怕你连做梦也没想到过；我久已埋在心头，没有和你细谈。为了让你更进一步，更全面的了解他，我觉得责任难逃，应当告诉你。

我的身体也不算好，心脏衰弱，心跳不正常，累了就浮肿，营养更谈不上。因为我是一家中最不重要的人，还自认为身体最棒，能省下来给你爸爸与弟弟吃是我的乐处（他们又硬要我吃，你推我让，常常为此争执），我这个作风，你在家也看惯的。这两年多来瘦了二十磅，一有心事就失眠，说明我也神经衰弱，眼睛老花，看书写字非戴眼镜不可。以上所说，想你不会误解，我绝不是念苦经，只是让你知道人生的苦乐。趁我现在还有精力，我要尽情倾吐，使我们一家人，虽然一东一西分隔遥远，还是能够融融洽洽，无话不谈，精神互相贯通，好像生活在一起。同时也使你多知道一些实际的人生和人情。以上说的一些家常琐碎和生活情形，你在外边的人也当知道一个大概，免得与现实过分脱节。你是聪明人，一定会想法安慰爸爸，消除他心中的 complex［矛盾］！

真想不到我们有福气，会有弥拉这样温柔可爱的媳妇，常常写那么亲切真诚的信来，使我们在寂寞的生活中添加不少光彩、温暖、兴奋与激动。我们看着你们的信，好像面对面谈话一样亲热。你们的信我们至少要从头至尾看上三遍，可以说每个字都要研究过，体会过，咂摸其中意味，互相讨论，还要举一反三，从中看出其他的细节，想像你们的生活，伦敦的情形以及一切西方世界的动静。我希望你们尽管忙，也要学学我们的榜样。聪，你倘能特别注意，字里行间自会理解许多东西，并不限于道德教训和嘱咐。我的笔很笨拙，说了一大堆，还是不能全部表达我心里的意思，多多少少的词不达意，只有你多加功夫，深深体会了。

现在爸爸主要依靠牛油和花生（萧伯母寄来的），补足他必需的高蛋白。谢谢你们的各种食物，对他身体大有帮助。可是他舍不得吃，一点一滴的慢慢吃，为了少花你们的钱，拖得越长越好。他已仔细预算过，照目前情形，一年中也要花你二百镑（书与唱片还不在内），也是相当大的数字了，所以更要精打细算的吃，同时还要分赠亲友，他们比我们更困难。

由此说明我们过的生活比大众还好得多。我们的享受已经远过于别人。我天性是最容易满足的，你爸爸也守着“知足常乐”的教训，总的说来，心情仍然愉快开朗；何况我们还有音乐、书法、绘画……的精神享受以及工作方面得来的安慰！虽然客观形势困难，连着两年受到自然灾害，但在上下一致的努力之下，一定会慢慢好转。前途仍然是乐观的。所以爸爸照样积极，对大局的信心照样很坚定。虽然带病工作，对事业的那股欲罢不能的劲儿，与以前毫无分别。敏每次来信总劝爸爸多休息少工作，我也常常劝说。但是他不做这样就做那样，脑子不能空闲成了习惯，他自己也无法控制。

……

你经常工作到半夜过后，早上该多睡一些，休息要紧！代我告诉弥拉，我真疼她！

妈妈　四月二十日

一九六一年四月二十五日

亲爱的孩子：寄你“武梁祠石刻片”四张，乃系普通复制品，属于现在印的画片一类。

楯片一称拓片，是吾国固有的一种印刷，原则上与过去印木版书、今日印木刻铜刻的版画相同。惟印木版书画先在版上涂墨，然后以白纸覆印；拓片则先覆白纸于原石，再在纸背以布球蘸墨轻拍细按，印讫后纸背即成正面；而石刻凸出部分皆成黑色，凹陷部分保留纸之本色（即白色）。木刻铜刻上原有之图像是反刻的，像我们用的图章；石刻原作的图像本是正刻，与西洋的浮雕相似，故复制时方法不同。

古代石刻画最常见的一种只勾线条，刻画甚浅；拓片上只见大片黑色中浮现许多白线，构成人物鸟兽草木之轮廓；另一种则将人物四周之石挖去，如阳文图章，在拓片上即看到物像是黑的，具有整个形体，不仅是轮廓了。最后一种与第二种同，但留出之图像呈半圆而微凸，接近西洋的浅浮雕。武梁祠石刻则是第二种之代表作。

给你的拓片，技术与用纸都不高明；目的只是让你看到我们远祖雕刻艺术的些少样品。你在欧洲随处见到希腊罗马雕塑的照片，如何能没有祖国雕刻的照片呢？我们的古代遗物既无照相，只有依赖拓片，而拓片是与原作等大，绝未缩小之复本。

武梁祠石刻在山东嘉祥县武氏祠内，为公元二世纪前半期作品，正当东汉（即后汉）中叶。武氏当时是个大地主大官僚，子孙在其墓畔筑有享堂（俗称祠堂）专供祭祀之用。堂内四壁嵌有石刻的图画。武氏兄弟数人，故有武荣祠武梁祠之分，惟世人混称为武梁祠。

同类的石刻画尚有山东肥城县之孝堂山郭氏墓，则是西汉（前汉）之物，早于武梁祠约百年（公元一世纪），且系阴刻，风格亦较古拙厚重。"孝堂山"与"武梁祠"为吾国古雕刻两大高峰，不可不加注意。此外尚有较晚出土之四川汉墓石刻，亦系精品。

石刻画题材自古代神话，如女娲氏补天、三皇五帝等传说起，至圣、贤、豪杰烈士、诸侯之史实轶事，无所不包——其中一部分你小时候在古书上都读过。原作每石有数画，中间连续，不分界线，仅于上角刻有题目，如《老莱子彩衣娱亲》、《荆轲刺秦王》等等。惟文字刻画甚浅，年代剥落，大半无存；今日之下欲知何画代表何人故事，非熟悉《春秋》《左传》《国策》不可；我无此精力，不能为你逐条考据。

武梁祠全部石刻共占五十余石，题材总数更远过于此。我仅有拓片二十余张，亦是残帙，缺漏甚多，兹挑出拓印较好之四纸寄你，但线条仍不够分明，遒劲生动飘逸之美几无从体会，只能说聊胜于无而已。

爸爸　一九六一年四月二十五日

……

又汉代石刻画纯系吾国民族风格。人物姿态衣饰既是标准汉族气味，雕刻风格亦毫无外来影响。南北朝（公元四世纪至六世纪）之石刻，如河南龙门、山西云冈之巨大塑像（其中很大部分是更晚的隋唐作品——相当于公元六至八世纪），以及敦煌壁画等等，显然深受佛教艺术、希腊罗马及近东艺术之影响。

附带告诉你这些中国艺术演变的零星知识，对你也有好处，与西方朋友谈到中国文化，总该对主流支流、本土文明与外来因素，心中有个大体的轮廓才行。以后去大英博物馆巴黎罗浮美术馆，在远东艺术室中亦可注意及之。巴黎还有专门陈列中国古物的 Musēe Guimet［吉美博物馆］，值得参观！

一九六一年五月一日

聪：……中国诗词最好是木刻本，古色古香，特别可爱。可惜不准出口，不得已而求其次，就挑商务影印本给你。以后还会陆续寄，想你一定喜欢。《论希腊雕塑》一编六万余字，是我去冬花了几星期工夫抄的，也算是我的手泽，特别给你作纪念。内容值得细读，也非单看一遍所能完全体会。便是弥拉读法文原著，也得用功研究，且原著对神话及古代史部分没有注解，她看起来还不及你读译文易懂。为她今后阅读方便，应当买几部英文及法文的比较完整的字典才好。我会另外写信给她提到。

一月九日寄你的一包书内有老舍及钱伯母的作品，都是你旧时读过的。不过内容及文笔，我对老舍的早年作品看法已大大不同。从前觉得了不起的那篇《微神》，如今认为太雕琢，过分刻画，变得纤巧，反而贫弱了。一切艺术品都忌做作，最美的字句都要出之自然，好像天衣无缝，才经得起时间考验而能传世久远。比如"山高月小，水落石出"不但写长江中赤壁的夜景，历历在目，而且也写尽了一切兼有幽远、崇高与寒意的夜景；同时两句话说得多么平易，真叫做"天籁"！老舍的《柳家大院》还是有血有肉，活得很——为温习文字，不妨随时看几段。没人讲中国话，只好用读书代替，免得词汇字句愈来愈遗忘——最近两封英文信，又长又详尽，我们很高兴，但为了你的中文，仍望不时用中文写，这是你惟一用到中文的机会了。写错字无妨，正好让我提醒你。不知五月中是否演出较少，能抽空写信来？

最近有人批判王氏的"无我之境"，说是写纯客观，脱离阶级斗争。此说未免褊狭。第一，纯客观事实上是办不到的。既然是人观察事物，无论如何总带几分主观，即使力求摆脱物质束缚也只能做到一部分，而且为时极短。其次能多少客观一些，精神上倒是真正获得松弛与休息，也是好事。人总是人，不是机器，不可能二十四小时只做一种活动。生理上即使你不能不饮食睡眠，推而广之，精神上也有各种不同的活动。便是目不识丁的农夫也有出神的经验，虽时间不过一刹那，其实即是无我或物我两忘的心境。艺术家表现出那种境界来未必会使人意志颓废。例如念了"寒波淡淡起，白鸟悠悠下"两句诗，哪有一星半点不健全的感觉？假定如此，自然界的良辰美景岂不成年累月摆在人面前，人如何不消沉至于不可救药的呢？相反，我认为生活越紧张越需要这一类的调剂；多亲近大自然倒是维持身心平衡最好的办法。近代人的大病即在于拼命损害了一种机能

(或一切机能)去发展某一种机能,造成许多畸形与病态。我不断劝你去郊外散步,也是此意。幸而你东西奔走的路上还能常常接触高山峻岭,海洋流水,日出日落,月色星光,无形中更新你的感觉,解除你的疲劳。

另一方面,终日在琐碎家务与世俗应对中过生活的人,也该时时到野外去洗掉一些尘俗气,别让这尘俗气积聚日久成为宿垢。弥拉接到我黄山照片后来信说,从未想到山水之美有如此者。可知她虽家居瑞士,只是偶尔在山脚下小住,根本不曾登高临远,见到神奇的景色。在这方面你得随时培养她。此外我也希望她每天挤出时间,哪怕半小时吧,作为阅读之用。而阅读也不宜老拣轻松的东西当做消遣;应当每年选定一二部名著用功细读。比如丹纳的《艺术哲学》之类,若能彻底消化,做人方面,气度方面,理解与领会方面都有进步,不仅仅是增加知识而已。巴尔扎克的小说也不是只供消闲的。像你们目前的生活,要经常不断的阅读正经书不是件容易的事,需要很强的意志与纪律才行。望时常与她提及你老师勃隆斯丹近七八年来的生活,除了做饭、洗衣、照管丈夫孩子以外,居然坚持练琴,每日一小时至一小时半,到今日每月有四五次演出。这种精神值得弥拉学习。

……写得够了,下次再谈,诸事珍重!

爸爸　六一年五月一日

一九六一年五月二十三日－二十五日

亲爱的孩子:越知道你中文生疏,我越需要和你多写中文;同时免得弥拉和我们隔膜,也要尽量写英文。有时一些话不免在中英文信中重复,望勿误会是我老糊涂。从你婚后,我觉得对弥拉如同对你一样负有指导的责任:许多有关人生和家常琐事的经验,你不知道还不打紧,弥拉可不能不学习,否则如何能帮助你解决问题呢?既然她自幼的遭遇不很幸福,得到父母指点的地方不见得很充分,再加西方人总有许多观点与我们有距离,特别在人生的淡泊、起居享用的俭朴方面,我更认为应当逐渐把我们东方民族(虽然她也是东方血统,但她的东方只是徒有其名了!)的明智的传统灌输给她。前信问你有关她与生母的感情,务望来信告知。这是人伦至性,我们不能不关心弥拉在这方面的心情或苦闷。

……不愿意把物质的事挂在嘴边是一件事,不糊里糊涂莫名其妙的丢失钱是另一件事！这是我与你大不相同之处。我也觉得提到阿堵物是俗气,可是我年轻时母亲(你的祖母)对我的零用抓得极紧,加上二十四岁独立当家,收入不丰;所以比你在经济上会计算,会筹划,尤其比你原则性强。当然,这些对你的艺术家气质不很调和,但也只是对像你这样的艺术家是如此;精明能干的艺术家也有的是。萧邦即是一个有名的例子:他从来不让出版商剥削,和他们谈判条件从不怕烦。你在金钱方面的洁癖,在我们眼中是高尚的节操,在西方拜金世界和吸血世界中却是任人鱼肉的好材料。我不和人争利,但也绝不肯被人剥削,遇到这种情形不能不争——这也是我与你不同之处。但你也知道,我争的还是一个理而不是为钱,争的是一口气而不是为的利。在这一点上你和我仍然相像。

总而言之,理财有方法,有系统,并不与重视物质有必然的联系,而只是为了不吃物质的亏而采取的预防措施;正如日常生活有规律,并非求生活刻板枯燥,而是为了争取更多的时间,节省更多的精力来做些有用的事,读些有益的书,总之是为了更完美的享受人生。

一九四五年我和周伯伯写的文章每字每句脱不了罗曼·罗兰的气息和口吻,我苦苦挣扎了十多天,终于摆脱了,重新找到了我自己的文风。这事我始终不能忘怀。你现在思想方式受外国语文束缚,与我当时受罗曼·罗兰(翻了他一百二十万字的长篇自然免不了受影响)的束缚有些相似,只是你生活在外国语文的环境中,更不容易解脱,但并非绝对不可能解决。例如我能写中文,也能写法文和英文,固然时间要花得多一些,但不至于像你这样二百多字的一页中文(在我应当是英文——因我从来没有实地应用英文的机会)要花费一小时。问题在于你的意志,只要你立意克服,恢复中文的困难早晚能克服。我建议你每天写一些中文日记,便是简简单单写一篇三四行的流水账,记一些生活琐事也好,惟一的条件是有恒。倘你天天写一二百字,持续到四五星期,你的中文必然会流畅得多——最近翻出你一九五〇年十月昆明来信,读了感慨很多。到今天为止,敏还写不出你十六岁时写的那样的中文。既然你有相当根基,恢复并不太难，希望你有信心，不要胆怯，要坚持，持久！你这次写的第一页，虽然气力花了不少，中文还是很好，很能表达你的真情实感——要长此生疏下去，我倒真替你着急呢！我竟说不出我和你两人为这个问题谁更焦急。可是干着急无济于事，主要是想办法解决，想了办法该坚决贯彻！再告诉你一点：你从英国写回来的中文信，不论从措辞或从风格上看，都还比你的英文强得多，因为你的中文毕竟有许多古书做底子，不比你的英文只是浮光掠影摭拾得来的。你知道了这一点应该更有自信心了吧！

柏辽兹我一向认为最能代表法兰西民族，最不受德、意两国音乐传统的影响。《基督童年》一曲朴素而又精雅，热烈而又含蓄，虔诚而又健康，完全写出一个健全的人的宗教情绪，广义的宗教情绪，对一切神圣、纯洁、美好、无邪的事物的崇敬。来信说得很对，那个曲子又有热情又有恬静，又兴奋又淡泊，第二段的古风尤其可爱。怪不得当初巴黎的批评家都受了骗，以为真是新发现的十七世纪法国教士作的。但那 narrator［叙述者］唱得太过火了些，我觉得家中原有老哥伦比亚的一个片段比这个新片更素雅自然。可惜你不懂法文，全篇唱词之美在英文译文中完全消失了。我对照看了几段，简直不能传达原作的美于万一！（原文写得像《圣经》一般单纯！可是多美！）想你也知道全部脚本是出于柏辽兹的手笔。

你既对柏辽兹感到很大兴趣，应当赶快买一本罗曼·罗兰的《今代音乐家》（Romain Rolland：*Musiciens d'Aujourd'hui*），读一读论柏辽兹的一篇。（那篇文章写得好极了！）倘英译本还有同一作者的《古代音乐家》（*Musiciens d'Autrefois*）当然也该买。正因为柏辽兹完全表达他自己，不理会也不知道（据说他早期根本不知道巴赫）过去的成规俗套，所以你听来格外清新、亲切、真诚，而且独具一格。也正因为你是中国人，受西洋音乐传统的熏陶较浅，所以你更能欣赏独往独来，在音乐上追求自由甚于一切的柏辽兹。而也由于同样的理由，我热切期望未来的中国音乐应该是这样一个境界。为什么不呢？俄罗斯五大家不也由于同样的理由爱好柏辽兹吗？同时，不也是由于同样的理由，穆索尔斯基对近代各国的乐派发生极大的影响吗？

……

丹纳原书的确值得细读，而且要不止一遍的读，你一定会欣赏。暂时寄你的只限于希腊部分，也足够你细细回味和吸收了。

你说的很对，"学然后知不足"，只有不学无术或是浅尝即止的人才会自大自满。我愈来愈觉得读书太少，聊以自慰的就是还算会吸收、消化、贯通。像你这样的艺术家，应当无书不读，像 Busoni[布索尼]、Hindemith[欣德米特]那样。就因为此，你更需和弥拉俩妥善安排日常生活，一切起居小节都该有规律有计划，才能挤出时间来。当然，艺术家也不能没有懒洋洋的耽于幻想的时间，可不能太多，否则成了习惯就浪费光阴了。没有音乐会的期间也该有个计划，哪几天招待朋友，哪几天听音乐会，哪几天照常练琴，哪几天读哪一本书。一朝有了安排，就不至于因为无目的无任务而感到空虚与烦躁了。这些琐琐碎碎的项目其实就是生活艺术的内容。否则空谈"人生也是艺术"，究竟指什么呢？对自己有什么好处呢？但愿你与弥拉多谈谈这些问题，定出计划来按部就班的做去。最要紧的是定的计划不能随便打破或打乱。你该回想一下我的作风，可以加强你实践的意志。你初订婚时不是有过指导弥拉的念头吗？现在成了家，更当在实际生活中以身作则，用行动来感染她！

正如你说的，你和我在许多地方太相像了，不知你在小事情的脾气上是否常常把爸爸作为你的警戒？弥拉还是孩子，你更得优容些，多用善言劝导，多多坐下来商量，切勿遇事烦躁，像我这样。你要能不犯你爸爸在这方面的错误，我就更安心更快活了。

五月二十三日

……

另外，你也从未提及是否备有胶带录音设备，使你能细细听你自己的演奏。这倒是你极需要的。一般评论都说你的萧邦表情太多，要是听任乐曲本身自己表达（即少加表情），效果只会更好。批评家还说大概是你年龄关系，过了四十，也许你自己会改变。这一类的说法你觉得对不对？（Cologne[科隆]的评论有些写得很拐弯抹角，完全是德国人脾气，爱复杂。）我的看法，你有时不免夸张；理论上你是对的，但实际表达往往会"太过"。惟一的补救与防止，是在心情非常冷静的时候，多听自己家里的

tape［磁带］录音；听的时候要尽量客观，当作别人的演奏一样对待。

我自己常常发觉译的东西过了几个月就不满意；往往当时感到得意的段落，隔一些时候就觉得平淡得很，甚至于糟糕得很。当然，也有很多情形，人家对我的批评与我自己的批评并不对头；人家指出的，我不认为是毛病；自己认为毛病的，人家却并未指出。想来你也有同样的经验。

在空闲（即无音乐会）期间有朋友来往，不但是应有的调剂，使自己不致与现实隔膜，同时也表示别人喜欢你，是件大好事。主要是这些应酬也得有限度有计划。最忌有求必应，每会必到；也最忌临时添出新客新事。西方习惯多半先用电话预约，很少人会做不速之客——即使有不速之客，必是极知己的人，不致妨碍你原定计划的——希望弥拉慢慢能学会这一套安排的技术。原则就是要取主动，不能处处被动！

孩子，来信有句话很奇怪。沉默如何就等于同意或了解呢？不同意或不领会，岂非也可用沉默来表现吗？在我，因为太追求逻辑与合理，往往什么话都要说得明白，问得明白，答复别人也答复得分明；沉默倒像表示躲避，引起别人的感觉不是信任或放心，而是疑虑或焦急。过去我常问到你经济情况，怕你开支浩大，演出太多，有伤身体与精神的健康；主要是因为我深知一个艺术家在西方世界中保持独立多么不容易，而惟有经济有切实保障才能维持人格的独立。并且父母对儿女的物质生活总是特别关心。再过一二十年，等你的孩子长成以后，你就会体验到这种心情。

……

二十四日

倘写纯粹中文信太费时间，不妨夹着英文一起写，作为初步训练，那总比根本不写中文强，也比从头至尾写中文省力省时。设法每天看半小时（至少一刻钟）的中国书，坚持半年以后必有成绩。

来信说的你我谅解问题，我深有同感。放心，我知道你是我们的好孩子，不会误解你的，有时只是因为爱得深切而着急！

爸爸　六一年五月二十五日写完

一九六一年六月十四日夜

亲爱的孩子:……巴尔扎克的《幻灭》*Lost Illusions* 英译本,已由宋伯伯从香港寄来,弥拉不必再费心了。英译本确是一九五一年新出,并写明是某某人新译,出版者是 John Lehmann,25 Gilbert St. London W. 1,弥拉问过几家伦敦书店,都说并无此新译本,可见英国书店从业员之孤陋寡闻。三十年前巴黎拉丁区的书店,你问什么都能对答如流,简直是一部百科词典。英译本也有插图,但构图之庸俗,用笔之凄迷琐碎,线条之贫弱无力,可以说不堪一顾。英国画家水准之低实属不堪想像,无怪丹纳在《艺术哲学》中对第一流的英国绘画也批评得很凶。至此为止,此书我尚在准备阶段。内容复杂,非细细研究不能动笔;况目力、体力、脑力,大不如前,更有蜗步之叹。将来还有一大堆问题寄到巴黎去请教,届时或需你汇一些钱去作为酬劳。以前多半是送些画册之类,但法国教授生活艰苦,倘以现金酬谢,更实惠。

……

倘暑中出外度假,望先作好计划,一天的工作,休息,都该排定钟点。并宜选定几种书(尤其中文书)于假中读完。计划得好,时间就不至浪费,你也不会感到无聊,心情也更愉快,那才真正得到度假的益处。国内近来暴雨为灾,大概又要闹歉收了,令人焦急。希望不久能收到你们俩来信。祝

你和弥拉好,一切保重!

爸爸　六一年六月十四日夜

一九六一年六月二十六日晚

亲爱的孩子:六月十八日信(邮戳十九)今晨收到。虽然花了很多钟点,信写得很好。多写几回就会感到更容易更省力。最高兴的是你的民族性格和特征保持得那么完整,居然还不忘记:"一箪食(读如"嗣")一瓢饮,回也不改其乐。"惟有如此,才不致被西方的物质文明湮没。你屡次来信说我们的信给你看到和回想到另外一个世界,理想气息那么浓的、豪迈的、真诚的、光明正大的、慈悲的、无我的(即你此次信中说的 idealistic, generous, devoted, loyal, kind, selfless)世界。我知道东方西方之间的鸿沟，只有豪杰之士，领悟颖异、感觉敏锐而深刻的极少数人方能体会。换句话说，东方人要理解西方人及其文化和西方人理解东方人及其文化同样不容易。即使理解了，实际生活中也未必真能接受。这是近代人的苦闷：既不能闭关自守，东方与西方各管各的生活，各管各的思想，又不能避免两种精神两种文化两种哲学的冲突和矛盾。当然，除了冲突与矛盾，两种文化也彼此吸引，相互之间有特殊的魅力使人神往。东方的智慧、明哲、超脱，要是能与西方的活力、热情、大无畏的精神融合起来，人类可能看到另一种新文化出现。西方人那种孜孜矻矻，白首穷经，只知为学，不问成败的精神还是存在(现在和克利斯朵夫的时代一样存在)，值得我们学习。你我都不是大国主义者，也深恶痛绝大国主义，但你我的民族自觉、民族自豪和爱国热忱并无一星半点的排外意味。相反，这是一个有根有蒂的人应有的感觉与感情。每次看到你有这种表现，我都快活得心儿直跳，觉得你不愧为中华民族的儿子！妈妈也为之自豪，对你特别高兴，特别满意。

分析你岳父的一段大有见地，但愿作为你的借鉴。你的两点结论，不幸的婚姻和太多与太早的成功是艺术家最大的敌人，说得太中肯了。我过去为你的婚姻问题操心，多半也是从这一点出发。如今弥拉不是有野心的女孩子，至少不会把你拉上热衷名利的路，让你能始终维持艺术的尊严，维持你严肃朴素的人生观，已经是你的大幸。还有你淡于名利的胸怀，与我一样的自我批评精神，对你的艺术都是一种保障。但愿十年二十年之后，我不在人世的时候，你永远能坚持这两点。恬淡的胸怀，在西方世界中特别少见，希望你能树立一个榜样！

说到弥拉，你是否仍和去年八月初订婚时来信说的一样预备培养她？不是说培养她成一个什么专门人才，而是带她走上严肃、正直、坦白、爱美、爱善、爱真理的路。希望以身作则，鼓励她多多读书，有计划有系统的正规的读书，不是消闲趋时的读书。你也该培养她的意志：便是有规律有系统的处理家务、掌握家庭开支、经常读书等等，都是训练意志的具体机会。不随便向自己的fancy[幻想，一时的爱好]让步，也不随便向你的fancy[幻想,一时的爱好]让步,也是锻炼意志的机会。孩子气是可贵的,但决不能损害 taste[品味,鉴赏力],更不能影响家庭生活、起居饮食的规律。有些脾气也许一辈子也改不了,但主观上改,总比听其自然或是放纵(即所谓 indulging)好。你说对吗?弥拉与我们通信近来少得多,我们不怪她,但那也是她道义上感情上的一种责任。我们原谅她是一回事,你不从旁提醒她可就不合理,不尽你督促之责了。做人是整体的,对我们经常写信也表示她对人生对家庭的态度。你别误会,我再说一遍,别误会我们嗔怪她,而是为了她太年轻,需要养成一个好作风,处理实际事务的严格的态度。以上的话主要是为她好,而不是仅仅为我们多得一些你们消息的快乐。可是千万注意,和她提到给我们写信的时候,说话要和软,否则反而会影响她与我们的感情。翁姑与媳妇的关系与父母子女的关系大不相同,你慢慢会咂摸到,所以处理要非常细致。

……

我早料到你读了《论希腊雕塑》以后的兴奋。那样的时代是一去不复返的了,正如一个人从童年到少年那个天真可爱的阶段一样。也如同我们的先秦时代、两晋六朝一样。近来常翻阅《世说新语》(正在寻一部铅印而篇幅不太笨重的预备寄你),觉得那时的风流文采既有点儿近古希腊,也有点儿像文艺复兴时期的意大利;但那种高远、恬淡、素雅的意味仍然不同于西方文化史上的任何一个时期。人真是奇怪的动物,文明的时候会那么文明,谈玄说理会那么隽永,野蛮的时候又同野兽毫无分别,甚至更残酷。奇怪的是这两个极端就表现在同一批人同一时代的人身上。两晋六朝多少野心家,想夺天下、称孤道寡的人,坐下来清谈竟是深通老庄与佛教哲学的哲人!

韩德尔的神剧固然追求异教精神,但他毕竟不是公元前四五世纪的希腊人,他的作品只是十八世纪一个意大利化的日耳曼人向往古希腊文化的表现。便是《赛米里》吧,口吻仍不免带点儿浮夸(pompous)。这不是韩德尔个人之过,而是民族与时代之不同,绝对勉强不来的。将来你有空闲的时候(我想再过三五年,你音乐会一定可大大减少,多一些从各方面进修的时间),读几部英译的柏拉图、色诺芬一类的作品,你对希腊文化可有更多更深的体会。再不然你一朝去雅典，尽管山陵剥落（如丹纳书中所说）面目全非，但是那种天光水色（我只能从亲自见过的罗马和那不勒斯的天光水色去想像），以及巴台农神庙的废墟，一定会给你强烈的激动，狂喜，非言语所能形容，好比四五十年以前邓肯在巴台农废墟上光着脚不由自主的跳起舞来（《邓肯（Duncun）自传》，倘在旧书店中看到，可买来一读）。真正体会古文化，除了从小“泡”过来之外，只有接触那古文化的遗物。我所以不断寄吾国的艺术复制品给你，一方面是满足你思念故国，缅怀我们古老文化的饥渴，一方面也想用具体事物来影响弥拉。从文化上、艺术上认识而爱好异国，才是真正认识和爱好一个异国；而且我认为也是加强你们俩精神契合的最可靠的链锁。

石刻画你喜欢吗？是否感觉到那是真正汉族的艺术品，不像敦煌壁画云冈石刻有外来因素。我觉得光是那种宽袍大袖、简洁有力的线条、浑合的轮廓、古朴的屋宇车辆、强劲雄壮的马匹，已使我看了怦然心动，神游于两千年以前的天地中去了（装了框子看更有效果）。

……

以上写了三个半小时，累得很了，还得写英文的呢！望多多休息，勿熬夜太过！

爸爸　六月二十六日晚七时

李先生要的谱，别忘了，她对你、对我们都太好了。还有，仑布伯伯[①]要的东西也别忘了，我当年去法国全是受了仑布伯伯的影响与感染，事实上也得到他很大帮助，否则你祖母不肯让我走的，尤其是只身远行。要是我不去法国，很难想像会给你那种艺术教育。这一段历史你该知道，也该记住。而我对帮助过我的亲友，终身铭记在心，有机会就想报答他们于万一。

莫尼卡处有否去信？别再拖拉了！像她那种朋友，你一年至少也该去二三封信才对得起人！

---

① 即顾仑布，傅雷表兄，先于傅雷留法学纺织。

吃过晚饭，又读了一遍（第三遍）来信。你自己说写得乱七八糟，其实并不。你有的是真情实感，真正和真实的观察、分析、判断，便是杂乱也乱不到哪里去。中文也并未退步；你爸爸最挑剔文字，我说不退步你可相信是真的不退步。而你那股热情和正义感不知不觉洋溢于字里行间，教我看了安慰、兴奋……有些段落好像是我十几年来和你说的话的回声……你没有辜负园丁！

老好人往往太迁就，迁就世俗，迁就褊狭的家庭愿望，迁就自己内心中不大高明的因素；而真理和艺术需要高度的原则性和永不妥协的良心。物质的幸运也常常毁坏艺术家。可见艺术永远离不开道德——广义的道德，包括正直、刚强、斗争（和自己的斗争以及和社会的斗争）、毅力、意志、信仰……

的确，中国优秀传统的人生哲学，很少西方人能接受，更不用说实践了。比如"富贵于我如浮云"在你我是一条极崇高极可羡的理想准则，但像巴尔扎克笔下的那些人物，正好把富贵作为人生最重要的，甚至是惟一的目标。他们那股向上爬，求成功的蛮劲与狂热，我个人简直觉得难以理解。也许是气质不同，并非多数中国人全是那么淡泊。我们不能把自己人太理想化。

你提到英国人的抑制（inhibition），其实正表示他们犷野强悍的程度，不能不深自敛抑，一旦决堤而出，就是莎士比亚笔下的那些人物，如麦克白斯、奥赛罗等等，岂不 wild［狂放］到极点？

Bath［巴斯］在欧洲亦是鼎鼎大名的风景区和温泉疗养地，无怪你觉得是英国最美的城市。看了你寄来的节目，其中几张风景使我回想起我住过的法国内地古城：那种古色古香，那种幽静与悠闲，至今常在梦寐间出现。说到这里，希望你七月去维也纳，百忙中买一些美丽的风景片给我。爸爸坐井观天，让我从纸面上也接触一下贝多芬、莫扎特、舒伯特住过的名城！

见到你岳父母，千万代我问候。这是应有的礼貌，为了你爸爸你决不可疏忽，切切切切！

……

一九六一年六月二十六日夜*

亲爱的聪：我的英文太糟，不能写，请你从头至尾翻给弥拉听。因为有些事让她多知道些，对我们更了解得透彻。我跟弥拉一样的懒散，有时也很拖拉，譬如写信吧，只要爸爸写了，我就懒了，反正他的话，就是我的话。

我没有一天不想念你们，看到你的信，总是说不出的高兴，见信如见其人，好像长篇大论跟我们谈天说地。这次你虽花了那么多时间写中文，可是给我更多亲切之感。生为中国人而不能写中文，岂不笑话？你自幼爸爸多少教了你一些古文，还算有根底的，所以不管怎样，你的信写得丰富自然，辞藻也用得恰当。

……

你为人忠厚，有求必应，对钱满不在乎，从不提防人家，这多少跟我相像，虽有优点也有缺点。我现在并不叫你吝啬，可也不能做"冤头"、做"傻瓜"，所以林先生的画，一定要收到了款再放手。既然你已有过经验，当然会有警惕性。你这次来信，尤其使得我高兴，我们问你的，你都有交代，有答复，甚至十五镑的下落也已查过，可知你对人事方面比较实际，成熟，大大进步了。

我希望你多多写中文，与我们通信是你惟一写中文的机会，而且有了真情实感，写起来不觉得苦，你说对么？你为我们通宵写信，未免太伤身体，能在白天或不太晚最好。不多谈了，望你跟弥拉多多保重！

妈妈　六月二十六日夜

一九六一年七月七日晚/八日上午

亲爱的孩子：《近代文明中的音乐》和你岳父的传记，同日收到。接连三个下午看完传记，感想之多，情绪的波动，近十年中几乎是绝无仅有的经历。写当代人的传记有一个很大的便宜，人证物证多，容易从四面八方搜集材料，相互引证、核对。当然也有缺点：作者与对象之间距离太近，不容易看清客观事实和真正的面目；当事人所牵涉的人和事大半尚在目前，作者不能毫无顾虑，内容的可靠性和作者的意见难免打很大的折扣。总的说来，马吉道夫写得很精彩；对人生、艺术、心理变化都有深刻的观察和真切的感受；taste［趣味］不错，没有过分的恭维。作者本人的修养和人生观都相当深广。许多小故事的引用也并非仅仅为了吸引读者，而是旁敲侧击的烘托出人物的性格。

你大概马上想像得到，此书对我有特殊的吸引力。教育儿童的部分，天才儿童的成长及其苦闷的历史，缺乏苦功而在二十六岁至三十岁之间闭门（不是说绝对退隐，而是独自摸索）补课，两次的婚姻和战时战后的活动，都引起我无数的感触。关于教育，你岳父的经历对你我两人都是一面镜子。我许多地方像他的父母，不论是优点还是缺点，也有许多地方不及他的父母，也有某些地方比他们开明。我很庆幸没有把你关在家里太久，这也是时代使然，也是你我的个性同样倔强使然。父母子女之间的摩擦与冲突，甚至是反目，当时虽然对双方都是极痛苦的事，从长里看对儿女的成长倒是利多弊少。你祖岳母的骄傲简直到了不近人情的地步，完全与她的宗教信仰不相容——世界上除了回教我完全茫然以外，没有一个宗教不教人谦卑和隐忍，不教人克制骄傲和狂妄的。可是她对待老友Goldman［哥尔门］的态度，对伊虚提在台上先向托斯卡尼尼鞠躬的责备，竟是发展到自高自大、目空一切的程度。她教儿女从小轻视金钱权势，不向政治与资本家低头，不许他们自满，惟恐师友宠坏他们，这一切当然是对的。她与她丈夫竭力教育子女，而且如此全面，当然也是正确的，可敬可佩的；可是归根结底，她始终没有弄清楚教育的目的，只笼笼统统说要儿女做一个好人，哪怕当鞋匠也不妨；她却并未给好人（honest man）二字下过定义。在我看来，她的所谓好人实在是非常狭小的，限于respectable［正派的］而从未想到更积极更阔大的天地和理想。假如她心目中有此意念，她必然会鼓励孩子"培养自己以便对社会对人类有所贡献"。她绝未尊敬艺术，她对真、美、善毫无虔诚的崇敬心理；因此她看到别人自告奋勇帮助伊虚提（如埃尔曼资助他去欧洲留学，哥尔门送他Prince K［王子K］小提琴等等）并不有所感动，而只觉得自尊心受损。她从未认识人的伟大是在于帮助别人，受教育的目的只是培养和积聚更大的力量去帮助别人，而绝对不是盲目的自我扩张。梅纽因老夫人只看见她自己、她一家、她和丈夫的姓氏与种族；所以她看别人的行为也永远从别人的自私出发。自己没有理想，如何会想到茫茫人海中竟有具备理想的人呢？她学问丰富，只缺少一个高远的理想作为指南针。她为人正直，只缺少忘我的牺牲精神——她为儿女是忘我的，是有牺牲精神的；但“为儿女”实际仍是“为她自己”；她没有急公好义、慷慨豪侠的仁慈！幸亏你岳父得天独厚，凡是家庭教育所没有给他的东西，他从音乐中吸收了，从古代到近代的乐曲中，从他接触的前辈，尤其埃奈斯库身上得到了启示。他没有感染他母亲那种狭窄、闭塞、贫乏、自私的道德观（即西方人所谓的 prudery[拘谨]）。也幸而残酷的战争教了他更多的东西，扩大了他的心灵和胸襟，烧起他内在的热情……你岳父今日的成就，特别在人品和人生观方面，可以说是 in spite of his mother[虽有母如此，亦不受影响]。我相信真有程度的群众欣赏你岳父的地方（仍是指艺术以外的为人），他父母未必体会到什么伟大。但他在海牙为一个快要病死的女孩子演奏 Bach[巴赫]的 *Chaconne*[《夏空》]，以及他一九四七年在柏林对犹太难民的说话，以后在以色列的表现等等，我认为是你岳父最了不起的举动，符合我们威武不能屈的古训。

书中值得我们深思的段落，多至不胜枚举，对音乐，对莫扎特、巴赫直到巴托克的见解；对音乐记忆的分析，小提琴技术的分析，还有对协奏曲（和你一开始即浸入音乐的习惯完全相似）的态度，都大有细细体会的价值。他的两次 re-study[重新学习]（最后一次是一九四二至一九四五年）你都可作为借鉴。

了解人是一门最高深的艺术，便是最伟大的哲人、诗人、宗教家、小说家、政治家、医生、律师，都只能掌握一些原则，不能说对某些具体的实例——个人——有彻底的了解。人真是矛盾百出，复杂万分，神秘到极点的动物。看了传记，好像对人物有了相当认识，其实还不过是一些粗疏的概念。尤其他是性情温和、从小隐忍惯的人，更不易摸透他的底。我想你也有同感。

你上次信中分析他的话，我不敢下任何断语。可是世界上就是到处残缺，没有完善的人或事。大家说他目前的夫人不太理想，但弥拉的母亲又未尝使他幸福。他现在的夫人的确多才多艺,精明强干,而连带也免不了多才多艺和精明强干带来的缺点。假如你和其他友人对你岳父的看法不错,那也只能希望他的艺术良心会再一次觉醒,提到一个新的更高的水平,再来一次严格的自我批评。是否会有这幸运的一天,就得看他的生命力如何了。人的发展总是波浪式的,和自然界一样:低潮之后还有高潮再起的可能,峰回路转,也许"柳暗花明又一村",又来一个新天地呢! 所以古人说对人要"盖棺论定"。

多少零星的故事和插曲也极有意义。例如埃尔加抗议纽曼对伊虚提演奏他《小提琴协奏曲》的评论:纽曼认为伊虚提把第二乐章表达太甜太luscious[腻],埃尔加说他写的曲子,特别那个主题本身就是甜美的,luscious[腻],"难道英国人非板起面孔不可吗? 我是板起面孔的人吗?"可见批评家太着重于一般的民族性,作家越出固有的民族性,批评家竟熟视无睹,而把他所不赞成的表现归罪于演奏家。而纽曼还是世界上第一流的学者兼批评家呢! 可叹学问和感受和心灵往往碰不到一起,感受和心灵也往往不与学问合流。要不然人类的文化还可大大的进一步呢! 巴托克听了伊虚提演奏他的《小提琴协奏曲》后说:"我本以为这样的表达只能在作曲家死了长久以后才可能。"可见了解同时代的人推陈出新的创造的确不是件容易的事。然而我们又不能执著Elgar[埃尔加]对Yehudi[伊虚提][1]的例子,对批评家的言论一律怀疑。我们只能依靠自我批评精神来作取舍的标准,可是我们的自我批评精神是否永远可靠、不犯错误(infallible)呢? 是否我们常常在应该坚持的时候轻易让步而在应当信从批评家的时候又偏偏刚愎自用、顽固不化呢? 我提到这一点,因为你我都有一个缺点:好辩。人家站在正面,我会立刻站在反面;反过来亦然。而你因为年轻,这种倾向比我更强。但愿你慢慢的学得客观、冷静、理智,别像古希腊人那样为争辩而争辩!

阿陶夫·布施和埃奈斯库,两人对巴赫*Fugue*[《赋格曲》]主题的forte or dolce[强或柔]的看法不同,使我想起太多的书本知识要没有高度

① 即伊虚提·梅纽因,Yehudi Menuhin。

的理解力协助,很容易流于教条主义,成为学院派。

另一方面,Ysaye[伊萨伊]要伊虚提拉 arpeggio[琶音]的故事,完全显出一个真正客观冷静的大艺术家的“巨眼”,不是巨眼识英雄,而是有看破英雄的短处的“巨眼”。青年人要寻师问道,的确要从多方面着眼。你岳父承认跟 Adolf Busch[阿陶夫·布施]还是有益的,尽管他气质上和心底里更喜欢埃奈斯库。你岳父一再后悔不曾及早注意伊萨伊的暗示。因此我劝你空下来静静思索一下,你几年来可曾听到过师友或批评家的一言半语而没有重视的。趁早想,趁早补课为妙!你的祖岳母说:“我母亲常言,只有傻瓜才自己碰了钉子方始回头;聪明人看见别人吃亏就学了乖。”此话我完全同意,你该记得一九五三年你初去北京以后我说过(在信上)同样的话,记得我说的是:“家里嘱咐你的话多听一些,在外就不必只受别人批评。”大意如此。

你说过的那位匈牙利老太太,指导过 Anni Fischer[安妮·费希尔]的,千万上门去请教,便是去一二次也好。你有足够的聪明,人家三言两语,你就能悟出许多道理。可是从古到今没有一个人聪明到不需要听任何人的意见。智者千虑,必有一失。也许你去美访问以前就该去拜访那位老人家!亲爱的孩子,听爸爸的话,安排时间去试一试好吗?再附带一句:去之前一定要存心去听“不入耳之言”才会有所得,你得随时去寻访你周围的大大小小的伊萨伊!

话愈说愈远——也许是愈说愈近了。假如念的书不能应用到自己身上来,念书干吗?

你岳父清清楚楚对他自幼所受的教育有很大的反响。他一再声明越少替儿童安排他们的前途越好。这话其实也只说对了一部分,同时也得看这种放任主义如何执行。

要是有时间与精力,这样一本书可以让我写一篇上万字的批评。但老实说,我与伊虚提成了亲家,加上狄阿娜夫人 so sharp and so witty[如此精明机智],我也下笔有顾忌,只好和你谈谈。

最后问你一句:你看过此书没有?倘未看,可有空即读,而且随手拿一支红笔,要标出(underline)精彩的段落。以后有空还得再念第二遍、第三遍。弥拉年轻，未经世事，我觉得她读了此书并无所得。

……

写了整整四小时，也该歇手了，还需妈妈明晨抄了副本（存底）才好寄你。多休息，多松散，一切保重！

爸爸　六一年七月七日晚

……

在过去的农业社会里，人的生活比较闲散，周围没有紧张的空气，随遇而安、得过且过的生活方式还能对付。现在时代大变，尤其在西方世界，整天整月整年社会像一个瞬息不停的万花筒，生存竞争的剧烈，想你完全体会到了。最好做事要有计划，至少一个季度事先要有打算，定下的程序非万不得已切勿临时打乱。你是一个经常出台的演奏家，与教授、学者等等不同：生活忙乱得多，不容易控制。但愈忙乱愈需要有全面计划，我总觉得你太被动，常常 be carried away［失去自制力］，被环境和大大小小的事故带着走，从长远看，不是好办法。过去我一再问及你经济情况，主要是为了解你的物质基础，想推测一下再要多少时期可以减少演出，加强学习——不仅仅音乐方面的学习。我很明白在西方社会中物质生活无保障，任何高远的理想都谈不上。但所谓物质保障首先要看你的生活水准，其次要看你会不会安排收支，保持平衡，经常有规律的储蓄。生活水准本身就是可上可下，好坏程度、高低等级多至不可胜计的；究竟自己预备以哪一种水准为准，需要想个清楚，弄个彻底，然后用坚强的意志去贯彻。惟有如此，方谈得到安排收支等等的理财之道。孩子，光是瞧不起金钱不解决问题；相反，正因为瞧不起金钱而不加控制，不会处理，临了竟会吃金钱的亏，做物质的奴役。单身汉还可用颜回的刻苦办法应急，有了家室就不行，你若希望弥拉也会甘于素衣淡食就要求太苛，不合实际了。为了避免落到这一步，倒是应当及早定出一个中等的生活水准使弥拉能同意，能实践，帮助你定计划执行。越是轻视物质越需要控制物质。你既要保持你艺术的尊严，人格的独立，控制物质更成为最迫切最需要的先决条件。孩子，假如你相信我这个论点，就得及早行动。

经济有了计划，就可按照目前的实际情况定一个音乐活动的计划。

比如下一季度是你最忙，但也是收入最多的季度：那笔收入应该事先做好预算；切勿钱在手头，散漫使花，而是要作为今后减少演出的基础——说明白些就是基金。你常说音乐世界是茫茫大海，但音乐还不过是艺术中的一支，学问中的一门。望洋兴叹是无济于事的，要钻研仍然要定计划——这又跟你的演出的多少、物质生活的基础有密切关系。你结了婚，不久家累会更重；你已站定脚跟，但最要防止将来为了家累，为了物质基础不稳固，不知不觉的把演出、音乐为你一家数口服务。古往今来——尤其近代，多少艺术家（包括各个部门的）到中年以后走下坡路，难道真是他们愿意的吗？多半是为家庭拖下水的，而且拖下水的经过完全出于不知不觉。孩子，我为了你的前途不能不长篇累牍的告诫。现在正是设计你下一阶段生活的时候，应当振作精神，面对当前，眼望将来，从长考虑。何况我相信三五年到十年之内，会有一个你觉得非退隐一年二年不可的时期。一切真有成就的演奏家都逃不过这一关。你得及早准备。

最近三个月，你每个月都有一封长信，使我们好像和你对面谈天一样：这是你所能给我和你妈妈的最大安慰。父母老了，精神上不免一天天的感到寂寞。惟有万里外的游子归鸿使我们生活中还有一些光彩和生气。希望以后的信中，除了艺术，也谈谈实际问题。你当然领会到我做爸爸的只想竭尽所能帮助你进步，增进你的幸福，想必不致嫌我烦琐吧？

七月八日上午　又书

一九六一年八月一日

亲爱的孩子：二十四日接弥拉十六日长信，快慰之至。几个月不见她手迹着实令人挂心，不知怎么，我们真当她亲生女儿一般疼她；从未见过一面，却像久已认识的人那样亲切。读她的信，神情笑貌跃然纸上。口吻那么天真那么朴素，taste［品味］很好，真叫人喜欢。成功的婚姻不仅对当事人是莫大的幸福，而且温暖的光和无穷的诗意一直照射到、渗透入双方的家庭。敏读了弥拉的信也非常欣赏她的人品。孩子，我不能不再一次祝贺你的幸运。二年半以来这是你音乐成就以外最大的收获了：相信你一定会珍惜这美满的婚姻，日后开出鲜艳的花来！

……

弥拉报告中有一件事教我们特别高兴：你居然去找过了那位匈牙利太太！（姓名弥拉写得不清楚，望告知！）多少个月来（在杰老师心中已是一年多了），我们盼望你做这一件事，一旦实现，不能不为你的音乐前途庆幸。写到此，又接你明信片；那么原来希望本月四日左右接你长信，又得推迟十天了。但愿你把技巧改进的经过与实际谈得详细些，让我转告李先生，好慢慢帮助国内的音乐青年，想必也是你极愿意做的事。本月十二至二十七日间，九月二十三日以前，你都有空闲的时间，除了出门休息（想你们一定会出门吧）以外，尽量再去拜访那位老太太，向她请教。尤其维也纳派（莫扎特、贝多芬、舒柏特），那种所谓 repose［和谐恬静］的风味必须彻底体会。好些评论对你这方面的欠缺都一再提及。至于追求细节太过，以致妨碍音乐的朴素与乐曲的总的轮廓，批评家也说过很多次。据我的推想，你很可能犯了这些毛病。往往你会追求一个目的，忘了其他，不知不觉钻入牛角尖（今后望深自警惕）。可是深信你一朝醒悟，信从了高明的指点，你回头是岸，纠正起来是极快的，只是别矫枉过正，往另一极端摇摆过去就好了。

像你这样的年龄与经验，随时随地吸收别人的意见非常重要。经常请教前辈更是必需。你敏感得很，准会很快领会到那位前辈的特色与专长，尽量汲取——不到汲取完了决不轻易调换老师。

……

上面说到维也纳派的 repose［和谐恬静］，推想当是一种闲适恬淡而又富于旷达胸怀的境界，有点儿像陶靖节、杜甫（某一部分田园写景）、苏东坡、辛稼轩（也是田园曲与牧歌式的词）。但我还捉摸不到真正维也纳派的所谓 repose［和谐恬静］，不知你的体会是怎么回事？

近代有名的悲剧演员可分两派：一派是浑身投入，忘其所以，观众好像看到真正的剧中人在面前歌哭；情绪的激动，呼吸的起伏，竟会把人在火热的浪潮中卷走，Sarah Bernhardt［莎拉·伯恩哈特］即是此派代表（巴黎有她的纪念剧院）。一派刻画人物惟妙惟肖，也有大起大落的激情，同时又处处有一个恰如其分的节度，从来不流于“狂易”之境。心理学家说这等演员似乎有双重人格：既是演员，同时又是观众。演员使他与剧中人物合一，观众使他一切演技不会过火（即是能入能出的那句老话）。因为他随时随地站在圈子以外冷眼观察自己，故即使到了猛烈的高潮峰顶仍然能控制自己。以艺术而论，我想第二种演员应当是更高级。观众除了与剧中人发生共鸣，亲身经受强烈的情感以外，还感到理性节制的伟大，人不被自己情欲完全支配的伟大。这伟大也就是一种美。感情的美近于火焰的美、浪涛的美、疾风暴雨之美，或是风和日暖、鸟语花香的美；理性的美却近于钻石的闪光、星星的闪光、近于雕刻精工的美、完满无疵的美，也就是智慧之美！情感与理性平衡所以最美，因为是最上乘的人生哲学、生活艺术。

记得好多年前我已与你谈起这一类话。现在经过千百次实际登台的阅历，大概更能体会到上述的分析可应用于音乐了吧？去冬你岳父来信说，你弹两支莫扎特协奏曲，能把强烈的感情纳入古典的形式之内，他意思即是指感情与理性的平衡。但你还年轻，出台太多，往往体力不济，或技巧不够放松，难免临场紧张，或是情不由己，be carried away［难以自抑］。并且你整个品性的涵养也还没到此地步。不过早晚你会在这方面成功的，尤其技巧有了大改进以后。

……

访美演出节目望郑重考虑，事先多与有经验的人商量，勿主观太强。再美国记者讲话尖得很，提起问题来往往很“促狭”。望特别留意，别说溜了口。宁可装傻一些，对政治最好绝口不提，有问也坚决不答。我这样提早告诉你，要你印象深一些，多有思想准备。

八月底至九月初旬访问以色列的谈判肯定没有？能抓空即来详谈。十一月后你更无暇执笔了。一切保重！知道你认认真真服维他命丸，很高兴！

爸爸　六一年八月一日

“After reading that, I found my conviction that Handel's music, specially his oratorio is the nearest to the Greek spirit in music 更加强了. His optimism, his radiant poetry, which is as simple as one can imagine but never vulgar, his directness and frankness, his pride, his majesty and his almost physical ecstasy. I think that is why when an English chorus sings 'Hallelujah' they suddenly become so wild, taking off completely their usual English inhibition, because at that moment they experience something really thrilling, something like ecstasy."

"读了丹纳的文章,我更相信过去的看法不错:韩德尔的音乐,尤其神剧,是音乐中最接近希腊精神的东西。他有那种乐天的倾向、豪华的诗意,同时亦极尽朴素,而且从来不流于庸俗,他表现率直、坦白,又高傲又堂皇,差不多在生理上到达一种狂喜与忘我的境界。也许就因为此,英国合唱队唱 Hallelujah[哈利路亚]的时候,会突然变得豪放,把平时那种英国人的抑制完全摆脱干净,因为他们那时有一种真正激动心弦,类似出神的感觉。"

为了帮助你的中文,我把你信中一段英文代你用中文写出。你看看是否与你原意有距离。ecstasy[狂喜与忘我境界]一字含义不一,我不能老是用出神两字来翻译。像这样不打草稿随手翻译,在我还是破题儿第一遭。

提醒你一句:信中把"自以为是"写做"自已为是",此是笔误,但也得提一下。

一九六一年八月十八日/十九日

亲爱的孩子:从你维也纳归途中写的明信片以后,天天等你长信,希望多多知道你学习方面最近的心得和请教了匈牙利老太太以后的体会。想你开过了本月十二的音乐会一定会动笔。否则月底又有新的演出,也许还要去希腊——土耳其——以色列,你的信更不知要拖到什么时候了!

……

前几天妈妈想给弥拉一件小小的生日礼物——九月二十九日不是她的生日吗?特意去物色衣料,可是看得上眼的都是"料不出门",只能在店内定做衣服,不能剪了衣料给顾客带走。此是因物资紧张而定出来的新办法。

今天把楼上宋家婆婆去年送你们的结婚礼物，绣花被面一条寄你，内附小盆一只给弥拉玩儿，李白雕像一枚给你玩儿。（李白枕在书上醉卧。）

……

我今夏特别怕风，动不动流鼻涕伤风。工作几全部停顿，想想也着急。头痛不大发作了，腰酸则如故，不能久坐。妈妈精神不差，她先天强，性情好，抵抗力与众不同。

……

八月十八日

近几年来常常想到人在大千世界、星云世界中多么微不足道，因此更感到人自命为万物之灵实在狂妄可笑。但一切外界的事物仍不断对我发生强烈的作用，引起强烈的反应和波动，忧时忧国不能自已；另一时期又觉得转眼之间即可撒手而去，一切于我何有哉！这一类矛盾的心情几乎经常控制了我：主观上并无出世之意，事实上常常浮起虚无幻灭之感。个人对一切感觉都敏锐、强烈，而常常又自笑愚妄。不知这是现代中国知识分子的共同苦闷，还是我特殊的气质使然。即使想到你，有些安慰，却也立刻会想到随时有离开你们的可能，你的将来，你的发展，我永远看不见的了，你十年二十年后的情形，对于我将永远是个谜，正如世界上的一切，人生的一切，到我脱离尘世之时都将成为一个谜——个人消灭了，茫茫宇宙照样进行，个人算得什么呢！

爸爸　八月十九日

一九六一年八月三十一日夜－九月二日中午

亲爱的孩子：八月二十四日接十八日信，高兴万分。你最近的学习心得引起我许多感想。杰老师的话真是至理名言，我深有同感。会学的人举一反三，稍经点拨，即能跃进。不会学的不用说闻一以知十，连闻一以知一都不容易办到，甚至还要缠夹，误入歧途，临了反抱怨老师指引错了。所谓会学，条件很多，除了悟性高以外，还要足够的人生经验……现代青年头脑太单纯，说他纯洁固然不错，无奈遇到现实，纯洁没法作为斗争的武器，倒反因天真幼稚而多走不必要的弯路。玩世不恭、cynical［愤世嫉俗]的态度当然为我们所排斥,但不懂得什么叫做 cynical[愤世嫉俗]也反映入世太浅,眼睛只会朝一个方向看。周总理最近批评我们的教育,使青年只看见现实世界中没有的理想人物,将来到社会上去一定感到失望与苦闷。胸襟眼界狭小的人,即使老辈告诉他许多旧社会的风俗人情,也几乎会骇而却走。他们既不懂得人是从历史上发展出来的,经过几千年上万年的演变过程才有今日的所谓文明人,所谓社会主义制度下的人,一切也就免不了管中窥豹之弊。这种人倘使学文学艺术,要求体会比较复杂的感情,光暗交错、善恶并列的现实人生,就难之又难了。要他们从理论到实践,从抽象到具体,样样结合起来,也极不容易。但若不能在理论→实践、实践→理论、具体→抽象、抽象→具体中不断来回,任何学问都难以入门。

以上是综合的感想。现在谈谈你最近学习所引起的特殊问题。

据来信,似乎你说的 relax[放松]不是五六年以前谈的纯粹技巧上的 relax [放松],而主要是精神、感情、情绪、思想上的一种安详、闲适、淡泊、超逸的意境,即使牵涉到技术,也是表现上述意境的一种相应的手法、音色与 tempo rubato[弹性速度]等等。假如我这样体会你的意思并不错,那我就觉得你过去并非完全不能表达 relax[闲适]的境界,只是你没有认识到某些作品、某些作家确有那种 relax[闲适]的精神。一年多以来,英国批评家有些说你的贝多芬(当然指后期的奏鸣曲)缺少那种 Viennese repose[维也纳式闲适],恐怕即是指某种特殊的安闲、恬淡、宁静之境,贝多芬在早年、中年剧烈挣扎与苦斗之后,到晚年达到的一个 peaceful mind [精神上清明恬静之境],也就是一种特殊的 serenity[安详](是一种 resignation[隐忍恬淡,心平气和]产生的 serenity[安详])。但精神上的清明恬静之境也因人而异,贝多芬的清明恬静既不同于莫扎特的,也不同于舒伯特的。稍一混淆,在水平较高的批评家、音乐家以及听众耳中就会感到气息不对,风格不合,口吻不真。我是用这种看法来说明你为何在弹斯卡拉蒂和莫扎特时能完全 relax[放松],而遇到贝多芬与舒伯特就成问题。另外两点,你自己已分析得很清楚:一是看到太多的 drama[跌宕起伏,戏剧成分],把主观的情感加诸原作;二是你的个性与气质使你不容易 relax

[放松],除非遇到斯卡拉蒂与莫扎特,只有轻灵、松动、活泼、幽默、妩媚、温婉而没法找出一点儿借口可以装进你自己的drama[激越情感]。因为莫扎特的drama[感情气质]不是十九世纪drama[气质],不是英雄式的斗争、波涛汹涌的感情激动、如醉若狂的fanaticism[狂热激情];你身上所有的近代人的drama[激越,激烈]气息绝对应用不到莫扎特作品中去;反之,那种十八世纪式的flirting[风情]和诙谐、俏皮、讥讽等等,你倒也很能体会,所以能把莫扎特表达得恰如其分。还有一个原因,凡作品整体都是relax[安详,淡泊]的,在你不难掌握;其中有激烈的波动又有苍茫惆怅的那种relax[闲逸]的作品,如萧邦,因为与你气味相投,故成绩也较有把握。但若既有激情又有隐忍恬淡,如贝多芬晚年之作,你即不免抓握不准。你目前的发展阶段,已经到了理性的控制力相当强,手指神经很驯服的能听从头脑的指挥,故一朝悟出了关键所在的作品精神,领会到某个作家的relax [闲逸恬静]该是何种境界何种情调时,即不难在短时期内改变面目,而技巧也跟着适应要求,像你所说"有些东西一下子显得容易了"。旧习未除,亦非短期所能根绝,你也分析得很彻底:悟是一回事,养成新习惯来体现你的"悟"是另一回事。

以色列——伊斯坦布尔——雅典的演出能延迟到明年六月,倒是大好事,你在访美以前正可把新收获加以"巩固"。

最后你提到你与我气质相同的问题,确是非常中肯。你我秉性都过敏,容易紧张。而且凡是热情的人多半流于执著,有fanatic[狂热]倾向。你的观察与分析一点不错。我也常说应该学学周伯伯①那种潇洒、超脱、随意游戏的艺术风格,冲淡一下太多的主观与肯定,所谓positivism[自信独断]。无奈向往是一事,能否做到是另一事。有时个性竟是顽强到底,什么都扭它不过。幸而你还年轻,不像我业已定型;也许随着阅历与修养,加上你在音乐中的熏陶,早晚能获致一个既有热情又能冷静、能入能出的境界。总之,今年你请教Kabos[卡波斯]太太后,所有的进步是我与杰老师久已期待的;我早料到你并不需要到四十左右才悟到某些淡泊、朴

---

① 即周煦良,作家,傅雷挚友。

素、闲适之美——像去年四月《泰晤士报》评论你两次萧邦音乐会所说的。附带又想起批评界常说你追求细节太过，我相信事实确是如此，你专追一门的劲也是fanatic［狂热］得厉害，比我还要执著。或许近两个月以来，在这方面你也有所改变了吧？注意局部而忽视整体，雕琢细节而动摇大的轮廓固谈不上艺术；即使不妨碍完整，雕琢也要无斧凿痕，明明是人工，听来却宛如天成，才算得艺术之上乘。这些常识你早已知道，问题在于某一时期目光太集中在某一方面，以致耳不聪、目不明，或如孟子所说"明察秋毫而不见舆薪"。一旦醒悟，回头一看，自己就会大吃一惊，正如一九五五年时你何等欣赏米开兰琪利，最近却弄不明白当年为何如此着迷。

说到此，不能不希望你明春访澳归来以后，从速请教内行挑选一架胶带录音机，不一定要stereo［立体声］的，只要上等质地，控制方便就行。未买之前，已买之后，都得请人教导如何收录（此点十分重要！）自己在家的演奏。此是钢琴家和一切演奏家的镜子，不可或缺！

八月三十一日夜

早在一九五七年李赫特在沪演出时，我即觉得他的舒伯特没有grace［优雅］。以他的身世而论，很可能于不知不觉中走上神秘主义的路。生活在另外一个世界中，那世界只有他一个人能进去，其中的感觉、刺激、形象、色彩、音响都另有一套，非我们所能梦见。神秘主义者往往只有纯洁、朴素、真诚，但缺少一般的温馨妩媚。便是文艺复兴初期的意大利与佛兰德斯宗教画上的grace［优雅］也带一种圣洁的他世界的情调，与十九世纪初期维也纳派的风流蕴藉，熨帖细腻，同时也带一些淡淡的感伤的柔情毫无共通之处。而斯拉夫族，尤其俄罗斯民族的神秘主义又与西欧的罗马正教一派的神秘主义不同。听众对李赫特演奏的反应如此悬殊也是理所当然的。二十世纪六十年代的人还有几个能容忍音乐上的神秘主义呢？至于捧他上天的批评只好目之为梦呓，不值一哂。

从通信所得的印象，你岳父说话不多而含蓄甚深，涵养功夫极好，但一言半语中流露出他对人生与艺术确有深刻的体会。以他成年前所受的教育和那么严格的纪律而论，能长成为今日这样一个独立自由的人，在艺术上保持鲜明的个性,已是不大容易的了;可见他秉性还是很强,不过藏在内里,一时看不出罢了。他自己在书中说:“我外表是赫夫齐芭,内心是雅尔太。”[①]但他坚强的个性不曾发展到他母亲的路上,没有那种过分的民族自傲,也算大幸。

尽管那本传记经过狄安娜夫人校阅,但其中并无对狄安娜特别恭维的段落,对诺拉[②]亦无贬词——这些我读的时候都很注意。上流社会的妇女总免不了当面一套,背后一套:为了在西方社会中应付,也有不得已的苦衷。主要仍须从大事情大原则上察看一个人的品质。希望你竭力客观,头脑冷静,前妻的子女对后母必有成见,我们局外人只能以亲眼目睹的事实来判断,而且还须分析透彻。年轻人对成年人的看法往往不大公平,何况对待后母!故凡以过去的事为论证的批评最好先打个问号,采取保留态度,勿急于下断语。家务事曲折最多,单凭一面之词难以窥见真相。

……

你与弥拉之间能如此融洽也是不容易的了。她年幼未经世事,偶有岔错亦在意料之中。但若与一般(不论国内国外)同年龄的女子相比,恐怕弥拉也是属于纯洁、懂事、肯刻苦一类的了。凡事不能有绝对标准,只能用比较的眼光看待一切。要一个像她那样出身的女孩子接近你的理想,必须以极大的忍耐,极长的时间,做感染与教育的工作。(“娇气”是家庭与社会共同培养出来的,故最难革除。)主要仍在于以身作则。你既有自知之明,相信你定会以容忍的态度应付。只要共同的理想不变,高远的目标始终成为双方追求的对象,心爱你那种艺术气氛中弥拉自会一天一天进步的,假如你自己也在一天一天的进步。

……

你报道周文中的音乐创作,我听了非常兴奋。他何处人氏?多大年纪?现任何职?如何谋生?大概写了多少作品?望一一告知。信中说有分析他作品的评论寄来,迄今未到。难道是整本杂志另作印刷品寄的吗?

---

① 赫夫齐芭于一九八二年病故,和雅尔太是梅纽因的大妹妹和小妹妹。

② 梅纽因的前妻。

将来阅后必寄还与你。

十三年前耶鲁大学音乐系系主任及欣德米特与我通信时提到还有别的中国学生，不知周文中可曾说起别的同胞同道？从周氏消息我连带想起谭伯伯的作品存在我家已久，近来年事日增，体弱多病，益感责任重大，拟与短时间内与文化部夏公函商，请其先向国立北京图书馆接洽，将谭氏作品及有关文件全部送去保存。按作家文稿乐谱由国家图书馆保管，原为各国通例，想必不致拒绝。

谭伯伯"歌曲"蓝图晒印稿，你在波兰时曾有一份，不知下落如何？前人手泽能在国外推广也是你做后辈的应尽义务。蓝图晒印目前国内亦非易之，且代价甚高。你原有一份是否还能找到？器乐部分当时曾带去或由我们寄你，我记性坏，已想不起了。

……

九月一日

"感慨"在英文中如何说，必姨来信说明如下：

"有时就是(deeply) affected，(deeply) moved[(深受)影响、(深受)感动]；有时是(He is) affected with painful recollections[(他)因痛苦的往事而有所感触]；the music[音乐](或诗或文) calls forth painful memories[引人追思、缅怀痛苦的往事]或 stirs up painful (or mournful, melancholy) memories[激起对痛苦(忧伤、伤感)往事的追思]。如嫌 painful[痛苦]太重，就说那音乐 starts a train of melancholy thoughts (sorrowful, mournful, sad) thoughts[引起连串忧思(忧伤、哀伤、悲哀)的追思]。对人生的慨叹有时不用 memory, recollection[回忆、追思]，就用 reflection[反应、反映]，形容词还是那几个，e. g. His letter is full of sad reflections on life. [他的来信充满对人生的慨叹]。"

据我的看法，"感慨"、"慨叹"纯是描写中国人特殊的一种心理状态，与西洋人的 recollection[追思]固大大不同，即与 reflection[反应、反映]亦有出入，故难在外文中找到恰当的 equivalent[对等字眼]。英文的 recollection[追思]太肯定，太"有所指"；reflection[反应、反映]又嫌太笼统，此字本义是反应、反映。我们的感慨只是一种怅惘、苍茫的情绪，说 sad[悲伤]也不一定sad[悲伤],或者未免过分一些;毋宁是带一种哲学意味的mood[情绪],就是说感慨本质上是一种情绪,但有思想的成分。

……

昨天乘凉前后,独自想了很多,心中很难过:觉得对敏的责备不太公平。我对他从小起就教育不够:初期因他天资差,开窍迟,我自己脾气又不好;后期完全放任,听凭学校单独负责;他入大学后我也没写长信(除了一次以外)与他。像五四至五七,五九至现在我写给你的那样的信,一封也不曾给敏写过。无论在学业方面,做人方面,我都未尽教导之责。当然他十年来思想演变与你大异,使我没法多开口;但总觉得对你给的很多,对他给的太少,良心上对不起他。今后要想法补救一下才是。

这封信陆陆续续写了三天,和你谈话是永远谈不完的。惟一的安慰是发现你逐渐成熟,愈来愈了解我,减少我精神上孤独寂寞之感。你每来一次信,就仿佛你回家来看我们一次!

暂且带住,希望诸事小心,千万珍重,休息充分,勿过疲劳!

爸爸　六一年九月二日中午

九月是你比较空闲的一月,我屡次要你去博物馆看画,无论如何在这个月中去一二回!先定好目标看哪一时期的哪一派,集中看,切勿分散精力。早期与中期文艺复兴(意大利派)也许对你理解斯卡拉蒂更有帮助。造型艺术与大自然最能培养一个人身心的relax[舒泰]!

你的中文信并未退步,词汇也仍丰富,只是做主词的"我"字用得太多,不必要的虚字也用多了些。因你时间有限,我不苛求;仅仅指出你的毛病,让你知道而已。

一九六一年九月十四日晨

亲爱的孩子:……你工作那么紧张,不知还有时间和弥拉谈天吗?我无论如何忙,要是一天之内不与你妈谈上一刻钟十分钟,就像漏了什么功课似的。时事感想,人生或大或小的事务的感想,文学艺术的观感,读书的心得,翻译方面的问题,你们的来信,你的行踪……上下古今,无所不谈，拉拉扯扯，不一定有系统，可是一边谈一边自己的思想也会整理出一个头绪来，变得明确；而妈妈今日所达到的文化、艺术与人生哲学的水平，不能不说一部分是这种长年的闲谈熏陶出来的。去秋你信中说到培养弥拉，不知事实上如何做？也许你父母数十年的经历和生活方式还有值得你参考的地方。以上所提的日常闲聊便是熏陶人最好的一种方法。或是饭前饭后或是下午喝茶（想你们也有英国人喝 tea 的习惯吧）的时候，随便交换交换意见，无形中彼此都得到不少好处：启发，批评，不知不觉的提高自己，提高对方。总不能因为忙，各人独自生活在一个小圈子里。少女少妇更忌精神上的孤独。共同的理想、热情，需要长期不断的灌溉栽培，不是光靠兴奋时说几句空话所能支持的。而一本正经的说大道理，远不如日常生活中琐琐碎碎的一言半语来得有效——只要一言半语中处处贯彻你的做人之道和处世的原则。孩子，别因为埋头于业务而忘记了你自己定下的目标，别为了音乐的艺术而抛荒生活的艺术。弥拉年轻，根基未固，你得耐性细致、孜孜不倦的关怀她，在人生琐事方面、读书修养方面、感情方面，处处观察、分析、思索，以诚挚深厚的爱做原动力，以冷静的理智做行动的指针，加以教导、加以诱引，和她一同进步！倘或做这些工作的时候有什么困难，千万告诉我们，可帮你出主意解决。你在音乐艺术中固然只许成功，不许失败；在人生艺术中、婚姻艺术中也只许成功，不许失败！这是你爸爸妈妈最关心的，也是你一生幸福所系。而且你很明白，像你这种性格的人，人生没法与艺术分离，所以要对你的艺术有所贡献，家庭生活与夫妇生活更需要安排得美满。语重心长，但愿你深深体会我们爱你和爱你的艺术的热诚，从而在行动上彻底实践！

我老想帮助弥拉，但自知手段笨拙，深怕信中处处流露出说教口吻和家长面孔。青年人对中年老年人另有一套看法，尤其西方少妇。你该留意我的信对弥拉起什么作用：要是她觉得我太古板、太迂等等，得赶快告诉我，让我以后对信中的措辞多加修饰。我决不嗔怪她，可是我极需要知道她的反应来调节我教导的方式方法。你务须实事求是，切勿粉饰太平，歪曲真相：日子久了，这个办法只能产生极大的弊害。你与她有什么不协和，我们就来解释、劝说；她与我们之间有什么不协和，你就来解释、劝说，这样才能做到所谓“同舟共济”。我在中文信中谈的问题，你都可挑出一二题目与她讨论；我说到敏的情形也好告诉她：这叫做旁敲侧击，使她更了解我们。我知道她家务杂务、里里外外忙得不可开交，故至今不敢在读书方面督促她。我屡屡希望你经济稳定，早日打定基础，酌量减少演出，使家庭中多些闲暇，一方面也是为了弥拉的进修（要人进修，非给相当时间不可）。我一再提议你去森林或郊外散步，去博物馆欣赏名作，大半为了你，一小半也是为了弥拉。多和大自然与造型艺术接触，无形中能使人恬静旷达（古人所云“荡涤胸中尘俗”，大概即是此意），维持精神与心理的健康。在众生万物前面不自居为“万物之灵”，方能祛除我们的狂妄，打破纸醉金迷的俗梦，养成淡泊洒脱的胸怀，同时扩大我们的同情心。欣赏前人的遗迹，看到人类伟大的创造，才能不使自己被眼前的局势弄得悲观，从而鞭策自己，竭尽所能的在尘世留下些少成绩。以上不过是与大自然及造型艺术接触的好处的一部分，其余你们自能体会。

你对狄阿娜夫人与岳父的意见，大概决不会与外人谈到吧？上流社会，艺术界，到处都有搬嘴舌的人，必须提防。别因为对方在这些问题上与你看法相同，便流露出你的心腹（一个人上当最多就是在这种场合）。特别对你岳父的意见，你务必“讳莫如深”，只跟我们谈；便是弥拉前面也不宜透露，她还没有到年纪，不能冷静分析从小崇拜的父亲。再说，一个名流必有或多或少忌妒的人：社会上对你岳父的议论都得用自己的头脑来分析过，与事实核对过；否则不能轻易信服。

……

暂时带住，希望本月内还能收到你的信。一切珍重！

爸爸　九月十四日晨

一九六一年十月五日夜*

亲爱的聪：我抱着满腔愉快的心情告诉你一个好消息，我日夜盼望的那么一天终于到来，爸爸的问题解决了，已于九月三十日报上发表（就是“摘掉帽子”）。爸爸是一九五八年四月底戴上右派帽子的，他是文艺界中最后一个，当时阿敏就要告诉你，我们怕刺激你，立即去信阻止，所以你大概有些不清不楚。这完全是党的宽大以及他数十年如一日的辛勤工作的结果,但他自己认为谈不上什么自我改造。他认为本来“戴帽子”与“摘帽子”都是他们的事,与他无关。

……

孩子,你跟爸爸相似的地方太多了,连日常生活也如此相似,老关在家里练琴,听唱片,未免太单调。要你出去走走,看看博物馆,无非是调剂生活,丰富你的精神生活。你的主观、固执,看来与爸爸不相上下,这个我是绝对同情弥拉的,我决不愿意身受折磨会在下一代的儿女身上重现——你是自幼跟我在一起,生活细节也看得多,你是最爱妈妈的,也应该是最理解妈妈的。我对你爸爸性情脾气的委曲求全,逆来顺受,都是有原则的,因为我太了解他,他一贯的秉性乖戾,嫉恶如仇,是有根源的——当时你祖父受土豪劣绅的欺侮压迫,二十四岁上就郁闷而死,寡母孤儿(你祖母和你爸爸)悲惨凄凉的生活,修道院式的童年,真是不堪回首。到成年后,孤军奋斗,爱真理,恨一切不合理的旧传统和杀人不见血的旧礼教,为人正直不苟,对事业忠心耿耿,我爱他,我原谅他。为了家庭的幸福,儿女的幸福,以及他孜孜不倦的事业的成就,放弃小我,顾全大局。爸爸常常抱恨自己把许多坏脾气影响了你,所以我们要你及早注意,克制自己,把我们家上代悲剧的烙印从此结束,而这个结束就要从你开始,才能不再遗留到后代身上去。现在弥拉还年轻,有幻想,有热情,多少应该满足她活跃的青春的梦,偶尔看看电影,上博物馆,陶醉在过去的历史的成果中,欣赏体会;周末去郊外或公园散步闲游,吸收自然界的美,要过这种有计划有调节的生活,人生才有意思。我们是年老了,可是心里未尝不向往这种生活呢!目前你赶巡回演出的节目,一切都谈不上,可是让你心中有数,碰到有时间有机会的时候,千万争取利用,不可随便放弃。好孩子,你是爱父母的,那么千言万语,无非要你们更美满更幸福,总要接受父母的劝告,让我们也跟着你们快活,何乐而不为呢。

……

下月初起,你们要出门起码四个月,希望不断的接到你们的消息,你忙少写些无妨,我想弥拉这方面可多做些,我相信她会随时报告消息。告诉弥拉,我无时无刻不在想念她,疼她。不多谈了,再见!

妈妈　十月五日夜

一九六一年十月五日深夜

亲爱的孩子:……八九两月你统共只有三次演出,但似乎你一次也没去郊外或博物馆。我知道你因技术与表达都有大改变,需要持续加工和巩固;访美的节目也得加紧准备;可是两个月内毫不松散也不是办法。两年来我不知说了多少次,劝你到森林和博物馆走走,你始终不能接受。孩子,我多担心你身心的健康和平衡;一切都得未雨绸缪,切勿到后来悔之无及。单说技巧吧,有时硬是别扭,倘若丢开一个下午,往大自然中跑跑,或许下一天就能顺利解决。人的心理活动总需要一个酝酿的时期,不成熟时硬要克服难关,只能弄得心烦意躁,浪费精力。音乐理解亦然如此。我始终觉得你犯一个毛病,太偏重以音乐本身去领会音乐。你的思想与信念并不如此狭窄,很会海阔天空的用想像力;但与音乐以外的别的艺术,尤其大自然,实际上接触太少。整天看谱、练琴、听唱片……久而久之会减少艺术的新鲜气息,趋于抽象、闭塞,缺少生命的活跃与搏击飞纵的气势。我常常为你预感到这样一个危机,不能不舌敝唇焦,及早提醒,要你及早防止。你的专业与我的大不同。我是不需要多大创新的,我也不是有创新才具的人:长年关在家里不致在业务上有什么坏影响。你的艺术需要时时刻刻的创造,便是领会原作的精神也得从多方面(音乐以外的感受)去探讨:正因为过去的大师就是从大自然,从人生各方面的材料中"泡"出来的,把一切现实升华为 emotion[感情]与 sentiment[情操],所以表达他们的作品也得走同样的路。这些理论你未始不知道,但似乎并未深信到身体力行的程度。另外我很奇怪:你年纪还轻,应该比我爱活动;你也强烈的爱好自然,怎么实际生活中反而不想去亲近自然呢?我记得很清楚,我二十二三岁在巴黎、瑞士、意大利以及法国乡间,常常在月光星光之下,独自在林中水边踏着绿茵,呼吸浓烈的草香与泥土味、溪水味,或是借此舒散苦闷,或是沉思默想。便是三十多岁在上海,一逛公园就觉得心平气和,精神健康多了。太多与刺激感官的东西(音乐便是刺激感官最强烈的)接触,会不知不觉失去身心平衡。你既憧憬希腊精神,为何不学学古希腊人的榜样呢?你既热爱陶潜、李白,为什么不试试去体会"采菊东篱下,悠然见南山"的境界(实地体会)呢?你既从小熟读克利斯朵夫,总不致忘了克利斯朵夫与大自然的关系吧?还有造型艺术,别以家中挂的一些为满足,干吗不上大英博物馆去流连一下呢?大概你会回答我说没有时间,做了这样就得放弃那样。可是暑假中比较空闲,难道去一两次郊外与美术馆也抽不出时间吗?只要你有兴致,便是不在假中,也可能特意上美术馆,在心爱的一两幅画前面呆上一刻钟半小时。不必多,每次只消集中一两幅,来回统共也花不了一个半小时,无形中积累起来的收获可是不小呢!你说我信中的话,你"没有一句是过耳不入"的,好吧,那么在这方面希望你思想上慢慢酝酿,考虑我的建议,有机会随时试一试,怎么样?行不行呢?我一生为你的苦心,你近年来都体会到了。可是我未老先衰,常有为日无多之感,总想尽我仅有的一些力量,在我眼光所能见到的范围以内帮助你,指导你,特别是早早指出你身心与艺术方面可能发生的危机,使你能预先避免。"语重心长"这四个字形容我对你的态度是再贴切没有了。只要你真正爱你的爸爸,爱你自己,爱你的艺术,一定会郑重考虑我的劝告,接受我数十年如一日的这股赤诚的心意!

你也很明白,钢琴上要求放松先要精神上放松,过度的室内生活与书斋生活恰恰是造成现代知识分子神经紧张与病态的主要原因;而萧然意远、旷达恬静、不滞于物、不凝于心的境界只有从自然界中获得,你总不能否认吧?

还有很重要的一点:弥拉比你小五岁,应该是喜欢活动的年纪。你要是闭户家居,岂不连带她感到岑寂枯索?而看她的气质,倒也很爱艺术与大自然,那就更应该同去欣赏,对彼此都有好处。只有不断与森林、小溪、花木、鸟兽、虫鱼和美术馆中的杰作亲炙的人,才会永远保持童心、纯洁与美好的理想。培养一个人,空有志愿有什么用?主要从行动着手!无论多么优秀的种籽,没有适当的环境、水土、养分,也难以开花结果,说不定还会中途变质或夭折。弥拉的妈妈诺拉本性何尝不好、不纯洁,就是与伊虚提之间缺少一个共同的信仰与热爱,缺少共同的 devotion[努力目标],

才会如此下场。即使有了共同的理想与努力的目标，仍然需要年纪较长的伙伴给她熨帖的指点，带上健全的路，帮助她发展，给她可能发展的环境和条件。你切不可只顾着你的艺术，也得分神顾到你一生的伴侣。二十世纪登台演出的人更非上一世纪的演奏家可比，他要紧张得多，工作繁重得多，生活忙乱得多，更有赖于一个贤内助。所以分些精神顾到弥拉（修养、休息、文娱活动……），实际上仍是为了你的艺术；虽然是间接的，影响与后果之大却非你意想所及。你首先不能不以你爸爸的缺点——脾气暴躁为深戒，其次不能期待弥拉也像你妈妈一样和顺。在西方女子中，我与你妈妈都深切感到弥拉已是很好的好脾气了，你该知足，该约制自己。天下父母的心总希望子女活得比自己更幸福；只要我一旦离开世界的时候，对你们俩的结合能有确切不移的信心，也是我一生极大的酬报了！

十一月至明春二月是你去英后最忙的时期，也是出入重大的关头；旅途辛苦，演出劳累，难免神经脆弱，希望以最大的忍耐控制一切，处处为了此行的使命与祖国荣辱攸关着想。但愿你明年三月能够以演出与性情脾气双重的成功报告我们，那我们真要快乐到心花怒放了！——放松、放松！精神上彻底的轻松愉快，无挂无碍，将是你此次双重胜利的秘诀！

另一问题始终说服不了你，但为你的长久利益与未来的幸福不得不再和你唠叨。你历来厌恶物质，避而不谈；殊不知避而不谈并不解决问题，要不受物质之累，只有克服物质、控制物质，把收支情况让我们知道一个大概，帮你出主意妥善安排。惟有妥善安排才能不受物质奴役。凡不长于理财的人少有不吃银钱之苦的。我和你妈妈在这方面自问还有相当经验可给你作参考。你怕烦，不妨要弥拉在信中告诉我们。她年少不更事，只要你从旁怂恿一下，她未始不愿向我们学学理财的方法。你们早晚要有儿女，如不及早准备，临时又得你增加演出来弥补，对你的艺术却无裨益。其次要弥拉进修、多用些书本工夫，也该给她时间；目前只有一个每周来两次的 maid［女佣人］，可见弥拉平日处理家务还很忙。最好先逐步争取，经济上能雇一个每日来帮半天的女佣。每年暑假至少要出门完全休息两星期。这种种都得在家庭收支上调度得法，订好计划，方能于半年或一年之后实现。当然主要在于实际执行而不仅仅是一纸空文的预算和计划。唱片购买也以随时克制为宜,勿见新即买。我一向主张多读谱,少听唱片,对一个像你这样的艺术家帮助更大。读谱好比弹琴用 urtext,①听唱片近乎用某人某人 edit[编]的谱。何况我知道你十年二十年后不一定永远当演奏家;假定还可能向别方面发展,长时期读谱也是极好的准备。我一心一意为你打算,不论为目前或将来,尤其为将来。你忙,没空闲来静静的分析,考虑;倘我能代你筹划筹划,使我身后你还能得到我一些好处——及时播种的好处,那我真是太高兴了。

……

前几封长信所谈的问题,希望能得到你一些反应。好些事除了对你,我几乎不和别人谈了。倘不影响你的工作与休息,我真祝望多多读到你的长信!

爸爸　一九六一年十月五日深夜

一九六一年十二月十七日

亲爱的孩子:你忙得怎么啦? 不太累吗? 这一下该好好休息几天了!

彭启忻是雷伯伯的留美同学,过去和我们并不很熟,但他夫妇素来重视儿女教育,曾为孩子学琴事在上海和香港两次与我商量。此次他从刘抗伯伯的儿子(留澳学生)处打听到我们地址,写信来说:"……令郎莅临澳洲时,此地侨胞自当竭诚招待,但以潮汕、山东侨胞居多,届时稍有隔膜(斯义桂君两次来澳演唱感觉),故不揣冒昧,特在上海侨胞中略事组织,将来除招待外,令郎如有爱吃的上海菜肴,或须办事项,当尽量效劳,便中希将敝通讯处转告令郎,以便联系……令郎今日能在国际乐坛放一异彩,为我民族争光,贤伉俪栽培之功不可磨灭……次女安梅(你看这名字奇怪吗? 爸爸附注)今年雪梨大学文科毕业,长女安黎,五八年音乐院毕业,曾得全国大曲比赛钢琴冠军,及破天荒争得交响乐乐队指挥奖学金,今年七月赴意大利追随 Benedetti Michelangeli [贝内代蒂·米开朗琪利]……"热

① 德文字,相当于英文的 original text,原谱版本,通常指一九〇〇年以前的音乐的原谱版本,即未经他人编辑、整理或注释的原始曲谱。

情可感。将来见到时,务必代我们致意,你也得热烈应对。侨胞对祖国人才的爱护比普通人心理又是不同,千万别辜负他们的盛意。

林先生的事,详见英文信,不再赘。想来你已开始写长信回来了,我急于要知道你对美国人民及文化的观感。遇到的熟人望一一报告我听。倘有遗漏或想起别的话(别匆忙,仔细回想一下),希望年底年头再给我们一封信!别吝啬这点对我们的安慰吧!一切皆保重!

爸爸、妈妈

一九六一年十二月十七日

你结婚第一周年纪念日

刘抗伯伯的大儿子名"太格",在澳留学。

在加利福尼亚见到了太岳父母没有?印象如何?切望见告!

你应该还记得我十三岁时同班同学林瑾阿姨,她的丈夫叫梁伯枝,他们的大儿子是我们的干儿子。他们现在澳洲悉尼,你此次去澳,一定会碰到他们,望你转告他们说我一直在想念他们,希望他们来信,并把我们的地址详告他们为要。他们俩人自幼喜欢你,我常带了你去他们家玩呢!

妈妈

一九六二年一月十四日下午

聪,亲爱的孩子:又快一个月没给你写信了。你们信少,我们的信也不知不觉跟着减少。你在外忙得昏天黑地,未必有闲情逸致读长信;有些话和你说了你亦过目即忘;再说你的情形我们一无所知,许多话也无从谈起。

十日收到来电,想必你们俩久不执笔,不免内疚,又怕我们着急之故吧?不管怎样,一个电报引得妈妈眉开眼笑,在吃饭前说:"开心来……"我问:"为什么?"她说:"为了孩子。"

今天星期日,本想休息,谁知一提笔就写了七封信,这一封是第八封了。从十一月初自苏州回来后,一口气工作到今,赛过跑马拉松,昨天晚上九点半放下笔也感到脑子疲惫得很了。想想自己也可笑,开头只做四小时多工作,加到六小时,译一千字已经很高兴了;最近几星期每天做到八九小时,译到两千字,便又拿两千字作为新定量,好似老是跟自己劳动竞赛,抢“红旗”似的。幸而脑力还能支持,关节炎也不常发。只是每天上午泪水滔滔,呵欠连连;大概是目力用得过度之故。一年来健康好转(妈妈皮色也好看了)都亏你食物药物的接济。这半年敏身体也强了些。可是六一年至少三四个音乐会的收入都报销在我们身上了吧?

……

此次出外四月,收入是否预先定好计划?不管你们俩听从与否,我总得一再提醒你们。既然生活在金钱世界中,就不能不好好的控制金钱,才不致为金钱所奴役。

当然,世界上到处没有两全之事,一切全赖自己掌握,目的无非是少受些物质烦恼,多一些时间献给学问和艺术。理想的世界始终是理想;无论天南地北,看不上眼的事总是多于看得上眼的。但求不妨碍你的钻研,别的一切也就可以淡然置之。烦闷徒然浪费时间,扰乱心绪,犯不上!你恐怕对这些也想过很多,旷达了不少吧?

……

拉杂写来,也算与你对谈一次。你是否有时也想与我们谈天说地,扯一阵呢?若果如此,不用怕提笔。不过去澳期间又是忙得不可开交,我也不敢存什么希望。但愿回英之后再有长信来!新加坡的演出肯定否?三月几日呢?

还得写几句给弥拉,光写你的不写她的信,心上也不好过,好像对不起她,冷淡她似的。千万保重!得便就充分休息!多接近大自然!

爸爸　一九六二年一月十四日下午

一九六二年一月二十一日下午/二十一日夜

亲爱的孩子:……读来信,感触万端。年轻的民族活力固然旺盛,幼稚的性情脾气少接触还觉天真可爱,相处久了恐怕也要吃不消的。我们中国人总爱静穆,沉着,含蓄,讲 taste[品味,鉴赏力],遇到 silly[愚蠢,糊涂]的表现往往会作恶。生命力旺盛也会带咄咄逼人的意味,令人难堪。我们朋友中即有此等性格的,我常有此感觉。也许我自己的 dogmatic[固执,武断]气味,人家背后已在怨受不了呢。我往往想,像美国人这样来源复杂的民族究竟什么是他的定型,什么时候才算成熟。他们二百年前的祖先不是在欧洲被迫出亡的宗教难民(新旧教都有,看欧洲哪个国家而定;大多数是新教徒——来自英法。旧教徒则来自荷兰及北欧),便是在事业上栽了筋斗的人,不是年轻的淘金者便是真正的强盗和杀人犯。这些人的后代,反抗与斗争性特别强是不足为奇的,但传统文化的熏陶欠缺,甚至于绝无仅有也是想像得到的。只顾往前直冲,不问成败,什么都可以孤注一掷,一切只问眼前,冒起危险来绝不考虑值不值得,不管什么场合都不难视生命如鸿毛:这一等民族能创业,能革新,但缺乏远见和明智,难于守成,也不容易成熟;自信太强,不免流于骄傲,看事太轻易,未免幼稚狂妄。难怪资本主义到了他们手里会发展得这样快,畸形得这样厉害。我觉得他们的社会好像长着一个癌:少数细胞无限制的扩张,把其他千千万万的细胞吞掉了;而千千万万的细胞在未被完全吞掉以前,还自以为健康得很,"自由""民主"得很呢!

可是社会的发展毕竟太复杂了,变化太多了,不能凭任何理论"一以蔽之"的推断。比如说,关于美国钢琴的问题,在我们爱好音乐的人听来竟可说是象征音乐文化在美国的低落;但好些乐队水准比西欧高,又怎么解释呢?经理人及其他音乐界的不合理的事实,垄断、压制、扼杀个性等等令人为之发指;可是有才能的艺术家在青年中还是连续不断的冒出来:难道就是新生的与落后的斗争吗?还是新生力量也已到了强弩之末呢?美国音乐创作究竟是在健康的路上前进呢,还是总的说来是趋向于消沉,以至于腐烂呢?人民到处是善良正直的,分得出是非美丑的,反动统治到处都是牛鬼蛇神;但在无线电、TV[电视]、报刊等等的麻痹宣传之下,大多数人民的头脑能保得住清醒多久呢?我没领教过极端的物质文明,但三十年前已开始关心这个问题。欧洲文化界从第一次大战以后曾经几次三番讨论过这个问题,可是真正的答案只有未来的历史。是不是不穷不白就闹不起革命呢,还是有家私的国家闹出革命来永远不会彻底?就是彻底了,穷与白的病症又要多少时间治好呢?有时我也像服尔德小说中写的一样,假想自己在另一个星球上,是另一种比人更高等的动物,来看这个星球上的一切，那时不仅要失笑，也要感到茫茫然一片，连生死问题都不知该不该肯定了。当然，我不过告诉你不时有这种空想，事实上我受着“人”的生理限制，不会真的虚无寂灭到那个田地的，而痛苦烦恼也就不可能摆脱干净，只有靠工作来麻醉自己了。

辛辛那提、纽约、旧金山三处的批评都看到了一些样品，都不大高明（除了一份），有的还相当“小儿科”。至于弥拉讲的《纽约时报》的那位仁兄，简直叫人发笑。而《纽约时报》和《先驱论坛报》还算美国最大的两张日报呢！关于批评家的问题以及你信中谈到的其他问题，使我不单单想起《约翰·克利斯朵夫》中的“节场”（卷五），更想起巴尔扎克在《幻灭》（我正在译）第二部中描写一百三十年前巴黎的文坛、报界、戏院的内幕。巴尔扎克不愧为现实派的大师，他的手笔完全有血有肉，个个人物历历如在目前，决不像罗曼·罗兰那样只有意识形态而近于抽象的漫画。学艺术的人，不管绘画、雕塑、音乐，学不成都可以改行；画家可以画画插图、广告等等，雕塑家不妨改做室内装饰或手工业艺术品。钢琴家提琴家可以收门徒。专搞批评的人倘使低能，就没有别的行业可改，只能一辈子做个蹩脚批评家，或竟受人雇用，专做捧角的啦啦队或者打手。不但如此，各行各业的文化人和知识分子，一朝没有出路，自己一门毫无成就、无法立足时，都可以转业为批评家；于是批评界很容易成为垃圾堆。高明、严肃、有良心、有真知灼见的批评家所以比真正的艺术家少得多，恐怕就由于这些原因，你以为怎样？

……

一月二十一日下午

没想到澳洲演出反比美洲吃重，怪不得你在檀香山不早写信。重温巴托克，我听了很高兴，有机会弹现代的东西就不能放过，便是辛苦些也值得。对你的音乐感受也等于吹吹新鲜空气。

你能讨祖岳父母的喜欢，着实不容易。听弥拉口气，她的祖父母不大容易喜欢人，即使最亲近的家属也如此。我猜想两老的脾气大概和我差不多吧？

这次弥拉的信写得特别好，细腻、婉转，显出她很了解你，也对你的艺术关切到一百二十分。从头至尾感情丰富，而且文字也比以前进步。我得大大夸奖她一番才好。此次出门，到处受到华侨欢迎，对她也大有教育作用，让她看看我们的民族的气魄，同时也能培养她的热情豪侠。我早知道你对于夫妇生活的牢骚不足为凭。第一，我只要看看我自己，回想自己的过去，就知道你也是遇事挑剔，说话爱夸大，往往三分事实会说成六七分；其次青年人婚后，特别是有性格的人，多半要经过长时期的摸索方始能逐渐知情识性，相处融洽。恐怕此次旅行，要不是她始终在你身旁，你要受到许多影响呢。琐碎杂务最打扰人，尤其你需要在琴上花足时间，经不起零星打搅。我们一年多观察下来，弥拉确是本性善良、绝顶聪明的人，只要耐着性子，多过几年，一切小小的对立自会不知不觉的解决的。总而言之，我们不但为你此次的成功感到欣慰，也为你们两人一路和谐相处感到欣慰！

……

爸爸　一月二十一日夜

一九六二年二月二十一日夜

亲爱的孩子：……今年春节假期中来客特别多，有些已四五年不见面了。雷伯伯也从芜湖回申（他于一九五八年调往安徽皖南大学），听了你最近的唱片，说你的萧邦确有特点，诗意极浓，近于李白的味道。此话与你数年来的感受不谋而合。可见真有艺术家心灵的人总是一拍即合的。雷伯伯远在内地，很少接触音乐的机会，他的提琴亦放弃多年，可是一听到好东西马上会感受。想你听了也高兴。他是你的开蒙钢琴老师，亦是第一个赏识你的人（一九五二年你在兰心演出半场，他事后特意来信，称道你沉浸在音乐内的忘我境界，国内未有前例），至今也仍然是你的知己。

……

前信提到美国经理人的种种剥削，不知你为何不在他建议订下年合同时提出条件，倘仍有那么多莫名其妙的账单开出来，你就不考虑签新合同？你要是患得患失，就只能听人宰割；要是怕难为情，剥削者更是正中下怀。这一回的教训应当牢牢记住,以后与任何新经理人打交道,事先都该问明,除佣金外,还有哪些开支归艺术家负担,最好在合同上订明,更有保障。还有灌唱片的事,恐怕也不免大受盘剥吧?

……

不多谈了,望一切保重!多多休息!

爸爸　六二年二月二十一日夜

一九六二年三月九日

亲爱的孩子:……昨天晚上陪妈妈去看了“青年京昆剧团赴港归来汇报演出”的《白蛇传》。自一九五七年五月至今,是我第一次看戏。剧本是田汉改编的,其中有昆腔也有京腔。以演技来说,青年戏曲学生有此成就也很不差了,但并不如港九报纸捧的那么了不起。可见港九群众艺术水平实在不高,平时接触的戏剧太蹩脚了。至于剧本,我的意见可多啦。老本子是乾隆时代的改本,倒颇有神话气息,而且便是荒诞妖异的故事也编得入情入理,有曲折有照应,逻辑很强,主题的思想,不管正确与否,从头至尾是一贯的、完整的。目前改编本仍称为“神话剧”,说明中却大有翻案意味,而戏剧内容并不彰明较著表现出来,令人只感到态度不明朗,思想混乱,好像主张恋爱自由,又好像不是;说是(据说明书)金山寺高僧法海嫉妒白蛇(所谓白娘娘)与许宣(俗称许仙)的爱情,但一个和尚为什么无事端端嫉妒青年男女的恋爱呢?青年恋爱的实事多得很,为什么嫉妒这一对呢?总之是违背情理,没有 logic[逻辑],有些场面简单化到可笑的地步:例如许仙初遇白素贞后次日去登门拜访,老本说是二人有了情,白氏与许生订婚,并送许白金百两;今则改为拜访当场订亲成婚:岂不荒谬!古人编神怪剧仍顾到常理,二十世纪的人改编反而不顾一切,视同儿戏。改编理当去芜存菁,今则将武戏场面全部保留,满足观众看杂耍要求,未免太低级趣味。倘若节略一部分,反而精彩(就武功而论)。“断桥”一出在昆剧中最细腻,今仍用京剧演出,粗糙单调,诚不知改编的人所谓昆京合演,取舍根据什么原则。总而言之,无论思想、精神、结构、情节、唱词、演技,新编之本都缺点太多了。真弄不明白剧坛老前辈的艺术眼光与艺术手腕会如此不行;也不明白内部从上到下竟无人提意见:解放以来不是一切剧本都走群众路线吗?相信我以上的看法,老艺人中一定有许多是见到的,文化部领导中也有人感觉到的。结果演出的情形如此,着实费解。报上也从未见到批评,可知文艺家还是噤若寒蝉,没办法做到“百家争鸣”。

四月初你和London Mozart Players[伦敦莫扎特乐团]同在瑞士演出七场,想必以Mozart[莫扎特]为主。近来多弹了Mozart[莫扎特],不知对你心情的恬静可有帮助?我始终觉得艺术的进步应当同时促成自己心情方面的恬谈、安详,提高自己气质方面的修养。又,去年六月与Kabos[卡波斯]讨教过后,到现在为止,你在relax[演奏时放松]方面是否继续有改进?对Schubert[舒柏特]与Beethoven[贝多芬]的理解是否进了一步?你出外四个月间演奏成绩,想必心中有数;很想听听你自己的评价。

《音乐与音乐家》月刊十二月号上有篇文章叫做*Liszt's Daughter Who Ran Wagner's Bayreuth*[《瓦格纳拜罗伊特音乐节主持人李斯特之女》],作者是现代巴赫专家Dr. Albert Schweitze[阿尔贝·施韦策尔医生],提到Cosima Wagner[科西马·瓦格纳]指导的Bayreuth Festival[拜罗伊特音乐节]有两句话:At the most moving moments there were lacking that spontaneity and that naturalness which come from the fact that the actor has let himself be carried away by his playing and so surpass himself Frequently, it seemed to me, perfection was obtained only at the expense of life.[在最感人的时刻,缺乏了自然而然的真情流露,这种真情的流露,是艺术家演出时兴往神来、不由自主而达到的高峰。我认为一般艺术家好像往往得牺牲了生机,才能达到完满。]其中两点值得注意:(一)艺术家演出时的“不由自主”原是犯忌的,然而兴往神来之际也会达到前所未有的高峰,所谓surpass himself[超越自己]。(二)完满原是最理想的,可不能牺牲了活泼泼的生命力去换取。大概这两句话,你听了一定大有感触。怎么能在“不由自主”(carried by himself)的时候超过自己而不是越出规矩,变成“野”、“海”、“狂”,是个大问题。怎么能保持生机而达到完满,又是个大问题。作者在此都着重在spontaneity and naturalness[真情流露与自然而然]方面,我觉得与个人一般的修养有关，与能否保持童心和清新的感受力有关。

过去听你的话，似乎有时对作品钻得过分，有点儿钻牛角尖：原作所没有的，在你主观强烈追求之下未免强加了进去，虽然仍有吸引力，仍然convincing[有说服力]（像你自己所说），但究竟违背了原作的精神，越出了interpreter[演绎者]的界限。近来你在这方面是不是有进步，能克制自己，不过于无中生有的追求细节呢？

……

爸爸　六二年三月九日

李先生[1]丈夫姓“张”，四年前在港去世。大女儿在澳学看护。这些你都不知道。怪不得她来信给她妈妈，说你开头简直不信她是李先生女儿。听说送你一张中国画（是个女画家画的），你喜欢吗？李先生特意寄往香港转到澳洲送你。这番情意可了不得。

一九六二年三月九日夜＊

亲爱的聪：……爸爸近来心情很好，就是身体不行。他常说心不老而精力衰老。工作迟缓，脑子不活跃，是他最大的苦闷。领导上对他照顾无微不至。二月份起统战部给他食油一斤半、肉票二斤、蛋二斤、糖一斤，这是对极少数人的照顾。此外又给他文化俱乐部每月十五张餐券，平时由我拿了出入证去买熟菜回家给他吃。他觉得受之有愧呢！

明天是你的生日，祝你幸福快乐。我们想起你的过去，说不尽的感慨。凡是认识你的人，不论老少，不论生熟，见到我们没有一个不关心你的。一切友情都是宝贵的，想你也常常怀念祖国的亲友和广大的群众吧！新近黄源同志从杭州来（你还记得五六年同爸爸到杭州郊外疗养院去拜访过他么），问起你，特意要我们代他致意。

……

妈妈　三月九日夜

---

① 即上海音乐学院教授李翠贞。

一九六二年三月二十五日/四月一日

聪,亲爱的孩子:每次接读来信,总是说不出的兴奋、激动、喜悦、感慨、惆怅!最近报告美澳演出的两信,我看了在屋内屋外尽兜圈子,多少的感触使我定不下心来。人吃人的残酷和丑恶的把戏多可怕!你辛苦了四五个月落得两手空空,我们想到就心痛。固然你不以求利为目的,做父母的也从不希望你发什么洋财——而且还一向鄙视这种思想;可是那些中间人凭什么来霸占艺术家的劳动所得呢!眼看孩子被人剥削到这个地步,像你小时候被强暴欺凌一样,使我们对你又疼又怜惜,对那些吸血鬼又气又恼,恨得牙痒痒的!相信早晚你能从魔掌之下挣脱出来,不再做鱼肉。巴尔扎克说得好:社会踩不死你,就跪在你面前。在西方世界,不经过天翻地覆的革命,这种丑剧还得演下去呢。当然四个月的巡回演出在艺术上你得益不少,你对许多作品又有了新的体会,深入了一步。可见惟有艺术和学问从来不辜负人:花多少劳力,用多少苦功,拿出多少忠诚和热情,就得到多少收获与进步。写到这儿,想起你对新出的莫扎特唱片的自我批评,真是高兴。一个人停滞不前才会永远对自己的成绩满意。变就是进步——当然也有好的变质,成为坏的——眼光一天天不同,才窥见学问艺术的新天地,能不断的创造。妈妈看了那一段叹道:"聪真像你,老是不满意自己,老是在批评自己!"

美国的评论绝大多数平庸浅薄,赞美也是皮毛。英国毕竟还有音乐学者兼写报刊评论,如伦敦 *Times*[《泰晤士报》]和曼彻斯特的《导报》,两位批评家水平都很高;纽约两家大报的批评家就不像样了,那位《纽约时报》的更可笑。很高兴看到你的中文并不退步,除了个别的词汇(我们说"心乱如麻",不说"心痛如麻"。形容后者只能说"心痛如割"或"心如刀割"。又鄙塞、鄙陋不能说成"陋塞";也许是你笔误)。读你的信,声音笑貌历历在目;议论口吻所流露的坦率、真诚、朴素、热情、爱憎分明,正和你在琴上表现出来的一致。孩子,你说过我们的信对你有如一面镜子;其实你的信对我们也是一面镜子。有些地方你我二人太相像了,有些话就像是我自己说的。平时盼望你的信即因为"薰莸同臭",也因为对人生、艺术,周围可谈之人太少。不过我们很原谅你,你忙成这样,怎么忍心再要你多写呢？此次来信已觉出于望外，原以为你一回英国，演出那么多，不会再动笔了。可是这几年来，我们俩最大的安慰和快乐，的确莫过于定期接读来信。还得告诉你，你写的中等大的字（如此次评论封套上写的）非常好看；近来我的钢笔字已难看得不像话了。你难得写中国字，真难为你了！

三月二十五日

以上二十五日写，搁了一星期没写下去，在我也是破天荒。近来身体疲劳，除了每天工作以外，简直没精神再做旁的事，走一小段路也累得很。眼睛经常流泪，眼科医生检查，认为并非眼睛本身有毛病，而是一般性疲劳。三月初休息过半个月，并未好转。从六一年起饮食已大改进，现在的精力不济，大概是本身衰老；或者五九、六〇两年的营养不足，始终弥补不来。总而言之，疲劳是实，原因弄不清。

来信说到中国人弄西洋音乐比日本人更有前途，因为他们虽用苦功而不能化。化固不易，用苦功而得其法也不多见。以整个民族性来说，日华两族确有这点儿分别。可是我们能化的人也是凤毛麟角，原因是接触外界太少，吸收太少。近几年营养差，也影响脑力活动。我自己深深感到比从前笨得多。在翻译工作上也苦于化得太少，化得不够，化得不妙。艺术创造与再创造的要求，不论哪一门都性质相仿。音乐因为抽象，恐怕更难。理会的东西表达不出，或是不能恰到好处，跟自己理想的境界不能完全符合，不多不少。心、脑、手的神经联系，或许在音乐表演比别的艺术更微妙，不容易掌握到成为 automatic［得心应手，收放自如］的程度。一般青年对任何学科很少能做独立思考，不仅缺乏自信，便是给了他们方向，也不会自己摸索。原因极多，不能怪他们。十余年来的教育方法大概有些缺陷。青年人不会触类旁通，研究哪一门学问都难有成就。思想统一固然有统一的好处，但到了后来，念头只会往一个方向转，只会走直线，眼睛只看到一条路，也会陷于单调、贫乏、停滞。往一个方向钻并非坏事，可惜没钻得深。

月初看了盖叫天口述、由别人笔录的《粉墨春秋》，倒是解放以来谈艺术最好的书。人生—教育—伦理—艺术,再没有结合得更完满的了。从头至尾都有实例,决不是枯燥的理论。关于学习,他提出“慢就是快”,说明根基不打好,一切都筑在沙上,永久爬不上去。我觉得这一点特别值得我们深思。倘若一开始就猛冲,只求速成,临了非但一无结果,还造成不踏实的坏风气。德国人要不在整个十九世纪的前半期埋头苦干,在每一项学问中用死功夫,哪会在十九世纪末一直到今天,能在科学、考据、文学各方面放异彩?盖叫天对艺术更有深刻的体会。他说学戏必须经过一番“默”的功夫。学会了唱、念、做,不算数;还得坐下来叫自己“魂灵出窍”,就是自己分身出去,把一出戏默默的做一遍、唱一遍;同时自己细细观察,有什么缺点该怎样改,然后站起身来再做、再唱、再念。那时定会发觉刚才思想上修整很好的东西又跑了,做起来同想的完全走了样。那就得再练,再下苦功,再“默”,再做。如此反复做去,一出戏才算真正学会了,拿稳了。你看,这段话说得多透彻,把自我批评贯彻得多好!老艺人的自我批评决不放在嘴边,而是在业务中不断实践。其次,经过一再“默”练,作品必然深深的打进我们心里,与我们的思想感情完全化为一片。此外,盖叫天现身说法,谈了不少艺术家的品德、操守、做人,必须与艺术一致的话。我觉得这部书值得写一长篇书评:不仅学艺术的青年、中年、老年人,不论学的哪一门,应当列为必读书,便是从上到下一切的文艺领导干部也该细读几遍;做教育工作的人读了也有好处。不久我就把这书寄给你,你一定喜欢,看了也一定无限兴奋。

……下次再写,一切保重!

爸爸　六二年四月一日

一九六二年四月三十日

亲爱的孩子:……最近买到一本法文旧书,专论写作艺术。其中谈到“自然”(natural),引用罗马文豪西塞罗的一句名言:It is an art to look like without art. [能看来浑然天成,不着痕迹,才是真正的艺术。]作者认为写得自然不是无意识的天赋,而要靠后天的学习,甚至可以说自然是努力的结果(The natural is result of efforts),要靠苦功磨练出来。此话固然不错,但我觉得首先要能体会到“自然”的境界，然后才能往这个境界迈进。要爱好自然，与个人的气质、教育、年龄，都有关系；一方面是勉强不来，不能操之过急；一方面也不能不逐渐做有意识的培养。也许浸淫中国古典文学的人比较容易欣赏自然之美，因为自然就是朴素、淡雅、天真；而我们的古典文学就是具备这些特点的。

……

全国人大及政协开会才完，参加的朋友们回来说起，中央各方面对你很关切，认为你的爱国精神难得，说盼望你回来。中宣部、中央统战部也表示对我关切，地方上也多方照顾。本来做人只能求自己良心平安，一时毁誉均所不计。但日子久了，你的人格、作风，究竟还是有公平估价的。

近来身体仍未大好，工作甚缓甚少，写信的劲也不如从前。下次再谈吧。一切保重为要。

爸爸　四月三十日

一九六二年五月九日

亲爱的孩子：……昨天收到你上月二十七自都灵（Torino）发的短信，感慨得很。艺术最需要静观默想，凝神壹志；现代生活偏偏把艺术弄得如此商业化，一方面经理人作为生财之道，把艺术家当作摇钱树式的机器，忙得不可开交，一方面把群众作为看杂耍或马戏班的单纯的好奇者。在这种混浊的洪流中打滚的，当然包括所有老辈小辈，有名无名的演奏家歌唱家。像你这样初出道的固然另有苦闷，便是久已打定天下的前辈也不免随波逐流，那就更可叹了。也许他们对艺术已经缺乏信心、热诚，仅仅作为维持已得名利的工具。年轻人想要保卫艺术的纯洁与清新，惟一的办法是减少演出；这却需要三个先决条件：（一）经理人剥削得不那么凶（这是要靠演奏家的年资积累，逐渐争取的），（二）个人的生活开支安排得极好，这要靠理财的本领与高度理性的控制，（三）减少出台不至于冷下去，使群众忘记你。我知道这都是极不容易做到的，一时也急不来。可是为了艺术的尊严，为了你艺术的前途，也就是为了你的长远利益和一生的理想，不能不把以上三个条件作为努力的目标。任何一门的艺术家，一生中都免不了有几次艺术难关(crisis),我们应当早做思想准备和实际安排。愈能保持身心平衡(那就决不能太忙乱),艺术难关也愈容易闯过去。希望你平时多从这方面高瞻远瞩,切勿被终年忙忙碌碌的漩涡弄得昏昏沉沉,就是说要对艺术生涯多从高处远处着眼;即使有许多实际困难,一时不能实现你的计划,但经常在脑子里思考成熟以后,遇到机会就能紧紧抓住。这一类的话恐怕将来我不在之后,再没有第二个人和你说;因为我自信对艺术的热爱与执著,在整个中国也不是很多人有的。

……

近来我正在经历一个艺术上的大难关,眼光比从前又高出许多(一九五七年前译的都已看不上眼),脑子却笨了许多,目力体力也不行,睡眠近十多天又不好了。大概是精神苦闷的影响。生就惶惶不安的性格,有什么办法呢?……

爸爸　五月九日

一九六二年八月十二日

聪,亲爱的孩子:很少这么久不给你写信的。从七月初起你忽而维也纳,忽而南美,行踪飘忽,恐去信落空。弥拉又说南美各处邮政很不可靠,故虽给了我许多通讯处,也不想寄往那儿。七月二十九日用七张风景片写成的信已于八月九日收到。委内瑞拉的城街,智利的河山,前年曾在外国杂志上见过彩色照相,来信所云,颇能想像一二。现代国家的发展太畸形了,尤其像南美那些落后的国家。一方面人民生活穷困,一方面物质的设备享用应有尽有。照我们的理想,当然先得消灭不平等,再来逐步提高。无奈现代史实告诉我们,革命比建设容易,消灭少数人所垄断的享受并不太难,提高多数人的生活却非三五年、八九年所能见效。尤其是精神文明,总是普及易,提高难;而在普及的阶段中往往降低原有的水准,连保持过去的高峰都难以办到。再加老年、中年、青年三代脱节,缺乏接班人,国内外沟通交流几乎停止,恐怕下一辈连什么叫标准,前人达到过怎样的高峰,眼前别人又到了怎样的高峰,都不大能知道;再要迎头赶上也就更谈不到了。这是前途的隐忧。过去十一二年中所造成的偏差与副作用,最近一年正想竭力扭转；可是十年种的果，已有积重难返之势；而中老年知识分子的意气消沉的情形，尚无改变迹象——当然不是从他们口头上，而是从实际行动上观察。人究竟是唯物的，没有相当的客观条件，单单指望知识界凭热情苦干，而且干出成绩来，也是不现实的。我所以能坚守阵地，耕种自己的小园子，也有我特殊优越的条件，不能责望于每个人。何况就以我来说，体力精力的衰退，已经给了我很大的限制，老是感到心有余而力不足！

前信你提到灌唱片问题，认为太机械。那是因为你习惯于流动性特大的艺术（音乐）之故，也是因为你的气质特别容易变化，情绪容易波动的缘故。文艺作品一朝完成，总是固定的东西：一幅画，一首诗，一部小说，哪有像音乐演奏那样能够每次予人以不同的感受？观众对绘画，读者对作品，固然每次可有不同的印象，那是在于作品的暗示与含蓄非一时一次所能体会，也在于观众与读者自身情绪的变化波动。唱片即使开十次二十次，听的人感觉也不会千篇一律，除非演奏太差太呆板；因为音乐的流动性那么强，所以听的人也不容易感到多听了会变成机械。何况唱片不仅有普及的效用，对演奏家自身的学习改进也有很大帮助。我认为主要是克服你在microphone［麦克风］前面的紧张，使你在灌片室中跟在台上的心情没有太大差别。再经过几次实习，相信你是做得到的。至于完美与生动的冲突，有时几乎不可避免；记得有些批评家就说过，perfection［完美］往往要牺牲一部分life［生动］。但这个弊病恐怕也在于演奏家属cold［冷静］型。热烈的演奏往往难以perfect［完美］，万一perfect［完美］的时候，那就是incomparable［无与伦比］了！

……

殷承宗在沪举行音乐会……看他在台上的举动很神经质，身子摇摆得很厉害。因而想起你也犯同样的毛病。固然，演奏家是要人听的，不是要人看的；但太多的摇摆容易分散听众的注意力；而且艺术是整体，弹琴的人的姿势也得讲究，给人一个和谐的印象。国外的批评曾屡次提到你的摇摆，希望能多多克制。如果自己不注意，只会越摇越厉害，浪费体力也无必要。最好在台上给人的印象限于思想情绪的活动，而不是靠肉体帮助你的音乐。手之舞之，足之蹈之，只适用于通俗音乐。古典音乐全靠内在的心灵的表现，竭力避免外在的过火的动作，应当属于艺术修养范围之内，望深长思之。

……

此信预备寄往瑞士，由弥拉保存，到伦敦面交给你。过几天再写。

爸爸　八月十二日

这么大热天在各处演出，不劳累过度吗？今年你压根儿没有假期，我们老是为你不得充分休息而挂心！人不是铁打的，青壮年的精力也有限度，凡事总须有劳有逸；只有身心真正得到松弛，你的艺术才会 relax[舒畅自如]。南美各处气候如何？我们常在互相问讯：现在他到了哪里啊？

一九六二年九月二日

聪，亲爱的孩子：……听过你的唱片，更觉得贝多芬是部读不完的大书，他心灵的深度、广度的确代表了日耳曼民族在智力、感情、感觉方面的特点，也显出人格与意志的顽强，飘渺不可名状的幽思，上天下地的幻想，对人生的追求，不知其中有多少深奥的谜。贝多芬实在不仅仅是一个音乐家，无怪罗曼·罗兰要把歌德与贝多芬作为不仅是日耳曼民族并且是全人类的两个近代的高峰。

……

我们听你唱片如见真人，此中意义与乐处，非你所能想像。望体念父母思子之心，把唱片源源寄来，以慰悬念于万一！妈妈好想念你！

中国古画赝者居绝大多数，有时连老辈鉴赏家也不易辨别，不妨去大英博物馆，看看中国作品，特别是明代的，可与你所得唐寅，对照一下。你在南美买的唐六如册页，真伪恐有问题，是纸本抑绢本，水墨抑设色，望一一告知，最好拍照片（适当放大）寄来。以后遇有此种大名家的作品，最要小心提防，价高者尤不能随便肯定，若价不过昂，则发现问题后，尚可转让与人，不致太吃亏，我平时不收大名家，宁取“冷名头”，因冷名头不值钱，作假者少，但此等作品亦极难遇，最近看到黄宾虹的画亦有假的。

……

想到你们俩的忙碌,不忍心要求多动笔,但除了在外演出,平时你们该反过来想一想:假定我们也住在伦敦,难道每两星期不得上你们家吃一顿饭,你们也得花费一两小时陪我们谈谈话吗?今既相隔万里,则每个月花两小时写封比较详细的信,不也应该而且比同在一地已经省掉你们很多时间吗?要是你们能常常做此想,就会多给我们一些消息了。

秋后演出日程,望早早列表寄来,没有这张表,我精神上即无法追寻你的行止,这对我是个极大的安慰,几乎已成为必要的依傍,故每逢季节转变之时,你都得及早将下届日程通知。

……

长期旅行演出后,务必好好休息,只会工作不会休息,也不是生活的艺术,而且对你本门的艺术,亦无好处!

爸爸　六二年九月二日

一九六二年九月二十三日

亲爱的孩子:……南美人的性格真是不可思议,如此自由散漫的无政府状态,居然还能立国,社会不至于大乱,可谓奇迹。经历了这些怪事,今后无论何处遇到什么荒唐事儿都将见怪不怪,不以为奇了。也可见要人类合理的发展,社会一切上轨道,不知还得等几百年,甚至上千年呢。

还有,在那么美丽的自然环境中,人民也那么天真可爱,就是不能适应二十世纪的生活。究竟是这些人不宜于过现代生活呢,还是现代生活不适于他们?换句话说:人应当任情适性的过日子呢,还是要削足适履,迁就客观现实?有一点可以肯定:就是人在世界上活了几千年,还仍然没法按照自己的本性去设计一个社会。世界大同看来永远是个美丽的空想:既然不能在精神生活物质生活方面五大洲的人用同一步伐同一速度向前,那么先进与落后的冲突永远没法避免。试想二千三百年以前的希腊人如果生在今日,岂不一样搅得一团糟,哪儿还能创造出雅典那样的城市和雅典文明?反过来,假定今日的巴西人和其他的南美民族,生在文艺复兴前后,至少是生在闭关自守,没有被近代的工业革命侵入之前,安知他们不会创造出一种和他们的民族性同样天真可爱,与他们优美的自然界调和的文化？

巴尔扎克说过："现在的政府，缺点是过分要人去适应社会，而不想叫社会去适应人。"这句话值得一切抱救世渡人的理想的人深思！

……

前信已和你建议找个时期休息一下，无论在身心健康或艺术方面都有必要。你与我缺点相同：能张不能弛，能劳不能逸。可是你的艺术生活不比我的闲散，整月整年，天南地北的奔波，一方面体力精力消耗多，一方面所见所闻也需要静下来消化吸收——而这两者又都与你的艺术密切相关。何况你条件比我好，音乐会虽多，也有空隙可利用；随便哪个乡村待上三天五天也有莫大好处。听说你岳父岳母正在筹备于年底年初到巴伐里亚区阿尔卑斯山中休养，照样可以练琴。我觉得对你再好没有：去北美之前正该养精蓄锐。山中去住两三星期一涤尘秽，便是寻常人也会得益。狄阿娜来信常常表示关心你，看来也是出于真情。岳父母想约你一同去山中的好意千万勿辜负了。望勿多所顾虑，早日打定主意，让我们和弥拉一起高兴高兴。真的，我体会得很清楚：不管你怎么说，弥拉始终十二分关怀你的健康和艺术。而我为了休息问题也不知向你提过多少回了，如果是口头说的话，早已舌敝唇焦了。你该知道我这个爸爸不仅是爱孩子，而且热爱艺术；爱你也就是为爱艺术，爱艺术也是为爱你！你千万别学我的样，你我年龄不同，在你的年纪，我也不像你现在足不出户。便是今日，只要物质条件可能，每逢春秋佳日，还是极喜欢徜徉于山巅水涯呢！

……

过几日打算寄你《中国文学发展史》《宋词选》《世说新语》。第一种是友人刘大杰旧作，经过几次修改的。先出第一册，以后续出当续寄。此书对古文字古典籍有概括叙述，也可补你常识之不足。特别是关于殷代的甲骨，《书经》《易经》的性质等等。《宋词选》的序文写得不错，作者胡云翼也是一位老先生了。大体与我的见解相近，尤其对苏、辛二家的看法，我也素来反对传统观点。不过论词的确有两个不同的角度，一是文学的，一是音乐的；两者各有见地。时至今日，宋元时唱词唱曲的技术皆已无考，则再从音乐角度去评论当日的词，也就变成无的放矢了。

另一方面，现代为歌曲填词的人却是对音乐太门外，全不知道讲究阴阳平仄，以致往往拗口；至于哪些音节可拖长，哪些字音太短促，不宜用做句子的结尾，更是无人注意了。本来现在人写散文就不知道讲究音节与节奏；而作歌词的人对写作技巧更是生疏。电台上播送中译的西洋歌剧的 aria[咏叹调]歌剧中的独唱或 二重唱，往往无法卒听。

《世说新语》久已想寄你一部，因找不到好版子，又想弄一部比较小型轻巧的，便于出门携带。今向友人索得一部是商务铅印，中国纸线装的，等妈妈换好封面，分册重订后即寄。我常常认为这部书可与希腊的《对话录》媲美，怪不得日本人历来作为枕中秘笈，作为床头常读的书。你小时念的国文，一小部分我即从此中取材。

……

拉杂写来，不觉太长了。往北欧去能随时寄些风景片来最好。

一切珍重！

爸爸　六二年九月二十三日

……

亲爱的聪，你为了艺术，为了生活到处奔波，精神身体难免受损。目前年轻力壮，满不在乎，可是中年以后，就要大打折扣，为长远利益计，为调剂一下生活，有空隙的阶段，必须出门旅行休息，同时和弥拉、岳父母同叙一起，无忧无虑，不管世事俗务的逃避短短的一二星期，岂不美！人生很短促，不及早享些清福，等到晚年后悔不及。我和爸爸苦口婆心的劝你，希望你能听话，那我们才高兴呢！希望你多写些笑话给我们听，我们的生活就丰富多彩，心里多快慰啊！

妈妈　附笔

一九六二年十月二十日

亲爱的孩子：……文章千古事，得失寸心知，哪一门艺术不如此！真懂是非、识得美丑的，普天之下能有几个？你对艺术上的客观真理很执著，对自己的成绩也能冷静检查，批评精神很强，我早已放心你不会误入歧途；可是单知道这些原则并不能了解你对个别作品的表达，我要多多探听这方面的情形：一方面是关切你，一方面也是关切整个音乐艺术，渴欲知道外面的趋向与潮流。

你常常梦见回来，我和你妈妈也常常有这种梦。除了骨肉的感情，跟乡土的千丝万缕割不断的关系，纯粹出于人类的本能之外，还有一点是真正的知识分子所独有的，就是对祖国文化的热爱。不单是风俗习惯、文学艺术，使我们离不开祖国，便是对大大小小的事情的看法和反应，也随时使身处异乡的人有孤独寂寞之感。但愿早晚能看到你在我们身边！你心情的复杂矛盾，我敢说都体会到，可是一时也无法帮你解决。原则和具体的矛盾，理想和实际的矛盾，生活环境和艺术前途的矛盾，东方人和西方人根本气质的矛盾，还有我们自己内心的许许多多矛盾……如何统一起来呢？何况旧矛盾解决了，又有新矛盾，循环不已，短短一生就在这过程中消磨！幸而你我都有工作寄托，工作上的无数的小矛盾，往往把人生中的大矛盾暂时遮盖了，使我们还有喘息的机会。至于“认真”受人尊重或被人讪笑的问题，事实上并不像你说的那么简单。一切要靠资历与工作成绩的积累。即使在你认为更合理的社会中，认真而受到重视的实例也很少；反之在乌烟瘴气的场合，正义与真理得胜的事情也未始没有。你该记得一九五六至一九五七年间毛主席说过党员若欲坚持真理，必须准备经受折磨等等的话，可见他把事情看得多透彻多深刻。再回想一下罗曼·罗兰写的《名人传》和《约翰·克利斯朵夫》，执著真理一方面要看客观的环境，一方面更在于主观的斗争精神。客观环境较好，个人为斗争付出的代价就比较小，并非完全不要付代价。以我而论，侥幸的是青壮年时代还在五四运动的精神没有消亡，而另一股更进步的力量正在兴起的时期，并且我国解放前的文艺界和出版界还没有被资本主义腐蚀到不可救药的地步。反过来，一百三十年前的法国文坛、报界、出版界，早已腐败得出乎我们意想之外；但法国学术至今尚未完全死亡，至今还有一些认真严肃的学者在钻研：这岂不证明便是在恶劣的形势之下，有骨头，有勇气，能坚持的人，仍旧能撑持下来吗？

……

冬天能去巴伐利亚最好，在那种环境中即使不完全休息，也于身心有益。

不多写了。一切珍重!

爸爸　六二年十月二十日

一九六二年十一月二十五日

聪,亲爱的孩子:……近来身体又不大好,头痛常常复发。本来只嫌时间不够,如今即有时间,亦无精力。本月初旬开了几天夜班,眼睛大花,连杂志封面上的大字也摇摇晃晃浮动起来,只得休息四日,真是得不偿失。一到晚上即流泪水,呵欠不断,非小睡半小时以上不可。年纪不大,衰老至此,要做的事一大堆,要看的书许许多多,力不从心,想想也着急。

敏尚在京等待分配,回母校当助教已不可能……大概在北京当中学教员,单位尚未定。他心情波动……我们当然去信劝慰。青年初出校门,未经锻炼,经不起挫折。过去的思想训练,未受实际生活陶冶,仍是空的。从小的家庭环境使他重是非,处处认真,倒是害苦了他。在这个年纪上还不懂现实与理想的距离,即使理性上认识到,也未能心甘情愿的接受。只好等社会教育慢慢地再磨练他。

……

弥拉月初信中提到明年美洲的音乐会,数目之少大出意外。倘或旅费食宿开支浩大,经理人抽去佣金之后,收支不相抵,则又奈何?以后远地合同,特别为期在一个月以上的,最好考虑一下,看对方能保证多少次演出,再作决定。你恐怕又要说爸爸在家说空话,不切实际。不过赔钱的事也是不切实际啊!

……

今天还有许多额外的事要做,不多写了。星期日也忙得不能休息,不免抱怨;真正空下来也要感到无聊难受,人就是这样矛盾。一切保重!

爸爸　十一月二十五日

……

本月初弥拉信中谈到理想主义者不会快乐,艺术家看事情与一般人大大不同等等,足见她对人生有了更深的了解。我们很高兴。可见结婚两年，她进步了不少，人总要到婚后才成熟。

一九六二年十二月二日

亲爱的孩子：……敏于十一月底分配到北京第一女中教英文。校舍是民房，屋少人多，三四个人住一间。青年人应当受锻炼，已尽量写信去给他打气。

斯卡拉蒂唱片出来没有？何日去巴伐利亚？何日回伦敦？早些告诉我们，否则无法给你写信！不多写了，祝

你和弥拉都好！

爸爸　十二月二日

又巴黎大学教授，《东游记》作者Etiemble[埃蒂昂勃勒]与我见过面，在英也同你们夫妇吃过饭。他去年到现在替我买了好几本书，不肯收钱；又定了一份文学杂志送我，很不好意思。想等你经济稍宽裕时寄一些款子存在他那里，以后买书等等可不必再由你零星汇去，你说行不行？

……

一九六二年十二月三十日

亲爱的孩子：……敏现在担任三班初中英文，主要是校正发音，教国际音标，因无教材，一切要自己编，自己想办法。每周课卷有三百本，很辛苦。下学期还要加高中的班级，女一中在北京是名牌重点学校，已有四十九年历史，不过物质条件、校舍设备差得很。在此艰苦时期，只能大家刻苦一些。敏开始教课后，情绪大见好转，也肯细细钻研教学方法。……

来信提到音乐批评，看了很感慨。一个人只能求一个问心无愧。世界大局，文化趋势，都很不妙。看到一些所谓抽象派的绘画、雕塑的图片，简直可怕。我认为这种"艺术家"大概可以分为两种，一种是极少数的病态的人，真正以为自己在创造一种反映时代的新艺术，以为抽象也是现实；一种——绝大多数，则完全利用少数腐烂的资产阶级为时髦的snobbish[附庸风雅，假充内行]，卖野人头，欺哄人，当做生意经。总而言之，是二十世纪愈来愈没落的病象。另一方面，不学无术的批评界也泯灭了

良心，甘心做资产阶级的清客，真是无耻之尤。

最近十天我们都在忙黄宾虹先生的事。人家编的《宾虹年谱》、《宾虹书简》，稿子叫送在我处（今年已是第二次了）校订。陈叔通先生坚持要我过目，做最后润色及订正。工作很不简单。另外，京津皖沪四处所藏黄老作品近方集中此间，于二十五至二十八日内部观摩，并于二十八日举行初选，以便于明春（一九六三）三四月间会合浙江藏品在沪办一全国性的黄老作品展览。我家的六十余件（连裱本册页共一百五十余页）全部送去。我也参加了预选工作。将来全国性展览会还有港、澳藏的作品带回国加入。再从展览会中精选百余幅印一大型画册。

我近来身体不能说坏，就是精力不行。除了每天日课（七八小时）之外，晚上再想看书，就眼力不济，簌落落的直掉眼泪，有时还会莫名其妙的头痛几小时。应看想看的东西一大堆，只苦无力应付。打杂的事也不少，自己译稿，出版社寄来要校对，校对也不止一次；各方函件酬答，朋友上门谈天，都是费时费力的。一九五八年以后译的三种巴尔扎克，最近出了一种（《搅水女人》）；本拟明后天即寄你，不过月内恐不易收到。另外给刘抗伯伯①的一本，也得你转去。直寄新加坡的中文书，往往被没收；只好转一个大弯了。其余两种大概明年三月左右也可先后寄出。《艺术哲学》二月中可出。

手头的《幻灭》——三部曲已译完二部，共三十四万字，连准备工作足足花了一年半。最后一部十四万字，大概四五月底可完成。再加修改、誊清，预计要秋天方可全部交稿。

……

暂时带住，一切保重！

爸爸　一九六二年十二月三十日

林风眠先生于十二月中开过画展，作品七十余件，十分之九均精，为近年少见。尚须移至北京展出。

---

① 刘抗，新加坡著名画家，傅雷留法同学、挚友。

一九六三年三月十七日

聪,亲爱的孩子:两个多月没给你提笔了,知道你行踪无定,东奔西走,我们的信未必收到,收到也无心细看。去纽约途中以及在新墨西哥发的信均先后接读;你那股理想主义的热情实可惊,相形之下,我真是老朽了。一年来心如死水,只有对自己的工作还是一个劲儿死干;对文学艺术的热爱并未稍减,只是常有一种"废然而返"、"怅然若失"的心情。也许是中国人气质太重,尤其是所谓"洒脱"与"超然物外"的消极精神影响了我,也许是童年的阴影与家庭历史的惨痛经验无形中在我心坎里扎了根,年纪越大越容易人格分化,好像不时会置身于另外一个星球来看尘世,也好像自己随时随地会失去知觉,化为物质的元素。天文与地质的宇宙观常常盘踞在我脑子里,像服尔德某些短篇所写的那种境界,使我对现实多多少少带着 detached[超然]的态度。可是在工作上,日常生活上,斤斤较量的认真还是老样子,正好和上述的心情相反——可以说人格分化;说不定习惯成了天性,而自己的天性又本来和我理智冲突。intellectually[理智上]我是纯粹东方人,emotionally & instinctively[感情上及天性方面]又是极像西方人。其实也仍然是我们固有的两种人生观:一种是四大皆空的看法,一种是知其不可为而为之的精神。或许人从青少年到壮年到老年,基本上就是从积极到消极的一个过程,只是有的人表现得明显一些,有的人不明显一些。自然界的生物也逃不出这个规律。你将近三十,正是年富力强的时候,好比暮春时节,自应蓬蓬勃勃往发荣滋长的路上趱奔。最近两信的乐观与积极气息,多少也给我一些刺激,接信当天着实兴奋了一下。你的中国人的自豪感使我为你自豪,你善于赏识别的民族与广大人民的优点使我感到宽慰。惟有民族自豪与赏识别人两者结合起来,才不致沦为狭窄的沙文主义,在个人也不致陷于自大狂自溺狂,而且这是爱国主义与国际主义真正的交融。我们的领导对国际形势是看得很清楚的,从未说过美国有爆发国内革命的可能性的话,你前信所云或许是外国记者的揣测和不正确的引申。我们的问题,我觉得主要在于如何建设社会主义,如何在生产关系改变之后发挥个人的积极性,如何从实践上、物质成就上显示我们制度的优越性,如何使口头上"红"化为事业上的"红",

如何防止集体主义不被官僚主义拖后腿，如何提高上上下下干部的领导水平，如何做到实事求是，如何普及文化而不是降低，如何培养与爱护下一代……

述及与你岳父及 Goldberg［戈尔德贝格］合作的经过，我们看了非常高兴。肯学会学的人到处都有学习的机会，否则“学到老”这句话如何兑现呢？……

你的信——尤其最近一次——除了议论（当然也十分欢迎），事实竟没有一言半语。究竟此次巡回是否比原定的多了几场音乐会呢？一共又是几场呢？看来新墨西哥即不在原订日程之内。物质收获是否比上次略胜？至少旅费开支是省了一半。在 Winnipeg［温尼伯］与勃隆斯丹重逢，只有“太动人了”四个字，具体情形一点都不提。别忘了做父母的对这些都很关心啊！

……一切保重！

爸爸　六三年三月十七日

我的工作愈来愈吃力。初译稿每天译千字上下，第二次修改（初稿誊清后），一天也只能改三千余字，几等重译。而改来改去还是不满意（线条太硬，棱角凸出，色彩太单调等等）。改稿誊清后（即第三稿）还得改一次。等到书印出了，看看仍有不少毛病。这些情形大致和你对待灌唱片差不多。可是我已到了日暮途穷的阶段，能力只有衰退，不可能再进步；不比你尽管对自己不满，始终在提高。想到这点，我真艳羡你不置。近来我情绪不高，大概与我对工作不满有关。前五年译的书正在陆续出版。不久即寄《都尔的本堂神甫——比哀兰德》。还有《赛查·皮罗多盛衰记》，约四五月出版。[①]《艺术哲学》已先寄你了。巴尔扎克各书，我特意寄平装的，怕你要出门时带在身边，平装较方便。《高老头》、《贝姨》、《邦斯舅舅》、《欧也妮·葛朗台》四种都在重印，你若需要补哪一种，望速告知（书一出来，十天八天即销完）。你把 cynic［玩世不恭］写成 scinic；na-

① 事实上，该书于一九七八年九月方始以傅雷遗译，由人民文学出版社出版此书于一九五八年春天完成，偏偏最后出世。

iveness 没有这个字，应作 naivety［天真］

爸爸　又及

一九六三年四月二十六日

亲爱的孩子：刚从扬州回来，见到弥拉的信。她的病似乎是肋炎症，要非常小心治疗，特别是彻底休息；万一肋膜内有了水就很麻烦；痊愈后也要大伤元气。我们为之都很担心。你在外跑了近两月，疲劳过度，也该安排一下，到乡间去住个三五天。几年来为这件事我不知和你说过多少回，你总不肯接受我们的意见。人生是多方面的，艺术也得从多方面培养，劳逸调剂得恰当，对艺术只有好处。三天不弹琴，决不损害你的技术；你应该有这点儿自信。况且所谓 relax［放松］也不能仅仅在 technique［技巧］上求，也不能单独的抽象的追求心情的 relax［放松，宽舒］。长年不离琴决不可能有真正的 relax［松弛］；惟有经常与大自然亲近，放下一切，才能有 relax［舒畅］的心情，有了这心情，艺术上的 relax［舒畅自如］可不求而自得。我也犯了过于紧张的毛病，可是近两年来总还春秋两季抽空出门几天。回来后精神的确感到新鲜，工作效率反而可以提高。Kabos［卡波斯］太太批评你不能竭尽可能的 relax［放松］，我认为基本原因就在于生活太紧张。平时老是提足精神，能张不能弛！你又很固执，多少爱你的人连弥拉和我们在内，都没法说服你每年抽空出去一下，至少自己放三五天假。这是我们常常想起了要喟然长叹的，觉得你始终不体谅我们爱护你的热忱，尤其我们，你岳父、弥拉都是深切领会艺术的人，劝你休息的话决不会妨碍你的艺术！

你太片面强调艺术，对艺术也是危险的：你要不听从我们的忠告，三五年七八年之后定会后悔。孩子，你就是不够 wise［明智］，还有，弥拉身体并不十分强壮，你也得为她着想，不能把人生百分之百的献给艺术。勃隆斯丹太太也没有为了艺术疏忽了家庭。你能一年往外散心一两次，哪怕每次三天，对弥拉也有好处，对艺术也没有害处，为什么你不肯试验一下看看结果呢？

扬州是五代六朝隋唐以来的古城，可惜屡经战祸，甲于天下的园林大半荡然，可是最近也修复了一部分。瘦西湖风景大有江南境界。我们玩了五天，半休息半游玩，住的是招待所，一切供应都很好。慢慢寄照片给你。

……

敏工作情绪很高，只是辛苦得不得了。一周难得有一两晚上可自由看些书，做些进修的工作。……

下回再谈，多多休息，多多保重！

爸爸　六三年四月二十六日

一九六三六月二日晚

……你最近在伦敦的两场音乐会，要不是弥拉来信说明，我们几乎不明白真相。《曼彻斯特导报》的评论似乎有些分析，我是外行，不知其中可有几分说得对的？既然批评界敌意持续至一年之久，还是多分析分析自己，再多问问客观、中立、有高度音乐水平的人的意见。我知道你自我批评很强，但外界的敌意仍应当使我们对自己提高警惕：也许有些不自觉的毛病，自己和相熟的朋友们不曾看出。多探讨一下没有害处。若真正是批评界存心作对，当然不必介意。历史上受莫名其妙的指摘的人不知有多少，连伽利略、服尔德、巴尔扎克辈都不免，何况区区我辈！主要还是以君子之心度人，作为借鉴之助，对自己只有好处。老话说得好：是非自有公论，日子久了自然会黑白分明！

柏辽兹的唱片已经收到，虽是另一种风格，柏辽兹的独特的口吻（旋律与和声）还是一听就知道。

……

爸爸　六三年六月二日晚

一九六三年七月二十二日

亲爱的孩子：五十多天不写信了。千言万语，无从下笔；老不写信又心神不安；真是矛盾百出。我和妈妈常常梦见你们，声音笑貌都逼真。梦后总想写信，也写过好几次没写成。我知道你的心情也波动得很。有理想就有苦闷,不随波逐流就到处龃龉。可是能想到易地则皆然,或许会平静一些。生年不满百,常怀千岁忧:此二语可为你我写照。两个多月没有你们消息,但愿身心健康,勿过紧张。你俩体格都不很强壮,平时总要善自保养。劳逸调剂得好,才是久长之计。我们别的不担心,只怕你工作过度,连带弥拉也吃不消。任何耽溺都有流弊,为了耽溺艺术而牺牲人生也不是明智的!

……一切珍重!

爸爸　七月二十二日

一九六三年九月一日

亲爱的孩子:很高兴知道你终于彻底休息了一下。瑞士确是避暑最好的地方。三十四年前我在日内瓦的西端,一个小小的法国村子里住过三个月,天天看到白峰(Mont Blanc)上的皑皑积雪,使人在盛暑也感到一股凉意。可惜没有去过瑞士北部的几口湖,听说比日内瓦湖更美更幽。你从南非来的信上本说要去希腊,那儿天气太热,不该在夏季去。你们改变游程倒是聪明的。威尼斯去了没有?其实意大利北部几口湖也风景秀丽,值得小住几天。相信这次旅行定能使你感觉新鲜,精神上洗个痛快的澡。弥拉想来特别快乐。她到底身体怎样?在Zurich[苏黎士]疗养院检查结果又怎么样?除了此次的明信片以外,她从五月十日起没有来过信,不知中间有没有遗失?我写到Gstaad(瑞士一地名)的信,你们收到没有?下次写信来,最好提一笔我信上的编号,别笼笼统统只说"来信都收到"。最好也提一笔你们上一封信的日期,否则丢了信也不知道。七月下旬勃隆斯丹夫人有信来,报告你们二月中会面的情形,简直是排日描写,不仅详细,而且事隔五月,字里行间的感情还是那么强烈,看了真感动。世界上这样真诚,感情这样深的人是不多的!

巴尔扎克的长篇小说《幻灭》*Lost Illusions* 三部曲,从一九六一年起动手,最近才译完初稿。第一二部已改过,第三部还要改,便是第一二部也得再修饰一遍,预计改完誊清总在明年四五月间。总共五十万字,前前后后要花到我三年半时间。文学研究所有意把《高老头》收入"文学名著丛书”，要重排一遍，所以这几天我又在从头至尾修改，也得花一二十天。翻译工作要做得好，必须一改再改三改四改。《高老头》还是在抗战期译的，一九五二年已重译一过，这次是第三次大修改了。此外也得写一篇序。第二次战后，法国学术界对巴尔扎克的研究大有发展，那种热情和渊博(erudition)令人钦佩不置。

……

敏在家住了一月，又已回京。他教书颇有兴趣，也很热心负责，拼命在课外找补充材料。校长很重视他，学生也喜欢他，虽然辛苦些，只要能踏踏实实为人民做点工作，总是值得的。能遇到一个识好歹的领导也是大大的幸运。……我暑中身体还好，过敏性鼻炎仍未好，剧烈头痛只发过两次。到此年纪，病总是免不了的。只要不太妨碍工作，我也不把病痛放在心上。只有工作才快乐；大概我们一家都是这个脾气。妈妈也很健康，就是常常有些脸肿脚肿，多半是心脏关系。

……不多写了，一切珍重！

爸爸　六三年九月一日

一九六三年十月十四日

亲爱的孩子：你赫辛斯基来信和弥拉伦敦来信都收到。原来她瑞士写过一信，遗失了。她写起长信来可真有意思：报告意大利之行又详细又生动。从此想你对意大利绘画，尤其威尼斯派，领会得一定更深切。瑞士和意大利的湖泊都在高原上，真正是山高水深，非他处所及。再加人工修饰，古迹林立，令人缅怀以往，更加徘徊不忍去。我们的名胜最吃亏的是建筑：先是砖木结构，抵抗不了天灾人祸、风雨侵蚀；其次，建筑也是中国艺术中比较落后的一门。

接弥拉信后，我大查字典，大翻地图和旅行指南。一九三一年去罗马时曾买了一本《蓝色导游》*Guide Bleu* 中的《意大利》，厚厚一小册，五百多面，好比一部字典。这是法国最完全最详细的指南，包括)各国各大城市(每国都是一厚册)，竟是一部旅行丛书。你们去过的几口湖，Maggiore，Lugarno，Como，Iseo，Garda[马焦雷湖，卢加诺湖，科莫湖，伊塞奥湖，加尔达湖],你们歇宿的Stresa[斯特雷萨]和Bellagio[贝拉焦]都在图上找到了,并且每个湖各有详图。我们翻了一遍,好比跟着你们“神游”了一次。弥拉一路驾驶,到底是险峻的山路,又常常摸黑,真是多亏她了,不知驾的是不是你们自己的车,还是租的?

……

《高老头》已改讫,译序①也写好寄出。如今写序要有批判,极难下笔。我写了一星期,几乎弄得废寝忘食,紧张得不得了。至于译文,改来改去,总觉得能力已经到了顶,多数不满意的地方明知还可修改,却都无法胜任,受了我个人文笔的限制。这四五年来愈来愈清楚的感觉到自己的limit[局限],仿佛一道不可超越的鸿沟。

……

爸爸　六三年十月十四日

一九六三年十一月三日

亲爱的孩子:最近一信使我看了多么兴奋,不知你是否想像得到?真诚而努力的艺术家每隔几年必然会经过一次脱胎换骨,达到一个新的高峰。能够从纯粹的感觉(sensation)转化到观念(idea)当然是迈进一大步,这一步也不是每个艺术家所能办到的,因为同各人的性情气质有关。不过到了观念世界也该提防一个pitfall[陷阱]:在精神上能跟踪你的人越来越少的时候,难免钻牛角尖,走上太抽象的路,和群众脱离。哗众取宠(就是一味用新奇唬人)和取媚庸俗固然都要不得,太沉醉于自己理想也有它的危险。我这话不大说得清楚,只是具体的例子也可以作为我们的警戒。李赫特某些演奏某些理解很能说明问题。归根结蒂,仍然是“出”和“入”的老话。高远绝俗而不失人间性人情味,才不会叫人感到cold[冷漠]。像你说的“一切都远了,同时一切也都近了”,正是莫扎特晚年和舒伯特的作品达到的境界。古往今来的最优秀的中国人多半是这个气息,尽管sublime[崇高],可不是mystic[神秘](西方式的);尽管超脱,仍是

① 一九六三年修改《高老头》译文,写了一篇序文,“十年”浩劫中失散于出版社。

warm, intimate, human[温馨,亲切,有人情味]到极点!你不但深切了解这些,你的性格也有这种倾向,那就是你的艺术的safeguard[保障]。基本上我对你的信心始终如一,以上有些话不过是随便提到,作为"闻者足戒"的提示罢了。

我和妈妈特别高兴的是你身体居然不摇摆了:这不仅是给听众的印象问题,也是一个对待艺术的态度,掌握自己的感情,控制表现,能入能出的问题,也具体证明你能化为一个idea[意念],而超过了被音乐带着跑,变得不由自主的阶段。只有感情净化,人格升华,从dramatic[起伏激越]进到contemplative[凝神沉思]的时候,才能做到。可见这样一个细节也不是单靠注意所能解决的,修养到家了,自会迎刃而解。(胸中的感受不能完全在手上表达出来,自然会身体摇摆,好像无意识的要"手舞足蹈"的帮助表达。我这个分析你说对不对?)

相形之下,我却是愈来愈不行了。也说不出是退步呢,还是本来能力有限,以前对自己的缺点不像现在这样感觉清楚。越是对原作体会深刻,越是欣赏原文的美妙,越觉得心长力绌,越觉得译文远远的传达不出原作的神韵。返工的次数愈来愈多,时间也花得愈来愈多,结果却总是不满意。时时刻刻看到自己的limit[局限],运用脑子的limit[局限],措辞造句的limit[局限],先天的limit[局限]——例如句子的转弯抹角太生硬,色彩单调,说理强而描绘弱,处处都和我性格的缺陷与偏差有关。自然,我并不因此灰心,照样"知其不可为而为之",不过要心情愉快也很难了。工作有成绩才是最大的快乐:这一点你我都一样。

另外有一点是肯定的,就是西方人的思想方式同我们距离太大了。不做翻译工作的人恐怕不会体会到这么深切。他们刻画心理和描写感情的时候,有些曲折和细腻的地方,复杂繁琐,简直与我们格格不入。我们对人生琐事往往有许多是认为不值一提而省略的,有许多只是罗列事实而不加分析的,如果要写情就用诗人的态度来写;西方作家却多半用科学家的态度,历史学家的态度(特别巴尔扎克),像解剖昆虫一般。译的人固然懂得了,也感觉到它的特色、妙处,可是要叫思想方式完全不一样的读者领会就难了。思想方式反映整个的人生观、宇宙观和几千年文化的发展,怎能一下子就能和另一民族的思想沟通呢?你很幸运,音乐不像语言的局限性那么大,你还是用音符表达前人的音符,不是用另一种语言文字,另一种逻辑。

真了解西方的东方人,真了解东方人的西方人,不是没有,只是稀如星凤。对自己的文化遗产彻底消化的人,文化遗产决不会变成包袱,反而养成一种无所不包的胸襟,既明白本民族的长处短处,也明白别的民族的长处短处,进一步会截长补短,吸收新鲜的养料。任何孤独都不怕,只怕文化的孤独,精神思想的孤独。你前信所谓孤独,大概也是指这一点吧?

尽管我们隔得这么远,彼此的心始终在一起,我从来不觉得和你有什么精神上的隔阂。父子两代之间能如此也不容易:我为此很快慰。

……一切珍重!

爸爸　六三年十一月三日

一九六三年十二月十一日

亲爱的孩子:……这一年多开始做了些研究巴尔扎克的工作,发现从一九四〇年以后,尤其在战后,法国人在这方面着实有贡献。几十年来一共出版了四千多种关于巴尔扎克的传记、书评、作品研究;其中绝大多数是法国人的著作。我不能不挑出几十种最有分量的,托巴黎友人代买。法国书印数还是不多,好多书一时都脱销,要等重印,或托旧书商物色。

……

据以前弥拉寄的本季度日程表,十二月完全轮空(是否又有新的约定?),照例有时间写信,我们这几日又伸长着脖子等候了。十月信中提到的进步,近来是否更巩固?十一月十三日在维也纳弹巴托克,成绩如何?九月在瑞典弹勃拉姆斯,是不是技术上更胜任?这些都望细述。对你来信多多益善,愈详愈妙的欲望,恐怕是永远难以满足的了。

园中一年一度的菊花已经谢落了,室内温度降到华氏四十六度(摄氏八度),今天已开始生炉子。我们久已不用大煤炉,只用俄式煤饼炉。耐寒的能力比以前增强,可是头痛仍常发,工作后眼泪呵欠也像一日三餐一样有规律,多看书也容易眼花。尽管心里是不知老之将至,身体却随时在警告我为日无多。

此信再不写,你们又不在英伦,要收不到了。即使内容空洞,总比不写好,是不是?

……

爸爸　六三年十二月十一日

一九六四年一月十二日

亲爱的孩子:……莫扎特的 *Fantasy in b min.* [《b 小调幻想曲》]记得一九五三年前就跟你提过。罗曼·罗兰极推崇此作,认为他的痛苦的经历都在这作品中流露了,流露的深度便是韦伯与贝多芬也未必超过。罗曼·罗兰的两本名著:(1)*Muscians of the Past*[《古代音乐家》],(2) *Muscians of Today*[《今代音乐家》]英文中均有译本,不妨买来细读。其中论莫扎特、柏辽兹、德彪西各篇非常精彩。名家的音乐论著,可以帮助我们更准确的了解以往的大师,也可以纠正我们太主观的看法。我觉得艺术家不但需要在本门艺术中勤修苦练,也得博览群书,也得常常做 meditation[冥思默想],防止自己的偏向和钻牛角尖。感情强烈的人不怕别的,就怕不够客观;防止之道在于多多借鉴,从别人的镜子里检验自己的看法和感受。其次磁带录音机为你学习的必需品——也是另一面自己的镜子。我过去常常提醒你理财之道,就是要你能有购买此种必需品的财力,Kabos[卡波斯]太太那儿是否还去?十二月轮空,有没有利用机会去请教她?学问上艺术上的师友必须经常接触,交流。只顾关着门练琴也有流弊。

近来除日课外,每天抓紧时间看一些书。国外研究巴尔扎克的有分量的书,二次战前战后出了不少,只嫌没时间,来不及补课。好些研究虽不以马列主义自命,实际做的就是马列主义工作:比如搜罗十九世纪前五十年的报刊著作、回忆录,去跟《人间喜剧》中写的政治、经济、法律、文化对证,看看巴尔扎克的现实主义究竟有多少真实性。好些书店重印巴尔扎克的作品,或全集,或零本,都请专家做详尽的考据注释。老实说,从最近一年起,我才开始从翻译巴尔扎克,进一步做了些研究,不过仅仅开了头，五年十年以后是否做得出一些成绩来也不敢说。

……十二月十日起敏校中（北京女一中）高三英语教师重病请长假，校方调敏接教。原教初二两班放掉，上最后一课时，学生都哭了。过后又纷纷写信给敏，表示惋惜。有个人写的，有全班写的，有几封写得真动人。书法、文字、思想、感情，胜过大学生。我看了真感动。杰出的才具每一代都有，问题在于如何培养，如何利用他（她）们的特长。

今天看了十二月份《音乐与音乐家》上登的 Dorat：*An Anatony of Conducting*［多拉：《指挥的剖析》］有两句话妙极—— "Increasing economy of means, employed to better effect, is a sign of increasing maturity in every form of art."［"不论哪一种形式的艺术，艺术家为了得到更佳效果，采取的手法越精简，越表示他炉火纯青，渐趋成熟。"］——这个道理应用到弹琴，从身体的平稳不摇摆，一直到 interpretation［演绎］的朴素、含蓄，都说得通。他提到艺术时又说：…calls for great pride and extreme humility at the same time［……既需越高的自尊，又需极大的屈辱］。全篇文字都值得一读。

此信写好，打算过几天发出，免得你们尚未回去，又要相左！

多多休息！工作勿过度！多与大自然接触！

爸爸　六四年一月十二日

一九六四年四月二十三日

亲爱的孩子：有人四月十四日听到你在 B. B. C.［英国广播公司］远东华语节目中讲话，因是辗转传达，内容语焉不详，但知你提到家庭教育、祖国，以及中国音乐问题。我们的音乐不发达的原因，我想过数十年，不得结论。从表面看，似乎很简单：科学不发达是主要因素，没有记谱的方法也是一个大障碍。可是进一步问问为什么我们科学不发达呢？就不容易解答了。早在战国时期，我们就有墨子、公输般等的科学家和工程师，汉代的张衡不仅是个大文豪，也是了不起的天文历算的学者。为何后继无人，一千六百年间，就停滞不前了呢？为何西方从文艺复兴以后反而突飞猛进呢？希腊的早期科学，七世纪前后的阿拉伯科学，不是也经过长期中断的么？怎么他们的中世纪不曾把科学的根苗完全斩断呢？西方的记谱也只是十世纪以后才开始，而近代的记谱方法更不过是几百年中发展的，为什么我们始终不曾在这方面发展？要说中国人头脑不够抽象，明代的朱载(《乐律全书》的作者)偏偏把音乐当作算术一般讨论，不是抽象得很吗？为何没有人以这些抽象的理论付诸实践呢？西洋的复调音乐也近乎数学，为何佛兰德斯乐派，意大利乐派，以至巴赫—韩德尔，都会用创作来做实验呢？是不是一个民族的艺术天赋并不在各个艺术部门中平均发展的？希腊人的建筑、雕塑、诗歌、戏剧，在公元前四世纪时登峰造极，可是以后两千多年间就默默无闻，毫无建树了。文艺复兴时期的意大利艺术也只是昙花一现。有些民族尽管在文学上到过最高峰，在造型艺术和音乐艺术中便相形见绌，例如英国。有的民族在文学、音乐上有杰出的成就，但是绘画便赶不上，例如德国。可见无论在同一民族内，一种艺术的盛衰，还是各种不同的艺术在各个不同的民族中的发展，都不容易解释。我们的书法只有两晋、六朝、隋、唐是如日中天，以后从来没有第二个高潮。我们的绘画艺术也始终没有超过宋、元。便是音乐，也只有开元、天宝，唐玄宗的时代盛极一时，可是也只限于“一时”。现在有人企图用社会制度、阶级成分来说明文艺的兴亡。可是奴隶制度在世界上许多民族都曾经历，为什么独独在埃及和古希腊会有那么灿烂的艺术成就？而同样的奴隶制度，为何埃及和希腊的艺术精神、风格，如此之不同？如果说统治阶级的提倡大有关系，那么英国十八、十九世纪王室的提倡音乐，并不比十五世纪意大利的教皇和诸侯(如梅迪契家族)差劲，为何英国自己就产生不了第一流的音乐家呢？再从另一些更具体更小的角度来说，我们的音乐不发达，是否同音乐被戏剧侵占有关呢？我们所有的音乐材料，几乎全部在各种不同的戏剧中。所谓纯粹的音乐，只有一些没有谱的琴曲(琴曲谱只记手法，不记音符，故不能称为真正的乐谱)。其他如笛、箫、二胡、琵琶等等，不是简单之至，便是外来的东西。被戏剧侵占而不得独立的艺术，还有舞蹈。因为我们不像西方人迷信，也不像他们有那么强的宗教情绪，便是敬神的节目也变了职业性的居多，群众自动参加的较少。如果说中国民族根本不大喜欢音乐，那又不合乎事实。我小时在乡，听见舟子，赶水车的，常常哼小调，所谓“山歌”[古诗中(汉魏)有许多“歌行”、

"歌谣";从白乐天到苏、辛都是高吟低唱的,不仅仅是写在纸上的作品]。

总而言之,不发达的原因归纳起来只是一大堆问题,谁也不曾彻底研究过,当然没有人能解答了。近来我们竭力提倡民族音乐,当然是大好事。不过纯粹用土法恐怕不会有多大发展的前途。科学是国际性的、世界性的,进步硬是进步,落后硬是落后。一定要把土乐器提高,和钢琴、提琴竞争,岂不劳而无功?抗战前(一九三七年前)丁西林就在研究改良中国笛子,那时我就认为浪费。工具与内容,乐器与民族特性,固然关系极大;但是进步的工具,科学性极高的现代乐器,决不怕表达不出我们的民族特性和我们特殊的审美感。倒是原始工具和简陋的乐器,赛过牙齿七零八落、声带构造大有缺陷的人,尽管有多丰富的思想感情,也无从表达。乐曲的形式亦然如此。光是把民间曲调记录下来,略加整理,用一些变奏曲的办法扩充一下,绝对创造不出新的民族音乐。我们连"音乐文法"还没有,想要在音乐上雄辩滔滔,怎么可能呢?西方最新乐派(当然不是指电子音乐一类的 ultra modern[极度现代]的东西)的理论,其实是尺寸最宽、最便于创造民族音乐的人利用的;无奈大家害了形式主义的恐怖病,提也不敢提,更不用说研究了。俄罗斯五大家——从德彪西到巴托克,事实俱在,只有从新的理论和技巧中才能摸出一条民族乐派的新路来。问题是不能闭关自守,闭门造车,而是要掌握西方最高最新的技巧,化为我有,为我所用。然后才谈得上把我们新社会的思想感情用我们的音乐来表现。这一类的问题,想谈的太多了,一时也谈不完。

……

希望此信赶在你离英前到达,免得又退回来!一切保重!

爸爸　六四年四月二十三日

一九六四年四月二十四日

亲爱的孩子:……孤独的感觉,彼此差不多,只是程度不同,次数多少有异而已。我们并未离乡背井,生活也稳定,比绝大多数人都过得好;无奈人总是思想太多,不免常受空虚感的侵袭。惟一的安慰是骨肉之间推心置腹,所以不论你来信多么稀少,我总尽量多给你写信,但愿能消解一些你的苦闷与寂寞。只是心愿是一件事，写信的心情是另一件事：往往极想提笔而精神不平静，提不起笔来；或是勉强写了，写得十分枯燥，好像说话的声音口吻僵得很，自己听了也不痛快。

一方面狂热、执著，一方面洒脱、旷达、怀疑，甚至于消极：这个性格大概是我遗传给你的。妈妈没有这种矛盾，她从来不这么极端。弥拉常说你跟我真像，可见你在她面前提到我的次数不可胜计，所以她虽未见过我一面，也像多年相识一样。

你们夫妇关系，我们从来不真正担心过。你的精神波动，我们知之有素，千句并一句，只要基本信心不动摇，任何小争执大争执都会跟着时间淡忘的。我三月二日(No.59)信中的结论就是这话。人生的每个阶段都是一边学一边过的，从来没有一个人具备了所有的(理论上的)条件才结婚，才生儿育女的。你为了孩子而惶惶然，表示你对人生态度严肃，却也不必想得太多。一点不想是不负责任，当然不好；想得过分也徒然自苦，问题是彻底考虑一番，下决心把每个阶段的事情做好，想好办法实行就是了。

人不知而不愠是人生最高修养，自非一时所能达到。对批评家的话我过去并非不加保留，只是增加了我的警惕。即是人言藉藉，自当格外反躬自省，多征求真正内行而善意的师友的意见。你的自我批评精神，我完全信得过；可是艺术家有时会钻牛角尖而自以为走的是独创而正确的路。要避免这一点，需要经常保持冷静和客观的态度。所谓艺术上的 illusion［幻觉］，有时会蒙蔽一个人到几年之久的。至于批评界的黑幕，我近三年译巴尔扎克的《幻灭》，得到不少知识。一世纪前尚且如此，何况今日！二月号《音乐与音乐家》杂志上有一篇 Karayan［卡拉扬］的访问记，说他对于批评只认为是某先生的意见，如此而已。他对所钦佩的学者，则自会倾听，或者竟自动去请教。这个态度大致与你相仿。

……

认真的人很少会满意自己的成绩，我的主要苦闷即在于此。所不同的，你是天天在变，能变出新体会、新境界、新表演，我则是眼光不断提高而能力始终停滞在老地方。每次听你的唱片总心上想：不知他现在弹这个曲子又是怎么一个样子了。

……

旧金山评论中说你的萧邦太 extrovert[外在,外向],李先生说奇怪,你的演奏正是 introvert[内在,内向]一路,怎么批评家会如此说。我说大概他们听惯老一派的 Chopin[萧邦],软绵绵的,听到不 sentimental[伤感]的 Chopin[萧邦]就以为不够内在了,你觉得我猜得对不对?

……一切保重!

爸爸　六四年四月二十四日

一九六四年十月三十一日

亲爱的孩子:几次三番动笔写你的信都没有写成,而几个月的保持沉默也使我魂不守舍,坐立不安。[1] 我们从八月到今的心境简直无法形容。你的处境,你的为难(我猜想你采取行动之前,并没和国际公法或私法的专家商量过。其实那是必要的),你的迫不得已的苦衷,我们都深深的体会到,怎么能责怪你呢?可是再彻底的谅解也减除不了我们沉重的心情。民族自尊心受了伤害,非短时期内所能平复;因为这不是一个"小我"的、个人的荣辱得失问题。便是万事随和处处乐观的你的妈妈,也耿耿于怀,伤感不能自已。不经过这次考验,我也不知道自己在这方面的感觉有这样强。一九五九年你最初两信中说的话,以及你对记者发表的话,自然而然的,不断的回到我们脑子里来,你想,这是多大的刺激!我们知道一切官方的文件只是一种形式,任何法律手续约束不了一个人的心——在这一点上我们始终相信你;我们也知道,文件可以单方面的取消,只是这样的一天遥远得望不见罢了。何况理性是理性,感情是感情,理性悟透的事情,不一定能叫感情接受。不知你是否理解我们几个月沉默的原因,能否想像我们这一回痛苦的深度?不论工作的时候或是休息的时候,精神上老罩着一道阴影,心坎里老压着一块石头,左一个譬解,右一个譬解,总是丢不下,放不开。我们比什么时候都更想念你,可是我和妈妈都不敢谈到

① 五月间傅聪为了在世界各地演出的生计,无奈入了英国籍,傅雷知道后,整天闷闷不乐,民族自尊心受了伤害,难以平复沉重的心情。

你：大家都怕碰到双方的伤口，从而加剧自己的伤口。我还暗暗的提心吊胆，深怕国外的报纸、评论，以及今后的唱片说明提到你这件事……孩子出生的电报来了，我们的心情更复杂了。这样一件喜事发生在这么一个时期，我们的感觉竟说不出是什么滋味，百感交集，乱糟糟的一团，叫我们说什么好呢？怎么表示呢？所有这一切，你岳父都不能理解。他有他的民族性，他有他民族的悲剧式的命运（这个命运，他们两千年来已经习为故常，不以为悲剧了），看法当然和我们不一样。然而我决不承认我们的看法是民族自大，是顽固，他的一套是开明、是正确。他把国籍看做一个侨民对东道国应有的感激的表示，这是我绝对不同意的！至于说弥拉万一来到中国，也必须入中国籍，所以你的行动可以说是有往有来等等，那完全是他毫不了解中国国情所作的猜测。我们的国家从来没有一条法律，要外国人入了中国籍才能久居！接到你岳父那样的信以后，我并不作复，为的是不愿和他争辩；可是我和他的意见分歧点应当让你知道。

孩子不足两个月，长得如此老成，足见弥拉成绩不错。大概她全部精力花在孩子身上了吧？家里是否有女工帮忙，减少一部分弥拉的劳累？做父母是人生第二大关，你们俩的性情脾气，连人生观等等恐怕都会受到影响。但愿责任加重以后，你们支配经济会更合理，更想到将来（谁敢担保你们会有几个儿女呢？），更能克制一些随心所欲的冲动，减少一些不必要的开支。孩子初生（一星期）的模样的确像襁褓中的你。后来几次的相片，尤其七星期的一张，眼睛与鼻梁距离较大，明明有了外家的影子——弥拉也更像她父亲了。不过婴儿的变化将来还多着呢。

……

最后再嘱咐你一句：你一切行动都有深远的反响波及我们；以后遇到重大的事，务必三思而行，最好先同有经验的前辈（尤其懂得法律的专家，他们头脑冷静，非艺术家可比！）多多商量！一切保重！

爸爸　六四年十月三十一日

……

凌霄出生的那天，中国旧历正是七月初七，叫做七巧，是神话中牛郎织女一年一度相会的一天，因为天上有两颗星，一叫牛郎，一叫织女（constellation of the Herd - boy and the star Vega),一年只有七月七日才同时在天空出现。你不妨跟弥拉谈谈,能知道牛郎织女的故事更有意思!我给凌霄打的毛线是否可穿?恐怕太小了,看孩子的样子很老练。我不时要看看孩子的照片,你们真不知我心里多快乐!孩子的照片,不论好坏,一有马上寄来,让我们在寂寞的生活中多添一些温暖!

妈妈　附笔

一九六五年一月二十八日

亲爱的孩子:将近六个月没有你的消息,我甚至要怀疑十月三十一日发的信你是否收到。上月二十日左右,几乎想打电报:如今跟以往更是不同,除了你们两人以外,又多了一个娃娃增加我们的忧虑。大人怎么样呢?孩子怎么样呢?是不是有谁闹病了?……毕竟你妈妈会体贴,说你长期的沉默恐怕不仅为了忙,主要还是心绪。对啦,她一定猜准了。你生活方面思想方面的烦恼,虽然我们不知道具体内容,总还想像得出一个大概。总而言之,以你的气质,任何环境都不会使你快乐的。你自己也知道。既然如此,还不如对人生多放弃一些理想;理想只能在你的艺术领域中去追求,那当然也永远追求不到,至少能逐渐接近,并且学术方面的苦闷也不致损害我们的心理健康。即使在排遣不开的时候,也希望你的心绪不要太影响家庭生活。归根到底,你现在不是单身汉,而是负着三口之家的责任。用老话来说,你和弥拉要相依为命。外面的不如意事固然无法避免,家庭的小风波总还可以由自己掌握。客观的困难已经够多了,何必再加上主观的困难呢?当然这需要双方共同的努力,但自己总该竭尽所能的做去。处处克制些,冷静些,多些宽恕,少些苛求,多想自己的缺点,多想别人的长处。生活——尤其夫妇生活——之难,在于同弹琴一样,要时时刻刻警惕,才能不出乱子,或少出乱子。总要存着风雨同舟的思想,求一个和睦相处相忍相让的局面,挨过人生这个艰难困苦的关。这是我们做父母的愿望。能同艺术家做伴而日子过得和平顺适的女子,古往今来都寥寥无几。千句并一句,尽量缩小一个我字,也许是解除烦闷、减少纠纷的惟一的秘诀。久久得不到你们俩的信,我们总要担心你们俩的感情，当然也担心你们俩的健康，但对你们的感情更关切，因为你们找不到一个医生来治这种病。而且这是骨肉之间出于本能的忧虑。就算你把恶劣的心情瞒着也没用。我们不但同样焦急，还因为不知底细而胡乱猜测，急这个，急那个，弄得寝食不安。假如以上劝告你认为毫无根据，那更证明长期的沉默，会引起我们焦急到什么程度。你也不能忘记，你爸爸所以在这些事情上经常和你唠叨，因为他是过来人，不愿意上一代犯的错误在下一代身上重演。我和你说这一类的话永远抱着自责的沉痛的心情的！

……

不写了，望多多保重，快快来信！

爸爸　一九六五年一月二十八日

一九六五年一月二十九日＊

亲爱的聪：提起笔来真不知千言万语何从说起！你这样长时期的不给我们信，真不知我们思念你的痛苦，爸爸晚上的辗转不能入睡，大一半也在你身上，我们因为想你想得厉害，反怕提到你，可是我们的内心一样焦虑；我常常半夜惊醒，百感交集，忧心如焚这四个字，就可以说明父母思念儿子的心情。你现在有了孩子，应该体会得到。这半年来幸而弥拉有信来，还有凌霄可爱的照片，给了我们不少安慰，我真是万分的感谢她。你的行动多少还知道一鳞半爪，弥拉还很有趣的描写孩子的喜怒，我们真是从心底里欢喜。孩子越长越漂亮，朋友们看了，都说鼻子面型像你，额角眼睛有些像他母亲，如今快六个月了，恐怕又变了样，望多拍些照，经常寄来，让我们枯寂的生活中，多一些光彩，多一些温暖。

……

敏年假又不回来，他工作很辛苦，生活也朴素，环境也能适应，总还使我们安心。

没有几天就要过春节了，孩子不在身边，虽然寂寞单调的生活过惯了，总有空虚之感。不写了，再见！

妈妈　一月二十九日

一九六五年二月二十日

亲爱的孩子:半年来你惟一的一封信不知给我们多少快慰。看了日程表,照例跟着你天南地北的神游了一趟,做了半天白日梦。人就有这点儿奇妙,足不出户,身不离斗室,照样能把万里外的世界、各地的风光、听众的反应、游子的情怀,一样一样的体验过来。你说在南美仿佛回到了波兰和苏联,单凭这句话,我就咂摸到你当时的喜悦和激动;拉丁民族和斯拉夫民族的热情奔放的表现也历历如在目前。

……

你父性特别强是像你妈,不过还是得节制些,第一勿妨碍你的日常工作,第二勿宠坏了凌霄——小孩儿经常有人跟他玩,成了习惯,就非时时刻刻抓住你不可,不但苦了弥拉,而且对孩子也不好。耐得住寂寞是人生一大武器,而耐寂寞也要自幼训练的!疼孩子固然要紧,养成纪律同样要紧;几个月大的时候不注意,到两三岁时再收紧,大人小儿都要痛苦的。

你的心绪我完全能体会。你说的不错,知子莫若父,因为父母子女的性情脾气总很相像,我不是常说你是我的一面镜子吗?且不说你我的感觉一样敏锐,便是变化无常的情绪,忽而高潮忽而低潮,忽而兴奋若狂,忽而消沉丧气等等的艺术家气质,你我也相差无几。不幸这些遗传(或者说后天的感染)对你的实际生活弊多利少。凡是有利于艺术的,往往不利于生活;因为艺术家两脚踏在地下,头脑却在天上,这种姿态当然不适应现实的世界。我们常常觉得弥拉总算不容易了,你切勿用你妈的性情脾气去衡量弥拉。你得随时提醒自己,你的苦闷没有理由发泄在第三者身上。况且她的童年也并不幸福,你们俩正该同病相怜才对。我一辈子没有做到克己的功夫,你要能比我成绩强,收效早,那我和妈妈不知要多么快活呢!

要说 exile[放逐],从古到今多少大人物都受过这苦难,但丁便是其中的一个;我辈区区小子又何足道哉!据说《神曲》是受了 exile[放逐]的感应和刺激而写的,我们倒是应当以此为榜样,把 exile[放逐]的痛苦升华到艺术中去。以上的话,我知道不可能消除你的悲伤愁苦,但至少能供给你一些解脱的理由,使你在愤懑郁闷中有以自拔。做一个艺术家,要不带点儿宗教家的心肠，会变成追求纯技术或纯粹抽象观念的 virtuoso［演奏能手］，或者像所谓抽象主义者一类的狂人；要不带点儿哲学家的看法，又会自苦苦人（苦了你身边的伴侣），永远不能超脱。最后还有一个实际的论点：以你对音乐的热爱和理解，也许不能不在你厌恶的社会中挣扎下去。你自己说到处都是 outcast［逐客］，不就是这个意思吗？艺术也是一个 tyrant［暴君］，因为做他奴隶的都心甘情愿，所以这个 tyrant［暴君］尤其可怕。你既然认了艺术做主子，一切的辛酸苦楚便是你向他的纳贡，你信了他的宗教，怎么能不把少牢太牢去做牺牲呢？每一行有每一行的 humiliation［屈辱］和 misery［辛酸］，能够 resign［心平气和，隐忍］就是少痛苦的不二法门。你可曾想过，萧邦为什么后半世自愿流亡异国呢？他的 Op. 25［作品第二十五号］以后的作品付的是什么代价呢？

……

你的中文还是比英文强，别灰心，多写信，多看中文书，就不会失去用中文思考的习惯。你的英文基础不够，看书太少，句型未免单调。

……

此信望将大意译给弥拉听，没空再给她另写了。诸事珍重，为国自爱！

爸爸　一九六五年二月二十日

任何艺术品都有一部分含蓄的东西，在文学上叫做言有尽而意无穷，西方人所谓 between lines［弦外之音］。作者不可能把心中的感受写尽，他给人的启示往往有些还出乎他自己的意想之外。绘画、雕塑、戏剧等等，都有此潜在的境界。不过音乐所表现的最是飘忽，最是空灵，最难捉摸，最难肯定，弦外之音似乎比别的艺术更丰富，更神秘，因此一般人也就懒于探索，甚至根本感觉不到有什么弦外之音。其实真正的演奏家应当努力去体会这个潜在的境界（即淮南子所谓"听无音之音者聪"，无音之音不是指这个潜藏的意境又是指什么呢？）而把它表现出来，虽然他的体会不一定都正确。能否体会与民族性无关。从哪一角度去体会，能体会作品中哪一些隐藏的东西，则多半取决于各个民族的性格及其文化传统。甲民族所体会的和乙民族所体会的，既有正确不正确的分别，也有种类的不同，程度深浅的不同。我猜想你和岳父的默契在于彼此都是东方人，感受事物的方式不无共同之处，看待事物的角度也往往相似。你和董氏兄弟初次合作就觉得心心相印，也是这个缘故。大家都是中国人，感情方面的共同点自然更多了。

一九六五年五月十六日夜/二十一日深夜

亲爱的孩子：从香港到马尼拉，恐怕一出机场就要直接去音乐厅，这样匆促也够辛苦紧张了，何况五月三日晚上你只睡了四五小时，亏你有精力应付得了！要不是刘抗伯伯四月二十三日来信报告，怎想得到你在曼谷和马尼拉之间加出了两场新加坡演出，又兼做什么钢琴比赛的评判呢？在港登台原说是明年可能去日本时顺便来的，谁知今年就实现了。你定的日程使我大吃一惊：六月五日你不是要同 London Mozart Players［伦敦莫扎特乐团］合作 Mozart K. 503［莫扎特作品第五〇三号］，场子是 Croyden［克罗伊登］的 Fairfield Hall［费尔菲尔德大厅］吗？这一类定期演出不大可能在一两个月以前有变动，除非独奏的人临时因故不能出场，那也要到期前十天半个月才发生。是不是你一时太兴奋，看错了日程表呢？想来你不至于粗心到这个地步。那么到底是怎么回事呢？我既然发现了这个疑问，当然不能不让萧伯母知道，她的信五月十二日中午到沪，我吃过饭就写信，把你在新西兰四处地方的日程抄了一份给她，要她打电报给你问问清楚，免得出乱子。同时又去信要弥拉向 Van Wyck［范怀克］[①]核对你六月五日伦敦的演出。我直要等弥拉回信来了以后，心上一块石头才能落地！我们知道你此次预备在港演出主要是为了增加一些收入，但伦敦原有的日程不知如何安排？

香港的长途电话给我们的兴奋，简直没法形容。五月四日整整一天我和你妈妈魂不守舍，吃饭做事都有些飘飘然，好像在做梦；我也根本定不下心来工作。尤其四日清晨妈妈告诉我说她梦见你还是小娃娃的模样，喂了你奶，你睡着了，她把你放在床上。她这话说过以后半小时，就来

① 傅聪当时的代理人。

了电话！怪不得好些人要迷信梦！萧伯母[1]的信又使我们兴奋了大半日，她把你过港二十三小时的情形详详细细写下来了，连你点的上海菜都一样一样报了出来，多有意思。信、照片，我们翻来覆去看了又看，电话中听到你的声音，今天看到你打电话前夜的人，这才合起来，成为一个完整的你！（我不是说你声音有些变了吗？过后想明白了，你和我一生通电话的次数最少，经过电话机变质以后的你的声音，我一向不熟悉；一九五六年你在北京打来长途电话，当时也觉得你声音异样。）看你五月三日晚刚下飞机的神态，知道你尽管风尘仆仆，身心照样健康，我们快慰之至。你能练出不怕紧张的神经，吃得起劳苦的身体，能应付二十世纪演奏家的生活，归根到底也是得天独厚。我和你妈妈年纪大了，越来越神经脆弱，一点儿小事就会使我们紧张得没有办法。一方面是性格生就，另一方面是多少年安静的生活越发叫我们没法适应天旋地转的现代 tempo[节奏]。

五月十六日夜

另一件牵挂的事是你说的搬房子问题。按照弥拉六一年三月给我们画的图样，你现在不是除了 studio[工作室，音乐室]以外，还有一间起居室吗？孩子和你们俩也各有卧房，即使比没有孩子的时候显得挤一些，总还不至于住不下吧？伦敦与你等级辈分相仿的青年演奏家，恐怕未必住的地方比你更宽敞。你既不出去应酬，在家也不正式招待，不需要顾什么排场；何况你也不喜欢讲究排场，跟你经常来往的少数人想必也气味相投，而决非看重空场面的人。你一向还认为朴素是中国人的美德，尤其中国艺术家传统都以清贫自傲：像你目前的起居生活也谈不到清贫，能将就还是将就一下好。有了孩子，各式各样不可预料的支出随着他年龄而一天天加多；即使此刻手头还能周转，最好还是存一些款子，以备孩子身上有什么必不可少的开支时应用。再说，据我从你一九六一年租居的经过推想，伦敦大概用的是"典屋"（吾国旧时代也有类似的办法，我十岁以前在内地知道有这种规矩，名目叫"典屋"，不是后来上海所通行的"顶"）的办

---

① 即傅雷挚友成家和，香港著名影星萧芳芳的母亲。

法：开始先付一笔钱，以后每季或每月付，若干年后付满了定额，就享有永久（或半永久）的居住权，土地则一律属于政府，不归私人。这种屋子随时可以“转典”出去，原则上自己住过几年，转典的价必然比典进时的原价要减少一些，就是说多少要有些损失。除非市面特别好——所谓国民经济特别景气的时期，典出去的价格会比典进来时反而高。但是你典出了原住的房子，仍要典进新的屋子，假如市面好，典出的价格高，那么典进新屋的价也同样高：两相抵消，恐怕还是自己要吃亏的；因为你是要调一所大一些的屋子，不是原住的屋子大而调进的屋子小；屋子大一些，典价当然要高一些，换句话说，典进和典出一定有差距，而且不可能典出去的价钱比典进来的价钱高。除非居住的区域不同，原来的屋子在比较高级的住宅区，将来调进的屋子在另一个比较中级的住宅区：只有这个情形之下，典出去的价才可能和典进较大的新屋的价相等，或者反而典出去的价高于典进新屋的价。你说，我以上的说法（更正确的说来是推测）与事实相符不相符？除开典进典出的损失，以及今后每月或每季的负担多半要加重以外，还有些问题需要考虑：（一）你住的地方至少有一间大房间必须装隔音设备，这一笔费用很大，而且并不能增加屋子的市价。比如说你现住的屋子，studio［工作室，音乐室］有隔音设备，可并不能因此而使典出去的价钱较高，除非受典的人也是音乐演奏家。（二）新屋仍须装修，如地毯、窗帘等等，不大可能老屋子里原有的照样好拿到新屋子用。这又是一笔可观的支出。（三）你家的实际事务完全由弥拉一个人顶的，她现在不比一九六一年，有了孩子，不搬家也够忙了，如果为了搬家忙得影响身体，也不大上算。再说，她在家忙得团团转，而正因为太忙，事情未必办得好；你又性急又挑剔，看了不满意，难免一言半语怪怨她，叫她吃力不讨好，弄得怨气冲天，影响两人的感情，又是何苦呢！因此种种，务望你回去跟弥拉从长计议，把我信中的话细细说与她听，三思而行，方是上策。这件事情上，你岳父的意见不能太相信，他以他的地位、资历，看事情当然与我们不同。况且他家里有仆役，恐怕还不止一个，搬家在他不知要比你省事省力多少倍：他认为轻而易举的事，在你可要花九牛二虎之力。此点不可不牢牢记住！

别以为许多事跟我们说不清，以为我们国内不会了解外面的情形；我们到底是旧社会出身，只要略微提几句，就会明白。例如你电话中说到“所得税”，我马上懂得有些精明的人想法逃税，而你非但不会做，也不愿意做。

写到此，想起一年前听到的传闻，说你岳父在伦敦郊外送你一所别墅：我听了大笑，我说聪哪里来的钱能付这样一笔“赠与税”？又哪儿来的钱维持一所别墅？由此可见，关于你的谣言，我们听得着实不少，不论谣言是好是坏，我们都一笑置之。

世上巧事真多：五月四日刚刚你来过电话，下楼就收到另外两张唱片：*Schubert Sonatas*［《舒柏特奏鸣曲集》］，*Scarlatti Sonatas*［《斯卡拉蒂奏鸣曲集》］。……

至于唱片的成绩，从 Bach，Handel，Scarlatti［巴赫，韩德尔，斯卡拉蒂］听来，你弹古典作品的技巧比一九五六年又大大的提高了，李先生很欣赏你的 touch［触键］，说是像 bubble［水泡，水珠］（我们说是像珍珠，白居易《琵琶行》中所谓“大珠小珠落玉盘”）。*Chromatic Fantasy*［《半音阶幻想曲》］和以前的印象大不相同，根本认不得了。你说 Scarlatti［斯卡拉蒂］的创新有意想不到的地方，的确如此。Schubert［舒柏特］过去只熟悉他的 Lieder［歌曲］，不知道他后期的 Sonata［奏鸣曲］有这种境界。我翻出你一九六一年九月二十一日挪威来信上说的一大段话，才对作品有一个初步的领会。关于他的 Sonata［奏鸣曲］，恐怕至今西方的学者还意见不一，有的始终认为不能列为正宗的作品，有的（包括 Tovey［托维］则认为了不起。前几年杰老师来信，说他在布鲁塞尔与你相见，曾竭力劝你不要把这些 Sonata［奏鸣曲］放入节目，想来他也以为群众不大能接受。你说 timeless and boundless［超越时空，不受时空限制］，确实有此境界。总的说来，你的唱片总是带给我们极大的喜悦，你的 phrasing［句法］正如你的 breathing［呼吸］，无论在 Mazurka［玛祖卡］中还是其他的作品中，特别是慢的乐章，我们太熟悉了，等于听到你说话一样。可惜唱片经过检查，试唱的唱针不行，及试唱的人不够细心，来的新片子上常常划满条纹，听起来碎声不一而足，像唱旧的一样，尤其是 forte［强音］和 ff［很强音］的段落。

……

凌霄快要咿咿哑哑学话了，我建议你先买一套中文录音(参看LTC－65号信，今年一月二十八日发)，常常放给孩子听，让他习惯起来，同时对弥拉也有好处。将来恐怕还得另外请一个中文教师专门教孩子——你看，不是孩子身上需要花钱的地方多得很吗？你的周游列国的生活多辛苦，总该量入为出；哪一方面多出来的，绝对少不了的开支，只能想办法在别的可以省的地方省下来。群众好恶无常，艺术家多少要受时髦或不时髦的影响，处处多想到远处，手头不要太宽才好。上面说的搬家问题值得冷静考虑，也是为此！你伦敦的每月家用只要合理计算一下，善于调度，保证你可以省去20%左右的开支，而照样维持你们眼前的生活水平！这一点也同样适用于你单独在外的费用。你该明白我不是说你们奢侈，而是不会调度，不会计算；为什么不学一学这一门人生最重要的课程呢！

……孩子，一切保重，诸事小心！

爸爸　六五年五月二十一日深夜

一九六五年五月二十七日

亲爱的孩子：……你谈到中国民族能"化"的特点，以及其他关于艺术方面的感想，我都彻底明白，那也是我的想法。多少年来常对妈妈说：越研究西方文化，越感到中国文化之美，而且更适合我的个性。我最早爱上中国画，也是在二十一二岁在巴黎卢浮宫钻研西洋画的时候开始的。这些问题以后再和你长谈。妙的是你每次这一类的议论都和我的不谋而合，信中有些话就像是我写的。不知是你从小受的影响太深了呢，还是你我二人中国人的根一样深？大概这个根是主要原因。

一个艺术家只有永远保持心胸的开朗和感觉的新鲜，才永远有新鲜的内容表白，才永远不会对自己的艺术厌倦，甚至像有些人那样觉得是做苦工。你能做到这一步——老是有无穷无尽的话从心坎里涌出来，我真是说不出的高兴，也替你欣幸不置！

爸爸　六五年五月二十七日

一九六五年六月十四日

亲爱的孩子：这一回一天两场的演出，我很替你担心，好姆妈[1]说你事后喊手筋痛，不知是否马上就过去？到伦敦后在巴斯登台是否跟平时一样？那么重的节目，舒曼的 *Toccata*［《托卡塔》］和 *Kreisleriana*［《克莱斯勒偶记》］都相当别扭，最容易使手指疲劳；每次听见国内弹琴的人坏了手，都暗暗为你发愁。当然主要是方法问题，但过度疲劳也有关系，望千万注意！你从新西兰最后阶段起，前后紧张了一星期，回家后可曾完全松下来，恢复正常？可惜你的神经质也太像我们了！看书兴奋了睡不好，听音乐兴奋了睡不好，想着一星半点的事也睡不好……简直跟你爸爸妈妈一模一样！但愿你每年暑期都能彻底 relax［放松，休憩］，下月去德国就希望能好好休息。年轻力壮的时候不要太逞强，过了四十五岁样样要走下坡路：最要紧及早留些余地，精力、体力、感情，要想法做到细水长流！孩子，千万记住这话：你干的这一行最伤人，做父母的时时刻刻挂念你的健康——不仅眼前的健康，而且是十年二十年后的健康！你在立身处世方面能够洁身自爱，我们完全放心；在节约精力、护养神经方面也要能自爱才好！

你此次两过香港，想必对于我一九六一年春天竭力劝你取消在港的约会的理由，了解得更清楚了，沈先生也来了信，有些情形和我预料的差不多。幸亏他和好姆妈事事谨慎，处处小心，总算平安度过，总的客观反应，目前还不得而知。明年的事第一要看东南亚大局，如越南战事扩大，一切都谈不到。目前对此不能多存奢望。你岳丈想来也会周密考虑的。

此外，你这一回最大的收获恐怕还是在感情方面，和我们三次通话，美中不足的是五月四日、六月五日早上两次电话中你没有叫我，大概你太紧张，当然不是争规矩，而是少听见一声“爸爸”好像大有损失。妈妈听你每次叫她，才高兴呢！好姆妈和好好爹爹那份慈母般的爱护与深情，多少消解了你思乡怀国的饥渴。昨天同时收到他们俩的长信，妈妈一面念信一面止不住流泪。这样的热情、激动，真是人生最宝贵的东西。我们有这

---

① 即萧伯母成家和。

样的朋友（李先生六月四日从下午六时起到晚上九时，心里就想着你的演出。上月二十三日就得到朋友报告，知道你大概的节目），你有这样的亲长（十多年来天舅舅一直关心你，好姆妈五月底以前的几封信，他都看了，看得眼睛也湿了，你知道天舅舅从不大流露感情的），把你当做自己的孩子一般，也够幸福了。他们把你四十多小时的生活行动描写得详详细细，自从你一九五三年离家以后，你的实际生活我们从来没有知道得这么多的。他们的信，二十四小时内，我们已看了四遍，每看一遍都好像和你团聚一回。可是孩子，你回英后可曾去信向他们道谢？当然他们会原谅你忙乱，也不计较礼数，只是你不能不表示你的心意。信短一些不要紧，却绝对不能杳无消息。人家给了你那么多，怎么能不回报一星半点呢？何况你只消抽出半小时的时间写几行字，人家就够快慰了！刘抗和陈人浩伯伯处唱片一定要送，张数不拘，也是心意为重。此事本月底以前一定要办，否则一出门，一拖就是几个月。

……

你新西兰信中提到horizontal［横（水平式）的］与vertical［纵（垂直式）的］两个字，不知是不是近来西方知识界流行的用语？还是你自己创造的？据我的理解，你说的水平的（或平面的，水平式的），是指从平等地位出发，不像垂直的是自上而下的；换言之，“水平的”是取的渗透的方式，不知不觉流入人的心坎里；垂直的是带强制性质的灌输方式，硬要人家接受。以客观的效果来说，前者是潜移默化，后者是被动的（或是被迫的）接受。不知我这个解释对不对？一个民族的文化假如取的渗透方式，它的力量就大而持久。个人对待新事物或外来的文化艺术采取“化”的态度，才可以达到融会贯通、彼为我用的境界，而不至于生搬硬套，削足适履。受也罢，与也罢，从“化”字出发（我消化人家的，让人家消化我的），方始有真正的新文化。“化”不是没有斗争，不过并非表面化的短时期的猛烈的斗争，而是潜在的长期的比较缓和的斗争。谁能说“化”不包括“批判的接受”呢？

……

还有，你一九六三年十月二十三来信提到你在北欧和维也纳演出时，你的 playing[演奏]与理解又迈了一大步;从那时到现在,是否那一大步更巩固了?有没有新的进展、新的发现?不消说,进展必然有,我要知道的是比较重要而具体的进展!身子是否仍能不摇摆(或者极少摇摆)?

一九六三年十二月二十一日来信说在"重练莫扎特的 *Rondo in a min.* [《a 小调回旋曲》],K. 511[作品五一一号]和 *Adagio in b min.* [《b 小调柔板》]",认为是莫扎特钢琴独奏曲中最好的作品。记得一九五三年以前你在家时,我曾告诉你,罗曼·罗兰最推重这两个曲子。现在你一定练出来了吧?有没有拿去上过台?还有舒柏特的 *Landlers*[《兰德莱尔》]这个类型的小品是否只宜于做 encore piece[加奏乐曲]?我简直毫无观念。莫扎特以上两支曲子,几时要能灌成唱片才好!否则我恐怕一辈子听不到的了。

……

爸爸　六五年六月十四日

一九六五年七月十一日

亲爱的孩子:……收到六月二十八日伦敦剪报,知道你二十七日在 Festival Hall(节日大厅)有一个独奏会,可见你的手完全正常,总算放了心。此次评论不像前两三年,口气好多了。只不知收支是否平衡?以季节而论,六月底恐怕许多人已经出门度假,听众人数不能不受影响,是不是?节目是你在马尼拉、新西兰各地及香港弹过五六回了,这次在伦敦的成绩你觉得如何?近几年中新加的曲子,六三年秋季从维也纳回来后的艺术及技术进度,是我最想知道的,务望详细谈谈!卡勃胥太太那儿有时还去请教吗?

香港的中文报,看到了几份:实在太幼稚,再加一种轻浮的口吻,叫人受不了。由此可见一般群众的文化水平。我觉得在那种地方演出是否值得,大可考虑。除了一小撮人以外,多半是看热闹看人,而不是来听音乐的;可是你倒要花那么多精神处处防范,战战兢兢的注意一言一语,一举一动,岂不是有点儿犯不上?受到新闻界如此注目,假如逗留的日子多一些,说不定会有不情不实的报道,使你为难,尤其在国内看来,对你更有弊无利。万一我与你在港九相见，我的名字也不免见报，报上怎么说，谁也拿不准，对我可是大大的不妥当。惟一安全的办法是我与你 incognito（用假名化装）的团聚一次，不过这也是空想。在港九露过一次面，以后想要 incognito 的再出现是极不容易办到的；何况不演奏而来一次香港，经济上花费也太大。因此尽管我和妈妈一百二十分的渴想见见你，见见弥拉和凌霄，我觉得还需要慎重考虑。批准不批准出来姑且不谈，单是申请就应当三思而行。我们的情形与你不同：有些事情不是说做不成罢了，而是除了做不成以外，还有别的副作用—— 而且这副作用不一定眼前使你感受到后果，却是要过几年才发生。此外，假如你明年与岳父同来，你势必比今年更受注目，难免新闻界漏出一言半语，影响国内对你的看法。（比如“投奔某某”在国外记者笔下是一句极平常的轻描淡写的话，在国内却是大大的刺目，一下子又揭开了多年前的伤疤！）总而言之，事情远不如你和好姆妈想像的那么简单。所以除了越南战争以外，你与岳父同来港岛的问题还得从另外一些角度考虑。我的话你该细细揣摩，想必你会懂得。港九不仅环境复杂，同大陆也离得太近了，一切反应特别多，特别快，也特别敏感；而人家对你的看法又不能不连带牵涉到我：问题的难处真是一言难尽。

……

爸爸　六五年七月十一日

一九六五年七月十六日

亲爱的孩子：六月十一日接港岛沈君来信（那是正在你演出的时间，他在家里写的），说到他协助你的音乐会，心里有许多矛盾，并称“仍不免被人利用作为攻击新中国的工具”。我随即去函追问详情，前天（七月十四日）收到他复信，方始对五月中旬至六月初各报的情形原原本本都知道了。只怪我事先不了解反动派报刊在港岛始终猖獗，对当地的形势太隔膜，也就估计不足。否则五月四日电话中我不会同意你演出了。不过当时我只说：“现在大概可以了吧？事情既在明年，不妨回英后仔细考虑一下再决定。”没想到你说做就做，把日期定在今年六月。五月十二日接好姆妈来信,知道你的会期以后,当天即去信要她事事朴素,不要宣传。以后去了几次信,每次都如此嘱托。无奈她过于热心,而政治认识又大大不够,以致在你开会以前供给了不少材料给报界利用,当然我绝不会去信抱怨,事已过去,提也无益,何况她是出于好意。可是她这么一来,反动派有了更多的具体材料写文章,间接使地位微妙的人(如沈君)更为难。反动派是惟恐天下不乱,怎么肯放过一个攻击新中国的好机会呢?他们甚至还登出我在《新观察》上的老文章!由此证明,我七月十一日(LTC71)信上说"你的一切都会牵涉到我"的话,决非凭空推测。也证明一九六一年我要你取消香港约会时举的理由(在大门外耀武扬威)倒绝非过分小心。(这一回《天天日报》不是说在竹幕旁边如何如何吗?)总而言之,此次你我都得到一个很好的教训,你我都因此提高了认识,就是说在香港,艺术绝对离不开政治。沈信中有一句话:"听说聪十二月不来演奏了。"据我猜想,你在港的经历也使你大不愉快,以后不会再想去的了。你我相见的时机还远得很。你岳父对于这种情形不可能一下子了解,在西方住惯的人决不会想像得到政治斗争在港九的尖锐。你不妨告以大概,那么他也不会约你同来了。幸而你对反动派报刊态度很严厉,对台湾的邀请拒绝得非常坚决;他们恼羞成怒,骂你弹琴是中学生水平,我听了反而高兴,那至少替你撇清了,显出你的立场,表示你到底站在哪一边。(沈七月九日信中提到的各报文字,我在七月十一日给你写信时都未知道。本月月初好姆妈寄来的四五份剪报上只有投奔某某四个字。其余各报,大概好姆妈都不敢寄来。)如今可以得出一个结论:台湾一天不解放,港九一天不能来。你我还是太天真,太理想主义,处处从好的方面看人看事情。连累沈君在进步圈子内受到误会,却是极过意不去的,他的确是平白无故代你受过!一切复杂的环境,在没有彻底明了内幕之前,还是审慎一些,行事保守一些为妙,你说是不是?另外一点值得注意:港岛大公、文汇两报对你只字未提,也是煞费苦心,反映国内对你的爱护。他们不愿刊载你声明立场的文字,主要是怕反动派对你阴损。此种用意想必你也深深体会到了。

……

我休息了半个多月,精神愈加涣散。至于心情,只要想一想你自己就可知道:你我都是天生不得安静的人,惟一的差别是你还有工作给你安慰,而我则是脑力日衰,工作只能给我苦闷。诸事小心,保重身体!问弥拉好!凌霄是否也在你们身边?妈妈最近也发了两天烧。

爸爸、妈妈　六五年七月十六日

一九六五年九月十二日夜

聪:好容易等了三个月等到你的信,妈妈看完了叹一口气,说:“现在又不知要等多久才能收到下一封信了!”今后你外出演奏,想念凌霄的心情,准会使你更体会到我们怀念你的心情。八月中能抽空再游意大利,真替你高兴。Perugia[佩鲁贾]是拉斐尔的老师Perugino[佩鲁吉诺]的出生地,他留下的作品一定不少,特别在教堂里。Assisi[阿西西]是十三世纪的圣者St. Francis[圣弗朗西斯]的故乡,他是“圣芳济会”(旧教中的一派)的创办人,以慈悲出名,据说真是一个鱼鸟可亲的修士,也是朴素近于托钵僧的修士。没想到意大利那些小城市也会约你去开音乐会。记得Turin, Milan, Perugia[都灵,米兰,佩鲁贾]你都去过不止一次,倒是罗马和那不勒斯、佛罗伦萨从未演出。……

说弗兰克不入时了,nobody asks for[乏人问津],那么他的《小提琴奏鸣曲》怎么又例外呢?群众的好恶真是莫名其妙。我倒觉得*Variations Symphoniques*[《变奏交响曲》]并没一点“宿古董气”,我还对它比圣桑的*Concertos*[《协奏曲》]更感兴趣呢!你曾否和岳父试过Chausson[萧颂]?记得二十年前听过他的《小提琴奏鸣曲》,凄凉得不得了,可是我很喜欢。这几年可有机会听过Duparc[杜巴克]的歌?印象如何?我认为比Faure[佛瑞]更有特色。你预备灌*Landlers*[《兰德莱尔》],我听了真兴奋,但愿能早日出版。从未听见过的东西,经过你一再颂扬,当然特别好奇了。你觉得比他的*Impromptus*[《即兴曲》]更好是不是?老实说,舒伯特的*Moments Musicaux*[《瞬间音乐》]对我没有多大吸引力。

弄chamber music[室内乐]的确不容易。personality[个性]要能匹配,谁也不受谁的outshine[掩盖而黯然无光],是可遇而不可求的。事先大家意见一致,并不等于感受一致,光是intellectual understanding[理性的了解]是不够的;就算感受一致了,感受的深度也未必一致。在这种情形之下,当然不会有什么 last degree conviction[坚强的信念]了。就算有了这种坚强的信念,各人口吻的强弱还可能有差别:到了台上难免一个迁就另一个,或者一个压倒另一个,或者一个满头大汗的勉强跟着另一个。当然,谈到这些已是上乘,有些 duet sonata[二重奏奏鸣曲]的演奏者,这些 trouble[困难]根本就没感觉到。记得 Kentner[坎特讷]和你父灌的 Franck, Beethoven[弗兰克,贝多芬],简直受不了。听说 Kentner[坎特讷]的音乐记忆力好得不可思议,可是记忆究竟跟艺术不相干:否则电子计算机可以成为第一流的音乐演奏家了。

来信仍未提及你近一两年来的理解和技巧,我还在等你的报道!

最近正在看卓别林的自传(一九六四年版),有意思极了,也凄凉极了。我一边读一边感慨万端。主要他是非常孤独的人,我也非常孤独:这个共同点使我对他感到特别亲切。我越来越觉得自己 detached from everything[对一切都疏离脱节],拼命工作其实只是由于机械式的习惯,生理心理的需要(不工作一颗心无处安放),而不是真有什么 conviction[信念]。至于嗜好,无论是碑帖、字画、小骨董、种月季,尽管不时花费一些精神时间,却也常常暗笑自己,笑自己愚妄、虚空、自欺欺人的混日子!

卓别林的不少有关艺术的见解非常深刻、中肯;不随波逐流,永远保持独立精神和独立思考,原是一切第一流艺术家的标记。他写的五十五年前(我只二三岁)的纽约和他第一次到那儿的感想,叫我回想起你第一次去纽约的感想——颇有大同小异的地方。他写的第一次大战前后的美国,对我是个新发现:我怎会想到一九一二年已经有了摩天大厦和 Coca-Cola[可口可乐]呢?资本主义社会已经发展到那个阶段呢?这个情形同我一九三〇年前后认识的欧洲就有很大差别。

……

爸爸　一九六五年九月十二日夜　中秋后二日

一九六五年十月四日

聪:九月二十九日起眼睛忽然大花,专科医生查不出原因,只说目力疲劳过度，且休息一个时期再看。其实近来工作不多，不能说用眼过度，这几日停下来，连书都不能看，枯坐无聊，沉闷之极。但还想在你离英以前给你一信，也就勉强提起笔来。

两周前看完《卓别林自传》，对一九一〇至一九五四年间的美国有了一个初步认识。那种物质文明给人的影响，确非我们意料所及。一般大富翁的穷奢极欲，我实在体会不出有什么乐趣而言。那种哄闹取乐的玩艺儿，宛如五花八门、光怪陆离的万花筒，在书本上看看已经头晕目迷，更不用说亲身经历了。像我这样，简直一天都受不了；不仅心理上憎厌，生理上神经上也吃不消。东方人的气质和他们相差太大了。听说近来英国学术界也有一场论战，有人认为要消灭贫困必须工业高度发展，有的人说不是这么回事。记得一九三〇年我在巴黎时，也有许多文章讨论过类似的题目。改善生活固大不容易；有了物质享受而不受物质奴役，弄得身不由主，无穷无尽的追求奢侈，恐怕更不容易。过惯淡泊生活的东方旧知识分子，也难以想像二十世纪西方人对物质要求的胃口。其实人类是最会生活的动物，也是最不会生活的动物；我看关键是在于自我克制。以往总觉得奇怪，为什么结婚离婚在美国会那么随便。《卓别林自传》中提到他最后一个（也是至今和好的一个）妻子乌娜时，有两句话：As I got to know Oona I was constantly surprised by her sense of humor and tolerance; she could always see the other person's point of view…［我认识乌娜后，发觉她既幽默，又有耐性，常令我惊喜不已；她总是能设身处地，善解人意……］从反面一想，就知道一般美国女子的性格，就可部分的说明美国婚姻生活不稳固的原因。总的印象：美国的民族太年轻，年轻人的好处坏处全有；再加工业高度发展，个人受着整个社会机器的疯狂般的 tempo［节奏］推动，越发盲目，越发身不由主，越来越身心不平衡。这等人所要求的精神调剂，也只能是粗暴、猛烈、简单、原始的娱乐；长此以往，恐怕谈不上真正的文化了。

二次大战前后卓别林在美的遭遇，以及那次大审案，都非我们所能想像。过去只听说法西斯蒂在美国抬头，到此才看到具体的事例。可见在那个国家，所谓言论自由、司法独立等等的好听话，全是骗骗人的。你在那边演出，说话还得谨慎小心，犯不上以一个青年艺术家而招来不必要的麻烦。于事无补,于己有害的一言一语,一举一动,都得避免。当然你早领会这些,不过你有时仍旧太天真,太轻信人(便是小城镇的记者或居民也难免没有 spy [密探] 注意你),所以不能不再提醒你!

……

爸爸　一九六五年十月四日

一九六五年十一月二十二日

亲爱的孩子:从九月底起我眼睛昏花不能工作也不能看书,枯坐闲荡至今快两个月了,苦闷不堪。医生查不出确实原因,只说目力用得过度,要长期休息,可是工作无限期的耽搁下去,又不比大学教授,病假也可支领薪水,真令人焦急。

本月十一日,报载美国东部七州停电,我马上查看你的日程表,知道那时你已去西部,不致遭到麻烦,总算放了心,但不知弥拉在 Philadellphia [费城]有否受累。前三天又见报道,伦敦大风雪,连带断电,颇为凌霄着急。十月底你岳父来信,未提到孩子在何处(在瑞士还是在伦敦),你十一月十二日的信(昨天收到)也没说凌霄究竟在哪儿。

……

今年一则对月季花发生兴趣,二则身体不好,借种花调剂,曾于本月七日向英国两家出售月季的苗圃,定购了十二种(每家六种),要他们向弥拉收款,信发出后,接你岳父来信,方悉弥拉也到了北美,怕苗圃跟你们联系不上,故也托了 Miss Smith[史密斯小姐]去信告诉他们在十二月五日以前向 Smith[史密斯]收款,望你同 Smith[史密斯]算一算账还她。新种月季下地有时间限制,故不能叫苗圃等你们回家后再办。月季花本身价钱不贵,六株大约二三镑,但航空寄费恐怕要超过花价二倍以上,还要另加包装费。此外,还直接向伦敦书店定了两本月季的书,九月中也曾托弥拉代买两种,兹附表向你们重新提一提,是否需要分别去信催问一下,你们看着办吧。你们久出门刚回来,又有一大堆琐碎事麻烦,心里也很过意不去。

十一月十二日来信说起在美旅行的心情,我完全理解,换了我,恐怕比你更受不住。二十世纪高度物质文明的生活,和极度贫乏的精神生活的对照,的确是个大悲剧。同时令人啼笑皆非。我知道你要不是为了谋生,决不愿常去那种地方受罪。

你离家将近两月,凌霄必定又长了许多,也学乖了许多,大概年底年初又好收到新照片了。这是我们惟一的安慰和希望——除了你们俩的信以外。

……

爸爸　六五年十一月二十二日

一九六五年十一月二十六日＊

亲爱的聪:前几天爸爸才有过信给你,本来不需要我马上动笔,可是有些心事已经考虑了几个月,但等你回伦敦商量。今年六月底爸爸工作时头脑发热,空洞好似一张白纸,觉得再硬撑下去有危险了,自动停止。八月初恢复工作,到九月底忽然眼睛发花,每分钟都有云雾在眼前飘动,不得不又放下工作。你知道爸爸是闲不住的人,要他不做事并且不能看书,真是难上又难,此次自动停止,我深深体会到问题严重。经过眼科医生检查,眼睛本身除了水晶体浑浊,无其他毛病,还是脑力视力用得太多,疲劳过度所致,但无什么特效药可治,只有彻底休息,不用目力,长期休养。现在一面休息,一面服中药,着重肝肾两补,把整个身体的健康恢复起来,据说慢慢可能复原的。爸爸近年来体弱多病,像机器一样,各部分生锈不灵活,需要大大整修。可是爸爸为了将来生计,前途茫茫,不免焦急。专业作家不像大学教授,有固定薪金,体弱或年迈时可享受退职退休待遇,他只能活一天做一天,为此不容易安心养病。回想今年五月初与你通话时,你再三问我要不要多汇些钱,我再三说不用,你已经为我们花费了不少,同时满以为爸爸这副老骨头还能工作,生活不成问题。谁料事隔数月,忽然大有变化,真叫人生什么事都不能单凭主观愿望。除了健康衰退,生产又少又慢之外,稿酬办法又有改变,版税只在初版时拿一次,再版稿酬全部取消,总的说来,不及过去的三分之一。爸爸以前每年可译二十万字,最近一年来只有十万字光景,要依靠稿费过活,的确很难。即使眼睛不出毛病,即使稿费维持老标准,因为体力脑力衰退而减产,收入也大受影响。何况现在各方面都有了问题。我们一九五八年以来的生活,都是靠当时在平明出版的书归入人民文学出版社时多得了一笔稿费,陆续贴补的。目前积存无几,更使我忧虑。故上月底爸爸排开重重顾虑,向中央做了汇报。本月下旬接“人文”来信,说经各方领导商榷后,今后决定由“人文”按月津贴固定生活费一百二十元。领导对爸爸如此关怀照顾,不用说我们都十分感激。不过事实上我们的房租五十五元,加上水电、电话、煤气以及工资已经要花到九十余元,吃用还不在内,如今又加上一笔长期的医药费。当然我们不愿意把这副重担加在你身上,你终年在外奔波,成家立业全靠千辛万苦的劳动得来,有了孩子,开支更大。怎么忍心再要你为父母多开几次音乐会呢?再说,暂时我们还不到山穷水尽的地步,手头的积存尚可逐月贴补。但若你能分去一部分,我们自己贴补的钱就好多拖一个时期。但我们对你的经济情况不了解,决不能,也不愿意,给你定什么具体的数目。希望你冷静的思考一下,不要单从感情出发,按照你的实际能力,每月酌汇多少(我看至多也不要超过“人文”的数字)。若有困难,再少些也行。只要我们少量的积存可以支持得更久一些,而且也可以作为应付万一的准备金,我们也就放心了!人老了,总不能不想到意外之事。孩子,你深知你父母的为人,不到万不得已决不肯在这方面开口的。这种矛盾的心理,想必你很理解。同时我们自己也想法节省用途,不过省了这样又多了那样(例如最近药费忽然增加),实在解决不了多少问题。

……

敏弟教学忙,信也少,幸而小蓉勤笔,事无大小,都不厌其烦的报告我们,连带也谈谈敏的生活细节,解除我们的寂寞与不安。敏弟禀性敦厚,朴素耐劳,吃的穿的都马虎,衣服打了补丁照样穿。一个月前带了同学下乡劳动,体重增加了十多磅,说明他胜任愉快。

……好了,不多谈了,望保重身体,祝

快乐!

妈妈　一九六五年十一月二十六日

一九六六年一月四日

聪，亲爱的孩子：为了急于要你知道收到你们俩来信的快乐，也为了要你去瑞典以前看到此信，故赶紧写此短札。昨天中午一连接到你、弥拉和你岳母的信，还有一包照片，好像你们特意约齐有心给我们大大快慰一下似的，更难得的是同一邮班送上门！你的信使我们非常感动，我们有你这样的儿子也不算白活一世，更不算过去的播种白费气力。我们的话，原来你并没当做耳边风，而是在适当的时间都能一一记起，跟你眼前的经验和感想作参证。凌霄一天天长大，你从他身上得到的教育只会一天天加多；人便是这样：活到老，学到老，学到老，学不了！可是你我都不会接下去想：学不了，不学了！相反，我们都是天生的求知欲强于一切。即如种月季，我也决不甘心以玩好为限，而是当做一门科学来研究；养病期间就做这方面的考据。

提到莫扎特，不禁想起你在李阿姨（蕙芳）处学到最后阶段时弹的*Romance*［《浪漫曲》］和*Fantasy*［《幻想曲》］，谱子是我抄的，用中国式装裱；后来弹给百器听（第一次去见他），他说这是artist［音乐家］弹的，不是小学生弹的。这些事，这些话，在我还恍如昨日，大概你也记得很清楚，是不是？

关于柏辽兹和李斯特，很有感想，只是今天眼睛脑子都已不大行，不写了。我每次听柏辽兹，总感到他比德彪西更男性、更雄强、更健康，应当是创作我们中国音乐的好范本。据罗曼·罗兰的看法，法国史上真正的天才（罗曼·罗兰在此对天才另有一个定义，大约是指天生的像潮水般涌出来的才能，而非后天刻苦用功来的）作曲家只有比才和他两个人。

……

你们俩描写凌霄的行动笑貌，好玩极了。你小时也很少哭，一哭即停，嘴唇抖动未已，已经抑制下来：大概凌霄就像你。你说的对：天真纯洁的儿童反映父母的成分总是优点居多；教育主要在于留神他以后的发展，只要他有我们的缺点露出苗头来，就该想法防止。他躺在你琴底下的情景，真像小克利斯朵夫，你以前曾以克利斯朵夫自居，如今又出了一个小克利斯朵夫了，可是他比你幸运，因为有着一个更开明更慈爱的父亲！

（你信上说他 completely transferred, dreaming［完全转移了，像做梦似的入神］，应该说 transported［欣喜若狂］；"transferred［转移］"一词只用于物，不用于人。我提醒你，免得平日说话时犯错误。）三月中你将在琴上指挥，我们听了和你一样 excited［兴奋］。望事前多作思想准备，万勿紧张！

……下次再谈，一切保重！

爸爸　一九六六年一月四日

一九六六年二月十七日

聪：要闲着一事不做，至少是不务正业，实在很不容易。尽管硬叫自己安心养病，耐性等待，可是总耐不住，定不下心。嘴里不说，精神上老觉得恍恍惚惚，心里虚忒忒的，好像虚度一日便对不起自己，对不起一切。生就的脾气如此难改，奈何奈何！目力在一月十七至二十七日间一度骤然下降，几乎每秒昏花；幸而不久又突然上升，回复到前数月的情形，暂时也还稳定，每次能看二十分钟左右书报。……

今冬你们经常在严寒袭击之下，我们真担心你们一家的健康，孩子幼小，经得起这样的大冷吗？弥拉容易感冒，是否又闹了几次"流感"？前十日报上说英国盛传此病。加上你们电气煤气供应不足，想必狼狈得很了？……

爸爸　六六年二月十七日

一九六六年四月十三日

亲爱的孩子：一百多天不接来信，在你不出远门长期巡回演出的期间，这是很少有的情况。不知今年各处音乐会的成绩如何？李斯特的奏鸣曲练出了没有？三月十八日自己指挥的效果满意不满意？一月底曾否特意去美和董氏合作？即使忙得定不下心来，单是报道一下具体事总不至于太费力吧？我们这多少年来和你争的主要是书信问题，我们并不苛求，能经常每隔两个月听到你的消息已经满足了。我总感觉为日无多，别说聚首，便是和你通讯的乐趣，尤其读你来信的快慰，也不知我还能享受多久。……

两目白内障依然如故，据说一般进展很慢，也有到了某个阶段就停滞的，也有进展慢得觉察不到的：但愿我能有此幸运。不然的话，几年以后等白内障硬化时动手术，但开刀后的视力万万不能与以前相比，无论看远看近，都要限制在一个严格而极小的范围之内。此外，从一月起又并发慢性结膜炎，医生说经常昏花即由结膜炎分泌物沾染水晶体之故。此病又是牵丝得厉害，有拖到几年之久的。大家劝我养身养心，无奈思想总不能空白，不空白，神经就不能安静，身体也好不起来！一闲下来更是上下古今的乱想，甚至置身于地球以外：不是陀斯妥耶夫斯基式的胡思乱想，而是在无垠的时间与空间中凭一些历史知识发生许多幻想，许多感慨。总而言之是知识分子好高骛远的通病，用现代语说就是犯了客观主义，没有阶级观点……其实这类幻想中间，也搀杂不少人类的原始苦闷，对生老病死以及生命的目的等等的感触与怀疑。我们从五四运动中成长起来的一辈，多少是怀疑主义者，正如文艺复兴时代和十八世纪法国大革命前的人一样，可是怀疑主义又是现社会的思想敌人，怪不得我无论怎样也改造不了多少。假定说中国的读书人自古以来就偏向于生死的慨叹，那又中了士大夫地主阶级的毒素（因为不劳而获才会有此空想的余暇）。说来说去自己的毛病全知道，而永远改不掉，难道真的是所谓“彻底检讨，坚决不改”吗？我想不是的。主要是我们的时间观念，或者说 time sense［时间观念］和 space sense［空间观念］比别人强，人生一世不过如白驹过隙的话，在我们的确是极真切的感觉，所以把生命看得格外渺小，把有知觉的几十年看做电光一闪似的快而不足道，一切非现实的幻想都是从此来的，你说是不是？明知浮生如寄的念头是违反时代的，无奈越老越是不期然而然的有此想法。当然这类言论我从来不在人前流露，便在阿敏小蓉之前也绝口不提，一则年轻人自有一番志气和热情，我不该加以打击或者泄他们的气；二则任何不合时代的思想绝对不能影响下一代。因为你在国外，而且气质上与我有不少相似之处，故随便谈及。你要没有这一类的思想根源，恐怕对 Schubert［舒柏特］某些晚期的作品也不会有那么深的感受。

……

别让我们等你的信再等下去了！孩子！一切保重！

凌霄想又学乖了许多，告诉我们一些小故事，好不好？

爸爸　六六年四月十三日

近一个多月妈妈常梦见你，有时在指挥，有时在弹 concerto[协奏曲]。也梦见弥拉和凌霄在我们家里。她每次醒来又喜欢又伤感。昨晚她说现在觉得睡眠是桩乐事，可以让自己化为两个人，过两种生活：每夜入睡前都有一个希望——不仅能与骨肉团聚，也能和一二十年隔绝的亲友会面。我也常梦见你，你琴上的音乐在梦中非常清楚。

……

一九六六年六月三日

聪：五月十七日航空公司通知有电唱盘到沪。去面洽时，海关说制度规定：私人不能由国外以"航空货运"方式寄物回国。妈妈要求通融，海关人员请示上级，一星期后回答说：必须按规定办理，东西只能退回。以上情况望向寄货人 STUDIO99[九十九工作室]说明。倘能用"普通邮包"寄，不妨一试。若伦敦邮局因电唱盘重量超过邮包限额，或其他原因而拒收，也只好作罢。譬如生在一百年前尚未发明唱片的时代，还不是同样听不到你的演奏？若电唱盘寄不出，或下次到了上海仍被退回，则以后不必再寄唱片。你岳父本说等他五十生辰纪念唱片出版后即将寄赠一份，请告他暂缓数月，等唱盘解决后再说。我记错了你岳父的生年为一九一七，故贺电迟了五天才发出；他来信未提到(只说收到礼物)，不知电报收到没有？我眼疾无进步，慢性结膜炎也治不好。肾脏下垂三寸余，常常腰酸，不能久坐，一切只好听天由命。……愈写眼愈花，下回再谈。一切保重！问弥拉好！妈妈正在为凌霄打毛线衣呢！

爸爸　六六年六月三日

五月底来信及孩子照片都收到。你的心情我全体会到。工作不顺手是常事，顺手是例外，彼此都一样。我身心交疲，工作的苦闷(过去)比你更厉害得多。

妈妈五月初病了一个月，是一种 virus[病毒]所致的带状疱疹，在左胸左背，很难受。现已痊愈。

一九六六年九月二日夜

此系父母留下之遗书，写于一九六六年九月二日深夜，九月三日凌晨父母就从从容容、坦坦荡荡的含恨弃世。那时家兄远在英国，我虽在北京，但犹如泥菩萨过河。故遗书是写给我舅舅朱人秀的。——编者注

人秀：

尽管所谓反党罪证（一面小镜子和一张褪色的旧画报）是在我们家里搜出的，[①]百口莫辩的，可是我们至死也不承认是我们自己的东西（实系寄存箱内理出之物）。我们纵有千万罪行，却从来不曾有过变天思想。我们也知道搜出的罪证虽然有口难辩，在英明的共产党领导和伟大的毛主席领导之下的中华人民共和国，决不至因之而判重刑。只是含冤不白，无法洗刷的日子比坐牢还要难过。何况光是教育出一个叛徒傅聪来，在人民面前已经死有余辜了！更何况像我们这种来自旧社会的渣滓早应该自动退出历史舞台了！

因为你是梅馥的胞兄，因为我们别无至亲骨肉，善后事只能委托你了。如你以立场关系不便接受，则请向上级或法院请示后再行处理。

委托数事如下：

一、代付九月份房租55.29元（附现款）。

二、武康大楼（淮海路底）606室沈仲章托代修奥米茄自动男手表一只，请交还。

三、故老母余剩遗款，由人秀处理。

四、旧挂表（钢）一只，旧小女表一只，赠保姆周菊娣。

五、六百元存单一纸给周菊娣，作过渡时期生活费。她是劳动人民，一生孤苦，我们不愿她无故受累。

六、姑母傅仪寄存我们家存单一纸六百元，请交还。

七、姑母傅仪寄存之联义山庄墓地收据一纸，此次经过红卫兵搜查后遍觅不得，很抱歉。

八、姑母傅仪寄存我们家之饰物，与我们自有的同时被红卫兵取去没

---

① 小镜子后有蒋介石的头像，画报上刊有宋美龄的照片。这是我姨妈在解放前寄存于我家箱子里的东西。对他人寄存的东西，我们家是从来不动的。

收，只能以存单三纸（共370元）又小额储蓄三张，作为赔偿。

九、三姐朱纯寄存我们家之饰物，亦被一并充公，请代道歉。她寄存衣箱贰只（三楼）暂时被封，瓷器木箱壹只，将来待公家启封后由你代领。尚有家具数件，问周菊娣便知。

十、旧自用奥米茄自动男手表一只，又旧男手表一只，本拟给敏儿与小蓉，但恐妨碍他们的政治立场，故请人秀自由处理。

十一、现钞53.30元，作为我们火葬费。

十二、楼上宋家借用之家具，由陈叔陶按单收回。

十三、自有家具，由你处理。图书字画听候公家决定。

使你为我们受累，实在不安，但也别无他人可托，谅之谅之！

傅　雷

梅　馥

一九六六年九月二日夜

傅雷夫妇致傅聪和儿媳扎弥拉函

一九六〇年九月七日[译自英文]

亲爱的弥拉:……人在宇宙中微不足道,身不由己,但对他人来说,却又神秘莫测,自成一套。所以要透彻了解一个人,相当困难,再加上种族、宗教、文化与政治背景的差异,就更不容易。因此,我们以为你们两人决定先订婚一段日子,以便彼此能充分了解,尤其是了解对方的性格,确实是明智之举(但把订婚期拖得太长也不太好,这一点我们以后会跟你们解释)。我以为订婚期间还有一件要紧的事,就是要充分准备去了解现实,面对现实。现实与年轻人纯洁的心灵所想像的情况截然不同。生活不仅充满难以逆料的艰苦奋斗,而且还包含许许多多日常琐事,也许叫人更难以忍受。因为这种烦恼看起来这么渺小,这么琐碎,并且常常无缘无故,所以使人防不胜防。夫妇之间只有彻底谅解,全心包容,经常忍让,并且感情真挚不渝,对生活有一致的看法,有共同的崇高理想与信念,才能在人生的旅途上平安渡过大大小小的风波,成为琴瑟和谐的终身伴侣。

一九六〇年十月二十一日[译自英文]

亲爱的弥拉:……看来,你对文学已有相当修养,不必再需任何指导,我只想推荐几本书,望你看后能从中汲取教益,尤其在人生艺术方面,有所提高。

莫罗阿:一、《恋爱与牺牲》;

二、《人生五大问题》。

(两本都是格拉塞版)

巴尔扎克:一、《两个新嫁娘的回忆》;

二、《奥诺丽纳》(通常与另两个故事合成一集,即《夏倍上校》与《禁治产》)。

因你对一切艺术很感兴趣,可以一读丹纳之《艺术哲学》(Hachette 出版,共两册)。这本书不仅对美学提出科学见解(美学理论很多,但此理论极为有益),并且是本艺术史通论,采用的不是一般教科书的形式,而是以渊博精深之见解指出艺术发展的主要潮流。我于一九五八年及一九五九年译成此书,迄今尚未出版,待出版后,当即寄聪。

你现在大概已经看完《约翰·克利斯朵夫》了吧?(你是看法文版,是吗?)这书是一八七〇年到一九一〇年间知识界之史诗,我相信一定对你大有启发。从聪来信看来——虽然他信中谈得很少,而且只是些无意中的观察所得——自从克利斯朵夫时代以来,西方艺术与知识界并无多大的改变:诚实、勤奋、有创造能力的年轻人,仍然得经历同样的磨难,就说我自己,也还没有度完克利斯朵夫的最后阶段:身为一个激进的怀疑论者,年轻时惯于跟所有形式的偶像对抗,又深受中国传统哲学道德的熏陶,我经历过无比的困难与无穷的痛苦,来适应这信仰的时代。你记不记得老克利斯朵夫与奥里维的儿子,年轻的乔治之间的种种冲突(在《复旦》的第三部)?这就是那些经历过大时代动荡的人的悲剧。书中有某些片段,聪重读之后,也许会有崭新的体会。另一方面,像高脱弗烈特、摩达斯太、苏兹教授、奥里维、雅葛丽纳、爱麦虞限、葛拉齐亚等许多人物,在今日之欧洲仍生活在你的周围。当然,阅读这部经典杰作之后,所引起的种种感情、种种问题与种种思虑,我们不能在这封信中一一讨论,但我相信,看了此书,你的视野一定会扩大不少,你对以前向未留意过的人物与事迹,一定会开始关注起来。

……你可敬的父亲也一定可以体会到我的心情,因为他写信给我,把聪演奏会的情况热情的详述了一番。知道聪能以坚强的意志,控制热情,收放自如,使我非常高兴,这是我一向对他的期望。由于这是像你父亲这样的艺术家兼批评家告诉我的,当然极为可信。没有什么比以完美的形式表达出诗意的灵感与洋溢的热情更崇高了。这就是古典主义的一贯理想。为了聪的幸福,我不能不希望他迟早在人生艺术中也能像在音乐艺术中一样,达到和谐均衡的境地。

一九六〇年十一月十二日[译自英文]

亲爱的弥拉——亲爱的孩子:

……在一个艺术家的家里,品味必须高雅,而不流于奢华,别让他为了一时之快而浪费钱财。他的艺术生活正在开始,前途虽然明朗,仍未得到确切的保障。由于他对治家理财之道向来漫不经心,你若能劝勉他在开支方面自我约制,撙节用度,就是对他莫大的帮助。他对人十分轻信(这当然表明他天性纯洁善良),不管是朋友,是陌生人,时常不分好歹的慷慨相待,你或许已经注意到,他很容易上歹徒骗子的当,所以,我们希望你能凭常识与直觉成为他的守护天使。这种常识与直觉,对每个女性来说,无论多么年轻,必然俱有;而对多数艺术家来说(我指的是真正的艺术家),无论多么成熟,必然匮缺。过去十年以来,我们不断给予聪这种劝告,但我们深信,恋人的话语有时比父母的忠言有效得多。而事实上,也只有两人长相厮守,才能帮得了身旁的伴侣。

一九六〇年十一月十二日 *[译自英文]

亲爱的弥拉:

……聪是一个性情相当易变的艺术家,诙谐喜悦起来像个孩子,落落寡欢起来又像个浪漫派诗人。有时候很随和,很容易相处;有时候又非常固执,不肯通融。而在这点上,我要说句公道话,他倒并非时常错误的。其实他心地善良温厚,待人诚恳而富有同情心,胸襟开阔,天性谦和。

一九六〇年十一月二十二日[译自法文]

亲爱的孩子:……

由于聪时常拘于自己的音乐主张,我很想知道他能否从那些有关他弹奏与演技的批评中得到好处。这些批评有时虽然严峻但却充满睿智。不知他是否肯花工夫仔细看看这类批评,并且跟你一起讨论?(举例来说,你父亲刚寄给我的那篇《泰晤士报》上的文章,其中有几段说到聪对舒柏特及贝多芬(作品一一一号)奏鸣曲的演奏,依我看来就很值得好好反省。这样就能根据他人的意见,对自己的长处与短处作客观的分析。)你在艺术方面要求严格,意见中肯,我很放心,因为这样对他会有所帮助,可是他是否很有耐性听取你的意见?还有你父亲,他是艺术界极负盛名的老前辈,聪是否能够虚心聆教?聪还很年轻,对某些音乐家的作品,在艺术与学识方面都尚未成熟,就算对那些他自以为了解颇深的音乐家,例如莫扎特与舒柏特,他也可能犯了自以为是的毛病,沉溺于偏激而不尽合理的见解。我以为他很需要学习和听从朋友及前辈的卓越见解,从中汲取灵感与教益。你可否告诉我,他目前的爱好倾向于哪方面?假如他没有直接用语言表达清楚,你听了他的音乐也一定可以猜度出他在理智与感情方面的倾向。

一九六〇年十二月十六日*

亲爱的聪和弥拉:我们每天等着你们的信,弥拉再三说"will write again very soon"["会很快再给你们写信"]。而且我们是多么渴望知道你们的新地址,以及有关你们住房的情况。其实我们也明知你们忙,布置新房,弥拉还要做新衣服等等,事情太多了。不过聪自维也纳回来后,怎么不抽空写封信,把爸爸托弥拉办的事报告一下呢?同时把你们的忙劲讲给我们听听呢?我们虽相距万里,可是时时刻刻抱着激动的心情跟着你们一起兴奋、波动、快乐。

聪在维也纳灌音的结果满意吗?乐队怎么样?和指挥合作的称心么?几月里可以印出来?

我曾说起希望寄些牛油烟丝来,不知有否寄出?那主要是为了爸爸的身体。医生说,脑力劳动需要高蛋白,光吃药(他中药已连服二百余帖)不能根本解决问题。近两年来,这方面的营养大感不足,倒不是个人经济问题,而是社会主义建设过程中不可避免的现象,即所谓前进中的困难。何况解放以后,一般生活提高,需要大大增加,当然生产一时跟不上来。但我觉得爸爸有一分力量,应当为社会尽一分力,你知道他素来工作认真,消耗精力更甚,所以不得不希望你在经济许可的范围内给他一些补充。附上物品的单子,你尽可以减去品种,没关系。爸爸自从服了中药后,关节炎减轻了一些,惟仍不能用目力。

此信到时,你们正是蜜月归来,弥拉才当家,就要她做许多跑腿的事,真抱歉!

亲爱的弥拉是我的好媳妇,也是好女儿,我真是说不尽的高兴!弥拉爸爸寄来的书太美了,他真热心,来信常常关心我们。我希望这个内,你们有更多的好消息以及旅行见闻告诉我们。不多谈了,祝你们快乐！

妈妈　一九六〇年十二月十六日

电报收到，我们的贺电就照来电的地址发出，想必及时送达。

你们结婚招待会上，来了多少客？有哪些著名的音乐家，乐队指挥，记者到场？你岳父有他一辈的朋友，你们也该有你们的年轻朋友吧？恩德想是必到的了，她叔叔呢？

Dear Mira：Please tell us about your new appartment！［亲爱的弥拉：请告我你们新公寓住宅的情况！］

Mamma［妈妈］

一九六〇年十二月二十四日［译自英文］

亲爱的孩子：……

由于你们两人都很年轻，没有实际经验，我想把我们理财的方法告诉你们，也许会对你们有所帮助。我们结婚二十九年，你母亲天天都把用掉的每一分钱记在账簿上，从未间断过。如没有这种长期家庭式簿记制度，即使有了预算，也无济于事。每天晚上或第二天早晨，她核查支出与用剩的余款，就像小铺的账房，当然不如账房那么专注用心。一发现收支不符，而她又无论如何也记不起漏掉的项目是什么（我们两人记忆力都差），她就把不符之处列为："忘记项目"。每个月底她把全部用途加起来，跟预算比较并分析每一项不同的支出：衣、食、住、书籍费、应酬费、零用钱等——为了这项"比较研究"，她有一本特殊的分析账簿。假如我们的支出超过预算，她就会设法找出原因，以免下个月重蹈覆辙；每年年终，把全部收支相加之后，她就提出一个新的预算。所有这些工作已经成为她生活的常规，而且这也真是个好习惯：只有靠这种办法，人才可以逐渐学会如何处理钱财，如何攒下积蓄，以防意外并养育儿女。我们有些好朋友时常说钱到了我们手中，仿佛比在他们手里更能派用场了。

生活要过得体面而省俭；要小心而勿小气；慷慨而勿易于上当；享受生活乐趣，但切勿为满足一时欲望而过分奢侈，即使当时觉得这种欲念不可或缺也罢。这是种极不容易的艺术，只有性格坚强的人，运用明智，意志力与极大的耐性，再经过一些大大小小的惨痛教训，才办得到！这种人生艺术我们不能期望很快就学会，因此最好及早开始，尤其是在婚姻生活开始的时候。

聪看到这些话，也许会耸耸肩膀，可是，亲爱的孩子，请严肃考虑这个问题，你的幸福大部分有赖于如何解决这个问题。你如今不是单身汉了！别忘了在人生艺术上成功与在任何其他艺术中的成功一样，也值得钦慕与重视，也需要高度的聪慧与才智。主宰人生艺术的不外是调度钱财的能力。不错，假如我们需要或短缺金钱，过分无度为钱财所役，损人利己征物敛财，好比吝啬鬼，守财奴，资本家……那么，金钱确是万恶的。可是那些分明有钱而不知善用的人，可真是咎由自取！啊！亲爱的孩子，我们衷心希望你们在生活中各方面都美满幸福！为了你们好，宁愿让聪觉得我们唠唠叨叨，而不愿在操持家务最重要的篇章上保持缄默。弥拉学过家政，自然明白在家常琐务上能不厌其烦，一丝不苟，就是不出大纰漏的最佳保证。因此，弥拉在钱财上必须抓紧，而聪也必须乐于跟她合作。我知道你们两人对我所说的都很清楚，但要紧的是能知行合一，而不仅是纸上谈兵而已。

……

一九六〇年十二月三十一日［译自英文］

亲爱的孩子：……

你并非是一个不知感恩的人，但你很少向人表达谢意。朋友对我们的帮助、照应与爱护，不必一定要报以物质，而往往只需写几封亲切的信，使他们快乐，觉得人生充满温暖。既然如此，为什么要以没有时间为推搪而不声不响呢？你应该明白我两年来没有跟勃隆斯丹太太通信是有充分的理由的。沉默很容易招人误会，以为我们冷漠忘恩，你很懂这些做人之道，但却永远不能以此来改掉懒惰的习惯。人人都多少有些惰性，假如你的惰性与偏向不能受道德约束，又怎么能够实现我们教育你的信条："先为人，次为艺术家，再为音乐家，终为钢琴家？"

一九六一年一月五日[译自英文]

亲爱的孩子们:……

亲爱的聪:我们很高兴得知你对这一次的录音感到满意,并且将于七月份在维也纳灌录一张唱片。你在马耳他用一架走调的钢琴演奏必定很滑稽,可是我相信听众的掌声是发自内心的。你的信写得不长,也许是因为患了重伤风的缘故。信中对马耳他废墟只字未提,可见你对古代史一无所知;可是关于婚礼也略而不述却使我十分挂念,这一点证明你对现实毫不在意,你变得这么像哲学家,这么脱离世俗了吗? 或者更坦白的说,你难道干脆就把这些事当作无关紧要的事吗? 但是无足轻重的小事从某一观点以及从精神上来讲就毫不琐屑了。生活中崇高的事物,一旦出自庸人之口,也可变得伧俗不堪。你知道得很清楚,我也不太看重物质生活,不太自我中心,我也热爱艺术,喜欢遐想;但是艺术若是最美的花朵,生活就是开花的树木。生活中物质的一面不见得比精神的一面次要及乏味,对一个艺术家而言,尤其如此。你有点过分偏重知识与感情了,凡事太理想化,因而忽略或罔顾生活中正当健康的乐趣。

不错,你现在生活的世界并非万事顺遂,甚至是十分丑恶的;可是你的目标,诚如你时常跟我说起的,是抗御一切诱惑,不论是政治上或经济上的诱惑,为你的艺术与独立而勇敢斗争,这一切已足够耗尽你的思想与精力了。为什么还要为自己无法控制的事情与情况而忧虑? 注意社会问题与世间艰苦,为人类社会中丑恶的事情而悲痛是磊落的行为。故此,以一个敏感的年轻人来说,对人类命运的不公与悲苦感到愤慨是理所当然的,但是为此而郁郁不乐却愚不可及,无此必要。你说过很多次,你欣赏希腊精神,那么为什么不培养一下恬静与智慧? 你在生活中的成就老是远远不及你在艺术上的成就。我经常劝你不时接近大自然及造型艺术,你试过没有? 音乐太刺激神经,需要其他较为静态(或如你时常所说的较为"客观")的艺术如绘画、建筑、文学等等来平衡,在十一月十三日的信里,我引了一小段 Fritz Busch[弗里茨·布施]的对话,他说的这番话在另外一方面看来对你很有益处,那就是你要使自己的思想松弛平静下来,并且大量减少内心的冲突。

记得一九五六至一九五七年间，你跟我促膝谈心时，原是十分健谈的，当时说了很多有趣可笑的故事，使我大乐；相反的，写起信来，你就越来越简短，而且集中在知识的问题上，表示你对现实漠不关心，一九五七年以来，你难道变了这么多吗？或者你只是懒惰而已？我猜想最可能是因为时常郁郁寡欢的缘故。为了抵制这种倾向，你最好少沉浸在自己内心的理想及幻想中，多生活在外在的世界里。

一九六一年一月五日 *

亲爱的聪、弥拉：……

弥拉虽年轻，但从她几次来信，我深深的感觉到她相当成熟、体贴，使我回想自己结婚的时候比弥拉还年轻：二十岁还不到；当年我幼稚无知，怎么可以同今日的弥拉相比呢！还不是慢慢受了你爸爸的熏陶与影响，才对人生和艺术有所理解，而视野也变得广阔的吗？弥拉对你的了解，比我当时对你爸爸的了解，要深切得多，你太幸运了。现在你们开始共同生活，组织小家庭，中国有句老话"开门七件事，柴米油盐酱醋茶"，看来都是麻烦猥琐的事，但是为了生活，有什么办法呢？关于日常安排，你一定要多听弥拉的主意，因为我们女人总比较实际，不像你一天到晚老在音乐里，在云端里做梦。而且你有时也得从梦境中回到现实世界上来，体验体验家庭生活的繁琐与乐趣。你要知道 art of living[生活的艺术]也不是一件容易的事，里面也有不少学问，也许比别的学问更加高深，也得一边学一边做。尤其重要的理财一道，你向来不屑理会，钱糊里糊涂来，糊里糊涂去。现在有弥拉帮你管，你只要开诚布公，尽可让她预算，让她安排，或者共同研究一下，每个月必得从收入中储蓄一部分！——我正在看萧邦的传记，他父亲就是一个艰苦奋斗的人，也是极重视孩子教育的人，常常警告萧邦，一定要 save money[储蓄]，以防万一。现在你成了家，不是 bohemian[流浪汉]了，为了二人的生活安全，责任更重，还要为未来的孩子着想。总之 play safe first！[稳扎稳打，谨慎行事是第一位的！]你想，要是你的父母过去生活无计划、无规律，你怎么会得到充分的教育，会有今日呢？虽然我们孜孜不倦的教导你，但是在生活的规律和用钱的得当两点上，始终没对你产生影响，我为之深感遗憾，也是觉得惭愧的，因为总是我们教育的方式方法不好。但是你还年轻，学起来还来得及，何况弥拉这方面比你能干得多，那么好了，就让她来补你的不足。千万别自作聪明，与弥拉闹别扭；我完全相信她的能力（你别低估了她）和善良的心地，倘若她有时在实际问题上坚持，那一定是为了使你的生活过得美满，为你们两人的前途打算。

婚姻究竟是终身大事，你来信不但对结婚的情形只字不提，便是体会及感想也一句没有，这一点不但爸爸觉得奇怪，我也感到意外。下次来信能不能补充些呢？除了 5 roses［五朵玫瑰花］以外，你还送弥拉什么呢？难道你对新娘竟是一点饰物也不送么？有没有 wedding ring［结婚戒指］？

聪，亲爱的孩子：关于你所接触的音乐界，你所来往的各方面的朋友，同我们讲得太少了。你真不知道你认为 trivial thing［无足轻重的事］，在我们却是新鲜事儿，都是 knowledge［知识］；你知道对于我们，得到新的 knowledge［知识］，就是无上的乐趣。譬如这次弥拉告诉我们的（爸爸信上问的）Harriet Cohen 哈理特·科恩］奖金的事，使我们知道了西方音乐界的一种情况，爸爸说那是小小的喜剧。Julius Ketchen［朱利叶斯·凯琴］同你讨论 Beethoven［贝多芬］Sonata［奏鸣曲］，又使我们领会到另一种情况：表示艺术家之间坦白真诚的思想交流。像你爸爸这样会吸收，会举一反三的人，对这些事的确感到很大的兴趣。他要你多提音乐界的事，无非是进取心强，不甘落后，要了解国外艺术界的现状，你何乐而不为呢？他知道你对希腊精神的向往，但认为你对希腊精神还不明确，他就不厌其烦的想要满足你。因为丹纳的《艺术哲学》不知何时出版，他最近竟重理旧稿，把其中讲希腊的一个 chapter［章］，约五万余字，每天抽出一部分时间抄录，预备寄你。爸爸虽是腰酸背痛，眼花流泪（多写了还要头痛），但是为了你，他什么都不顾了。前几天我把旧稿替他理出来，他自己也吓了一跳，原来的稿子，字写得像蚂蚁一样小，不得不用了放大镜来抄，而且还要仔仔细细的抄，否则就要出错。他这样坏的身体，对你的 devotion［爱护］，对你的关怀，我看了也感动。孩子，世界上像你爸爸这样的无微不至的教导，真是罕有的。你要真心的接受，而且要拿实际行动来表示。来信千万别笼笼统统的，多一些报道，让他心里感到温暖快乐，这就是你对爸爸的报答。我不是说你信上不提音乐与艺术的事，提的多半是学术感想，关于实际的人与事，希望能多谈谈，尤其是你们新夫妇之间相处的情形，更所切盼！

……

好了，不多谈了，手酸得很，祝

你们快乐！

妈妈　一九六一年一月五日

我们现在写信真是大有苦衷，许多话不说吧，放心不下你们两个年轻人；略说几句吧，怕不起作用（这是爸爸的想法，你知道的），说多了吧，又怕你们厌烦，尤其是你。所以我们提起笔来，常常有不知如何是好之感。但是你们不要怕我们担忧，而把许多事瞒着不说；你看 Ealing 的事①，不是绕了一个大圈子，越过几条大洋，还是吹到我们耳朵里了！

现在你们借住的地方，倒是挺理想的；要能找到类似的房子，恐怕很难。房荒问题，到处一样，但愿你们能顺利解决。

一九六一年一月二十三日［译自英文］

亲爱的孩子们：……

……我认为敦煌壁画代表了地道的中国绘画精粹，除了部分显然受印度佛教艺术影响的之外，那些描绘日常生活片段的画，确实不同凡响：创作别出心裁，观察精细入微，手法大胆脱俗，而这些画都是由一代又一代不知名的画家绘成的（全部壁画的年代跨越五个世纪）。这些画家，比起大多数名留青史的文人画家来，其创作力与生命力，要强得多。真正的艺术是历久弥新的，因为这种艺术对每一时代的人都有感染力，而那些所谓的现代画家（如弥拉信中所述）却大多数是些骗子狂徒，只会向附庸风雅的愚人榨取钱财而已。我绝对不相信他们是诚心诚意的在作画。听说英国有“猫儿画家”及用“一块旧铁作为雕塑品而赢得头奖”的事，这是真

① 指傅聪在一九六〇年四月二十二日在 Ealing 有一场独奏会，结果他忘得一干二净，等找到他时，他正在梅纽因家吃晚饭，因为那天是梅纽因的生日。

的吗？人之丧失理智，竟至于此？

最近我收到杰维茨基教授的来信，他去夏得了肺炎之后，仍未完全康复，如今在疗养院中，他特别指出聪在英国灌录的唱片弹奏萧邦时，有个过分强调的 retardo[缓慢处理]——比如说，*Ballad*[《叙事曲》]弹奏得比原曲长两分钟，杰教授说在波兰时，他对你这种倾向，曾加抑制，不过你现在好像又故态复萌，我很明白演奏是极受当时情绪影响的，不过聪的 retardo mood[缓慢处理手法]出现得有点过分频密，倒是不容否认的，因为多年来，我跟杰教授都有同感。亲爱的孩子，请你多留意，不要太耽溺于个人的概念或感情之中，我相信你会时常听自己的录音（我知道，你在家中一定保有一整套唱片），在节拍方面对自己要求越严格越好！弥拉在这方面也一定会帮你审核的。一个人拘泥不化的毛病，毫无例外是由于有特殊癖好及不切实的感受而不自知，或固执得不愿承认而引起的。趁你还在事业的起点，最好控制你这种倾向，杰教授还提议需要有一个好的钢琴家兼有修养的艺术家给你不时指点，既然你说起过有一名协助过 Annie Fischer[安妮·费希尔]的匈牙利女士，杰教授就大力鼓励你去见见她，你去过了吗？要是还没去，你在二月三日至十八日之间，就有足够的时间前去求教，无论如何，能得到一位年长而有修养的艺术家指点，一定对你大有裨益。……

一九六一年三月二十八日晨[译自英文]

亲爱的弥拉：……我会再劝聪在琐屑小事上控制脾气，他在这方面太像我了，我屡屡提醒他别受我的坏习惯影响。父母的缺点与坏脾气应该不断的作为孩子的借鉴，不然的话，人的性格就没有改善的指望了。你妈妈却是最和蔼可亲、平易近人的女性（幸好你属于她那一类型），受到所有亲朋戚友的赞美，她温柔婉约，对聪的为人影响极大。多年来要不是经常有妈妈在当中任劳任怨，小心翼翼，耐心调停，我与聪可能不会像今日一般和睦相处，因为我们俩人都脾气急躁，尤其对小事情更没有耐性。简言之，我们在气质上太相似了，一般来说，这是艺术家或诗人的气质，可是在诗人画家的妻子眼中看来，这种气质却一点诗情画意都没有！我只能劝你在聪发脾气的时候别太当真,就算他有时暴跳如雷也请你尽量克制,把他当做一个顽皮的孩子,我相信他很快会后悔,并为自己蛮不讲理而惭愧。我明白,要你保持冷静,很不容易,你还这么年轻!但是,这是平息风浪、避免波及的惟一方式,要不然,你自己的情绪也会因此变坏,那就糟了——这是家庭关系的致命伤!希望你在这一点上能原谅聪,正如妈妈一向原谅我一般,因为我可以向你担保,对小事情脾气暴躁,可说是聪性格中惟一的严重缺点。

另一方面,我们认为有一点很重要,就是聪在未来,应该把演奏次数减少,我在二月二十一日一信(E - No. 11 T2)中,已经对你提过。一个人为了工作神经过度紧张,时常会发起脾气来。评论中屡次提到聪在演奏第一项节目时,表现得很紧张。为了音乐,下一季他应该减少合约。把这问题好好的讨论一下,不仅是为他在公众场所的演出水平,也更是为你俩的幸福。假如成功与金钱不能为你们带来快乐,那么为什么要为这许多巡回演出而疲于奔命呢?假如演出太多不能给你们家庭带来安宁,那么就酌情减少,倘若逾越分寸,世上就绝没有放纵无度而不自食其果的事!一切要合乎中庸之道,音乐亦不例外。这就是我一再劝聪应该时常去参观画廊的原因,欣赏造型艺术是维系一个人身心平衡的最佳方式。

一九六一年四月九日/十五日[译自英文]

亲爱的弥拉:……聪一定记得我们有句谈到智者自甘淡泊的老话,说人心不知足,因此我们不应该受羁于贪念与欲望。这是人所尽知的常识,可是真要实践起来,却非经历生活的艰辛不可。一个人自小到大从未为钱发愁固然十分幸运,从未见过自己的父母经济发生困难也很幸运;但是他们一旦自己成家,就不善理财了。一个人如果少年得志,他就更不善理财,这对他一生为害甚大。众神之中,幸运女神最为反复无常,不怀好意,时常袭人于不备。因此我们希望聪减少演出,降低收入,减少疲劳,减轻压力,紧缩开支,而多享受心境的平静以及婚姻生活的乐趣。亲爱的弥拉,这对你也更好些。归根结底,我相信你们俩对精神生活都比物质生活看得更重,因此就算家中并非样样舒裕也无关紧要——至少目前如此。

真正的智慧在于听取忠言,立即实行,因为要一个人生来就聪明是不可能的,身为女人,你不会时常生活在云端里,由于比较实际,你在持家理财上,一定比聪学得更快更容易。

我四岁丧父,二十五岁丧母,所以在现实生活中没有人给我指点(在学识与文化方面亦复如此)。我曾经犯过无数不必要的错误,做过无数不必要的错事,回顾往昔,我越来越希望能使我至爱的孩子们摆脱这些可能遇上但避免得了的错误与痛苦。此外,亲爱的弥拉,因为你生活在一个紧张的物质世界里,我们传统的一部分,尤其是中国的生活艺术(凡事要合乎中庸之道)也许会对你有些好处。你看,我像聪一样是个理想主义者,虽然有时方式不同。你大概觉得我太迂腐,太道貌岸然了吧?

……

这两星期我在校阅丹纳《艺术哲学》的译稿,初稿两年前就送给出版社了,但直到现在,书才到排字工人的手中。你知道,从排字到印刷,还得跨一大步,等一大段时日。这是一部有关艺术、历史及人类文化的巨著,读来使人兴趣盎然,获益良多,又有所启发。你若有闲暇,一定得好好精读和研究学习此书。

四月九日

果然不出所料,你的信我们在十三号收到。从伦敦的邮戳看来是七号寄的,所以很快,这封信真好!这么长,有意思及有意义的内容这么多!妈妈跟我两人把信念了好几遍,(每封你跟弥拉写来的信都要读三遍!)每遍都同样使我们兴致勃勃,欣喜莫名!你真不愧为一个现代的中国艺术家,有赤诚的心、凛然的正义感,对一切真挚、纯洁、高尚、美好的事物都衷心热爱,我的教育终于开花结果。你的天赋禀资越来越有所发挥;你是对得起祖国的儿子!你在非洲看到欧属殖民地的种种丑恶行径而感到义愤填膺,这是难怪的,安德烈·纪德三十年前访问比属刚果,写下《刚果之行》来抗议所见的不平,当时他的印象与愤怒也与你相差无几。你拒绝在南非演出是绝对正确的;当地的种族歧视最厉害,最叫人不可忍受。听到你想为非洲人义演,也使我感到十分高兴。了不起!亲爱的孩子!我们对你若非已爱到无以复加,就要为此更加爱你了。……

你们俩就算有时弄得一团糟也不必介怀,只要你们因此得到教训,不再重蹈覆辙就行了,没有人可以自诩从不犯错,可是每个人都能够越来越少犯错误。在私人生活方面,孩子气很可爱,甚至很富有诗意,可是你很明白在严肃的事情及社交场合上,我们必须十分谨慎,处处小心,别忘了英国人基本上是清教徒式的,他们对世情俗务的要求是十分严苛的。

……

聪的长信给我们很多启发,你跟我在许多方面十分相像,由于我们基本上都具有现代思想,很受十九世纪的西方浪漫主义以及他们的"世纪病"的影响。除了勤勉工作或专注于艺术、哲学、文学之外,我们永远不会真正感到快乐,永远不会排除"厌倦",我们俩人都很难逃避世事变迁的影响。现在没时间讨论所有这些以及其他有关艺术的问题,日后再谈吧!

我得提醒聪在写和讲英文时要小心些,我当然不在乎也不责怪你信中的文法错误,你没时间去斟酌文字风格,你的思想比下笔快,而且又时常匆匆忙忙或在飞机上写信,你不必理会我们,不过在你的日常会话中,就得润饰一下,选用比较多样化的形容词、名词及句法,尽可能避免冗赘的字眼及词句,别毫无变化的说"多妙"或"多了不起",你大可选用"宏伟"、"堂皇"、"神奇"、"神圣"、"超凡"、"至高"、"高尚"、"圣洁"、"辉煌"、"卓越"、"灿烂"、"精妙"、"令人赞赏"、"好"、"佳"、"美"等等字眼,使你的表达方式更多姿多彩,更能表现出感情、感觉、感受及思想的各种层次,就如在演奏音乐一般。要是你不在乎好好选择字眼,长此以往,思想就会变得混沌、单调、呆滞、没有色彩、没有生命。再没有什么比我们的语言更能影响思想的方式了。

四月十五日

一九六一年五月二十四日[译自英文]

亲爱的孩子们:每次妈妈连续梦见你们几晚,就会收到你们的信,这次也不例外,她不但梦见你们两个,也梦见弥拉从窗下经过,妈妈叫了出来:弥拉!妈妈说,弥拉还对她笑呢!

从现在起，我得多写中文信，好让聪多接触母语，同时我还会继续给你们用英文写信。

你们在共同生活的五个月当中，想必学习了不少实际事务，正如以前说过，安顿一个新家，一定使你们上了扎实的第一课。我希望，你们一旦安顿下来之后，就会为小家庭施行一个良好的制度。也许在聪演奏频繁的季节，一切还不难应付；反而是在较为空闲必须应付俗务社交的日子，如何安排调度，就煞费周章了。以我看来，最主要的是控制事情，而勿消极的为事情所控制。假如你们有一两个星期闲暇，不是应该事先有个计划，哪几天招待朋友，哪几天轻松一下，哪几天把时间花在认真严肃的阅读与研究之上？当然，要把计划付诸实行必须要有坚强的意志，但这不是小事，而是持家之道，也是人生艺术的要素。事前未经考虑，千万不要轻率允诺任何事，不论是约会或茶会，否则很容易会为践诺而苦恼。为人随和固然很好，甚至很有人缘，但却时常会带来不必要的麻烦，我常常特别吝惜时间（在朋友中出了名），很少跟人约会，这样做使我多年来脑筋清静，生活得极有规律。我明白，你们的生活环境很不相同，但是慎于许诺仍是好事，尤其是对保持聪的宁静，更加有用。

一九六一年六月二十七日［译自英文］

最亲爱的弥拉：要是我写一封长长的中文信给聪，而不给你写几行英文信，我就会感到不安。写信给你们两个，不仅是我的责任，也是一种抑止不住的感情，想表达我对你的亲情与挚爱，最近十个月来，我们怎么能想起聪而不同时想到你呢？在我们心目中，你们两个已经不知不觉的合二而一了。但是为了使聪不致于忘记中文，我必须多用中文给他写信，所以你看，每次我给你们写信时就不得不写两封。

……

妈妈和我都很高兴见到聪在现实生活中变得成熟些了，这当然是你们结合的好影响。你们结婚以来，我觉得聪更有自信了。他的心境更为平静，伤感与乖戾也相应减少，虽则如此，他的意志力，在艺术方面之外，仍然薄弱，而看来你在这方面也不太坚强。最好随时记得这一点，设法使两人都能自律，都能容忍包涵。在家中维持有条理的常规，使一切井井有条，你们还年轻，这些事很难付诸实行并坚持下去，可是养成良好习惯，加强意志力永远是件好事，久而久之，会受益无穷。

一个人（尤其在西方）一旦没有宗教信仰，道德规范就自动成为生活中惟一的圭臬。大多数欧洲人看到中国人没有宗教（以基督教的眼光来看），而世世代代以来均能维系一个有条有理、太平文明的社会，就大感惊异，秘密在于这世上除了中国人，再没有其他民族是这样自小受健全的道德教训长大的。你也许已在聪的为人方面看到这一点，我们的道德主张并不像西方的那么“拘谨”，而是一种非常广义的看法，相信人生中应诚实不欺，不论物质方面或精神方面，均不计报酬，像基督徒似的冀求一个天堂。我们深信，人应该为了善、为了荣誉、为了公理而为善，而不是为了惧怕永恒的惩罚，也不是为了求取永恒的福祉。在这一意义上，中国人是文明世界中真正乐观的民族。在中国，一个真正受过良好教养和我们最佳传统与文化熏陶的人，在不知不觉中自然会不逐名利，不慕虚荣，满足于一种庄严崇高，但物质上相当清贫的生活。这种态度，你认为是不是很理想很美妙？

亲爱的孩子，有没有想过我在 E – No. 17 信中所引用的孟德斯鸠的名言：“树人如树木，若非善加栽培，必难欣欣向荣”？假如你想听取孟德斯鸠的忠言，成为一棵“枝叶茂盛”的植物，那么这是开始自我修养的时候了。开始时也许在聪忙于演出的日子，你可以有闲暇读些正经书，我建议你在今夏看这两本书：丹纳的《艺术哲学》和 Etiemble［埃蒂昂勃勒］的《新西游记》（这本书我有两册，是作者送的，我会立即寄一本给你）。读第一本书可使你对艺术及一般文化历史有所认识，第二本可促进你对现代中国的了解。

如果你可以在旧书店里找到一本罗素的《幸福之路》，也请用心阅读，这本书虽然是三十年前写的，可是因为书中充满智慧及富有哲理的话很多，这些话永远不会过时，所以对今日的读者，仍然有所裨益。希望你也能念完《约翰·克利斯朵夫》。像你这样一位年轻的家庭主妇要继续上进，终身坚持自我教育，是十分困难的，我可以想象得出你有多忙，可是这件事是值得去努力争取的。妈妈快四十九岁了，仍然“挣扎”着每天要学习一些新东西（学习英语）。我有没有告诉过你，勃隆斯丹太太跟一般中产阶级的家庭主妇一样忙，可是她仍然每天坚持练琴（每日只练一小时至一小时半，可是日久见功），还能演奏及上电台播音。这种勇气与意志的确叫人激赏，几乎可说是英雄行径！

一九六一年七月七日［译自英文］

最亲爱的弥拉：谢谢你寄来的 Magidoff［马吉道夫］所写关于你爸爸的书，这本书把我完全吸引住了，使我丢下手边的工作，不顾上海天气的炎热（室内摄氏三十二度），接连三个下午把它看完。过去五六年来很少看过这么精彩动人、内容翔实的书，你在五月十日的信中说，这本书写得不太好，可是也许会让我们觉得很新奇。传记中的无数细节与插曲是否合乎事实，我当然不像你爸爸或家里人一般有资格去评论，可是有一点我可以肯定：这本书对我来说不仅仅是新奇而已，并且对艺术家、所有看重子女教育的父母以及一般有教养的读者都启发很深。我身为一个文学工作者，受过中国哲学思想的熏陶，在教养孩子的过程中经过了无数试验和失误，而且对一切真、善、美的事物特别热爱，念起 Magidoff［马吉道夫］这本书来，感到特别兴奋，读后使我深思反省有生以来的种种经历，包括我对人生、道德、美学、教育等各方面的见解与思想变迁。我在教育方面多少像聪一样，从父母那里继承了优点及缺点，虽然程度相差很远。例如，我教育子女的方式非常严格，非常刻板，甚至很专制，我一直怕宠坏孩子，尤其是聪。我从来不许他选择弹琴作为终生事业，直到他十六岁，我对他的倾向与天分不再怀疑时才准许，而且迟至十八岁，我还时常提醒他的老师对他不要过分称赞。像你的祖母一样，我一直不断的给聪灌输淡于名利权势，不慕一切虚荣的思想。在教育的过程中，我用了上一代的方法及很多其他的方法，犯了无数过错，使我时常后悔莫及，幸而两个孩子都及早脱离了家庭的规范与指导。聪一定告诉过你，他十五岁时一个人在昆明待了两年，不过，他在处世方面并没有学得更练达，这一方面归咎于他早年在家庭所受的教育不健全；一方面归咎于我自己的缺点，又由于他性格像妈妈，有点过分随和，所以很难养成自律的习惯以及向世界挑战的勇气。……

在艺术方面，你父亲的荣誉，他的独特与早熟，一生经历过无数危机，在外人眼中却一帆风顺，处处都树立榜样，表演了一出最感人最生动的戏剧，在心理及美学方面，发人深省，使我们得以窥见一位名人及大音乐家的心灵。这本书也给年轻人上了最宝贵的一课（不论是对了解音乐或发展演奏及技巧而言），尤其是聪。甚至你，亲爱的弥拉，你也该把这本书再读一遍，我相信读后可以对你父亲有更进一步的了解（顺便一提，没有人可以夸口彻底了解自己的亲人，尽管两人的关系有多亲密）：了解他的性格，他那崇高的品德以及辉煌的艺术成就。此外，把这本书用心细读，你可以学习很多有关人生的事：你父亲在二次世界大战期间英勇慷慨的事迹，他在柏林（在犹太难民营中）以及在以色列对自己信念所表现出的大智大勇，使你可以看出，他虽然脾气随和，性情和蔼，可是骨子里是个原则坚定、性格坚强的人。一旦你们必须面对生活中真正严重的考验时，这些令人赞赏的品格一定可以成为你俩不能忽忘的楷模。我在中文信中告诉了聪，希望能有时间为这本精彩的书写篇长评，更确切的说，是为你父亲非凡的一生写篇长评。我现在所说的只是个粗略的概梗（而且是随便谈的），漫谈我看了这本书之后的印象与心得，要使你充分了解我的兴奋，寥寥数语是不足尽道的。

一九六一年八月十八日＊

亲爱的聪和弥拉：自从中英文信由爸爸包办以来，我乐得坐享其成，真是写意得很；他做事细致，样样想得周到，不用我多操心了。

……

你岳父最近接连托香港寄来两只包裹，令人感动。吃儿子的，似乎理所当然，吃着心里太平而甜蜜，如今吃到亲家头上了，未免说不过去，但是盛情难却，不接受反而“见外”。你看到岳父母时，必须代我们道谢。

……

爸爸近半年来精神好了些，可是弱不禁风，冷又不好，热又不好，冷了要咳嗽，热了大出其汗，脱衣服穿衣服，忙个不停。谈起问题来，精神抖擞。劲道十足，可以连续不断的讨论一二小时，还是老样子，不减当年。就是过后要觉得疲惫不堪，非得躺下休息一下不可了！

我是一家中最健全的，累了，面部及脚的浮肿还是免不了。

……此信务必翻给 Mira 听，不要偷懒！我虽不会写英文信，可是还能欣赏人家写的英文信，告诉 Mira，我爱读她的信，她给了我安慰与快乐！

妈妈　八月十八日

一九六一年十二月十七日［译自英文］

亲爱的孩子们：……两个月以来，我的工作越来越重。翻译每天得花八小时，再加上额外工作，如见客、看信、回信等等，我的头脑通常每天得保持活跃十一二小时，几乎连休息的时间也没有。甚至星期天，由于有那么多信件以及平时未完的事有待清理，也是整日忙碌的。你看，在脑力活动上聪就像我，我并非不想去公园里散散步或者逛逛古董铺，实在是没有这种闲暇，工作对我来说变成一种激情，一种狂热，只有拼命工作才能对我有所裨益，使我在临睡之前，多少有些自我满足的感觉，弥拉也许会说："有其父，必有其子！"

……

一九六二年一月二十一日［译自英文］

亲爱的女儿：……你一定明白，妈妈和我从来不期望聪会因其艺术而致富。但是我们的确不希望他受经理人，唱片公司等的剥削，逼他为了生计非不断演出不可，这样他就完全没有空余的时间去继续学习，保持敏锐，扩充他的演奏曲目了。我不知道聪有没有告诉你，三年以来，我跟他说过多少次，只要经济许可，必须减少演出次数。不错，由于艺术家不善理财，要他在事业刚开始时做到这点并不容易，可是艺术家的妻子成为一个出色的经理人却并无坏处，这就是一年前你写信告诉我，你们一开始共同生活，你就准备储蓄，我感到十分高兴的原因。不过，仅仅撙节用度是不够的，更重要的是学习如何去抗御他人的种种剥削，这种剥削在音乐圈中实在是太普遍了。聪告诉我他在美国巡回演出的酬劳，听了实在叫人寒心。亲爱的弥拉，你一回到英国，也许该向乐坛老前辈请教窍门了。不错这是一场斗争，一场艰苦而令人生厌的斗争，但是你若不学会如何奋斗，迟早就会给人吞掉。开始时聪每次签什么合同，你最好都能从旁提醒他，事先尽量好整以暇的收集多方面的资料。我相信你一定有些可靠的朋友提供意见，聪在这方面太随和，太羞于启齿了，这一点会毁了他的（我是指物质方面）。

一九六二年一月二十二日 *

亲爱的聪、弥拉：收到你们长信的时候，正要吃中饭，我们两人高兴得一面看，一面吃，根本食物不知味，草草了事。你们告诉我们许多新鲜事儿，心里的快活，不知如何表达，你们的信实在太动人了，尤其那些老朋友的情景，回想当年，能不慨然！希望你们澳洲巡回演出完了，再报告我们好消息，把所见所闻写得越仔细越丰富越好，你们知道妈妈总是贪心不足，常嫌聪写得粗枝大叶呢！

每次爸爸写信，我还得抄录下来留底，你们的信也要抄下来或打字打下来，以备关心你们的亲友来看。你们看，我不是更忙么，但是我并不抱怨，因为是我乐意做的。

……

等你们回伦敦后，我们有一批照片给你们，你们一定高兴，看看爸妈老得还可爱么？告诉弥拉，我从心底里喜欢她，虽然我不能写英文，但我会看英文，所以我与她不会隔膜！匆匆忙忙涂几句算了，祝你们快乐！

妈妈　一九六二年一月二十二日

一九六二年六月十六日 */十六日晚

亲爱的聪和弥拉：十三日收到弥拉信，高兴万分，我们正怪她没有信呢！为了日常烧菜，弥拉煞费苦心。她要我教她烧菜的方法，太难了，光是纸上谈兵没用，烧中国菜一定得看了学。现在爸爸建议的办法，比较实际。不过我还想讲几只菜，比较容易的，你讲给她听，不妨试试。

(一)核桃鸡丁(炒鸡丁时还有其他作料:如辣椒、笋等等均可)

成分:1. 鸡胸肉一杯　2. 核桃肉大半杯　3. 鸡蛋白一只

4. 菱粉一汤匙　5. 盐半茶匙　6. 汤汁或水二汤匙

7. 油半斤

做法:将鸡胸肉切成股子块(即豆子块),用菱粉、蛋白拌和,加盐少许,在多量之油中炸一过,即捞起;一面将核桃肉去皮(用开水泡之,皮即易去),也在油内炸一透,核桃炸至松脆即可。注意不可过火,否则焦苦不堪食矣。炸完倒去锅中余油,把鸡丁与核桃同时倒入锅中,加入水(或汤汁)及盐,炒和即成。

(二)贵妃鸡

成分:1. 鸡翼二对　2. 冬笋一只　3. 鸡腿二对

4. 冬菇四五只　5. 火腿数片　6. 洋葱半只

7. 辣酱二茶匙(或辣椒二三只)　8. 酱油一汤匙

9. 糖半汤匙

做法:将鸡翼每只斩成三段,鸡腿也斩成三四块,在油中爆过,即放入锅内,加入笋、冬菇、火腿及调味(即酱油、糖、辣酱、洋葱),加水盖满鸡面,用文火焖数小时(约二至三小时,看鸡的老嫩而定)即可。(这个菜很方便,保证可试。)

其他如炒肉丝、炒肉片、炒肉末,只要有作料如:小豌豆、笋片、笋丝、香菇、辣椒丝、番茄、卷心菜丝都可。烧法与炒鸡丁相同,不过炒肉类可放些酱油而已。炒菜时火要旺,一下即好,否则肉老了不好吃。希望你详细讲给弥拉听,不要怕烦,饮食亦是一乐也(将肉丝或肉片或肉末切好后,放入酱油、盐少许、菱粉拌和,然后在油内爆炒一下盛起,再放作料,另外炒一炒,加入爆好的肉和在一起即成)。

妈妈　十六日

弥拉真会说话,把久不写信推为 no inspiration[缺乏灵感],说明如为了责任感而写,就会写得 dull[枯燥无味],你看是不是伶牙俐齿?可是如果我一连三个月不动笔,你们是不是也要惶惶不安呢?

爸爸　六月十六日晚

一九六二年十一月二十五日[译自英文]

亲爱的弥拉:你在上封信中提到有关艺术家的孤寂的一番话很有道理,人类有史以来,理想主义者永远属于少数,也永远不会真正快乐,艺术家固然可怜,但是没有他们的努力与痛苦,人类也许会变得更渺小更可悲。你一旦了解这种无可避免的命运,就会发觉生活,尤其是婚姻生活更易忍受,看来你们两人对生活有了进一步了解,这对处理物质生活大有帮助。

一九六三年三月三日[译自英文]

亲爱的弥拉:……得知聪与你父亲一月底合作演出,非常成功,使我深感快慰,尤其高兴的是聪在预演及演奏中,得到很多启发,可以促进他自己的音乐见解。聪时时都对自己批评甚严,这一点使我们非常欣慰。

一九六三年七月二十二日[译自法文]

亲爱的孩子:快三个月了,虽然我一直在想念你,却一个字都没有写给你,对我来说这是绝无仅有的事。也许你可以猜出我久无音讯的原因,这是一种难以言喻的困恼,可能跟聪不愿提笔的理由差不多。人在饱经现实打击,而仍能不受影响去幻想时,理想主义的确可以予人快乐;但是更多时候理想主义会令人忧郁失望,不满现实。我自忖也许庸人多福,我国的古人曾经辛酸地羡慕过无知庸人,但是实际上,我却不相信他们会比别人更无牵无挂,他们难道不会为自私自利的兴趣及家务琐事而饱受折磨吗?总的来说,我的身体还不错,但除了日常工作外,很少提笔,希望你不要见怪才好。

一九六三年七月二十二日*

亲爱的聪、弥拉:近来时常梦见你们,可见悬念之深,照理也该有你们的信了。

我的身体今年比去年好,浮肿情形好转,主要还是休息得透,能少出去就耽在家里,性情随和,就心平不急躁,日子就容易打发了。

敏快回家，我的心早已快活得计算他到的日期了。已经在打算怎样让他过好暑假，为娘的只要看到孩子高兴，吃得好，睡得熟，好像自己身上多长一块肉，说不出的心花怒放呢！

两个月不见你们来信，牵肠挂肚，总是放不开。若有照片多多寄下，聊以安慰。

吴伯伯[①]已于十八日搬家……

人口虽少，但素来喜静恶闹，生活更觉恬淡舒服。希望你们度假身心快乐！

妈妈　七月二十二日

一九六三年九月一日［译自法文］

亲爱的孩子：……一九二九年夏，我在日内瓦湖的西端，Villeneuve［维勒纳夫］对面，半属法国半属瑞士的小村落 St. Gingolphe［圣・欣高尔夫］住过三个月。天天看到白峰（Mont Blanc）上的皑皑积雪。谁会想到三十四年之后，一个中国人至爱的子女竟会涉足同一地区，甚至遍游更远更壮丽的地方？这岂非巧合？聪在寄来的明信片中说，你准备自己驾车直达意大利，甚至远至威尼斯；但是以一个业余驾车者在山区，尤其是在阿尔卑斯山上驾驶，实在是有点"冒险"，这样你也不能在路上游览沿途景色了。不过，现在已经游览完毕，你们也已平安返抵伦敦了。假如可能的话，又假如你有点时间，我很愿意读到你对旅途的详尽描述，我没法子靠阿聪，他写起信来总是只有三言两语。

一九六三年十月十四日［译自法文］

亲爱的弥拉：收到你在九月二十三日与月底之间所写、在十月一日自伦敦发出的长信，真是十分欣慰，得知你们的近况，是我们最大的快乐，而每次收到你们的信，总是家中一件大事。信是看了一遍又一遍，不停的谈论直到收到下一封信为止。这一次，我们亦步亦趋跟着你们神游意大利：

① 即吴一峰医生，系傅雷夫妇挚友，傅聪在昆明时期的监护人。五十年中期就由昆明返沪工作，一直定居与于傅雷家。

我查阅二十世纪的《拉罗斯大字典》里的地图,也不断的翻阅《蓝色导游》(你们旅游时手上是否有这本《导游》),以便查看意大利北部,你们去过的几口湖,例如 Maggiore,Lugarno,Como,Iseo,Garda[马焦雷湖,卢加诺湖,科莫湖,伊塞奥湖,加尔达湖]等。你们歇宿的 Stresa[斯特雷萨]和 Bellagio[贝拉焦],都在图上找到了。我们还念了 Bergamo[贝尔加莫]城的描绘(也在《蓝色导游》中找到)。这城里有一个高镇,一个低镇,还有中古的教堂,你现在该知道我们怎样为你们的快乐而欢欣了!人不是会在不知不觉中,生活在至爱的亲人身上吗?我们这儿没有假期,可是你使我们分享你们所有的乐趣而不必分担你们的疲劳,更令我们为之精神大振!

你俩真幸福,得以遍游优美的国度如瑞士、意大利。我当学生的时候,只于一九二九年在日内瓦湖畔,Villeneuve[维勒纳夫]对面一个小小的村子里度过三个月。此外,我只在一九三一年五月去过罗马、那不勒斯、西西里岛,没能去佛罗伦萨及威尼斯。当时我很年轻,而学生的口袋,你们不难理解,时常是很拮据的。相反的,我反而有机会结识罗马的杰出人士,意大利的作家与教授,尤其是当时的汉学家,还有当地的贵族,其中尤以巴索里尼伯爵夫人(一位七十开外的夫人),以及她那位风度绰约的媳妇 Borghese[博尔盖塞]公主,对我特别亲切。由于她们的引荐,我得以在六月份应邀于意大利皇家地理学会及罗马扶轮社演讲,谈论有关现代中国的问题。我那时候才二十三岁,居然在一群不仅杰出而且渊博的听众面前演讲,其中不乏部长将军辈,实在有些不知天高地厚。想起三十年之后,我的儿子,另一个年轻人,以优秀音乐家的身份,而不至于像乃父一般多少有点冒充内行,在意大利同样杰出的听众面前演奏,岂不像一场梦!

……看到你描绘参观罗浮宫的片段,我为之激动不已,我曾经在这座伟大的博物馆中,为学习与欣赏而消磨过无数时光。得知往日熏黑蒙尘的蒙娜丽莎像,如今经过科学的清理,已经焕然一新,真是一大喜讯,我多么喜爱从香榭丽舍大道一端的协和广场直达凯旋门的这段全景!我也永远不能忘记桥上的夜色,尤其是电灯光与煤气灯光相互交织,在塞纳河上形成瑰丽的倒影,水中波光粼粼,白色与瑰色相间(电灯光与煤气灯光),

我每次坐公共汽车经过桥上,绝不会不尽情游览。告诉我,孩子,当地是否风光依旧?

一九六三年十一月三日[译自英文]

亲爱的孩子:聪上次的巡回演奏使他在音乐事业中向前迈了一大步,你一定跟我们一样高兴。并非每一个音乐家,甚至杰出的音乐家,都能进入这样一个理想的精神境界,这样浑然忘我,感到与现实世界既遥远又接近。这不仅要靠高尚的品格,对艺术的热爱,对人类的无限同情,也有赖于艺术家的个性与气质,这种"心灵的境界"绝不神秘,再没有什么比西方的神秘主义与中国的心理状态更格格不入了(我说中国是指中国的优秀分子)。这无非是一种启蒙人文思想的升华,我很高兴聪在道德演变的过程中从未停止进步。人在某一段时间内滞留不进,就表示活力已经耗尽,而假如人自溺于此,那么他的艺术生命也就日暮途穷了。

另一个好消息是现在聪演奏起来身体不摇摆了!这不仅是一个演奏家应有的良好风度,也表示一个人对艺术的态度截然不同了,十年前我就想纠正他身体的摆动,此后又在信中再三提醒他,但是要他在音乐方面更加成熟、更加稳定以求身体的平稳,是需要时间的。你看,我忍不住要跟你讨论这些事,因为你深知其重要,而且这种快乐也应该是阖家分享的。

……

一九六三年十一月三日 *

亲爱的弥拉、聪:十月份前后收到了你们三封信,也是大丰收,我心里快乐无比。只要看到你工作顺利,心情愉快,比什么都高兴。今年暑假你们总算彻底休息,享受了旅行的乐趣,得益非浅。我相信你们明年一定会抽出时间出门,无忧无虑的过个短时期,真是人生一乐也。

我们今秋大概不想出门了,一来目前外宾太多,二来爸爸老是离不开工作。偶尔出去逛逛古董市场,买些小玩意儿,例如紫沙茶壶、端砚之类,都是起码上百年以上的东西,既实用又耐看。买回家后爸爸还要仔细打磨擦洗,然后把玩欣赏,还要与朋友一起共赏,其乐无穷,这就算是爸爸惟一的娱乐了。平时极少出门,还是老样子,只有朋友上门的时候多。我是跑街,事无大小,一律包办。虽然你们都不在身边,家里的琐事也够分心,日子就容易打发了。

阿敏教书忙,常常觉得时间不够分配,有时课间写信,总是潦潦草草,也是无可奈何……

弥拉的长信写得真生动,足以丰富我们的生活。不知她近来身体如何?你们结婚以来,她成熟得多,等到你们有了孩子,更能体会父母对子女的关切,人生更觉有意思了。

今天天舅舅、祖姑母都在,我请他们吃蟹,你眼热么?急于把信寄出,就此停笔了。祝

你们快乐!

妈妈　十一月三日

一九六四年三月一日

亲爱的孩子:弥拉的信比你从加拿大发的早到四天。我们听到喜讯,都说不出的快乐,妈妈更是坐也不是,立也不是,兴奋几日。她母性强,抱孙心切,已经盼望很久了,常说:怎么聪还没有孩子呢?每次长时期不接弥拉来信,总疑心她有了喜不舒服。我却是担心加重你的负担,也怕你们俩不得自由:总之,同样的爱儿女,不过看问题的角度不同而已。有责任感的人遇到这等大事都不免一则以喜,一则以忧。可是结婚的时候早知道有这么一天,也不必临时慌张。回想三十年前你初出世的一刹那,在医院的产妇科外听见你妈妈呻吟,有一种说不出的"肃然"的感觉,仿佛从那时起才真正体会到做母亲的艰苦与伟大,同时感到自己在人生中又迈了一大步。一个人的成长往往是不自觉的,但你母亲生你的时节,我对自己的长成却是清清楚楚意识到的,至今忘不了。相信你和弥拉到时也都会有类似的经验。

有了孩子,父母双方为了爱孩子,难免不生出许多零星琐碎的争执,应当事先彼此谈谈,让你们俩都有个思想准备:既不要在小地方固执,也不必为了难免的小争执而闹脾气。还有母性特强的妻子,往往会引起丈

夫的妒嫉,似乎一有孩子,自己在妻子心中的地位缩小了很多——这一点不能不先提醒你。因为大多数的西方女子,母性比东方女子表现得更强——我说“表现”,因为东方人的母爱,正如别的感情一样,不像西方女子那么显著的形诸于外。但过分的形诸于外,就容易惹动丈夫的妒意。

在经济方面,与其为了孩子将临而忧虑,不如切实想办法,好好安排一下。衣、食、住、行的固定开支,每月要多少,零用要多少,以量入为出的原则全面做一个计划,然后严格执行。大多数人的经验,总是零用不易掌握,最需要克制功夫。遇到每一笔非生活必需开支,都得冷静的想一想,是否确实必不可少。我平时看到书画、文物、小玩艺(连价钱稍昂的图书在内),从不敢当场就买,总是左思右想,横考虑竖考虑,还要和妈妈商量再决定;很多就此打消了。凡是小玩艺儿一类,过了十天八天,欲望自然会淡下来的。即使与你研究学问有关的东西,也得考虑一下是否必需,例如唱片,少买几张也未必妨碍你艺术上的进步。只有每一次掏出钱去的时候,都经过一番客观的思索,才能贯彻预算,做到收支平衡而还能有些小小的储蓄。我们在最困难的时候,曾经把每月的每一笔开支,分别装在信封内,写明“伙食”“水电”“图书”等等;一个信封内的钱用完了,决不挪用别的信封内的钱,更不提前用下个月的钱。现在查看账目,便是那几年花费最少。我们此刻还经常检查账目,看上个月哪几样用途是可用不可用的,使我们在本月和以后的几个月内注意节约。我不是要你如法炮制,而是举实例给你看,我们是用什么方法控制开销的。

“理财”,若作为“生财”解,固是一件难事,作为“不亏空而略有储蓄”解,却也容易做到。只要有意志,有决心,不跟自己妥协,有狠心压制自己的fancy[一时的爱好]!老话说得好:开源不如节流。我们的欲望无穷,所谓“欲壑难填”,若一手来一手去,有多少用多少,即使日进斗金也不会觉得宽裕的。既然要保持清白,保持人格独立,又要养家活口,防旦夕祸福,更只有自己紧缩,将“出口”的关口牢牢把住。“入口”操在人家手中,你不能也不愿奴颜婢膝的乞求;“出口”却完全操诸我手,由我做主。你该记得中国古代的所谓清流,有傲骨的人,都是自甘淡泊的清贫之士。清贫二字为何连在一起,值得我们深思。我的理解是,清则贫,亦惟贫而后能清！我不是要你“贫”，仅仅是约制自己的欲望，做到量入为出，不能说要求太高吧！这些道理你全明白，无须我啰嗦，问题是在于实践。你在艺术上想得到，做得到，所以成功；倘在人生大小事务上也能说能行，只要及到你艺术方面的一半，你的生活烦虑也就十分中去了八分。古往今来，艺术家多半不会生活，这不是他们的光荣，而是他们的失败。失败的原因并非真的对现实生活太笨拙，而是不去注意，不下决心。因为我所谓“会生活”不是指发财、剥削人或是啬刻，做守财奴，而是指生活有条理，收支相抵而略有剩余。要做到这两点，只消把对付艺术的注意力和决心拿出一小部分来应用一下就绰乎有余了！

我们朋友中颇有收入很少而生活并不太坏的，对外也不显得鄙吝或寒酸：你周围想必也有这种人，你观察观察学学他们，岂不是好？而且他们除了处处多讲理性，善于克制以外，也并无别的诀窍。

记得六〇年你们初婚时，我就和你们俩提过这些，如今你为了孩子而担心到经济，我不能不旧话重提，希望你别以为我老悖而烦琐！——就算烦琐，也为了爱你，是不是？

假如我知道你五年来收支的大项目，一定还能具体的提出意见，你也会恍然大悟。如果我早知道一两年你的实际情况，早一两年和你提意见，你今日也可多一些积蓄。当然，我们从六一年以来也花掉你不少（有七百二十镑），心中很不安，要是早知道你手头不宽，也可以少开口几次，省掉你一部分钱。

为了配合你今后“节流”的计划，我打算实行两点：一、今后不要你再寄香港的款子，那就一年省了五十镑。目前食油供应靠侨汇（即你两个月一次的一百元人民币）照顾，及高级知识分子照顾，两方面合起来，大概可以应付，不必再从香港寄来——事实上已停寄了八个月。烟丝不抽，只抽纸烟，也无所谓。我烟瘾不大，近年来且更有减少之势。每三百克烟丝，付税二十四元余，也是浪费，对我来说也不应该；我也早有停止从香港寄烟丝的意思。（附带提一句：一年来无论何物从何处来，一律都要上税；而烟税要抽百分之四百。）二、你每两月寄一次的人民币可以改为每三个月一次，那么一年也好省你二十九镑（本来每年汇六次，今改四次，合如上数)。因为我要你寄法国的买书费,对你是额外负担,可以拿少汇回国内两次的钱抵充——说到书费,不知你除了第一次给巴黎大学 Etiemble[埃蒂昂勃勒]先生汇了十五镑以后有没有再汇十镑？我预算除了以上的十五镑及十镑之外,今年恐怕还要你再汇十至十五镑给他,时间看你方便,不急。

话说回来,五年中间你的家(屋子顶费到底多少钱?),你的琴,你的结婚费,蜜月旅行,假期旅行,多多少少的开支,全是你赤手空拳,清清白白挣来的;靠你的真本领,不依靠任何人,能有这样的成绩,不是可以安慰了么？我们最艰苦的两年,也得了你帮助,你也尽了为子的责任。再从数目上看,你五年的一应开支,一定为数可观,可见你经济上的收获并不太小。问题只是随来随去,没有积蓄——我当然知道你们不是挥霍浪费,生活也谈不上奢侈,仅仅是没有计划。为了对得起你的辛勤劳动,预防群众的喜爱无常,我觉得你应当正视这个计划性的用钱问题。(好好的同弥拉商量,冷静的、耐性的商量！要像解决一个客观的问题,千万不能闹意气!)

至于弥拉,记得你结婚以前有过培养她的意思,即使结果与你的理想仍有距离(哪个人的理想能与现实一致呢?)也不能说三年来没有成绩。首先,你近两年来信中不止一次的提到,你和她的感情融洽多了;证明你们互相的了解是在增进,不是停滞。这便是夫妇之爱的最重要的基础。其次,她对我们的感情,即使在海外娶的中国媳妇,也未必及得上她。很多朋友的儿子在外结婚多年,媳妇(还是中国人)仍像外人一般,也难得写信,哪像弥拉和我们这么亲切！最后,她对孩子的教育(最近已和我们谈了),明明是接受了你的理想。她本人也想学中文,不论将来效果如何,总是“其志可嘉”。对中国文化的仰慕爱好,间接表示她对你的赏识。固然她很多孩子气,许多地方还不成熟,但孩子气的优点是天真无邪。她对你的艺术的理解与感受,恐怕在西方女子中也不一定很多。她至少不是冒充风雅的时髦女子,她对艺术的态度是真诚的。五九年八月以前的弥拉和六四年一月的弥拉,有多少差别,只有你衡量得出。我相信你对她做的工作并没有白费。就算是她走得慢一些,至少在跟着你前进。

再说,做一个艺术家的妻子,本来很难,做你的妻子,尤其不容易。一般的艺术家都少不了仆仆风尘。可不见得像你我这样喜欢闭户不出，过修院生活。这是西方女子很难适应的。而经常奔波，视家庭如传舍（即驿站、逆旅）的方式，也需要Penelope［珀涅罗珀］对待Ulysses［尤利西斯］那样坚贞的耐性才行——要是在这些方面，弥拉多少已经习惯，便是很大的成功，值得你高兴的了。我们还得有自知之明：你脾气和我一样不好，即使略好，也不过五十步与百步。想到这个，夫妇之间的小小争执，也许责任是一半一半，也许我这方面还要多担一些责任——我国虽然有过五四运动，新女性运动（一九二〇年前后），夫权还是比西方重，西方妇女可不容易接受这一点。我特别提出，希望你注意。至于持家之道，你也不能以身作则的训练人家；你自己行事就很难做到有规律有条理，经常旅行也使你有很大困难：只能两人同时学习，多多商量。我相信你们俩在相忍相让上面已有不少成就。只是艺术家的心情容易波动，常有些莫名其妙的骚扰、烦闷、苦恼，影响家庭生活。平时不妨多冷静的想到这些，免得为了小龃龉而动摇根本。你信中的话，我们并不太当真。两个年轻人相处，本来要摸索多年。我以上的话，你思想中大半都有，我不过像在舞台上做一番"提示"工作。特别想提醒你的是信念，对两人的前途的信念。若存了"将来讲究如何，不得而知"的心，对方早晚体会得到，那就动了根本，一切不好办了。往往会无事变小事，小事变大事；反之，信念坚定，就会大事化小，小事化无。再过一二十年，你们回顾三十岁前后的生活，想起两人之间的无数小争执，定会哑然失笑。你不是说你已经会把事情推远去看么？这便是一个实例。预先体会十年二十年以后的感想，往往能够使人把眼前的艰苦看淡。

总之，你的生活艺术固然不及你的音乐艺术，可也不是没有进步，没有收获。安德烈·莫洛阿说过：夫妇之间往往是智力较差，意志较弱的一个把较高较强的一个往下拉，很少较高较强的一个能把较差较弱的对方往上提。三年来你至少是把她往上提，这也足以使你感到安慰了。

弥拉要学中文，最好先进"东方语言学校"之类开蒙。我即将寄一本《汉英合璧》给她，其中注音字母，你可以先教她。这是外国传教士编的，很不错。China Inland Missiom 中文名叫"内地会"，解放后当然没有了。

当年在牯岭,有许多房子便是那个团体的。他们做学问确实下了一番苦功。教弥拉要非常耐性,西方人学东方语言,比东方人学西方语言难得多。先是西方语言是分析的,东方语言是综合的、暗示的、含蓄的。并且我们从小有学西方语言的环境。你对弥拉要多鼓励,少批评,否则很容易使她知难而退。一切慢慢来,不要急。记住盖叫天的话:慢就是快!你也得告诉她这个道理。开头根基打得扎实,以后就好办。

孩子的教育,眼前不必多想。将来看形势再商量。我们没有不愿意帮你们解决的。名字待我慢慢想,也需要 inspiration[灵感]。弥拉怀孕期间,更要让她神经安静,心情愉快。定期检查等等,你们有的是医生,不必我们多说。她说胃口不好,胖得 like a cow[像头母牛],这倒要小心,劝她克制一些。母体太胖,婴儿也跟着太胖,分娩的时候,大人和小孩都要吃苦的!故有孕时不宜过分劳动,却也不宜太不劳动。

……

此信每天抽空写一些,前后花了五六天时间。好在你要三月二十左右回英,信总比你先到伦敦。像我们这种人,从来不以恋爱为至上,不以家庭为至上,而是把艺术、学问放在第一位,作为人生目标的人,对物质方面的烦恼还是容易摆脱的,可是为了免得后顾之忧,更好的从事艺术与学问,也不能不好好的安排物质生活;光是瞧不起金钱,一切取消极态度,早晚要影响你的人生最高目标——艺术的!希望克日下决心,在这方面采取行动!一切保重!

爸爸　六四年三月一日

一九六四年四月十二日

亲爱的孩子:你从北美回来后还没来过信,不知心情如何?写信的确要有适当的心情,我也常有此感。弥拉去迈阿密后,你一日三餐如何解决?生怕你练琴出了神,又怕出门麻烦,只吃咖啡面包了事,那可不是日常生活之道。尤其你工作消耗多,切勿饮食太随便,营养(有规律进食)毕竟是要紧的。你行踪无定,即使在伦敦,琴声不断,房间又隔音,挂号信送上门,打铃很可能听不见,故此信由你岳父家转,免得第三次退回。瑞士的 tour[游历]想必满意，地方既好，气候也好，乐队又是老搭档，瑞士人也喜爱莫扎特，效果一定不坏吧？六月南美之行，必有巴西在内；近来那边时局突变，是否有问题，出发前务须考虑周到，多问问新闻界的朋友，同伦敦的代理人多商量商量，不要临时找麻烦，切记切记！三月十五日前后欧美大风雪，我们看到新闻也代你担忧，幸而那时不是你飞渡大西洋的时候。此间连续几星期春寒春雨，从早到晚，阴沉沉的，我老眼昏花，只能常在灯下工作。天气如此，人也特别闷塞，别说郊外踏青，便是跑跑书店古董店也不成。即使风和日暖，也舍不得离开书桌。要做的事、要读的书实在太多了，不能怪我吝惜光阴。从二十五岁至四十岁，我浪费了多少宝贵的时日！

近几月老是研究巴尔扎克，他的一部分哲学味特别浓的小说，在西方公认为极重要，我却花了很大的劲才勉强读完，也花了很大的耐性读了几部研究这些作品的论著。总觉得神秘气息玄学气息不容易接受，至多是了解而已，谈不上欣赏和共鸣。中国人不是不讲形而上学，但不像西方人抽象，而往往用诗化的意境把形而上学的理论说得很空灵，真正的意义固然不易捉摸，却不至于像西方形而上学那么枯燥，也没那种刻舟求剑的宗教味儿叫人厌烦。西方人对万有的本原，无论如何要归结到一个神，所谓 God[神，上帝]，似乎除了 God[神，上帝]，不能解释宇宙，不能说明人生，所以非肯定一个造物主不可。好在谁也提不出证明 God[神，上帝]是没有的，只好由他们去说；可是他们的正面论证也牵强得很，没有说服力。他们首先肯定人生必有意义，灵魂必然不死，从此推论下去，就归纳出一个有计划有意志的神！可是为什么人生必有意义呢？灵魂必然不死呢？他们认为这是不辩自明之理，我认为欧洲人比我们更骄傲，更狂妄，更 ambitious[野心勃勃]，把人这个生物看做天下第一，所以千方百计要造出一套哲学和形而上学来，证明这个“人为万物之灵”的看法，仿佛我们真是负有神的使命，执行神的意志一般。在我个人看来，这都是 vanity[虚荣心]作祟。东方的哲学家玄学家要比他们谦虚得多。除了程朱一派理学家 dogmatic[武断]很厉害之外，别人就是讲什么阴阳太极，也不像西方人讲 God[神]那么绝对，凿凿有据，咄咄逼人，也许骨子里我们多少是怀疑派，接受不了太强的 insist[坚持],太过分的 certainty[肯定]。

前天偶尔想起,你们要是生女孩子的话,外文名字不妨叫 Gracia[葛拉齐亚][1]此字来历想你一定记得。意大利字读音好听,grace[雅致]一字的意义也可爱。弥拉不喜欢名字太普通,大概可以合乎她的条件。阴历今年是甲辰,辰年出生的人肖龙,龙从云,风从虎,我们提议女孩子叫“凌云”(Lin Yun),男孩子叫“凌霄”(Lin Sio)。你看如何?男孩的外文名没有 inspiration[灵感],或者你们决定,或者我想到了以后再告。这些我都另外去信讲给弥拉听了(凌云 = to tower over the clouds,凌霄 = to tower over the sky,我和 Mira[弥拉]就是这样解释的)

……

爸爸　六四年四月十二日

一九六四年四月十二日 *

亲爱的聪:自接喜讯以来,我快乐的心情无法抑制,老在计算生产的日期,弥拉说医生估计在八月里的上两星期,那时正是天气很热的阶段,想来伦敦医院设备好,不用担心,必有冷气,那产妇就不怎么辛苦了。最近一个月来,陆陆续续打了几件毛线衣,另外买了一件小斗篷、小被头,作为做祖母的一番心意,不日就要去寄了,怕你们都不在,还是由你岳父转的。我也不知对你们合适否?衣服尺寸都是望空做的,好在穿绒线衣时要九十月才用得着,将来需要,不妨来信告知,我可以经常代你们打。孩子的名字,我们俩常在商量,因为今年是龙年,就根据龙的特性来想,前两星期去新城隍庙看看花草,有一种叫凌霄的花,据周朝桢先生说,此花开在初夏,色带火黄,非常艳丽,我们就买了一棵回来,后来我灵机一动,“凌霄”作为男孩子的名字不是很好么?声音也好听,意义有高翔的意思;传说龙在云中,那么女孩子叫“凌云”再贴切没有了,我们就这么决定了。再有我们姓傅的,三代都是单名(你祖父叫傅鹏,父雷,你聪),来一个双名也挺有意思。你觉得怎样?

---

[1] 系罗曼·罗兰小说《约翰·克利斯朵夫》中之人物。

阿敏去冬年假没回来，工作非常紧张，他对教学相当认真，相当钻研，校方很重视他。他最近来信说："我教了一年多书，深深体会到传授知识比教人容易，如果只教书而不教人的话，书绝对教不好，而要教好人，把学生教育好，必须注意身教和言教，更重要的是身教，处处要严格要求自己，以身作则。越是纪律不好的班，聪明的孩子越多，她们就更敏感，这就要求自己以身作则，否则很难把书教好。"他对教学的具体情况，有他的看法，也有他的一套，爸爸非常赞同。你看我多高兴，阿敏居然成长得走正路，这正是我俩教育孩子的目的，我们没有名利思想，只要做好本门工作就很好了，你做哥哥的知道弟弟有些成绩，一定也庆幸。

……

急于把信寄出，此次我的字潦草不堪。望多多来信！保重身体！

妈妈　四月十二日

一九六五年二月二十日＊

亲爱的聪、弥拉：接到你们来信前三四天，我梦见了你们，我暗忖不久该有你的信来了，果然不出所料，对我们来说真是大大的收获。我常有预感，屡次都应验。凌霄的照片真是太美了，一次比一次好看。我托萧伯母寄来一种不用贴照相角的日本货照相簿，专放孩子的照片。凌霄坐在沙发上听你弹琴的一张暂时放在我房内五斗柜上，另外一张（下面有中国画的）放在床头小桌上，我不时可满怀高兴的看着他！我们虽然离得那么远，可是我会譬解，很达观。现在有多少青年不是踊跃去农村落户，就是去新疆参加建设，还不是一样不大容易见面？同时也有不少人家的儿女远在异国。我们可以通信，交换照片，还不是一样心连着心！

你说马上把唱片寄来，我们快活极了，但愿不要开了支票不兑现！

凌霄已过了六个月，该会格格的笑出声了，会咿咿哑哑的逗人乐了，我们何尝不望着他做梦呢！我打的毛衣恐怕太小，早已不能穿了吧，说来惭愧，我真不知如何表示我做祖母的心意！

此信我本想要爸爸翻成英文让弥拉高兴一下。我的外文，看是没有问题，弥拉每次来信，我总要反复看几遍，可以说是完全理解她的。可惜我不会动笔，有时很想叫爸爸翻译，无奈爸爸他太忙，我也不愿浪费他的时间，所以你一定要为我做这件事，耐心的讲给弥拉听，我才高兴。婆婆(爸爸的乳母)你不会忘记吧！你小时候，她抱着你从楼梯上摔下来，手臂半年多不能动。她今年七十八岁，还相当健，最近知道你有了孩子，特意赶来看了凌霄的照片，欢喜得尽笑。她说孩子像你，还再三叫我问你和弥拉好。祖姑母年迈孤独，每逢星期日来我家玩，你们的信她都能看，她的英文水平还不错呢！今年过冬一点不冷，我们都没有伤风，爸爸除了埋头工作，难得出门，偶尔我陪他逛逛古玩市场。

希望大家保重身体，多写些信，多寄些照片来！

妈妈　二月二十日

一九六五年六月十四日[译自法文]

亲爱的孩子：……根据中国的习惯，孩子的命名常常都有一套方式，我们一经选择两个字作为孩子的名字后，例如“凌霄”(“聪”是单名)，就得保留其中一个字，时常是一个动词或形容词，作为下一个孩子的名字的一部分。譬如说，我们给凌霄命名时已经决定他的弟弟叫凌云，假如是个妹妹，则叫“凌波”，凌波的意思是“凌于水上”，在中国的神话之中，也有一个出于水中的仙子，正如希腊神话中的“爱神”或罗马神话中的“维纳斯”一般，你一定知道 Botticelli [波提切利] 的名画《维纳斯的诞生》，是吗？可是并没有严格规定，两个字中的哪一个要保留下来作为家中其他孩子的名字，我们可以用第一字，也可以用第二个字，然而，我们既已为我们的孙儿、孙女选定“凌”字命名(敏将来的孩子也会用“凌”字排，凌什么，凌什么，你明白吗)，那么“凌霄”的小名用“霄”字就比用“凌”字更合乎逻辑。假如你将来生个女孩子，就用“波”作为小名，“凌”是兄弟姐妹共用的名字。就这样，我们很容易分辨两个用同一个字作为名字的人，是否是出自同一个家庭。你会说这一切都太复杂了。这倒是真的，但是怎么说呢？每个民族都有自己的习俗，对别的民族来说，或多或少都是很玄妙的，你也许会问我取单名的孩子如聪、敏，我们又怎么办？哎！这两个字是同义词，但两者之间，有很明显的区别。“聪”的意思是“听觉灵敏”、

"高度智慧",敏的意思是"分辨力强"、"灵活",两个字放在一起"聪敏",就是常见的词,用以说智慧、灵敏,即"clever"的意思,我希望,好孩子,念了这一段,你不会把我当做个老冬烘才好!

聪一定跟你提起过,他在一个月之内跟我们通过三次电话,是多么高兴的事,每次我们都谈二十分钟!你可以想像得到妈妈听到聪的声音时,是怎样强忍住眼泪的。你现在自己当妈妈了,一定更可以体会到做母亲的对流浪在外已经八年的孩子的爱,是多么深切!聪一定也告诉你,他在香港演奏时,我们的几位老朋友对他照拂得如何无微不至,她们几乎是看着他出世的,聪叫她们两位"好好姆妈",她们把他当作亲生儿子一般,她们从五月五日起给我们写了这些感情洋溢的信,我们看了不由得热泪盈眶,没有什么比母爱更美更伟大的了,可惜我没有时间把她们的信翻译几段给你看,信中详细描绘了她们做了什么菜给聪吃,又怎么样在演奏会前后悉心的照顾聪。这次演奏会可真叫人气闷。(同一个晚上演奏两场,岂不是疯了?幸亏这种傻事他永远不会再干。没有什么比想起这件事更令我们不快了!)

……

一九六五年六月十四日 *

亲爱的聪、弥拉:五月四日到现在,我的心情始终激动得无法平静。这期间好姆妈与我们之间不知来往了多少信,她为了要我们快乐,知道我们热切期待着你的消息,情愿牺牲了睡眠的时间,把你两次逗留香港的行动,不厌其烦的把生活细节都告诉我们(譬如说:六月四日下午我们通话,原来你满身肥皂,在浴缸里跟我们讲话,怪不得你说:"明天再谈了,我要穿衣服。"我们满以为你要穿礼服过海,准备上台!我们为之大笑。还有你两口三口的吃掉一只粽子,很有滋味的样子),满足了做父母的贪得无厌的欲望,使我们真的感觉到和你生活在一起。这是多么伟大的深厚的友情!我们衷心感激,永远不会忘记的。我们一生中所能交往的朋友,没有一个不是忠诚老实,处处帮助我们的,总算下来,我们受之于人的大大超过了我们给人的,虽然难免内疚,毕竟也引以自傲。你在各地奔波,只要一碰到我们的知己好友，非但热诚的招待你，还百般的爱护你，好姆妈就是最显著的一个，她来信说，她“对你的热爱是无法形容的”，她爱你的造诣，更爱你的品德。这次在港演出，都是她的关系，给你介绍沈：一个品质高尚难能可贵的知友。为你样样安排得谨密周详，无微不至，代替了我们应做的事，而且比我们做得更好。你真要当她母亲一般看待，这种至情至意，在世态炎凉的社会中，哪里找得到呢！好好爹爹也有信来，他与往年一样充满了热情，因为你说还常记得他，使他更喜欢得如醉若狂，都在字里行间奔放出来，怎不令人兴奋！我一面流泪一面看他们的信，是欢乐、是辛酸，我无法抑制我的感情。

弥拉最近又寄来了好几张凌霄的照片，孩子一天一天都在变，他的表情也越来越丰富，他的面相有时很像你，有时不十分像，似乎舅家的气息多起来了，眼睛像弥拉的成分多，你看对不对？给凌霄过周岁的衣包，大概一星期内可寄出，收到后千万告诉我尺寸合适否？也许大了些，那么慢慢或明年穿，或者需要哪一类式样的，叫弥拉老老实实告诉我，不必客气，要说的话爸爸都已详细谈了，我也不嗦了，望你们保重身体！

妈妈　六月十四日

一九六五年九月十二日［译自英文］

亲爱的弥拉：……我在阅读查理·卓别林一本卷帙浩繁的自传，这本书很精彩，不论以美学观点来说或从人生目标来说都内容翔实，发人深省。我跟这位伟大的艺术家，在许多方面都气质相投，他甚至在飞黄腾达、声誉隆盛之后，还感到孤独，我的生活比他平凡得多，也恬静得多（而且也没有得到真正的成功），我也非常孤独，不慕世俗虚荣，包括虚名在内。我的童年很不愉快，生成悲观的性格，虽然从未忍饥挨饿——人真是无可救药，因为人的痛苦从不局限于物质上的匮缺。也许聪在遗传上深受影响，正如受到家庭背景的影响一般。卓别林的书，在我的内心勾起无尽忧思，一个人到了相当年纪，阅读好书之余，对人事自然会兴起万端感慨，你看过这本书吗？假如还没有，我郑重的推荐给你，这本书虽然很叫人伤感，但你看了一定会喜欢的。

……

一九六五年九月二十三日 *

亲爱的聪，弥拉：凌霄生日的照片收到了，给了我们不知多少欢喜，孩子一天一天的长大，我们虽远隔万里，可是也跟着你们一起生活，让我们多些幻想、梦境。恐怕孩子已开始学步，会叫爸爸妈妈了吧！你说他整天笑，多好玩！但是寄来的照片，笑的不多，给孩子照相，笑的镜头不易捉住。以后再寄时，遇到表情十足的，一定要放大，而且要重复几份，马伯伯他们不知要了多少回，可我们又不肯割爱，真叫为难。今天寄你的几张我们的照片，假期里发个狠，不管好坏，让你们看看比没有好。

凌霄的保姆走了，弥拉怎么忙得过来？我一点忙都帮不上，心里说不出的内疚。希望能早日找个新保姆，否则长期下来，我担心弥拉会吃不消的。你看怎么办呢？有没有临时工可找，至少粗活可以分去一部分。有空多写信来，我们太孤独了，需要孩子的温暖！祝

好！

妈妈　九月二十三日

一九六六年八月十二日［译自英文］

原信无日期，但根据信之内容判断，此信写与一九六六年八月十二日，离开凌霄之生日仅二天；离开他们走上不归路，也不过三周左右的时间。这是傅雷父母亲给儿子儿媳的最后一封信。——编者注

……有关凌霄的点点滴滴都叫我们兴奋不已。尤其是妈妈，她自从七月初就不停数日子。“一个月后凌霄就过生日了；三星期后凌霄就过生日了”；昨晚她说：“现在只剩下三天了”。那语气，简直像小宝宝就跟她在身边似的。

你们眼看着自己的孩子一天天成长，真是赏心乐事！想象我们的孙儿在你们的客厅及厨房里望着我们的照片，从而认识了远方的爷爷奶奶，这情景，又是多么叫人感动！

尽管如此，对于能否有一天亲眼看见他，拥抱他，把他搂在怀里，我可

一点都不抱希望……妈妈相信有这种可能,我可不信。

收到毛线衣可别道谢,妈妈这么爱你们及宝宝,但只能藉此聊表心意,她常常因此而耿耿于怀……

我们在等凌霄两周岁的照片,假如能寄一张他的正面照片,我们一定会很高兴。

……

生活中困难重重,我们必须不断自我"改造",向一切传统的、资本主义的、非马克思主义的思想、感情与习俗作斗争,我们必须抛弃所有旧的人生观和旧的社会准则。

对于一个在旧社会中生活逾四十年、满脑子"西方资本主义民主反动思潮"的人来说,他(毛)的"自我改造"自然是一项十分艰巨的任务。我们正在竭尽所能、出尽全力去满足当前"无产阶级文化大革命"加诸身上的种种要求……

我每次只能看五分钟书,报上的长文都是妈妈念给我听的。这封信是由我口述由她打出来的……

挚爱你们的

爸爸　妈妈

傅雷致次子傅敏函

一九六二年三月八日

亲爱的孩子：

……对恋爱的经验和文学艺术的研究，朋友中数十年悲欢离合的事迹和平时的观察思考，使我们在儿女的终身大事上能比别的父母更有参加意见的条件……

首先态度和心情都要尽可能的冷静。否则观察不会准确。初期交往容易感情冲动，单凭印象，只看见对方的优点，看不出缺点，甚至夸大优点，美化缺点。便是与同性朋友相交也不免如此，对异性更是常有的事。许多青年男女婚前极好，而婚后逐渐相左，甚至反目，往往是这个原因。感情激动时期不仅会耳不聪、目不明，看不清对方；自己也会无意识的只表现好的方面，把缺点隐藏起来。保持冷静还有一个好处，就是不至于为了谈恋爱而荒废正业，或是影响功课或是浪费时间或是损害健康，或是遇到或大或小的波折时扰乱心情。

所谓冷静，不但是表面的行动，尤其内心和思想都要做到。当然这一点是很难。人总是人，感情上来，不容易控制，年轻人没有恋爱经验更难维持身心的平衡，同时与各人的气质有关。我生平总不能临事沉着，极容易激动，这是我的大缺点。幸而事后还能客观分析，周密思考，才不至于使当场的意气继续发展，闹得不可收拾。我告诉你这一点，让你知道如临时不能克制，过后必须由理智来控制大局：该纠正的就纠正，该向人道歉的就道歉，该收篷时就收篷，总而言之，以上两点归纳起来只是：感情必须由理智控制。要做到，必须下一番苦功在实际生活中长期锻炼。

我一生从来不曾有过“恋爱至上”的看法。“真理至上”，“道德至上”，“正义至上”这种种都应当作为立身的原则。恋爱不论在如何狂热的高潮阶段也不能侵犯这些原则。朋友也好，妻子也好，爱人也好，一遇到重大关头，与真理、道德、正义等等有关的问题，决不让步。

其次，人是最复杂的动物，观察决不可简单化，而要耐心、细致、深入，经过相当的时间，各种不同的事故和场合，处处要把科学的客观精神和大慈大悲的同情心结合起来。对方的优点，要认清是不是真实可靠的，是不是你自己想像出来的，或者是夸大的。对方的缺点，要分出是否与本质有关。与本质有关的缺点，不能因为其他次要的优点而加以忽视。次要的缺点也得辨别是否能改，是否发展下去会影响品性或日常生活。人人都有缺点，谈恋爱的男女双方都是如此。问题不在于找一个全无缺点的对象，而是要找一个双方缺点都能各自认识，各自承认，愿意逐渐改，同时能彼此容忍的伴侣(此点很重要。有些缺点双方都能容忍；有些则不能容忍，日子一久即造成裂痕)。最好双方尽量自然，不要做作，各人都拿出真面目来，优缺点一起让对方看到。必须彼此看到了优点，也看到了缺点，觉得都可以相忍相让，不会影响大局的时候，才谈得上进一步的了解；否则只能做一个普通的朋友。可是要完全看出彼此的优缺点，需要相当时间，也需要各种大大小小的事故来考验；绝对急不来！更不能轻易下结论(不论是好的结论或坏的结论)！惟有极坦白，才能暴露自己；而暴露自己的缺点总是越早越好，越晚越糟！为了求恋爱成功而尽量隐藏自己的缺点的人其实是愚蠢的。当然，在恋爱中不知不觉表现出自己的光明面，不知不觉隐藏自己的缺点，不在此例。因为这是人的本能，而且也证明爱情能促使我们进步，往善与美的方向发展。这正是爱情的伟大之处，也是古往今来的诗人歌颂爱情的主要原因。小说家常常提到，我们在生活中也一再经历：恋爱中的男女往往比平时聪明，读起书来也理解得快，心地也往往格外善良，为了自己幸福而也想使别人幸福，或者减少别人的苦难；同情心扩大就是爱情可贵的具体表现。事情主观上固盼望必成，客观方面仍须有万一不成的思想准备。为了避免失恋等等的痛苦，这一点“明智”我觉得一开头就应当充分掌握。最好勿把对方做过于肯定的想法，一切听凭自然演变。

总之，一切不能急，越是事关重要，越要心平气和，态度安详，从长考虑，细细观察，力求客观！感情冲上高峰很容易，无奈任何事物的高峰(或高潮)都只能维持一个短时间，要久而弥笃的维持长久的友谊可很难了……

除了优缺点，俩人性格脾气是否相投也是重要因素。刚柔、软硬、缓急的差别要能相互适应调剂。还有许多表现在举动、态度、言笑、声音……之间说不出也数不清的小习惯，在男女之间也有很大作用，要弄清这些就得冷眼旁观慢慢咂摸。所谓经得起考验乃是指有形无形的许许多多批评与自我批评(对人家一举一动所引起的反应即是无形的批评)。诗人常说爱情是盲目的,但不盲目的爱毕竟更健全更可靠。

人生观、世界观问题你都知道,不用我谈了。人的雅俗和胸襟气量倒是要非常注意的。据我的经验:雅俗与胸襟往往带先天性的,后天改造很少能把低的往高的水平上提;故交往期间应该注意对方是否有胜于自己的地方,将来可帮助我进步,而不至于反过来使我往后退。你自幼看惯家里的作风,想必不会忍受量窄心浅的性格。

以上谈的全是笼笼统统的原则问题……

长相身材虽不是主要考虑点,但在一个爱美的人也不能过于忽视。

交友期间,尽量少送礼物,少花钱:一方面表明你的恋爱观念与物质关系极少牵连,另一方面也是考验对方。

一九六二年三月十四日

敏,亲爱的孩子:

……有理想有热情而又理智很强的人往往令人望而生畏,大概你不多几年以前对我还有这种感觉。去年你哥哥信中说:"爸爸文章的每一字每一句都充满了热情,很执著,almost fanatic[近乎狂热]。"最后一句尤其说得中肯。这是我的长处,也是我的短处。因为理想高,热情强,故处处流露出好为人师与拼命要说服人的意味。可是孩子,别害怕,我年过半百,世情已淡,而且天性中也有极洒脱的一面,就是中国民族性中的"老庄"精神:换句话说,我执著的时候非常执著,摆脱的时候生死皆置之度外。对儿女们也抱着说不说由我,听不听由你的态度。只是责任感强,是非心强,见到的总不能不说而已。你哥哥在另一信中还提到:"在这个decadent[颓废的]世界,在国外这些年来,我遇见了不少人物Whom I admire and love,from whom I learn[一些我仰慕喜爱、值得学习的人物],可是从来没有遇到任何人能带我到那个at the same time passionate and serene, profound and simple, affectionate and proud, subtle and straightforward[(同时)又热烈又恬静,又深刻又朴素,又温柔又高傲,又微妙又率直]的世界。”可见他的确了解我的“两面性”，也了解到中国旧文化的两面性。又热烈又恬静，又深刻又朴素，又温柔又高傲，又微妙又率直：这是我们固有文化中的精华，值得我们自豪的！

当然上述的特点我并没有完全具备，更没有具备到恰如其分的程度，仅仅是那种特点的倾向很强，而且是我一生向往的境界罢了。比如说，我对人类抱有崇高的理想与希望，同时也用天文学地质学的观点看人类的演变，多少年前就惯于用“星际”思想看待一些大事情，并不把人类看做万物之灵，觉得人在世界上对一切生物表示“惟我独尊”是狂妄可笑的。对某个大原则可能完全赞同，抱有信心，我可照样对具体事例与执行情况有许多不同意见。对善恶美丑的爱憎心极强，为了一部坏作品，为了社会上某个不合理现象，会愤怒得大生其气，过后我却也会心平气和的分析、解释，从而对个别事例加以宽恕。我执著真理，却又时时抱怀疑态度，觉得死抱一些眼前的真理反而使我们停滞，得不到更高级更进步的真理。以上也是随便闲扯，让你多体会到你爸爸的复杂心理，从而知道一个人愈有知识愈不简单，愈不能单从一二点三四点上去判断。

很高兴你和她都同意我前信说的一些原则，但愿切实做去，为着共同的理想（包括个人的幸福和为集体贡献自己的力量两项）一步步一步步相勉相策。许多问题只有在实践中才能真正认识，光是理性上的认识是浮表的，靠不住的，经不住风狂雨骤的考验的……从小不大由父母严格管教的青年也有另外一些长处，就是独立自主的能力较强，像你所谓能自己管自己。可是有一部分也是先天比后天更强：你该记得，我们对你数十年的教育即使缺点很多，但在劳动家务、守纪律、有秩序等等方面从未对你放松过，而我和你妈妈给你的榜样总还是勤劳认真的……我们过了半世，仍旧做人不够全面，缺点累累，如何能责人太苛呢？可是古人常说：取法乎上，得乎其中；取法乎中，得乎其下。而我对青年人、对我自己的要求，除了吃苦（肉体上、物质上的吃苦）以外，从不比党对党团员的要求低，这是你知道的。但愿我们大家都来不断提高自己，不仅是学识，而尤其是修养和品德！

一九六二年十二月五日

敏：

真怪，你一日的信和她三日的信，竟于今晨同时收到。宿舍的情形令我想起一九三六年冬天在洛阳住的房子，虽是正式瓦房，厕所也是露天的，严寒之夜，大小便确是冷得可以。洛阳的风刮在脸上像刀割。去龙门调查石刻，睡的是土墙砌的小屋，窗子只有几条木栅，糊一些七穿八洞的纸，房门也没有，临时借了一扇竹篱门靠上，人在床上可以望见天上的星，原来屋瓦也没盖严。白天三顿吃的面条像柴草，实在不容易咽下去。那样的日子也过了好几天，而每十天就得去一次龙门尝尝这种生活。我国社会南北发展太不平衡，一般都是过的苦日子，不是短时期所能扭转。你从小家庭生活过得比较好，害你今天不习惯清苦的环境。若是棚户出身或是五六个人挤在一间阁楼上长大的，就不会对你眼前的情形叫苦了。我们决非埋怨你，你也是被过去的环境、教育、生活习惯养娇了的。可是你该知道现代的青年吃不了苦是最大的缺点（除了思想不正确之外），同学，同事，各级领导首先要注意到这一点。这是一个大关，每个年轻人都要过。闯得过的比闯不过的人多了几分力量，多了一重武装。以我来说，也是犯了太娇的毛病，朋友中如裘伯伯（复生）、仑布伯伯都比我能吃苦，在这方面不知比我强多少。如今到了中年以上，身体又不好，谈不到吃苦的锻炼，但若这几年得不到上级照顾，拿不到稿费，没有你哥哥的接济，过去存的稿费用完了，不是也得生活逐渐下降，说不定有朝一日也得住阁楼或亭子间吗？那个时候我难道就不活了吗？我告诉你这些，只是提醒你万一家庭经济有了问题，连我也得过从来未有的艰苦生活，更说不上照顾儿女了。物质的苦，在知识分子眼中，究竟不比精神的苦那样刻骨铭心。我对此深有体会，不过一向不和你提罢了。总而言之，新中国的青年决不会被物质的困难压倒，决不会因此而丧气。你几年来受的思想教育不谓不深，此刻正应该应用到实际生活中去。你也看过不少共产党员艰苦斗争和壮烈牺牲的故事，也可以拿来鼓励自己。要是能熬上两三年，你一定会坚强得多。而我相信你是的确有此勇气的。千万不能认为目前的艰苦是永久的，那不是对前途，对国家，对党失去了信心吗？这便是严重的思想错误，不能不深自警惕！解决思想固是根本，但也得用实际生活来配合，才能巩固你的思想觉悟，增加你的勇气和信心。目前你首先要做好教学工作，勤勤谨谨，老老实实。其次是尽量充实学识，有计划有步骤的提高业务，养成一种工作纪律。假如宿舍四周不安静，是否有图书阅览室可利用？……还有北京图书馆也离校不远，是否其中的阅览室可以利用？不妨去摸摸情况。总而言之，要千方百计克服自修的困难。等你安排妥当，再和我谈谈你进修的计划，最好先结合你担任的科目，作为第一步。

身体也得注意，关节炎有否复发？肠胃如何？睡眠如何？健康情况不好是事实，无须瞒人，必要时领导上自会照顾。夜晚上厕所，衣服宜多穿，防受凉！切切切切。

……

千句并一句：无论如何要咬紧牙关挺下去，堂堂好男儿岂可为了这些生活上的不方便而消沉，泄气！抗战期间黄宾虹老先生在北京住的房子也是破烂不堪，仅仅比较清静而已。你想这样一代艺人也不过居于陋巷，墙壁还不是乌黑一片，桌椅还不是东倒西歪，这都是我和你妈妈目睹的。

为她着想，你也得自己振作，做一个榜样。否则她更要多一重思想和感情的负担。一朝开始上课，自修课排定，慢慢习惯以后，相信你会平定下来的。最要紧的是提高业务，一切烦恼都该为了这一点而尽量驱除。

……你该想像得到父母对儿女的牵挂，可是时代不同，环境不同，父母也有父母的苦衷，并非不想帮你改善生活。可是大家都在吃苦，国家还有困难，一切不能操之过急。年轻时受过的锻炼，一辈子受用不尽。将来你应付物质生活的伸缩性一定比我强得多，这就是你占便宜的地方。一切多往远处想，大处想，多想大众，少顾到自己，自然容易满足。一个人不一定付了代价有报酬，可是不付代价的报酬是永远不会有的。即使有，也是不可靠的。

望多想多考虑，多拿比你更苦的人做比较，不久就会想通，心情开朗愉快，做起工作来成绩也更好。千万保重！保重！

爸爸　十二月五日

只要思想不犯错误，没有精神负担，光是日常生活不方便些，算得什么呢？有困难，想法逐步解决（如自修问题），要冷静，客观，用脑子！找窍门，可不能烦恼，影响身心健康！烦恼解决不了问题。

傅雷夫妇致亲家梅纽因夫妇函

梅纽因（Yehudi Menuhin，一九一六—一九九九），世界著名音乐家、小提琴家和指挥家。傅聪前妻扎弥拉的父亲。——编者注

一九六一年一月二十六日

伊虚提
　　　双鉴：
狄阿娜

得悉你们首次探访小两口所得印象，内子与我深感欣慰，我们早已料到弥拉对持家之道必应付裕如，但不料她连烹调艺术也上手神速。聪最敬爱的两位老师，即在温尼伯的勃隆斯丹太太和在华沙的杰维茨基教授，各以略不放心的口吻来函相询，欲知当年弟子婚后的事业发展如何，而我自己对此却颇觉心安，因为孩子们对艺术的奉献及其处世态度使我满怀信心。其实，从你们的描述之中，得知弥拉已使新家充满温情及诗意，凡此一切，显然为两位尽力熏陶、悉心培育的结果。

两位对聪的厚爱，使我们铭感在心。惟有纯洁仁爱、充满真情的心灵才能彼此充分了解，互相真正赏识。尽管如此，聪始终不够成熟，缺欠经验，因此日常行事不够明智，此所以我们虽对他做人原则深具信心，而始终放心不下的原由。

"依灵"事件①谅不致重演，既为身在西方绝无仅有的中国音乐家，他自当凡事谨慎方可。再者，音乐会的地点不应只以艺术考虑作为选择条件，而应深思熟虑，以更为重要的其他条件作为甄选原则。不知他是否愿意采纳我的意见，因年轻人或多或少考虑不周并坚持己见，以致不能预见可能遭遇的不幸。此种忧惧经常折磨我们，甚至达到夜不成眠的地步。然而某些障碍，若能及时劝告，当可轻易避免。天真无邪自属可贵，凡事无知却使人愚不可及、灾祸殃身。在此复杂混乱的时代，行事多加思虑不啻为处世良方。我们深信两位必定会为孩子们幸福着想，多予开导。

承蒙两位建议为我代购书籍，欣然从命，然此事需附设条件，即你们必须跟聪算清代付账目方可。暂且寄上书单一张，多所叨扰，有渎清神。

去岁十一月已指示孩子，嘱他转交十七世纪中国画"花鸟"复制品六

---

① 傅聪于演奏会当日把日期弄错，以为是第二天。事后需择日补弹。

幅，画作于十二月中寄往伦敦。如今看来聪已浑忘一切，足见他如何对待我们之付托！其糊涂健忘真不可救药。此次寄呈画作一幅（一月九日寄出，约二月中寄达），此画由一位好友，也即当今我国最佳画家之一林风眠所绘。兹备画家简介，随后奉上。

狄阿娜夫人来信亲切，充满睿智，内子阅后不胜欣悦，谨申衷诚谢忱，并为稽复致歉。内子因不善英语表达，故迟迟未曾提笔，而我惟恐使她徒增压力，亦不敢过分催促也。

得知孩子们已在一幢舒适住宅安顿下来，一切皆便，极感欣慰。深信自寻觅居所至种种安排，皆为你们悉心照拂之功。

便中尚祈早日赐寄照片为盼，顺颂

双祺

傅 雷

朱梅馥

一九六一年一月二十六日

好友小提琴家马思聪（一九三〇年前曾负笈巴黎）为吾国最佳作曲家，亦为北京音乐学院院长，及一九五五年第五届萧邦音乐比赛评判，请我代询可否将其作品直接寄上。马为首先发现聪音乐天才的中国音乐家之一。

伊虚提灌录之唱片（密纹唱片），请按所喜作品为我们甄选一套，如蒙雅允，无任感荷。又及。

一九六一年二月九日

伊虚提如晤：

贤伉俪及孩子们的照片是否已经晒好？是否已以“空邮”惠寄？内子及我对这些照片终日期盼。林风眠画作谅已收到，不知是否喜欢？狄阿娜是否亦喜欢？又聪不知有否转交去岁十一月嘱其奉呈之“花鸟”复制品六幅？

兹推荐埃蒂昂勃勒所著有关现代中国一书，名曰《新西游记》（巴黎：伽利马出版社，一九五八年版），作者曾在书中提及不佞。能令你对吾人今日生活环境知悉一二（吾国因凡事皆发展迅速，始料不及，故当前情况较埃蒂昂勃勒来访时已大不相同。此中情况可询能人求证），诚有意义。此书在原出版社若已脱销，必可在巴黎旧书店买到。阅毕想必会转交弥拉，然否？

吾友马思聪已寄奉部分作品，并附简函。

内子附笔问候，狄阿娜处不另。

耑此 祇颂

双绥不一

傅 雷

一九六一年二月九日

一九六一年二月二十三日＊

亲爱的夫人：

一月承蒙惠赐来函，稽复为歉。为表达畅顺起见，此信我先以中文起稿，再由外子译成英文。三十年前离开学校之后，迄无机会练习外文，以致目前程度只能稍作阅读而已。然而承认自己才疏学浅，不擅执笔，总比延宕无期、让朋友失望为佳。

来信所言，使我思潮起伏。我深切了解要将一个不是己出的孩子抚养成人，确非易事，个中困难且随时存在，随处可见。即使亲生骨肉，亦无法时时知道如何对待。不同年龄必然会带来不同看法与感受，加以现时代生活纷扰，发展迅速，使我们与年轻人之间更增隔阂。然如所言，我们与孩子之间并不存在这种距离，因为相信自己尚能了解他们的心理状态，并且自认并不落伍。时常使我们不安的倒是艺术家天赋的"一心一意"。我们跟你同样认为，不必为年轻人担忧，但却几乎出于本能、难以自抑的要"知无不言，言无不尽"，诚如中国成语所云，"信不信"任由孩子去取。归根究底，在抚养儿女的过程中，已予我们有关生命真谛的许多启悟，这是最大的报酬，不知你以为然否？

亲爱的朋友，你对于自己的教育成果，必定感到自豪。得悉令郎"杰勒德教授"禀承天赋，如你一般一早就表现出戏剧才华，可喜可贺。而弥拉则聪颖可爱，恳挚真诚，讨人喜欢，深信她也会像你一样逐渐学会如何适应身为艺术家之妻的艰辛。聪有此福气，令我高兴。得知盗窃一事，极为震惊，窃案是否在你们离开伦敦前发生？此事似恶意搜寻多于寻常盗窃，因此小两口日后需加倍小心。有关详情，可否赐告？

梅纽因先生的巡回演奏必然十分成功，谨申贺忱，并再次为稽复致歉，即候

近安

朱梅馥　启

傅雷　附候

一九六一年二月二十三日

一九六一年五月二十一日

伊虚提
　　　双鉴：
狄阿娜

狄阿娜来信言及你们生活极其繁忙，令我感触良多，然亦为意料中事，因我虽不如两位这般艺术任务众多，社交活动频繁，仍然非病倒绝不中断工作。人生有太多事要做，太多知识要追求，太多讯息要知悉，以致一日二十四小时总嫌不够，即使对一个生活归隐，恍似遁世如我者，也是如此。这岂非现代人主要病根之一？艺术若在吾人身上加重负担，徒增疲劳，而非带来平安，赋予喜乐，岂非有违初衷？一个世纪之前，丹纳早已抱怨人类头脑之进化不合比例，有损其他器官，而现代生活的复杂紧张已剥夺人类简朴自然、合乎健康之乐趣。倘若丹纳再生，目睹吾人今日之生活，不知又将出何言？

四月十七日接奉伊虚提新录唱片九张，另华格纳序曲一张；四月二十日，收讫法文书籍一包；五月二日收讫有关聪之德文文章，此等文章承蒙不吝翻译，凡此种种，感不胜言。伊虚提唱片令我们愉悦难宣，尤以近二十年未曾得聆阁下优美演奏，更感欣忭。可知自中日战争后，此间与西方文艺界已完全脱节。聪未告有否将书款偿还，虽然曾询问不止一次，此即为年轻人处事糊涂而应予责备之处。尚祈不嫌烦琐，径向聪索取代付款

项为盼。若能真正对其视同己出，命其履行应尽职责，则将不胜欣慰之至。

狄阿娜于五月三日来函中提及一本共两册之字典，然并未指明所属种类。现有《乐如思世界字典》共两册，《二十世纪乐如思字典》共六册，《李特莱大字典》共四册。代购之字典相信为有关短语及引言者，未悉是否有较加赛尔本更详尽之法英—英法对照字典？若有上好字典，即使只有法英对照者，亦将合乎所求。

有关孩子们的结婚照，只于三月二十二日收到弥拉三月十日寄出之一批，你们寄自苏黎世的相片则从未收到，且如今方知有此一事。

凡寄邮件烦请留意，不论方便与否，务必以坚固信封或口袋装载，并请于四周用胶纸封好，或用绳子系牢。上海与欧洲之间，路途遥远，途中常有信封损坏、内件失落之虞。前次尊函附有巴斯音乐会说明书，信封就遭损坏并需此地邮局重新粘贴。

有关巴斯音乐节之曲目，其中包括英、法古乐，令人深感兴趣，未悉此等极少演奏之乐曲会否灌录成唱片？

五周以来，不见孩子们只字片语，此乃疏忽不周的另一例子。无论如何，音讯杳然至此，但愿非因任何一人身体不适所引起。

顺颂

双绥

傅　雷

朱梅馥

一九六一年五月二十一日

兹将收讫书籍详目胪列如下，敬请参阅。

四月二十日收讫自巴黎弗林可书店所寄书籍：

一、巴尔扎克《人间喜剧》人物志两册

二、一九六〇年巴尔扎克年刊一册

三、巴尔扎克书信集，第一册一册

四、引言百科全书一册

五、乐如思法文短语字典一册

（莫里斯·拉所编《乐如思法文短语字典》极不理想，倘另有包含较多法国俗语之字典，烦乞代购。）

一九六二年一月七日

伊虚提
狄阿娜 双鉴：

叠奉来自香港邮包四件，来自伦敦邮包两件（其一为药物），以及自香港雀巢公司寄来之礼物，迭蒙厚贶，隆情高谊，感激难宣。

得知两位喜爱前奉之中国画，十分高兴，惜此间既无太多杰出的当代画家，也无美丽的刺绣物品，稍佳或稍古的作品，均禁止出口，而较次之物，又不敢奉寄。今人只欲草草生产，不再制造美丽耐久之物了。

两位想必远离家园，仆仆征途，故五月未曾笺候。但未料你们美国之行竟长达十周之久。伊虚提新灌唱片，定必成功。如你们一般，我时常为现代文明而叹息。此种文明将艺术变为工业社会极度紧张之产物：艺术活动及表演太多太繁，因而使公众未及消化吸收，艺术家未及潜心沉思，此为进步耶？倒退耶？身为东方人，仅阅读有关刊物已觉晕头转向。我曾屡次劝告聪演出勿太频密，然聪仍太年轻，极需建立地位，以便不致沦为工作奴。伊虚提的处境全然不同，大可按自己意愿调节演出次数，以便多作休息，如此则对艺术及健康均有所裨益。但内子持有不同看法，认为伊虚提因惯于辛勤工作，习于多姿多采，倘若闲暇太多，超乎常规，必会感到烦腻，此话也许有理。

约五周未悉孩子近况。自纽约演出后，未见只字片语。现奉大函得知小两口在火奴鲁鲁阳光热浪下一切均好，深感欣慰。想来南太平洋必然景色壮丽。一月后你们将于澳洲会面，然否？澳洲友人近日函告，当地华侨已在准备款待祖国同胞艺术家；可不要像夏威夷华侨一般以盛宴佳肴填塞孩子们才好！

顷奉贺年片，特此致谢。卡片上附有伦敦邮票，由格施塔德寄出，而此刻两位身在美洲，思之令人神往。两位周到待友之情，及日常处世之道，实令人赞叹不已。

承蒙厚赐日用品及维他命，加以孩子们寄来之物，去年生活较好，风湿痛已较少发作，而幼子阿敏在北京亦少挨苦。目前我每日可工作约八小时，然而巴尔扎克《幻灭》一书，诚为巨构，译来颇为费神。如今与书中人物朝夕与共，亲密程度几可与其创作者相较。目前可谓经常处于一种梦游状态也。

因姻亲关系，短时间内即成莫逆，实属万幸。能有远在异国、近在心中的朋友，岂非人生罕有之乐？你我之间确有相交经年之感。

内子跟我在此向两位拜个晚年，顺颂福泰安康，演出成功辉煌，并向杰勒德及杰里米致以亲切问候。但愿此信寄达时，你们仍在伦敦。

傅　雷　一九六二年一月七日

一九六二年四月十二日

伊虚提
　　　双鉴：
狄阿娜

前奉一月二十八日自庞贝来函，迄今始复，延宕无由，歉疚实深。生活归隐至此，实远较他人时间充裕，得以向各方友好笺候，而此等友好我与内子时在念中。其实亦曾屡屡念及，不知你们身在何处，不知你们何以能妥善安排如此紧张的生活，而伊虚提不知又给公众带来何等令人赞叹的崭新献礼。然握笔笺候，仍需提起神来，徒然心系友人，并不足够。近来颇觉疏懒，尤感沮丧，并无显著原由，只因疲惫乏力、未老先衰而已。

人生已过半百，对生命自感意兴索然，而身处东方，且秉性严肃，缺乏雄心，性好内省，再者生逢狂风暴雨的时代，则更加如此。看来没有幻想的理想主义者更易失望，对人类命运更愿接受服尔德式的概念。中国成语谓，人为“万物之灵”，此种颇为自大的信念，我时时嘲之。即使身处另一星球来观察人性，我亦不可能变得愤世嫉俗。虽然所有崇高美丽之事物我均十分热爱，却无法使自已的梦想不遭破灭，反之，太多事令我震惊不已，使我疲累不堪，直至虚无寂灭。幸勿以为此类折磨乃浪漫底克伤感主义的来复，我已活得颇久，看得颇多，足以找出千百种理由，使怀疑看法屹立不倒。一种与哲学家智慧无涉的冷漠，一种不具任何力量的慷慨，一种缺乏狂热的理想，凡此种种，兴许是现代人通病的根源吧！大函述及有关印度之事，稍换数词，即可运用到吾人身上：相信无论身处何地，世人对未来均不太肯定。然而，我对自己的工作仍进行如常，此乃惟一可供逃避厌倦之良方——无疑为一种精神上的麻醉剂，幸好对他人无碍。

……

愚对艺术的坚定信念，谅你们有相当了解，故对此处赘述为聪忧虑一事，当不感意外。对仍需不断充实自己的年轻音乐家（至少以长期来说）演出过频，岂非有损？认真学习，岂非需要充分时间，宁神养性及稳定感情？倘若不断仆仆风尘，又怎可使一套仍嫌贫乏的演奏曲目丰富起来？我明白聪儿需要抓紧所有机会以便在音乐界建立地位，亦知竞争极大，激烈非常，加以生活越趋昂贵，即使演出频频，在缴付税款及支付代理人佣金之余，亦所剩无几。音乐家时可在演奏台上得到进步，且若不经常在观众面前演出，将会烦闷非常，这些都可理解。然而在这种无止无休、艰苦不堪的音乐生涯中，要保持优美敏锐、新鲜活跃的感觉，岂非十分困难？聪身体非壮，财力不足，此外，他不但几如所有艺术家般不善理财，且过分懦弱，过分敏感，也过分骄傲，不屑跟一般音乐代理人，跟唱片公司经理，跟真正现代阿巴贡①的恶劣手段去对抗。他在美国的遭遇实在惊人，然而又能如何？我们岂不是生活在充满血腥斗争的世界，而冷战并非限于政治圈子？此外，我亦深知不该对年轻人面临的事物感到焦虑。再者，孩子自有其命运，不必为他们过分操心。然而我始终不能自已。与子女之间血脉相连，他们的痛苦有时比自己的更感忧伤。

香港方面传出梅纽因即将赴港演出的消息，然未知确切日程。我们距离如此近又如此远，诚为可惜！料将巡回演出，顺便往日本及马尼拉等处，而不至仅赴香港一地，然否？

冗言滔滔，幸恕拉杂。能跟挚友推心置腹，岂非一乐？梅馥生性乐观，较少忧虑，因此常较我开怀，她对生活知足，此乃福分也，幸保未失。因聪寄来日用品之故，敏儿在学校生活安好。

---

① Harpagon，莫里哀名剧 L' Avare 的主人翁名，贪婪之人的代称。

即颂

万福

傅　雷

一九六二年四月十二日

一九六二年六月十六日

伊虚提
狄阿娜　双鉴：

叠奉二函，稽复为歉，许或因精神沮丧之故，尚祈鉴谅。惟有日复一日，勤于工作，以期忘我，生活中自我麻醉至此，岂不可悲？然历经忧患，尤以年事渐老、健康日差之际，能养成习惯，以寄情工作为解救之法，岂非亦为一乐也？

承蒙惠赐照片，十分高兴，然瞥见伊虚提呈现疲倦之态，使我略感不安，所幸你对自己艺术及生命充满热诚，令我颇觉安慰并欣慕不已。

自香港再次惠寄之邮包已拜收。屡蒙厚贶，重劳关注，感激难宣。两位想起我国节庆——五月初五端阳节，实在周到之至。此乃纪念公元前三世纪大诗人屈原之节日。所言有关香港中国人之事儿可延用至全世界之伟大民族身上。中国人的确有些与众不同的特性，例如坚忍耐劳，朴实谦和，但以一般而论，我相信凡简朴而未受现代文明污染的人民皆敦品厚德、值得欣赏。深恐中国同胞在依循正确道路达到现代化之前，已失去传统美德及国民特性。此说并非杞人忧天，在知识分子圈中有多宗事件足以证实所虑非虚。

印象中聪也许过分专注音乐，以致忽略家庭生活。他苦练钢琴，超乎常态，甚至不愿在可能情况下，放假数日，以便休息。长此以往，这种生活方式不知会否妨碍小两口之间的和睦相处。素知两位通情达理，故将对儿媳幸福之虑坦白相告，也许伊虚提可一方面开导聪，另一方面协助弥拉对此类音乐家多予了解？

你们该再次参加巴斯音乐节并再次灌片，谅必成功。料不久即将赴格施塔德度假，又可与孩子们在山中休养了。

草草布复，顺颂近祺，并申谢悃。梅馥附笔问候。

傅　雷

一九六二年六月十六日

一九六二年十二月三十日

伊虚提
　　双鉴：
狄阿娜

希腊来函收悉已达二月，惟生活平凡，乏善可陈，故疏于具问。孩子们对赴巴伐利亚度假一事，只字未提，仅知二人于十二月中赴康城前，曾到巴黎，至于是否将往巴伐利亚跟你们共度圣诞及新年，则无从得知。

伊虚提于明年一月在英国演奏两场，其中一场将由聪代替海弗西巴演出，此事是否属实？此种合作演出成绩若何，我深感好奇，极盼赐告。英国乐评家近日对聪态度大变，令其极为吃惊，虽则聪对自己之音乐忠诚不变，坚毅如昔。近数月来中国与西方国家不和，亦使其深感痛心。身为放逐在外的年轻人，必然十分敏感，而其爱国心又十分强烈，且移居一事，与仇视祖国无涉，故归根究底，当可了解在聪内心深处，始终存在冲突，即发现不论思想、文化、哲学——简言之，凡影响中国人智性及精神生活之种种，皆与西方人在基本上截然不同。我们的确对现代重商主义深恶痛绝，尤以艺术圈子为然。举例而言，两年前得知凡音乐会寻常预习一次立即演出，深感惊讶。对吾等“老一辈”而言，此事简直匪夷所思。

聪第二次赴美巡回演出，看来情况未可乐观，由于演出并不算多，他不免自问所得是否足以偿付旅行支出。然又能如何？凡音乐家必经此途，聪已算少数得享特权的音乐家之一，夫复何怨？吾友以为然否？

新年无甚佳品可赠，奉呈之物正如中国成语所言，仅为“千里送鸿毛，物轻情意重”而已。

梅馥附笔同贺年禧，尚祈珍摄，耑颂
艺祺不一

傅　雷

一九六二年十二月三十日

一九六三年四月十四日

伊虚提
　　　　双鉴：
狄阿娜

久疏笺候，尚祈两位身体安康，不致过劳。数月来不知又曾到过哪些国家？闻悉你们对苏联音乐界近况之印象后，实深有同感。吾人处于知识及艺术界中，多少都身受其苦，而此界之种种缺陷，无一制度足以补救。

得知聪跟弥拉的婚姻生活渐趋美满，彼此之间日增了解，内子与我均深感欣慰。他们其实已在生命中跨出了一大步。因为我认为生活的艺术是所有艺术之中最难的一种，而夫妇之间和睦共处之道，就是吾人立身处世的根本所在。聪天真未凿，充满理想，他于三月间自美国来函，信中述及种种见闻，饶有趣味，惟独对自己演奏成绩却只字不提。虽然他佯作毫不在意，但心中仍充满种种幻想，使我不忍使之幻灭。任何人如欲生活得不太受罪，就必须如此，倘若身为恳挚真诚及极度敏感的艺术家，则更应如此。

西敏寺唱片公司自其英国代理人业务失败后，情况如何，尚祈见告，以释吾念。我深恐聪灌录唱片的心血，付诸流水。聪似乎迄今尚未与任何信誉超卓的公司签约，自一九五九年以来，他虽曾跟两家公司打交道，但都徒劳无功。

虽然我一直健康欠佳，但过去数月来所幸并无特别病痛，惟独视力越来越差，每日工作之余，只能稍作阅读，需浏览之书太多，而在晚上却被逼躲懒偷闲，诚为憾事。我译文的风格，令自己深以为苦，虽已尽全力，却永远达不到满意的完美程度。巴尔扎克、服尔德及罗曼·罗兰的英译本多数惨不忍睹，错误百出，无可原谅（时常整句漏译），我尽量尝试译得忠于原文，而又不失艺术性，务使译文看来似中文创作，惜仍然力不从心。翻译之难，比起演奏家之演绎往昔大师的杰作，实在不遑多让。

倘我常露沮丧之情，疲惫之态，幸勿见怪。这种心情，殊难掩饰，在知心朋友面前，尤其如此。

内子附笔问候，即祝

双福

傅　雷

一九六三年四月十四日

又及:承蒙去冬从德国惠寄相片,特此致谢。

一九六三年八月十九日

伊虚提
　　　双鉴:
狄阿娜

八月一日手书拜收,得悉伊虚提灌录之唱片又一次成绩骄人,深感欣忭。四月底聪曾来信提及岳父在伦敦之精彩演出,感奋之情,溢于言表,并谓此乃历来聆听贝多芬小提琴协奏曲之中,最为杰出之一次。承蒙惠示《卫报》刊登之文章剪报[1],我对此乐评人之文笔,颇为稔熟,故深谙其对伊虚提赞誉之意。

大函所言有关孩子们之情况令我略感放心。首先,你们对弥拉的个性最为了解。其次,你们跟他们距离较近,必可对其日常生活更为清楚,然而父母为远在他方的子女幸福着想,对其牵肠挂肚,此种心情,你们必会谅解,虽则种种忧虑,有时颇为多余。聪在南美巡回演出期间憾不能函达,所冀希者仅仅为通过弥拉得知其近况一二,然弥拉亦可能所知不详[2],因聪几乎经常仆仆风尘或身处音乐厅中。

随函附上一信给弥拉,若她身在苏黎世或其他地方,则烦请顺阅此信并代转告。在两位于格施塔德节日演出期间,冗琐烦渎,幸乞恕罪,并致谢忱。此次演出,想必成功无疑。巴斯音乐节今年似不曾举行,此节是否并非逐年筹办?

草草奉复,祗候两位及二位公子

阖府均吉

傅　雷

梅　馥

一九六三年八月十九日

---

① 原文为 coupon,应为 coupure 之误。——金圣华注

② 原文 peutelle,应为 peutêtre 之误。——金圣华注

一九六三年九月一日

伊虚提
双鉴：
狄阿娜

目前想必已返抵伦敦，尚祈节日过后，你们能在格施塔德好好休息。内子和我对狄阿娜的健康，十分悬念，苏黎世的医生不知有否使你完全康复？你们两位的生活实在太忙，但又所为何事？大家抱怨现今社会令人头昏目眩，但又无法置身事外。此说历时已有百年，甚或更久，因巴尔扎克对此种使人眼花缭乱的生活早已屡有述及。

然而，伊虚提身为成名已逾三十年的乐坛大家，与他人相比，当可有较多良方使生活节奏不致过促。音乐艺术能使你享有更多的宁谧、休憩及沉思之乐。深信你不仅愿意也能逐步走上一条道路，这道路不但能使你更享生命之趣，也能将音乐带到更崇高辉煌之境。

自五月中旬之后，迄无弥拉任何音讯（也许来信已遭遗失），只收到聪寄自南非一信，及前天寄自瑞士明信片一张。弥拉在苏黎世疗养院检查后谅应一切安好。承蒙应允必要时就灌录唱片一事对聪提出忠告，无任感荷。我并非定要使他免受剥削，此事并不可能，然至少可安排将两年前灌录的唱片发行面世（注），而不致了无尽期的湮没在“西敏寺及西依公司”里不见天日。唉！聪对这些事实在太不积极，过分谦虚。

你们大概又得开始忙碌的一季，到处旅行并巡回演奏。会否再去美国？两位公子想必出落得越发可爱，杰里米对瑞、意之行是否满意？

我们过得还差强人意，整个夏季我都可翻译巴尔扎克，《幻灭》初稿已经完成，但必须修改润饰，待改完誊清就得延至一九六四年五六月间。这本共分三部曲的小说译成中文有五十万字——这是吾人计算文学作品长度的方式。

此地食物匮缺情况已恢复正常，幸勿再自香港惠寄包裹为盼！叨扰已久，感不胜言。

耑此　敬颂

双绥不一

傅　雷

梅　馥

一九六三年九月一日

（注）聪已灌录的下列唱片，自西敏寺唱片公司英国代理倒闭以来，迄无音讯。

一九六一：萧邦：马祖卡三十三首

斯加拉蒂：奏鸣曲十四首

一九六二：巴赫：半音阶幻想曲及随想曲

韩德尔：G调组曲

萧邦：f小调第二钢琴协奏曲

舒曼：钢琴协奏曲（此两首协奏曲与伦敦交响乐团协同演出）

舒柏特：奏鸣曲两首

一九六三年十二月十日

伊虚提
　　　双鉴：
狄阿娜

凤凰城传来佳音之前，已从友人处知悉有关你们美国巡回演奏的消息，因他们曾于辛辛那提聆听伊虚提的演出。你们即将在伦敦创办培养音乐天才儿童学校一事，弥拉亦曾提及。年轻学子能有此接受理想教育之良机，确实幸福。两位不仅仁慈为怀，慷慨助人，且在种种智性活动及行政工作方面，均表现出惊人魄力，令人钦慕。在两位面前，我因健康日衰，一无所成，相形之下，几同懒人或病号也。

聪来信述及他在斯堪的纳维亚及维也纳巡回演出中，琴艺大有进步，并谓自己在演奏中曾处于一种精神抽离状态，对观众及物质世界感到既遥远又接近。他目前弹琴时不论身心都较前放松，而且身体已不再摇摆，得悉这一切，深感兴奋。再者，一个艺术家在自己领域中不断求进，且每隔五六年就迈进一大步，确实十分重要。

聪对自己非经编汇的灌录也许并不在意（包括萧邦《马祖卡》三十三首，斯加拉蒂奏鸣曲，巴赫半音阶幻想曲及随想曲，韩德尔组曲，舒伯特奏鸣曲两首，萧邦协奏曲一首，舒曼协奏曲一首——内容不错，然否?），他对自己演奏成绩，尤其是灌录成绩，总不满意，然而我对这些记录，即使极不完美，亦珍而重之。出版西敏寺公司唱片的附属唱片公司近况如何？未悉你们是否正巧知晓？其英国代理人去年似已破产。

承蒙自香港惠寄食品包裹，不胜惶愧，每逢中国佳节均承厚赐，关怀之情，五衷铭感。然目前一切情况几已恢复正常，万望切勿再次厚贶为盼！

你们似又将前往巴伐利亚与孩子们共度假期，伊虚提并将与聪合奏奏鸣曲，尚祈你们能欢度节日，好好休憩。

一九六四年将届，即颂年禧，并候

道绥

傅　雷

梅　馥

一九六三年十二月十日

请为我订购于日内瓦出版之有关巴尔扎克书籍，书名见另纸。又及。

一九六四年二月十五日

伊虚提
狄阿娜　双鉴：

接奉一月七日大函，方始对你们在施洛斯·伊拉姆的音乐活动情况，得知一二，孩子们迄今不曾来信，他们应已相偕前赴美国，然否？根据年初接获自施洛斯·伊拉姆寄来之明信片，你们新年度假的地点显然远离市区，不禁自忖巴斯交响乐团究竟要为哪种观众演出？

聪是否为演奏室乐的良伴，令我好奇，不知他与不同乐器合奏的多首二重奏是否成功？聪于去岁十月曾提及他在斯堪的纳维亚巡回演出时琴艺进步一事，令我极欲聆听伊虚提之高见，未悉我们的孩子是否真已在自己的领域中向前迈进？——未悉他是否已走上正道？

得悉你们喜欢中国画册，而此等书籍大大美化现实，尤以周游世界之际，能使你们身心舒泰，诗情洋溢，怀着有关中国的美梦，的确令人欣喜。

承蒙邀约前往贵处拜候，不胜铭感。能与孩子们相逢，并跟你们相聚一堂，尽兴畅谈，实为不敢奢望之一大乐事。惜人生不能随心所欲，且此事非关盘川，个中原由，两位想必极难明白。

烦请代购杰弗里·阿特金森所著有关巴尔扎克思想一书（共五册），琐事叨扰，尚祈见谅。此书未敢肯定可否于日内瓦寻获，因一般书籍在欧洲极易脱销，故我经常为找寻所需有关巴尔扎克研究的著作而煞费思量。

诸事繁忙，幸勿过劳。两位常在念中，思念之情楮墨难宣，然或可以心灵感应，换言之，以巴尔扎克式，用磁性相吸之说来沟通。

傅　雷

梅　馥

一九六四年二月十五日

一九六五年十一月九日

伊虚提
狄阿娜　双鉴：

得知你们对聪的巡回演出表示满意，深感欣慰。以伊虚提的艺术眼光，对爱婿自不会有所偏袒，故我们对聪近年来在音乐方面之长进倍添信心。伊虚提对聪来说，不仅犹如慈父，且在精神启蒙方面亦为良师，因聪不时以钦慕之情，领悟之心，对你有关艺术的远见卓识（聪曾屡屡述及，每次跟你练习之后，必大有所获），以及你崇高的品德（以聪惯常用语，即你那天使般的性格），推崇备至。

最近曾自希彻姆及北爱尔兰两所苗圃订购月季花苗，原以为弥拉当在伦敦为我跟此等公司算清账目。此外，又曾寄往坎菲尔德花园包裹一个（内有送狄阿娜的中国丝织品一件），应于十二月初抵达。因未料及弥拉已离家与你们会晤，且深恐英国邮局发现聪家中无人，会把邮包寄返中国，故不得不致函史密斯小姐，烦请代办有关事宜，并向邮局安排一切，以确保邮包留在伦敦。擅自径函两位之秘书，尚乞恕罪，因不知你们归期，且事情紧急，加以史密斯小姐于九月曾就代觅月季花目录一事惠赐来函，故理应布复致谢也。

因聪经常出门，而弥拉又忙于治家育儿，故不知将来能否致函史密斯小姐央其代办种种琐务（如买书、找杀虫剂、杀真菌剂、园艺用品等），并嘱聪事先于史密斯小姐处放置若干款项？如有不便，尚祈不吝相告，则决不敢叨扰也。

去夏曾于家中休养两月，因脑力消耗过度——一日工作之后，头部正如巴尔扎克所言，变得恍如烤炉。不幸重新工作才一月，约于九月底，视力大衰，字前似常有浓雾飘浮。经医生诊断，查不出严重原因，只谓用眼过度所致，因而遵嘱不得不再度停止工作。前次休息时，甚至连写信也不准！此信我时断时续，在打字机上已耗时两日（基于同一理由，自九月中即不曾致函弥拉）。目前不能阅报，只可听音乐及翻阅画册。在此缺乏活动的生活中惟有园艺可资消遣，尤以种月季为乐。然凡费目力之事，如接枝等，概由内子代劳。

来函未言及目前凌霄身在何处，是否在瑞士那位老保姆处？因其离家甚远，故极盼他一切安好，并获妥善照顾。

孩子们已有八周未通音讯。狄阿娜回去后若能耗神半点钟，告示孩子行踪，则不胜欣忭之至。

耑此　敬颂

时祺

傅　雷

梅　馥

一九六五年十一月九日

万望由聪将史密斯小姐为我代付款项偿还。不然，日后将不敢烦扰你们秘书代办任何琐事矣！

一九六六年一月四日

伊虚提
狄阿娜　双鉴：

十二月二十六日大函奉悉，甚感快慰。未能为你们寻获较佳中国丝绸，十分抱歉，此等丝绸乃专供出口之用，内地市场根本无法购得。内子因凑巧选上狄阿娜至爱之色而欣喜不已,由于寄出包裹后始得知你特喜黄色,此点并不出奇,最近在格赖斯目录中发现有一种与茶树混种之月季,恰以狄阿娜·梅纽因命名,而其色泽正为黄色!

昨日为一大喜之日,因除欣获两位大函之外,还收到聪及弥拉寄来长信两封,以及照片一包。此情此景,岂非珍贵友情及真挚亲情齐集上海,使我们暖在心头?顷刻之间,仿如大家都在家中团圆:此时何等美妙!此情何等动人!得知不久将有专人照顾凌霄,大感放心,操持家务对弥拉来说确实太过辛劳,弥拉身体较弱,极需帮手。瑞士保姆,性格单纯,应较法国女子牢靠,虽然后者在英国传统上较有声誉(正如英国“保姆”在法国亦颇有声誉一般)。

史密斯小姐函告佳音,谓伊虚提即将获颁英帝国爵士勋衔,此荣誉早应获得;而狄阿娜多年来任劳任怨,不遗余力,亦贡献良多。每一位成名人士背后,总有一位无名女士在默默支持,虽位属次要,亦不应少受荣耀。归根究底,两位得此殊荣,确为实至名归!企慕不已,谨致贺忱。

因视力不佳,颇感倦怠,匆此布复,幸乞恕罪。然两位幸勿为我过忧,我自当耐性静养,冀希康复。迄今为止,病情不算太严重,只需休息便可,如此而已。

谨颂年禧,并候

道绥百益

傅　雷

梅　馥

一九六六年一月四日

如蒙惠寄罗伊·吉德斯所撰有关月季书籍,将不胜欣忭,先申谢忱。

承蒙史密斯小姐代为搜罗种种有关杀真菌剂资料,有关月季书籍及代办诸多琐事,叨劳之处,烦请代申谢悃为盼。

一九六六年三月三十一日

伊虚提
双鉴：
狄阿娜

顷奉二月十七日自瑞士疗养院寄来卡片，未知你们健康如何，深感不安，孩子处杳无音讯，故始终不知两位所患何疾，但愿不致太严重，且已康复为盼。西方国家的生活与此处如此不同，以我贫乏想像力及三十五年前对西方大都会之粗浅认识，实难理解当今艺术家东奔西走，周游列国，其生活之忙乱纷扰究竟如何。

两眼因患白内障之故，被逼休养几达六月。目前尚未能动手术，然即使手术十分成功，视力亦将永久受损，——尤以视觉范围将大受限制，此事岂非不幸？然又能如何？但愿白内障不致恶化，健康日见改善，不久可重新工作。

为耐心静养起见，我放纵自己去培植月季。承蒙史密斯小姐不辞辛劳，在弥拉及聪出门期间，为我代订月季花苗及杀真菌剂等等。然供应商有时略去史密斯小姐之名，错把发票送去府上。她原该向聪索回款项，而此事却落在狄阿娜手中，琐事烦渎，幸乞恕罪。此后务请将发票交聪或弥拉，因此事虽已屡函英国商店，不知能否确实改正。此外，亦不妨坦言，极欲获得罗伊·吉德斯所撰《月季》一书，有关此书之一页图片宣传资料承蒙早前惠示。此书可以平邮经苏联转寄。

聪欲在钢琴上指挥两首莫扎特协奏曲，岂非轻率过分，野心勃勃？两位于三月十八日若在伦敦，则极欲得知你们对他演出之高见。阅读种种剪报后，实无法抱有太大信心。

因视力太差，不多赘言，万望见谅。内子因无法用英文通信（你们谅知她性情懦怯），亦深感疚歉。

耑此　敬候

道绥百益

傅　雷

一九六六年三月三十一日

原拟由聪支付于哈克尼斯及迪克森订购之月季花苗款项，承蒙代付，不胜铭感，特致谢忱。又及。

译者附记

一九九九年，著名小提琴家伊虚提·梅纽因与世长辞，遗孀狄阿娜夫人把一批傅雷当年所写的法文函件交还傅聪。这批信件约十多封，是傅雷于一九六一年至一九六六年期间写给亲家梅纽因夫妇的，内容除日常生活点滴外，还涉及傅雷对人生的看法，对艺术的追求等，颇多启发。这些信件从未公开发表，因而相当珍贵。由于我曾经译过《傅雷家书》、傅雷致傅聪业师杰维茨基函件，故这次顺理成章，再次应邀翻译傅雷致梅纽因函。现经傅聪、傅敏同意，中译函件交《收获》期刊率先发表，以飨读者。

金圣华

傅雷致傅聪波兰业师杰维茨基函

杰维茨基（Z. Drzewiecki 一八九〇——一九七一）是傅聪留学波兰时的钢琴业师。系著名学者，钢琴教育家。傅雷致杰维茨基之原函均系法文，现由金圣华教授译出。——编者注

一九五四年十一月二日

亲爱的大师：

承蒙先生对小儿傅聪悉心教导，不胜感激。先生于音乐及琴艺方面所赐予之启迪，聪不时语带钦慕，辞溢挚情，于信中屡屡言及。

兹恳斯曼齐安卡小姐带上薄礼一份，此乃一现代画家之旧作一幅。菲薄之礼，实不足道，而先生之隆情高谊，不仅垂注小儿吾家，且惠及中国及全体音乐界，奉此菲礼，岂足言谢，聊表寸心已耳。

耑此　肃候

道绥

傅　雷

一九五四年十一月二日

中国，上海（27）江苏路二八四弄五号

一九五五年一月三十一日

敬爱的大师：

一九五四年十二月九日大函奉悉，稽复为歉。小儿言及其于波兰之成就，实为先生督导之功也。聪甚谓溢美之辞与过誉之言，对缺乏自知者可为大累，然其自言"幸而颇有自知之明"。再者，吾对聪自幼即不断教导，谕其以艺术而言，谦逊尤胜天分也。吾教育之原则，素来主张先为人，次为艺术家，再为音乐家。

先生曾言聪对感情之表达尚欠深沉朴实，不知其于此有否改进？聪性情过激，年纪太轻，尚未能领略古典之美也。

聪工作太忙，又不谙实务，故恳请惠寄萧邦音乐比赛评判员名单一份，及其他有关比赛文件，不论英、法文均可。不情之请，尚祈见谅。

承蒙先生对小儿诸多照拂，不胜感激。

耑此　敬候

道绥

傅　雷

一九五五年一月三十一日

又及，请向斯曼齐安卡小姐代致问候之忱。

一九五五年三月二十一日

敬爱的大师：

承蒙先生对小儿傅聪殷殷教诲，不知何以言谢。聪于去岁七月赴波兰之前，其琴技之生疏及表达之欠善，无人较余知之更详，因而对先生之鼎力协助及悉心教导，亦无人较余更铭感五衷。聪之一切成就，均归功于先生，惟其此次仅名列第三，余恐许或有负先生厚望。先生对其参赛之表现有何高见，亟盼赐告为幸。

令高足哈拉谢维兹夺得比赛冠军，先生见此必感安慰及自豪，谨此致以衷诚祝贺。吾国报章所刊第七名得主姓名不详，未审是否先生另一高足格莱克托依娜小姐？若然，则容再致贺忱。

承蒙惠寄比赛场刊，已将刊内之尊作译为中文。未及先行请示而擅自译，幸乞恕罪，然译文只在少数音乐学子之间流传耳。

余对第五届钢琴比赛之一般艺术水平，尤以其与第四届比赛相较若何，甚感好奇。若非叨扰过甚，尚乞将高见及一般评判之见解赐告，不胜感激之至。

又及：非仅先生个人，波兰全国，贵国政府与人民，乃至贵同事及聪之同窗，对一名中国年轻艺术家如此竭诚欢迎，勖勉有加，谨在此一并致谢。

便中盼赐教益为幸。耑此 敬颂

道祺

傅　雷

一九五五年三月二十一日

上海(27)江苏路二八四弄五号

一九五五年四月十八日

亲爱的大师：

大函奉悉，承蒙致候，不胜感激。先生有关聪学习之高论及其性情之卓见，余实深有同感。聪年方十四，余即已发现其感情与理智之发展，极不均衡，以其太重感情，太易激动也。虽曾竭尽心力以图改正，然成效不著。至于有关节奏夸张一事，可说已屡见不鲜。聪加深及扩大对古典大师之学习，俾使演出项目安排得当，精神状态恢复均衡，此其时也，因而即使须为一九五六年举行之舒曼比赛作参赛准备，亦不得怠慢古典乐曲之进修。

惜乎自萧邦比赛以来，聪已略有忘乎所以之态，盖自一月十六日后，尚未致函家中一言半语，此事岂非异乎寻常？① 目前既不知其置身何处，亦不知其自三月二十日后曾做何事，更不知其对未来有何打算。对待父母尚且如此不近情理，对诲其成材之波兰恩师是否亦不知感恩，此余所深恐者也。

谅聪并不自知于留波学习初阶，②其于改善技巧方面已臻极限，许或仍存幻想，以为追随其他学派当进步更大。此念荒谬之极，余将严责之。此种野心何等可笑！何等狂妄！何等幼稚！愚见惟愿聪追随先生左右，亲聆教诲三四年，盖窃以为其于先生门下，当较别处更能吸纳西方精神气息，亦确信波兰一向保存最佳之古典传统也。

余对聪自幼之培植，请容约略奉告。聪一向脾气“急躁”，此其一也；吾国对音乐素来贫乏无知，此其二也。若余不曾坚拒其幻想，甚或未尝时悖友侪之见解，聪恐早已误入歧途，断不会有今日。聪于一九五四年七月赴波之前，余已惶虑不安，惟恐其愚昧生事，更恐其处身异国易于自纵。如今事实证明，当初之忧惧并非无由也。

亲爱的大师，若先生认为聪尚年轻，仍有艺术前途，则恳乞予以忠告良言；而其言行举止，或有不知感恩、冒渎尊驾之处，尤望鉴谅为幸。

---

① 傅聪于一九五五年萧邦钢琴比赛获奖后，曾写一长信，惜遭邮局遗失，此处所指，即其父傅雷未悉失信之前的反应。

② 此处原文手稿模糊不清，按上下文揣摩为“留波学习初阶”之意。——金圣华注

埃娃·华哥维茨夫人既对聪视如己出,不知能否对其善言相劝,予以指导?为人子女者经常不听父母言而聆友辈语,未悉聪有波兰同窗能予以劝导否?惜乎余无一相识也。若先生与华夫人相稔,不知能否恳其出面?先生对小儿现况既确知实情,当可转告华夫人以便出言规劝。

冗琐小事,诸多烦渎,尚乞恕罪,惜更无其他波兰友人得以驰函求援也。

聪是否已回克拉可夫?是否已重返先生门下聆教?外国事物对其是否已丧失影响?尚祈不吝赐告为盼。

敬致谢意,感不胜言,耑此　祇候

道绥

傅　雷

一九五五年四月十八日

烦请示及埃娃·华哥维茨夫人地址为幸。又及。

一九五五年十月二十六日

亲爱的大师:

承蒙先生对小儿谆谆教诲、悉心照顾,兹烦请华哥维茨夫人转奉木刻雕像一具,区区小礼,聊表心意而已。

耑此　肃候

道绥

傅　雷

一九五五年十月二十六日

一九五六年五月二十四日

亲爱的大师:

本月十五日大示拜收,函中道及聪时,言多灼见,尽显慈爱,令人感铭难宣,然并不诧异,皆因小儿一切成就,均为阁下殷殷垂教及悉心照拂之功。聪为先生门生,更为先生精神及艺术之子,故于来函提及先生时,每见仰佩之意,孺慕之情。

有关聪今年八月底参加莫扎特国际钢琴比赛一事，鄙见与尊意不谋而合。顷致函吾国文化部长，将尊函之译本奉告，且不揣冒昧，附以与尊意相符之个人意见。至于参加普通音乐会事宜，先生不顾音乐院之反对实为明智之举。聪除蒙阁下指点之外，得承波兰艺术圈赐予机会，俾出席公开音乐会及钢琴演奏，必能从中得益匪浅。此等演奏自不可占时太多，且亦应与其学习配合为宜。

时恐小儿对理论学习极为不足，约落后三四年，故常促其开始修习和声及其他必修科目。吾确信经一两年有关学习，聪于钢琴之造诣当比往时更深。因而鄙见以为音乐学院于此方面之提议十分明达，并对年轻艺术家大有裨益。倘若聪生于音乐教育较吾国认真、师资较吾国优秀之国，则对乐理早应有所掌握。尤以聪波文阅读能力未逮，恐无法于一年之内遍习此等课程，若能延至两年，是否较为审慎踏实？尚乞再予思量，并与贵院院长商洽为幸。

提及“艺术音乐家”等级一事，未审此等级是否为波兰之正式名衔？此名衔于其他欧洲国家尚未得见。有关其性质、要求及社会地位等，亟愿与闻，尚祈不吝赐教为盼。

先生与鄙人对共同关怀之子意见相符，所望相同，即愿其于先生门下聆教，为时越久越佳，实令人欣慰不已。于波兰学习两三载，固然不足以造就音乐大家，然吾国虽于各方面屡创奇迹，惟独于艺术范畴则不然。早撷之花，难以盛放于瘠土。倘欲使聪尽量留学门下，则阁下尚须请贵国文化部征求吾国政府同意。不知尊见以为贵音乐学院是否一俟聪通过考试，取得“艺术音乐家”资格，即欲将其送回中国？

深知先生事忙，故不敢奢望时奉大函，若能便中赐示数言，告知对聪学习进度或缺点之高见，则不胜铭感之至。

耑此　敬颂

道安

傅　雷

一九五六年五月二十四日

常恐聪缺乏工作毅力，不能严遵计划学习，时随己意任改课程，此等迹象，未审先生可曾于聪身上发现？又曾屡次致函告聪，天才若非自制克己，必难发挥。又及。

一九五七年五月二十二日

亲爱的大师：

久疏笺候，然愚夫妇时时念及大师，而小儿来函，亦鲜有未言及先生者。

法国驻华沙大使曾屡次示意欲邀聪前往巴黎演出，而朗夫人曾向先生言及欲邀聪赴法，然不知应向何中国机构征询一事，未悉是否属实？吾国与尚未建交国家之间，凡有关艺术文化交流事宜均由下列机构负责：

北京台基厂九号

中国人民对外文化协会

会长楚图南先生

有关小儿之学习计划，时时悬念，未悉其于理论方面有否进步？不知其有否开始钻研贝多芬，勤习巴赫，尤以其《十二平均律前奏与赋格曲》为然？余深恐其于古典作品之学习不够扎实，因其于波兰留学期间至多两年，于一九五九年夏止，即便如此，尚需向吾国文化部竭力争取。万望聪于先生门下尽量学习。先生若能就此事赐教，则不胜感激，尚祈早日得悉大函为盼。

有关参加莫斯科第六届青年节一事，已致函吾国政府，俾能使聪以钢琴家身份前往苏联参加音乐会，若不然则留波度假可已。

耑肃　祇颂

道绥

傅　雷

一九五七年五月二十二日

一九五七年九月二十八日

亲爱的大师：

顷奉本月十九日明信片，特此申谢。先生对聪亲如慈父，爱护有加，实令人铭感不已。未能及早奉告小儿音讯，深感疚歉，而聪不函告近况，乃因其虽能操流利波语，却不谙书写波文，此诚羞愧事耳。

聪于七月二十八日抵达莫斯科，并于八月十三日于音乐院小演奏厅独奏一场（节目包括斯卡拉蒂奏鸣曲四首，舒曼奏鸣曲，萧邦奏鸣曲及德彪西前奏曲四首）。八月十二日演出音乐会上半场，由安诺索夫弟子李德伦指挥、莫斯科国家交响乐团合奏之莫扎特 K. 595《降 B 大调协奏曲》；而下半场则由奥依斯特拉演出由安诺索夫指挥之柴可夫斯基协奏曲。八月十四日，聪演奏由李德伦指挥之萧邦《f 小调协奏曲》。十二日演出后"再奏"四次，而十三日则"再奏"七次。

离莫斯科前，安诺索夫大师曾安排聪于十月中演奏由其本人所指挥交响乐团之另一场节目，包括莫扎特《c 小调协奏曲》，萧邦《f 小调协奏曲》，及奥乃格《小协奏曲》。九月十四日，奉陪同夫婿访沪演出之李赫特夫人电告，顷接莫斯科交响乐团长途电话，谓正安排聪于十月十四日再奏一场，此次演出将于音乐院大演奏厅举行。

聪于八月十七日抵京，二十三日返沪，并于九月十三日奉文化部之命再度赴京，以参加反右运动——此事先生可曾得知？此运动目前正于全国展开。聪约于十月十二日抵达莫斯科，于十四日独奏后，应再演出协奏曲，确切日期，尚未得知，然不论如何，将于十月二十日左右返抵华沙。

意识形态之问题于吾国极为重要，非仅对年轻人如此，对全体知识分子，不拘年龄，亦复如此，有关此事，先生许已略有所闻。反右运动乃为打击小资产阶级及资本主义思想而发轫，以改进全体人民之思想观点、俾能适应社会主义为宗旨。为前途计，聪参加是项运动极为有用及必要。此运动主要包括一项步骤，即此地人所谓之"批评及自我批评"。聪参加之大会已于九月二十二日结束，目前仍身在北京，可能就地演奏一场，然赴波前不再返家。

除此之外，聪尚沉浸于恋爱之中，令吾等烦恼不已。愚既非清教徒，亦非泥古之卫道士，然窃以为聪性格无常，感情过烈，且欠缺精神之均衡，故无法于今时今日迷恋若此而不生事端，加以此位年轻姑娘出名任性，又受父母过分溺爱，因而将无法予聪幸福。此等看法，非仅愚等浅见，不少旁人包括先生所识之马思聪先生亦有同感。如此恋爱，自然使人忧虑，未悉能否说服聪将此事搁置一旁。暂不作出仓促决定。

有关聪于一九五七、五八学年度之学习计划，窃以为首要事务乃习毕音乐院所设之一切理论科目。倘若尊见以为一年钢琴课对聪尚嫌不足，宜再修习一年，则乞于一九五九年春即告知我国驻华沙大使，此乃因先生或华沙音乐院院长若不表示意见，聪将于来年夏季结业返国。万望先生于此事早予定夺则幸甚。

愚见极盼聪能专注巴赫及贝多芬之主要作品，如此则当需时甚多。聪每月均需演奏三四场以符奖学金之要求，故无法弹奏气势磅礴或内容精深之作品，因此等乐曲不能练习三两周即公开演奏也。此事诚然难以解决。一般而言，尚祈先生此后对聪从严管教，尤以其选习乐曲一事为然。聪太任性，过于倾向个人暂短之品味，而不尊重其学习之通盘计划。先生仁慈宽容，难以尽述，然聪于道德及知识之规范上，尚需管束，大师若先生者，倘能严加教诲，则必令其受益无穷。亲爱的大师，上述之言，未悉尊意以为然否？

有关波文之学习，乃另一要事。以一留波学生而言，未能用波文笺候先生，非仅羞惭而已，且荒谬之极也。有关此事，已再三嘱聪留意，先生若能不时促其勤习语文，则不胜感激之至。

冗琐烦渎，幸乞恕罪，隆情厚谊，心感难宣。然先生出于对聪之爱护，对艺术之爱好，以及基于中、波两国人民之知识交流及永恒友谊，谅断不至拒绝所请也。

耑此　敬颂

道绥

傅　雷

一九五七年九月二十八日

又及，苏联报章对聪于莫斯科演奏之评语，先生或较易取得，若有一二，尚祈赐告为盼，倘能译为法文或英文，则万分感激，先此申谢。

一九五八年三月十八日

亲爱的大师：

久疏笺候，疚歉万状，难以自恕。凡友人来函，鲜有逾两月而未复者，此乃平生第一次也。然自一九五七年冬，因患严重神经衰弱而极度失眠，任何冗屑琐事，均无法思考，以致无心失礼，尚乞恕罪为盼。

聪近日来函询及三事，鄙见奉告如下：

（一）诚如阁下所知，吾国与西欧之间尚未建交，故凡涉及文化交流事宜，一贯均由两国民间文化及艺术团体承办，而非经政府办理。比利时交响乐团如有意邀聪演出，可径向北京中国音乐家协会致函邀请。

（二）中国与社会主义国家之间，情况自有所不同。管见以为若无法取得吾国驻贝尔格莱德或索非亚大使馆回音，南斯拉夫及保加利亚政府可试经各自驻北京使馆，径向我国文化部或外交部接洽，则当可即获回音。

（三）窃以为聪今夏回国，于苏联交响乐团访华期间与其合作演出，并无裨益，此举将占去极多宝贵时间。聪前两次回国，于返华沙前曾为身体疲惫及时间损耗而抱怨不已。素知先生于夏季定必休假，然此事无碍于聪之勤奋进修，盖彼自知留波工作远较返国为佳，未知先生可否予以指点，俾能觅一生活程度相宜之波兰城镇，于夏季前往自习？聪于波兰学习时间所剩无几，宜尽量善用之，尚乞先生就此事明示为幸。

除上述三事外，尚有一更形重要之事令吾难释惶虑。聪修习乐理之情况吾所知不详，而彼今夏能否通过音乐学院所设之全部乐理考试，则仍存疑。有关此事聪从未明言。

如今已届三月杪，若为修习乐理聪不得不延期留波，则目前即需向吾国政府申请核批。波兰音乐学院院方若能以正式函件致送吾国驻波兰大使（切记将此信副件经贵国驻北京大使送交吾国文化部），要求延长聪学习期间至一九五九年夏，并列出有关理由，则远较吾人在此向吾国政府申请为佳。因先生及贵音乐院院方对此事之判断，显然远胜他人也。

爰忆一九五七年九月二十九日曾奉寸缄述及此事，惟因时间紧迫，不得不旧事重提，倘蒙先生就此事与贵院院方商榷，俾能立即采取相应行动则幸甚。

吾公对精神之子殷殷照拂，循循善诱，爱护有加，令人感激不尽。聪于波兰音乐学院能否顺利完成正规学业一事，先生想必深表关怀，垂注之切，当不容置疑也。

尚乞珍摄为幸　敬候

道绥

傅　雷

一九五八年三月十八日

先生与贵院院方商洽及裁夺后，尚祈赐示为幸。因此事即便连番敦促，聪亦从未详述。

一九五九年十月五日

敬爱的大师：

疏於笺候凡两年之久，缄默之由，万望先生鉴察，并乞恕罪为幸。聪于一九五八年末断然出走，令吾怆痛凄惶，难以言宣。虽则如此，吾国政府对迷途子民始终宽宏包容，因祖国大门不曾关上，亦永不关上。

顷接聪自一九五八年八月后首次来函，内子与吾，既喜且忧。虽则聪非理妄自出走，其于欧洲之成就，自令愚夫妇欣忭不已，然其不断出台演奏导致身心过劳，亦令人惊惧不安也。一季之中，每月平均演奏八九场，确属过多，真乃劳役耳！为人安能如斯生活？如此做法有损健康，且与自毁艺术生命无异，先生当较吾知之更详。演奏过多则健康遭损，且因躯体过劳，神经紧张，感情损耗而致演出时神采尽丧。不仅聪之演出项目迅即耗尽，世上任何钢琴家，不论如何伟大，亦不能一连六月，每月出台八九次而维持水准不坠，此说然否？

聪太年轻，艺术家脾气过重，未谙世情，尤过分天真，不知如何免受充斥西欧之拜金之徒所骗，亦不解如何抗拒经理人出乎私利之理由。吾曾屡屡谕其注意健康，并减少一半乃至三分之二音乐会之演出，然如此仍嫌不足，尚须采取其他步骤，因而冒昧向先生乞援。先生曾以无穷爱心、无穷精力，培育此株幼苗凡四年之久。吾公宅心仁厚，且艺术地位崇高，威望过人,故请施以援手,以有效措施,敦请英国音乐界有力友人要求小儿之经理人顾念聪之健康,并眷惜年轻钢琴家之精力与前途。但愿经理人先生能予体恤,使聪每月登台不逾三次!

此事悬念心中,故自阅聪函之后,夜难成眠。先生对及门弟子爱护有加,自不容置疑。迄今聪仍极需学习、进修及加强演出项目等,凡此均需时间,而目前巡欧演出,已将其时间消耗殆尽矣!

聪有否不时笺候?因悉彼不仅事忙力绌,且疏于提笔,若久未敬复尊函,请厚责之,然吾确知彼于业师敬爱不渝,绝不至忘恩负义也。

耑此 先申谢悃。敬颂

道履清吉

傅 雷

一九五九年十月五日

但望小儿之经理人通情达理,切勿如吾国成语所言"杀鸡取卵"则幸甚。又及。

一九六〇年十二月十四日

大师吾友:

去岁十一月二十三日手教奉悉,特此申谢,然年来顽疾缠身,岁暮稽复为歉。尚祈先生贵体安康,诸项音乐及教学活动均卓然有成。聪来函言及五月间与先生聚晤比利时,蒙先生对其关怀胜昔,不胜铭感。未稔聪有否弹奏席前,以面正于先生?尊见以为其方向正确否?先生有否聆听其于英国灌录之两张唱片?尊意以为其为萧邦之演绎如何?先生为聪挚爱敬重之业师,必不吝赐教匡正,令其有所裨益也。

敝处愧无礼物相送,惟有手编之聪演奏报道撮要复本一份,由内子打字完稿。此撮要不包括一九六〇至一九六一年有关乐评在内。即一九五九至一九六〇年发表之乐评,手边亦收录不全。有关贝多芬第一协奏曲及舒曼协奏曲,惟有乐评一两则而已。

聪于伦敦之独立态度令吾甚悦:真正之艺术家应弃绝政治或经济之影响与支援。于竞争剧烈之世界中屹立不倒自属困难,然如此得来之成功，岂非更具意义，更有价值？艰辛奋斗及竭诚工作之纯洁成果，始终倍添艳丽，益增甘腴。惟愿聪永不忘祖国（即中国及第二祖国波兰）之荣誉，亦不忘艺术之良知也！

先生料已得知聪即将于日内（十二月十七日）与梅纽因千金共谐连理之消息。梅纽因主动来函，并已屡通信息，函中言及聪时，对其琴艺及人品赞誉有加。

犹忆聪于一九五六年六七月间曾于波兰一公司灌录唱片，惜此唱片公司之名称地址吾概不知，因而尚祈先生于探询之后将随函附笺转寄该公司，并乞致意该公司满足吾一己之私愿。如蒙先生赐告垂询结果（尤请告示公司名称及地址），则不胜感激之至。敬候

道绥　并颂年禧

傅　雷

一九六〇年十二月十四日

先生可否赐寄有关第六届萧邦钢琴比赛之出版物，例如场刊、节目表等（英、法文均可）？先此申谢。

又先生是否欲本人嗣后奉寄一九六〇至一九六一年间聪演出之简报？尚祈赐告为盼。又及。

一九六一年八月二十五日

大师吾友：

四月三十日大示奉悉，稽复为歉。万望贵体安康，幸勿操劳过度，尤以度假畅忻为盼。

前寄呈十九世纪末中国画家复制作品一幅，此画于六月三十日递邮，未稔刻已奉呈左右，蒙获垂青否？向欲寄赠真迹，然凡超过五十载之画作，均不得外寄出口，而现代画家笔下，又鲜有佳作可兹寄呈者。

随函附上聪昨日来函之译本，及其赴美、澳巡回演出之节目表一份。先生得知聪终于向卡波斯夫人请益，并乐于聆教，想必感欣慰。有关聪对李赫特演出之见解，及个人婚姻生活之叙述，亦一并奉告。先生既为聪至亲业师，当有权得知一切。聪于艺术观点上有否进步，有待先生玉裁。愚

夫妇对小儿信中暗示与弥拉之关系，毫不为奇。弥拉与聪相偕，年纪尚轻，大可自我发展；再者民族之间永存差异，一时不易消弭。然若彼此相爱，并怀共同目标及崇高理想，则一切皆可迎刃而解，未稔大师以为然否？

聪近录四首叙事曲唱片，未悉有否寄呈左右？此唱片乃去岁于维也纳为西敏寺唱片公司灌录及今年五月于伦敦发售者。吾公若能惠赐高见，则不胜欣忭。此唱片北京马先生（即先生于一九五五年于华沙结识者）于三星期前，早已收讫，然敝处尚未得见，诚属怪事。

前函曾言先生已收本田小姐于门下，未悉高见认为其表现如何？想必已进步神速耶？与聪相较，尊意以为中国及日本学生之艺术气质有何不同？此两远东民族之间有否相同之处，亟愿一聆宏论。

惜乎波兰唱片公司未曾将聪于一九五六年为波兰电台之演出（综合节目：包括斯卡拉蒂、莫扎特及普罗柯耶夫等人之作品）趁机录成唱片。窃以为贵国亦为社会主义国家，故两国政府组织之间为同一乐坛作出安排，当非难事。加以聪为波兰精神之子，其于留波期间，于名师如先生者之门下修业，其成就能否保存一二以为佐证，贵国当不至于漠不关心也。未稔尊见以为如何，有无可能代为筹措？如蒙赐教则幸甚。

聪因事务繁忙，且拙于书写，即用母语亦然，故常因旷月未向先生笺候而深感疚歉，嗣后有关其重要消息将由余转呈席前也。

耑此 敬候身体健康，教学有成。又斯曼齐安卡小姐是否仍修业门下？请代致问候之忱，愚夫妇于其一九五四年访沪期间有幸共聚竟日之事，至今仿佛相隔久久矣。

敬颂

大安

傅　雷

一九六一年八月二十五日

一九六二年一月二十一日

大师吾友：

十一月十五日大函拜收，特此申谢。聆闻先生于教学及参加国际音乐界盛事两忙之余，尚能以乐坛前辈身份公开演出，不胜欣忭。六月底奉寄复制画作遭受损毁，本人实难辞其咎，然此处竟无法觅得硬皮纸盒，甚为遗憾，工业制品之匮缺，竟一至于此！嗣后不论何物均以空邮寄上，想必对邮寄之物保护较妥。

经两月半之音讯杳然，顷获聪长函一封报告访美结果，请容撮要奉告。自十一月十日至十二月十三日之间，聪于美国演出凡十八场，而自十二月十五至二十日，于夏威夷（火奴鲁鲁等地）共演出五场。聪自谓乐评家所评之事，彼实无一有所欠缺，此多为品味不同所引起。即如《纽约时报》某位人士，名为哈罗德·舍恩伯格者，此君认为惟有法国人方能弹奏法国音乐，德国人方能弹奏德国音乐云云，因而中国钢琴家又岂能弹奏西方音乐？此君既自以为是，自当对聪于纽约弹奏之萧邦《F 大调协奏曲》妄加批评。有关此协奏曲，所幸尚有一事值得奉告（兹转述聪所撰英文原函如下）：

“伴着我跟纽约交响乐团一起演出的客座指挥是位法国老先生，名叫保罗·巴雷（您是否认识他？我从未听说过此人）。他很了不起，标准法国人，音乐表现方面很沉着，但是极有智慧兼且反应敏锐。我为他弹奏全首协奏曲，而他没要求我作任何解释。排演时，一切都十全十美，他指挥的全曲优美动人，每一句乐曲与我的演奏配合无间。他实在对我很好，既友善又语带鼓励，并充满热情，一次我弹完协奏曲（此曲在纽约共演出四次）后上前致谢，他在笑容中带着泪水，告诉我这是他一直想像中的萧邦：浪漫而有诗意，但雄赳赳、永远带有阳刚气息；可是多数钢琴家弹奏的萧邦叫他作呕。”

此事岂非令人动容？

另一激赏聪之交响乐指挥来自辛辛那提，名为马克斯·鲁道夫。此君既严肃又谦逊，属下乐团之声誉，甚至超越纽约交响乐团，后者自认为最佳乐团，故演出不力；然辛辛那提交响乐团纪律特严，任何欧洲交响乐团皆难以相比。其莫扎特之风格十全十美，聪恰巧与其共同演出莫扎特《K. 456 协奏曲》。聪已提议与马克斯·鲁道夫先生合作，为西敏寺公司于六月在维也纳灌录舒曼《协奏曲》及萧邦《F 大调协奏曲》。

此外，美国之钢琴极糟，斯坦威既独霸天下，即不再顾及自身之优良传统。触觉极糟，琴键为胶质而非象牙制成，略潮之指即易闪滑其上，简言之，此乃“大量生产”之物！至于“鲍得温”①，则更次，其音色“既促且涩”。所幸聪得以在“战前斯坦威”上弹奏，其音色华丽动人。

美国之经理人亦极其可怕，对艺术家以可耻方式剥削，除抽取百分之二十佣金外，凡事都算在音乐家账上，且并无商讨之余地。因此聪历经七周辛劳，几乎所得无几。然而此等经理人对上佳音乐家欣赏不已，聪已安排于一九六三年一月至二月间再度赴美，重新巡回演出，且范围较前更广。

火奴鲁鲁之后，小儿夫妇曾于斐济岛共度数日，聪在当地亦演出一场。自一月十七日至二月底，聪于柏斯——悉尼，墨尔本共有十四场音乐会，多半为电台广播，故节目不容重复，因而将于澳洲演奏四场莫扎特协奏曲（K. 453—K. 459—K. 503—K. 595），巴赫《A 大调协奏曲》及巴托克《第三钢琴协奏曲》。两场演奏及两场电视演出之节目亦不相同。故聪在此期间（自十二月二十日至一月十五日）需大量工作。

莫妮卡小姐处曾再三致函（八月八日、八月二十五日及十月六日，且均为挂号邮件），然未获复，未悉其是否在波及是否安好，尚祈见告为幸。

先生大函聪未收到，余甚感意外。自一九六一年三月十五日，聪居于“伦敦 NW 6，坎菲尔德花园八十五号”。聪应于三月初返英。有关其为西敏寺灌录之四首萧邦叙事曲，如蒙惠赐尊见，将不胜欣喜之至。

耑此　祇候

道祺　并颂夫人万福

傅　雷

一九六二年一月二十一日

---

① Baldwin 美国一钢琴牌子。

一九六二年六月十六日

大师吾友：

欣闻先生喜获麟儿，稽贺为歉。此为天赐佳礼，以报先生毕生殷殷致力于培植后进，为音乐界育才之功。

先生甫抵莫斯科即函告吾国年轻钢琴家之成就，不胜感激，惜此地对此吾人认为杰出之事未予足够重视。先生于莫斯科曾否遇见友人马先生？其为小提琴比赛评判之一。

聪料必疏于笺候，因即使家中，亦每两三月方致函寥寥数行。然办事处经常直接寄赠剪报，因而得知其于国外之艺术活动。儿媳来函言及聪于七月中将赴南美演出，而此时（六月整月）正于伦敦为西敏寺灌录唱片：——

韩德尔：《卡侬舞曲》——《太阳小步舞曲》——《G大调组曲》

巴赫：《随想曲》——《半音阶幻想曲与赋格》

舒伯特：《a小调奏鸣曲》，作品145号——遗作

舒曼：《钢琴协奏曲》

萧邦：《f小调协奏曲》

（最后两首乐曲与伦敦交响乐团协同演出。）

弥拉亦言聪于五月二十二日于荷兰鹿特丹演奏之后，曾获听众起立致敬。

为奉告有关聪演奏及唱片之乐评起见，随函附上数则“乐评”之副本。聪于去岁分别于伦敦及纽约灌录之莫扎特协奏曲及贝多芬奏鸣曲第109号及110号唱片，未悉有否奉呈左右？此等唱片吾亦迄未收讫。

耑此　祗候

道祺，并颂阖府均吉

傅　雷

一九六二年六月十六日

莫妮卡小姐处曾致数函（一九六一年八月及十月），然从未得复，实令人费解，不知是否已离华沙他往？

译者附记

一九九七年初，接获于英国访兄的傅敏来函，内附其父傅雷法文信件十四封，嘱我译成中文。《傅雷家书》之英法文函件，既然由我译出，此次乃顺理成章，欣然就命。

这批函件是当年傅雷写给傅聪波兰籍钢琴老师杰维茨基教授的，从未公开发表，直至去年傅聪重访波兰，由杰维茨基遗孀将复印件交给傅聪带回伦敦，故极为珍贵。

动笔之初，对于译文文体的掌握，心想既有翻译《傅雷家书》的经验在先，应该不难处理，结果才发现事实并非如此。首先，这批函件既是傅雷当年写给傅聪业师的，语气当然彬彬有礼，主客分明。这种语气与写给爱子的书信大不相同，故必须以相当典雅的文体译出。其次，这批信件的对象，毕竟是西方人士，而内容又涉及许多西方文化特有的事物，故文体不能全用文言，似宜以文言为主，白话为辅，如此方能达到兼容并蓄的功效。经再三斟酌，又与傅聪、傅敏商讨之后，决定参照《傅雷致黄宾虹书信集》的笔调，以及罗新璋译《傅雷致罗曼·罗兰函》的文体，从事翻译。

这批信件之中，第一封写于一九五四年十一月二日，最后一封则写于一九六二年六月十六日，前后相隔八年之久。从这些信里，我们再一次感受到傅雷对傅聪的殷殷关切，舐犊情深；也见证了傅聪在八年之间，如何由一名年轻音乐学子，成长发展为一位蜚声乐坛的演奏大家的精彩过程。

这批函件宜与《傅雷家书》对照阅读，惟其如此，方能进一步了解当年傅雷身在中国，心系远方爱子，将一切思念关怀诉诸文字、千里传书的动人故事。

金圣华

一九九七年十二月

傅雷致干女儿牛恩德函

牛恩德，傅聪青少年时代琴友，傅雷夫妇乾女儿，获美国音乐博士后寓居美国，从事音乐教育工作。——编者注

一九五八年十一月二十日

恩德，亲爱的孩子：

来信只说住女青年会，没写地址；怕港岛邮政靠不住，只得仍由南海纱厂转。又港沪航空信与平信同样需六七日，以后可改平寄。没想到你来得如此容易，母亲却去得如此艰难。行前未及通知我们，送你的画改于昨日邮寄。一别四年余，你热情如旧，依然是我们的好孩子，好女儿，心中不知有多么高兴和安慰。中文也照样流畅，眷怀祖国之情油然可见：一切固然出于天禀，却也不辜负我三年苦心，七年期望。我虽未老先衰，身心俱惫，当年每日工作十一小时尚有余力，今则五六小时已感不支；但是“得英才而教育之”的痴心仍然未改。为了聪与弥拉，不知写了多少字的中文、英文、法文信，总觉得在世一日，对儿女教导的责任不容旁贷。对敏向少顾问，至今他吃亏不少，但亦限于天资，非人力所能奏效。不料桃李之花却盛放于隔墙邻院，四十岁后还教到你；当然我不会放弃对你的帮助和鼓励！多一个好儿女在海外争光，衰朽之人也远远里感到光鲜。

吾国的历史书、哲学书，国内已成凤毛麟角，旧书店已集中为一家。老商务、老中华出版的图书极少见到。新出的则过于简略；虽观点正确，奈内容贫乏，材料不充。在港不妨试觅《纲鉴易知录》。万一买到，不必从唐虞三代看起，只挑汉魏晋唐宋元明的部分，当小说一般经常翻阅。熟读以后对吾国的哲学思想自能摸出头绪。任何一个民族的特性和人生观都具体表现在他的历史中，故精通史实之人往往是熏陶本国文化最深厚的人。其次可试买五〇年前出的论述老、庄、孔、孟的小册子，或许港岛还能买到零星本子的《万有文库》或《国学小丛书》的本子。也可买《老子》、《庄子》（指原著）、《论语》、《孟子》，带在国外，一时无暇，将来可看；暂时看不甚懂，慢慢会懂。倘在沪能找到此类旧书，必买下寄你，但无把握，还是你自己在港多多尝试。我译的书，国内一本都看不到，已及五年以上；听说港九全部有售。上月还托人买了寄赠南洋的老友。五七年后译的三部巴尔扎克，一部丹纳的《艺术哲学》，均未出版；将来必有你一份，可放心。英文的世界史颇有简明的本子，可向伦敦大书店的营业员打听。我

觉得你在音乐史与音乐家传记方面也可开始用功了。如 Arthur Hedley 写的 *Chopin*(在 Master Musicians 丛书内)就值得细读。那部丛书一般都很有价值,不过有的写得太专门些,文字艰深些,一时不易领会。Hedley 那本 *Chopin* 却是最容易念的。

你回到香港后的观感,使我回想起三十年前归国时的心情与感触,竟是先后一致的。也许在国外你也有许多看不上眼的地方吧?聪感觉特别敏锐,常在信中流露这种情绪:虽然他为之痛苦,但我觉得惟有不随波逐流,始终抱着崇高的理想,忠于自己的艺术,确立做人的原则的人,才会有这一类的痛苦。没有痛苦就没有斗争,也就不能为人类共同的事业——文明,出一分力,尽一分责任。同时,只有深切领会和热爱祖国文化的人才谈得上独立的人格,独创的艺术,才不致陷于盲目的崇洋派,也不会变成狭隘的大国主义者,而能在世界文化中贡献出一星半点的力量,丰富人类的精神财宝。母亲行前来看我,我也和她谈到这一类话;我深信你的中国人的灵魂是永远觉醒的,将来定能凭着这一点始终做个自由独立的战士,对你的艺术忠诚到底!月初去苏州小休五日,遍赏七大名园,对传统中国建筑艺术有了更进一步的理解,且待以后再谈。目前新工作开始(巴尔扎克五十万字的长篇,是一个三部曲,总题目叫做《幻灭》),每天都感到时间不够。暂时带住。望将留港日期早日告知,免信件空投。

With all my love,孩子,问候母亲!

傅妈妈问你好,她几年来也没忘了你!

爸爸　十一月二十日

有便先买一二百张航空信纸(要又薄又坚韧),三五十张航空信封,长短各半。日后托母亲带沪。此间各物奇缺,只能乞援于你。还需要一种胶水(如牙膏式),可胶布、皮、玻璃及瓷器的,价甚廉。另带一小卷最小的玻璃 tap!(封信用)

一九五九年一月三日

恩德,亲爱的孩子:

今天是你第一天为人师表,也是人生另一阶段。教别人仍旧是一种学习。只要不抱敷衍塞责、混口饭吃的态度，从教书中得来的经验也不是自己向老师学习的时候所能得到的。为了要教人，过去学过的东西，势必要彻底温习，整理，消化，进一步作深入的研究，使我们更从掌握要点、举一反三方面着眼，从而培养我们的思考能力，逻辑可以更精密，复杂的内容懂得加以更好的综合。同时也推动我们多看参考书，多找实例，无形中充实自己。留英中断固然极不愉快，港岛社会也固然为你深厌；但要是能掌握时间，自己钻研还是可以的。你素来依赖性太重，出国前的苦闷多半由此而来；如今在外四年，性格想必长成了许多，独立性也增强不少，不妨就拿这一年来考验考验自己，看独自钻研对乐曲的理解与表达，是否比以前更有自信。我相信结果一定是这样，你一定会自个儿走路了。而且经过四年的勤学与阅历，你也已到了非独自走路不可的阶段和年龄。但愿三四个月以后，听到你自学大有成果的好消息。许多老话也不必与你细谈，你对做人的大道理已知道很多。你早知人生难免波折，一切全赖坚强的意志看准目的，锲而不舍的追下去；即使弯路多一些，挫折多一些，迟早会实现你的理想。如今到了考验的关头，就看你实践如何了。你对艺术的忠诚也不是青年时期十年八年的时间所能肯定；人生变化还有很多，你的遭遇也不知有几多转折；我倒不担心你处逆境时的勇气，而是要看你有朝一日各方面都极顺利的时候的表现。你该记得我常常口中道念的几句话："富贵不能淫，贫贱不能移，威武不能屈"，我觉得最难做到的是第一句。

假定校课不太多，几个月之后一切熟悉了，要挑几个私人学生教教恐怕不太难，将来或许还会应接不暇。我倒劝你有多余的时间还是自己多用功，只要经济不成问题，私人学生必须严格甄别，别浪费你时间。开头你准会觉得在港打开局面极难，过了半年八个月却又会感到为没出息的学生浪费光阴之苦。我且在此预言一句，以待后验。

你突然改变计划，与母亲会面的周折，我和傅妈妈推敲之下，也大致哑摸出一些原因。事既如此，也不必懊恼，且劝母亲宽慰，有你在旁，看着你用心教学生，用功自修，她定会高兴。

听说你得过好几个奖学金，尚未应用，是否可去信要求保留一个时期呢？为将来留个地步的事，想你也早想到了吧。在港演出后，报纸评论（特别是英文《南华早报》）望剪寄，让我们欢喜欢喜。你的成功和聪的成功一样，我都要分享的。

前信要你买的手电，千万勿买了。既然还承认是我们的女儿，就不能来一套客气，实事求是为第一。我早知道了你的情形，决不会开口。兹附上一信，望连同前寄说明书一并转寄"九龙太子道伯爵街5号B地下成家和"，聪有钱存她处，由她代买毫不困难。再过几星期，仍然希望来信谈谈你过去的学习与音乐体会，一则你能写那种信表示你情绪已经安定，我们也好安慰；二则也算你四年来做一总结，对你今后自学也有帮助。我仍是忙得不可开交，从你走后，星期日的休息也取消了。有过整整一年足不出户，理发也是从外面叫来的。只因精神衰退，脑力迟钝，愈来愈减产，只能用时间去补偿。平日来了客，事后就得加班加点补课。自己定量已经很低，再不按日完成，做出的成绩更不知要减却多少。星期日不是补课就是打发信债等等杂务。还得抽空看些参考书，只出不进，怎么行！有时觉得脑子昏沉也想酌量减少工作，无奈到时总弄得欲罢不能。也是生成的劳碌命，非忙不可，忙了才没有烦恼，才觉得活的还有些意思。——这两句也是聪五年来经常在信中提的。我觉得做人应该忙，不忙不会做出成绩（哪怕是一星半点的成绩），怕只怕无事忙，应酬交际忙，那些不生产的忙就变为醉生梦死，我们觉得是最可怜的生活了。

国内情形还得艰苦几年，只有耐性埋头尽我的本分，在我的岗位上干些小小的工作，也许一时对国计民生毫无补益，可能将来还能给人一点儿帮助。我的心情还是那么积极，可也随时准备撒手而去，永远休息。这是我的"两面性"。我常常看自己喜欢的东西，画啊，字啊，周围的小玩艺儿啊，都觉得是社会暂寄在我处的，是我向社会暂借的。时间已花了不少，要回到我今天的功课上去了，下次再谈。祝

新年快乐，工作顺利，精神愉快，应付你的新环境！

母亲前乞代道念，告诉她，我们匆匆一别也许后会无期，不禁万分惆怅。

爸爸　一月三日

一九六三年十一月十七日

恩德，亲爱的孩子：

二月中来信至今未复，十分抱歉。说实话，你写的蚂蚁般小的字我用了放大镜还是看不清，尤其行格之密也密得异乎寻常，上一行和下一行常常缠夹，看信看得厌心了，也就一搁搁下来了。近年来我目力大退，每天工作完毕总要流泪很久。其实即使年轻力壮的人也没有能力应付你的小得出奇的字。我还想要求你以后用信纸写，航空邮简只能写寥寥几句的短信，俭省固是美德，不过也不宜过分，邮费在现代人生活费中占的比重并不太大。

听说你已经得了 M.A. 的学位，可喜可贺。大概你早知道，读学位作为谋生的手段未始不好，有时也必需；但决不能作为衡量学问的标识。世界上没有任何学位而真有学问的人不在少数，有了很多好听的学位而并无实学的人也有的是。请勿见怪我说杀风景的话，因为这是事实，并且为了督促青年，尤其是我素来关心孩子，我也不能怕说话得罪人。你出外六年，当然为学为人都大有进步，可惜来信从未提及。留英期间你已听到不少新的演奏，新的作品，新的学说，接触到多多少少新的乐队，新的老师，新的教学法，新的课程，你必有很多新的感受、感想、感触，新的反应，新的看法；不论对过去的音乐大师还是他们的作品，对现代的作家还是现代的演奏家，你也必有一年跟一年不同的看法；比如以前极喜欢的作家作品，如今不大喜欢了，过去格格不入的曲子现在反而感到很亲切了等等；我都想知道，听你说说你这些年在艺术方面的变化，分析分析这些变化的原因。去年你离开伦敦，想来除了居留期限以外，也有学习上的要求；那么到底在英国学到了一些什么，缺乏一些什么，到美国去补充些什么，去了以后是否能满足未去时的期望……这些问题都是我愿意知道的，也是你自然而然会告诉我的，可惜你从来没有告诉过我，未免使我感到十二分遗憾。

我常常有种想法，受教育决不是消极的接受，而是积极的吸收，融化，贯通；具体表现出来，是对人生、艺术、真理、学问、一切，时时刻刻有不同的观点和反应；再进一步便是把这些观点和反应反映在实际生活上，做人处世的作风上。我相信你也同意这个见解，那么为何不对我暴露一下你的思想呢？——我所谓暴露当然只是指发表发表你对艺术和音乐，包括演奏的技巧和学习方面的感想，大概不算要求过高吧？何况通信最有意义的就是这一类思想的交流，精神的接触。士别三日，刮目相看，我们一别六载，我垂垂老矣，能看到下一代的进步也是莫大的安慰，同时也是莫大的鞭策，所以更希望你“不遗在远”！

至于日常生活，我们还是和当年一样刻板：一日三餐的时间，工作的时间，都没有更动。只是体力日衰，关节炎常发，再加敏感性鼻炎（已二年），头痛（已五年），不时阻挠；脑子也越来越不灵活，工作进度就跟着拉慢，心里想做的事，想读的书，想补的课，不知有多少，而老是受到精力限制，这便是我最大的苦闷。我译的书不知寄给你对你是否有不便，故不敢造次，免得无缘无故给你添麻烦。敏在北京女一中教英文，工作还顺利，就是忙，没有时间进修。聪大约越来越像我的脾气，在外简直没有社交活动，据弥拉来信，说他生活只有三个节目：一、弹琴，二、听音乐（吃饭也得听），三、朋友来谈天。十月二十九日聪在瑞典回伦敦的飞机上写的信，有一段：——①

我抄给你看不但为报道消息，主要是想“抛砖引玉”，听听你的议论。

傅妈妈身体很好，照旧做家庭的买办，誊录生，电话接线生等等，空下来看看书，练练小楷。你妈妈作何消遣呢？糖尿病是否减轻？每次经过你家门首，总是感慨万端。虽然长时期没写信给你，可是难得有一个星期不想到你们的。祝学业进步！艺术进步！向妈妈千万致意！

爸爸

一九六三年十一月十七日

如不吃力，能用中文写信更好，祖国的语言不用也要忘记的，而祖国的语言便是祖国文化和民族精神的象征。

---

① 此信是根据底稿抄录。底稿此处写：另抄聪信“32 信第 4—17 行，又 25—26 行”，并无聪信之抄录，而傅聪寄给父母信件，在“文革”中均被查抄，荡然无存，无法抄录。

编后记

爸爸一生工作严谨，就是来往书信也整理的有条不紊。每次给哥哥的信都编号，记下发信日期，同时由妈妈抄录留底；哥哥的来信，也都编号，按内容分门别类，由妈妈整理成册。可惜在十年浩劫期间，爸爸书信所剩无几。今天，如果能把父亲和哥哥两人的通信一起编录，对照阅读，必定更有教益。

爸爸妈妈给我们写信，略有分工，妈妈侧重于生活琐事，爸爸侧重于启发教育。一九五四年到一九六六年爸爸给哥哥的中文信件共一百九十封，妈妈的信也有百余封。哥哥在外二十余年，几经搬迁，信件有所失散。这本家书集选自哥哥保存的一百二十五封中文信和我仅有的两封信。家书集虽然只收录了一封妈妈的信，但她永远值得怀念；妈妈是个默默无闻，却给爸爸做了大量工作的好助手。爸爸一生的业绩是同妈妈的辛劳分不开的。

今年九月三日是爸爸妈妈饮恨去世十五周年，为了纪念一生刚直不阿的爸爸和一生善良贤淑的妈妈，编录了这本家书集，寄托我们的哀思，并献给一切"又热烈又恬静，又深刻又朴素，又温柔又高傲，又微妙又率直"的人们。

傅　敏

一九八一年四月二十六日

本版家书以父母亲给傅聪的信函为主体，共收录了一百七十七封。父母亲给哥嫂的三十八封信，以及给我的三封信则分别单列。同时增加了父母亲给当年的亲家梅纽因夫妇，给家兄波兰业师杰维茨基的信函，以及给傅聪青少年时期的琴友牛恩德的信函。由此读者可从不同的角度，审视傅雷夫妇围绕着对傅聪的教育是如何全方位体现的。

本版家书的代序取之于父亲当年给挚友成家榴的一封信，充分展现了父亲的教育"主张"——"教育当以人格为主"，"民族观念是立身处世的根本"，"求学的目的应该是'化'"等等——这些教育理念至今读来还是那么铿锵，那么鲜活，令人深思！

值此纪念父亲冥诞一百零五周年，母亲冥诞一百周年之际，谨以此版家书来寄托深切的无限的怀念之情！

傅　敏

二〇一三年正月十五日母亲冥诞日

图书在版编目(CIP)数据

家长版傅雷家书/傅敏编.
—南京：江苏文艺出版社，2011.5(2013.7 重印)
ISBN 978-7-5399-4363-3

Ⅰ.①家… Ⅱ.①傅… Ⅲ.①傅雷(1908~1966)-书信集
Ⅳ.①K825.6

中国版本图书馆 CIP 数据核字(2011)第 051885 号

书　　名　家长版傅雷家书
编　　者　傅　敏
出 版 人　黄小初
出版统筹　汪修荣　赵　阳
责任编辑　赵　阳
出版发行　凤凰出版传媒股份有限公司
　　　　　江苏文艺出版社
出版社地址　南京市中央路 165 号，邮编：210009
出版社网址　http://www.jswenyi.com
经　　销　凤凰出版传媒股份有限公司
印　　刷　三河市南阳印刷有限公司
开　　本　690×965 毫米 1/16
字　　数　345 千
印　　张　24
版　　次　2011 年 5 月第 1 版，2013 年 7 月第 2 版
印　　次　2013 年 7 月第 1 次印刷
标准书号　ISBN 978-7-5399-4363-3
定　　价　36.00 元
(凡印刷、装订错误可联系 0551-62659148 调换)

聪：
巴尔扎克的长篇小说《幻灭》(Lost Illusions)
the activities of
questions on the conditions of his lodging, his
nourishments, etc. He did not even tell us
in how many + which countries he had